高等学校经管通识课程系列教材

ESG理论与实务

ESG LILUN YU SHIWU

主　编　李　宾　吕文岱
副主编　刘艳霞　李永亮

中国教育出版传媒集团
高等教育出版社·北京

内容提要

本书是高等学校经管通识课程系列教材之一。全书分为四篇：第一篇 ESG 导论，梳理了 ESG 产生和发展的脉络。第二篇 ESG 内涵，从环境、社会、治理三个维度阐述 ESG 内涵。第三篇 ESG 实务，根据 ESG 不同实践主体为 ESG 实务开展提供了案例与策略指导。第四篇 ESG 展望，从不同视角阐述了 ESG 发展的新形势，明确了 ESG 发展的机遇，解析 ESG 发展的挑战。本书可作为高等学校 ESG 相关课程教材，也可作为社会人士自学用书。

图书在版编目(CIP)数据

ESG 理论与实务 / 李宾，吕文岱主编. -- 北京 : 高等教育出版社，2025. 8. -- ISBN 978-7-04-065202-4

Ⅰ. X322

中国国家版本馆 CIP 数据核字第 2025A385L9 号

策划编辑 刘自挥 林 荫 责任编辑 林 荫 封面设计 张文豪 责任印制 高忠富

出版发行	高等教育出版社	网　　址	http://www.hep.edu.cn
社　　址	北京市西城区德外大街 4 号		http://www.hep.com.cn
邮政编码	100120	网上订购	http://www.hepmall.com.cn
印　　刷	上海新艺印刷有限公司		http://www.hepmall.com
开　　本	787 mm×1092 mm　1/16		http://www.hepmall.cn
印　　张	19		
字　　数	459 千字	版　　次	2025 年 8 月第 1 版
购书热线	010-58581118	印　　次	2025 年 8 月第 1 次印刷
咨询电话	400-810-0598	定　　价	42.00 元

本书如有缺页、倒页、脱页等质量问题，请到所购图书销售部门联系调换

物 料 号　65202-00

编委会

前 言

近年来，环境、社会和治理(ESG)议题引发了理论界与实务界的广泛关注，各类企业和从事ESG评级、鉴证、认证、咨询、投资的各类服务机构、金融机构的实践推动了全球范围内的ESG政策供给。2023年7月，国务院国资委印发《关于转发〈央企控股上市公司ESG专项报告编制研究〉的通知》以落实央企控股上市公司ESG专项报告披露“全覆盖”的要求。2024年4月，上海证券交易所、深圳证券交易所和北京证券交易所正式发布《上市公司可持续发展报告指引》，明确了可持续发展报告信息披露框架。2024年12月，财政部会同外交部、国家发展改革委、工业和信息化部、生态环境部、商务部、中国人民银行、国务院国资委、金融监管总局、中国证监会制定并颁布了《企业可持续披露准则——基本准则(试行)》，旨在稳步推进我国可持续披露准则体系建设，规范企业可持续发展信息披露。这标志着我国的ESG信息披露逐渐步入强制化、标准化、规范化的新阶段。监管政策的迭代反过来又引发了理论界的热议和实务界的新行动。

教育、科技、人才是中国式现代化的基础性、战略性支撑。开展ESG的理论研究、实践探索与政策制定，离不开熟悉ESG理论与实务的各行业、各类型的人才。高等院校在国民教育体系框架下积极培养熟悉ESG理论与实务的各类人才，既是深入贯彻落实习近平生态文明思想，完整、准确、全面贯彻新发展理念的应有之义，也是顺应中国式现代化内在要求、践行教育强国使命和担当的重要体现。然而，适用教材的不足，是制约高等院校开展ESG通识教育和相关人才培养的主要短板。为此，我们在高等教育出版社的大力支持下编写了本书。

本书在编写过程中，注重体现原创性，积极建构中国自主知识体系和中国学术话语体系。与国内外已经出版的同类书籍比较，本书主要具有如下特征。

第一，以科学理论为指导。本书以习近平新时代中国特色社会主义思想为指导，将习近平生态文明思想的核心理念融入教材的理论框架。内容设计始终坚持党对生态文明建设的全面领导，坚持人与自然和谐共生，坚持绿水青山就是金山银山，坚持良好生态环境是最普惠的民生福祉，坚持绿色发展是发展观的深刻革命，坚持把建设美丽中国转化为全体人民自觉行动，坚持共谋全球生态文明建设之路，坚持创新、协调、绿色、开放、共享的新发展理念。

第二，构筑知识结构新体系。基于ESG知识体系的结构性呈现逻辑，形成ESG教材的新框架，依次设置ESG导论、ESG内涵、ESG实务与ESG展望四篇。一方面，确保了知识体系的完整性和逻辑性，形成理论指导实践、实践验证理论的闭环架构。另一方面，保障了ESG知识结构体系的简洁性和流畅性，使教师易教，学生易学，推动了ESG知识的传播，为中国特色的ESG人才培养提供了有力支撑。

第三，充分融入课程思政的要求。促使各类课程与思想政治理论课同向同行，是深入落实“立德树人”根本任务的基本要求。“课程门门有思政，教师人人讲育人”是新时代教育的共识。鉴于专业教师开展“课程思政”教学时存在诸多困难，本书在每章结尾，都结合本章的核心知识点设置“中国之路”栏目。这既提供了教师开展课程思政教学的抓手，也拓展了学生的 ESG 相关认知，提升了 ESG 的学习兴趣，有助于改善课堂教学效果。

第四，彰显中国式现代化伟大实践。教学案例在丰富课堂教学生态的同时，亦是中国实践得以生动展现的重要途径。本书特设“导引案例”“实务情景”和“拓展阅读”，优化案例教学资源，彰显中国式现代化实践的丰富内涵。每章开篇的“导引案例”，借助生动的 ESG 叙事，使学生由感性认知自然过渡至章节知识学习。部分章节设置的“实务情景”，创设教学场景，形成沉浸式学习氛围，增强 ESG 学习的代入感。多数章节末尾编排“拓展阅读”，精选展示 ESG 相关的理论纵深探讨与行业实践，以供学有余力者进一步拓展其知识维度。

第五，注重知识学习和考察的结合。本书不仅注重在每章中合理设置重要的知识点，还注重知识习得和考核的结合。每章内容结束后，都配置了若干道思考题和自测题。前者通过只问不答的设问方式，以提问驱动读者独立思考，促使其主动梳理、巩固本章要点，进而深化对 ESG 的认知。后者设置为提供标准答案的题型，包括 5 道单项选择题、5 道多项选择题和 5 道判断题，供读者检测本章主要知识点的学习效果。

第六，注重通识教育和学术的结合。本书既是本科生和研究生学习 ESG 相关知识的适用教材，也是 ESG 理论与实务工作者的工具书。本书强调视野高远、宽广，既有知识整体感，满足通识教育目的，适用于文、理、工各学科、各专业背景人士的学习，也有实务前沿性，揭示当前 ESG 理论与实践领域的热点问题，体现一定的学术性，作为入门研究者的基础知识读本，彰显企业可持续发展、市场可持续投资、政府可持续战略的理念。

第七，体现了科教融汇与产教融合。本书内容中融入的校企合作等实践性元素，不仅丰富了教学资源的实践维度，更为后续教材的迭代优化奠定了良好基础。首先，编写团队主要由北京化工大学从事 ESG 教学与研究的骨干教师构成，确保了教材能够涵盖 ESG 经典知识，体现科教融汇。其次，编写团队吸收了中国石油和化学工业联合会和相关行业头部企业的 ESG 实务工作者建议，确保本书能够精准捕捉企业实践，充分体现产教融合。

本书由北京化工大学经济管理学院李宾教授和吕文岱教授担任主编，北京化工大学经济管理学院相关骨干教师和中国石油和化学工业联合会李永亮主任参加编写。本书的具体编写分工如下：李宾教授和吕文岱教授负责本书的总体策划、内容设计。杨乐副教授负责编写第一章；赵育瑶博士负责编写第二章；尹秋月助理教授负责编写第三章；孙诗璐副教授负责编写第四章；刘艳霞副教授负责编写第五章；吕文岱教授负责编写第六章；李昂助理教授负责编写第七章；吴倩助理教授负责编写第八章；朱诗怡助理教授负责编写第九章；赵瑞瑞助理教授负责编写第十章；陈蓉蓉助理教授负责编写第十一章；曾雅婷副教授负责编写第十二章。刘学之教授和赵祚翔副教授提供了相关政策与实践素材。李宾教授、吕文岱教授、刘艳霞副教授、李永亮主任负责本书各章内容的审定和修改。全书由李宾教授进行总纂、定稿。

很多高校任课教师和学界专家为本书的完善提出了建设性意见和建议。对此，我们表示衷心的感谢！鉴于编写时间仓促和编者水平有限，如果书中存在疏漏和不当之处，恳请读者谅解并指正。

编　者

目 录

第一篇 ESG 导论

第二篇 ESG 内涵

第三篇　ESG 实务

第四篇　ESG 展望

第一篇

ESG 导论

壹

第一章　ESG概述

学习目标

1. 了解 ESG 的产生与发展；
2. 掌握 ESG 的定义；
3. 熟悉 ESG 的相关概念。

导引案例

从“新绿”到“长青”——中国企业 ESG“考卷”观察

在过去的二十多年中，ESG(环境、社会和治理)从一个新兴概念逐渐成长为企业可持续发展的“风向标”。尤其在中国，随着“双碳”目标的提出，ESG 实践在各类企业中迅速推广，掀起了 ESG 信息披露的热潮，表现出如下鲜明的特征。

第一，央企“领跑”，中小企业补齐短板。近年来，中国央企在 ESG 信息披露方面率先发力。数据显示，截至 2023 年 4 月，约 70.4%的央企控股上市公司已发布 2022 年独立的 ESG 报告。国资委提出，要在央企控股上市公司中实现 ESG 报告全覆盖，并推动建立相应的评级体系。这一政策要求使央企成了中国 ESG 信息披露的“领跑者”，为其他企业树立了标杆。然而，目前披露 ESG 信息的主要是上市公司和大型企业，数量庞大的中小企业则面临着成本高、资金不足、技术限制等障碍，普遍参与度较低。

第二，政策推动与评级体系建设。随着政策引导的加深，沪深交易所结合我国国情，正积极研究制定上市公司的 ESG 信息披露指引，推动更多企业关注环境、社会和治理绩效。国资委也发布了《关于提高央企控股上市公司质量工作方案》，进一步推动央企将 ESG 实践作为核心战略。在这一背景下，央企和大型企业的 ESG 报告质量显著优于 A 股上市公司的平均水平。例如，中国海油不仅联合集团内控股公司集中发布 ESG 报告，还将“海外社会责任报告”独立成篇，展示企业在环境、社会和治理三大领域的具体实践。

第三，挑战与展望：构建中国特色的 ESG 评价体系。ESG 在中国的落地并非一帆风顺。由于缺乏统一的披露标准，上市公司之间的 ESG 报告质量差异明显，部分企业存在信息披露不足、“漂绿”等现象。此外，国际主流的ESG评级体系与中国国情不完全契合，导致部分在ESG方面取得实质进展的中国企业在评级中未能获得客观评价。业内专家呼吁，加快建立适应中国国情的ESG评价体系，使其既兼顾国际标准，又符合本土需求。

ESG已不仅是塑造企业品牌形象的“软实力”，更是推动企业长期发展的“硬标准”。在政策引导、央企示范以及逐步完善的本土评级体系下，中国企业正迎来一场从“新绿”到“长青”的绿色转型升级，迈向高质量发展的新篇章。这一过程也为企业如何真正将ESG融入运营提供了中国样本，为全球可持续发展贡献了新的智慧和经验。

思考：ESG的提出如何影响企业的经营活动？

第一节 ESG的产生与发展

一、ESG萌芽阶段（1965—1992年）

20世纪60年代，在美国民权运动和反战运动等历史事件的推动下，社会责任投资逐渐兴起，投资者开始规避与自身道德价值观相冲突的投资对象。1965年，世界首支社会责任投资基金在瑞典设立，标志着社会责任投资（Socially Responsible Investment，SRI）的正式实践。随后，《寂静的春天》的出版和美国环境保护署（United States Environmental Protection Agency，EPA）的成立成为环境保护的里程碑事件，为社会责任投资的发展奠定了基石。环境、社会和治理（Environmental，Social and Governance，ESG）萌芽起源于社会责任投资（SRI），是全球在应对环境问题、践行企业社会责任与提倡可持续发展理念中形成的新概念。

（一）全球环境问题的出现与应对

1. 工业革命对环境的影响

工业革命是人类历史上一次重大的社会变革，它带来了巨大的科技进步和生产力的提升，但同时对地球环境造成了严重的负面影响。随着工业化进程的加速，人类对自然资源的开采和利用越来越频繁，大量的森林、矿产等资源被过度开采，导致了生态环境的严重破坏。同时，工业生产过程中排放的大量废弃物也严重污染了土壤和水源。煤炭作为主要能源被大量燃烧，释放出的硫化物和碳颗粒在空气中累积，导致严重的空气污染。最著名的伦敦烟雾事件，持续五天的浓雾和污染导致约1.2万人死亡，揭示了工业污染对人类健康和环境的致命威胁。伦敦烟雾事件不仅成为环境危机的警示，而且促使英国政府在随后制定了《清洁空气法》，开启了现代环境立法的先河。

2. 全球气候变化的初步认识

气候变化的研究始于19世纪晚期，科学家们开始关注温室气体对地球气温的影响。1856年，美国科学家富特首次提出二氧化碳能吸收热量，这一发现为温室效应的理解奠定了基础。随后，瑞典化学家斯阿伦尼乌斯于1896年更深入地研究了二氧化碳排放对地球温度的影响，首次提出人类活动可能导致“地球变暖”现象。这些科学发现表明，二氧化碳等温室气体的积累对气候系统可能会产生深远影响。

20世纪50年代，随着工业化的加剧和化石燃料的广泛使用，科学家逐渐意识到人类活动对大气中二氧化碳浓度的影响。1958年，美国科学家基林在夏威夷建立了全球首个监测大气二氧化碳浓度的长期观测站。观测数据显示，大气中的二氧化碳浓度呈现持续上升趋势，这一发现首次引起了国际社会对全球变暖的关注，表明人类活动确实可能对气候产生持久的影响。

20世纪70年代，气候变化的科学研究得到进一步发展，特别是对大气环流模式和温室气体的研究不断深入。1972年，斯德哥尔摩人类环境会议首次将环境议题引入国际政治议程，为关注全球气候变化奠定了政治基础。1979年，第一次世界气候大会召开，科学家和政府代表共同探讨全球气候变暖的可能性。大会通过了世界气候大会宣言，提出应对气候变化的初步措施。这一阶段的讨论和会议标志着人类对气候变化的关注逐步从科学领域扩展到国际政治和政策领域。

1988年，联合国环境规划署和世界气象组织联合成立了政府间气候变化专门委员会（IPCC），其使命是评估全球气候变化的科学研究成果，并向各国政府提供应对气候变化的政策建议。IPCC的成立标志着全球气候变化问题进入了科学评估和国际协作的新阶段，也为后续气候协议的制定奠定了基础。

（二）企业社会责任的兴起

1. 企业社会责任的起源

18—19世纪，蒸汽机的发明推动了西方进入大工业时代，促进了现代公司的发展。亚当·斯密提出，企业通过专门化生产提高效率，个人追求自身利益时，社会福利也能实现最优。新古典经济学基于此，强调股东利益和市场效率，将企业视为生产函数，认为市场能自动实现资源最优配置。然而，现实中单一的利益导向导致企业可能会损害社会利益。随着资本主义发展，企业所有权分散，管理权和所有权分离，管理者成为实际控制者，对单纯股东利益导向提出质疑，企业责任的涵义开始拓展。

2. 企业社会责任的产生

20世纪早期，企业社会责任（Corporate Social Responsibility，CSR）的概念开始形成。1923年，英国学者谢尔顿首次提出CSR，随后鲍恩在1953年提出企业应自愿承担社会责任以促进经济目标的实现。戴维斯在1960年进一步强调企业应考虑其行为对社会的影响，并提出“责任铁律”，主张企业的社会责任应与其社会权力相匹配。这些观点引发了广泛的讨论和争议。哈佛大学的多德和哥伦比亚大学的伯利就企业社会责任进行了激烈辩论，最终伯利认同管理者应对社会利益相关者负有更广泛的责任。弗里德曼则坚持企业应专注利润最大化。这些讨论表明，市场机制被认为能有效协调企业追求利润与社会福利的关系，而企业社会责任逐渐被视为道德义务，成为现代公司治理的重要组成部分。

3. 企业社会责任的发展

20世纪70年代至20世纪末，企业社会责任（CSR）迅速发展，学术界开始聚焦其概念、内容、范畴及管理应用。随着CSR理念的传播，政府和社会各界逐步开展研究与实践。1971年，美国经济发展委员会发布《工商企业的社会责任》报告，提出了著名的CSR“三个同心圆”模型，强调企业的基本责任、超越经济职能的责任以及更广泛的社会责任。1978年，弗雷德里克提出“企业社会回应”概念，强调企业如何应对社会期望，推动了企业社会绩效（Corporate Social Performance，CSP）的出现。1979年，卡罗尔提出了企业社会责任的四个维度：经济、法律、伦理和自愿责任，并构建了 CSR 的三维框架，涉及 CSR 内容、管理及社会回应策略。1985 年，沃蒂克和科克伦进一步完善了这一框架，视 CSR 管理为连续过程。1991 年，伍德提出 CSR 三层级原则，强调企业在整体、个体和个人层面应履行责任。在中国，企业社会责任自 20 世纪 90 年代初期开始出现，最初以跨国采购商要求中国生产企业满足特定工作条件为主，主要集中在东南沿海的出口加工区。进入 20 世纪 90 年代后期，CSR 活动在中国加速发展。

（三）可持续发展概念的提出

20 世纪 80 年代，全球环境问题日益严重，促使各国开始重视人与自然的和谐关系，并寻求可持续的经济发展模式。《我们共同的未来》是联合国世界环境与发展委员会编制的，旨在解决全球环境恶化和资源枯竭问题。该委员会由挪威前首相布伦特兰领导，最终于 1987 年发布报告。《我们共同的未来》报告对“可持续发展”作出了经典定义，即“既满足当代人的需求，又不对后代人满足其需求的能力构成威胁的发展”。

这一定义突出了当代发展与未来需求之间的平衡，为全球可持续发展的研究和实践奠定了基础。报告认为，环境保护和经济发展并非对立，而是相辅相成的，只有在经济持续增长的基础上，才能更好地保护环境资源。报告还强调，全球贫困问题的解决对于可持续发展至关重要，因贫困人口的资源过度消耗往往导致环境恶化，反过来又制约了经济发展，形成恶性循环。因此，可持续发展需要在全球范围内解决贫困和环境问题。

《我们共同的未来》报告发布后，迅速引起了国际社会的广泛关注，并推动了可持续发展议题的国际化。该报告提出的可持续发展原则，至今仍是全球可持续发展框架的核心。报告阐述了可持续发展的三大支柱，即经济、社会和环境，强调发展不应以牺牲资源和环境为代价，而是要在满足经济增长需求的同时，兼顾生态保护和社会公平。

二、ESG 初步发展（1992—2004 年）

20 世纪 90 年代，在巴西里约热内卢召开的联合国环境与发展大会（UNCED），推广了“可持续发展”的观念。随着全球报告倡议组织（Global Reporting Initiative，GRI）成立，气候变化框架公约的第三次缔约方大会的召开，以及联合国“全球契约（Global Compact）”计划的启动，促进了各国政府把宽泛的政策目标转化为具体的行动，并在通过经济的、行政的以及制度的手段管理环境上作出了初步的尝试。

（一）国际组织机构的推动

1992 年，在巴西里约热内卢举行了联合国环境与发展大会（UNCED），标志着 ESG 进入初步发展阶段。此次会议取得了诸多重大成就：达成了《里约宣言》及其 27 项普遍原则，通过了《联合国气候变化框架公约》《生物多样性公约》，达成了《森林原则声明》，成立了金融倡议并希望金融机构能把环境、社会和治理因素纳入决策过程，发挥金融投资的力量促进可持续发展。这一时期，全球社会对企业社会责任（CSR）和可持续发展问题的关注逐渐增加，社会责任投资开始由道德层面转向投资策略层面，在投资决策中综合考量公司的 ESG 绩效表现，衡量 ESG 投资策略对投资风险和投资收益的影响。

1997 年全球报告倡议组织（GRI）成立，该组织是由美国的非政府组织“对环境负责的经济体联盟”（CERES）和联合国环境规划署（UNEP）共同发起的，秘书处设在荷兰阿姆斯特丹。GRI 标准提出的可持续发展报告涵盖了 ESG 三部分，已经成为全世界应用最广的可持续发展报告框架。同年，联合国气候变化框架公约的第三次缔约方大会在日本京都召开，会议通过了《联合国气候变化框架公约京都议定书》，首次以国际性法规的形式限制发达国家温室气体排放量以抑制全球变暖。

(二) 联合国号召的启动

1999 年达沃斯世界经济论坛年会上，时任联合国秘书长科菲·安南提出“全球契约”计划，号召企业遵守人权、员工标准、环境和反腐败方面的十项基本原则。2000 年 7 月 26 日，联合国全球契约组织(UNGC)在联合国总部正式成立，标志着这一重要倡议的全球启动。2002 年，《联合国全球契约》正式推出，它要求：在人权方面，企业尊重和维护国际公认的各项人权，绝不参与任何漠视与践踏人权的行为；在员工标准方面，企业应维护结社自由，承认劳资集体谈判的权利，彻底消除各种形式的强迫劳动，消除童工，杜绝任何用工与行业歧视行为；在环境方面，企业应对环境挑战未雨绸缪，主动增加环保责任，鼓励无害环境技术的发展与推广；在防止腐败方面，企业应反对各种形式的贪污，包括敲诈、勒索和行贿受贿。同年，道琼斯可持续发展世界指数发布。该指数涵盖了标准普尔全球广泛市场指数表现最好的 2 500 只股票中前 10%的企业和它们的可持续发展与环境事件披露情况。

2000 年，全球报告倡议组织(GRI)首次发布了《可持续发展报告指南》，该指南的影响力迅速扩展至全球多个地区，先后有 50 个机构基于 GRI 的报告指南发布了它们的可持续发展报告。同年，碳信息披露项目(CDP)成立，旨在应对全球气候变化挑战。随着全球对环境问题关注的增加，CDP 逐渐发展成为全球最大的环境信息平台之一，致力于推动企业和政府减少温室气体排放，保护水资源和森林资源。

三、ESG 快速发展(2004—2015 年)

进入 21 世纪，世界各国纷纷开展应对可持续发展挑战的行动，政府、企业、金融机构、非政府组织、社会公众等多元主体都试图寻找应对全球挑战的解决方案。为达成行动和观点共识，联合国全球契约组织在 2004 年 6 月召开的全球契约领导人峰会上发布了《在乎者赢：将金融市场与变化的世界连接起来》的报告，首次明确提出了 ESG 概念。随着概念的正式提出，ESG 真正意义上进入快速发展阶段。

(一) ESG 要素融入投资决策的形成

2004 年，联合国时任秘书长科菲·安南邀请 50 家世界顶级投资机构的首席执行官参加国际金融公司(IFC)与瑞士政府发起的倡议，讨论如何作出更好的投融资决策。同年 12 月，联合国全球契约组织和瑞士联邦技术学院合作发布了《Who Cares Wins》报告，首次系统性地提出了 ESG(环境、社会和治理)概念，呼吁将 ESG 因素融入金融决策中。这份报告基于全球环境和社会风险的加剧，强调了企业在环境、社会、治理方面的全面责任，提出 ESG 能够提升企业的可持续发展能力和长远价值。此报告标志着 ESG 作为一套系统化的企业责任框架正式确立。全球投资者开始推动以 ESG 为核心的投资理念，提倡在投资决策中考虑环境保护、社会责任和良好治理的因素。此阶段，ESG 的基础框架逐步形成，企业和投资者的认识逐渐从单一的财务利益扩展到长期可持续发展的目标。

2005 年，道琼斯北美可持续发展指数(DJSI North America)发布，它根据企业的 ESG 实践状况追踪了标准普尔广泛市场指数(BMI)中最大的 600 只股票中的前 20%。该指数是全球第一个可持续发展指数，DJSI 每年都会基于企业 ESG 综合表现，评选出在可持续发展方面有卓越表现的大型企业，其提供的数据涵盖近 5 000 家公司，为 ESG 投资决策提供参考。

2006年，联合国推出的责任投资原则（PRI）进一步推动了ESG理念的普及。PRI旨在将ESG因素融入投资分析和决策中，倡导长期价值创造与社会责任的统一。许多国际机构投资者，纷纷签署PRI，并将ESG纳入投资筛选标准。实践表明，将ESG纳入投资流程能够有效降低企业运营风险，并提升其抗风险能力。ESG与负责任投资的融合不仅推动了企业社会责任的履行，而且为金融市场的可持续发展提供了有力支持，逐步形成了一种兼具财务和社会效益的投资模式。同年9月，中国深交所发布了《深圳证券交易所上市公司社会责任指引》，开始提及上市公司环境保护和社会责任方面的工作，响应了联合国责任投资原则（UNPRI），充分借鉴了国际市场经验。

（二）推动ESG多元发展的力量扩大

2008年，道琼斯公司推出了两个重要的可持续发展指数，即道琼斯可持续发展北美40指数和道琼斯可持续发展美国40指数。这两个子指数专门包含了美国及北美其他地区在可持续发展方面表现卓越的40家公司。这些指数的设立，旨在表彰那些将可持续发展作为业务发展核心驱动力的企业，并为投资者提供一个反映企业在经济、环境和社会三个维度上综合表现的投资参考。通过这些指数，投资者可以更直观地识别和投资于那些在可持续发展领域具有领导地位的公司。

2009年，全球影响力投资网络（GIIN）在洛克菲勒基金会的大力支持下正式成立。这一组织首次提出了“影响力投资”的概念，标志着投资领域开始重视除了财务回报之外的社会价值。

从21世纪10年代开始，ESG逐步纳入企业实践。2011年，可持续发展会计标准委员会（SASB）正式成立。该委员会的核心任务是为不同行业的企业在环境、社会和治理问题上的报告制定行业特定的标准。SASB致力于帮助企业了解如何有效地报告这些关键指标，从而促进投资者与企业之间就对财务表现有实质性影响的信息进行交流和决策。通过这些标准，SASB旨在提高递交给美国证券交易委员会（SEC）文件中关于可持续发展信息披露的有效性，协助投资者进行更科学的决策。SASB的成立标志着在ESG信息披露领域迈出的重要一步，为企业提供了一个明确的框架，以识别、管理和传达对财务有重大影响的可持续发展信息。

2012年8月，中国香港联合交易所（联交所）首次发布了《环境、社会及管治报告指引》，正式将其纳入《上市规则》的附件中。这一指引最初是作为上市公司自愿性披露建议，鼓励企业开始报告环境、社会及管治（ESG）信息。《ESG报告指引》涵盖了四个主要范畴，包括工作环境质素、环境保护、营运惯例和社区参与，每个范畴下都包含一般性的披露要求和关键绩效指标（KPI）。

四、ESG全面深化（2015年至今）

从2015年开始，经历了ESG快速发展的十年后，其在主体实践和理论发展过程都出现了不少争议、困惑与质疑的声音。面对日益突出的ESG异化及标准多样化的困扰，各国政府、监管机构与国际组织纷纷行动，加强ESG监管，协调整合标准，力求统一，推动ESG真实可持续发展。以2015年12月的《巴黎协定》的签署为标志，各国各地区的机构组织推动标准体系的建立，全球ESG步入全面深化与规范化发展的新阶段。

（一）全球可持续发展议程推动ESG迈入正规

2015年是全球可持续发展领域具有里程碑意义的一年。该年9月，联合国可持续发展峰会通过了《改变我们的世界:2030年可持续发展议程》,该议程提出了17项可持续发展目标(SDGs),旨在指导未来15年全球在经济、社会和环境问题上的综合行动。这些目标覆盖了从消除贫困、保护地球到确保全人类享有和平与繁荣等广泛领域,为全球发展工作提供了新的指导方针,同时在联合国千年发展目标到期后能够为全球发展工作继续提供指导。同年12月,联合国气候变化大会通过的《巴黎协定》,成为首个具有法律约束力的全球气候变化协定,对未来几十年的全球气候治理指明了方向并作出了制度性安排。联合国可持续发展目标的提出和《巴黎协定》的签署引发了全社会对可持续发展的关注,极大促进了ESG投资和企业ESG实践,ESG迈入快速发展轨道。在当年,荷兰正式推行"绿色基金计划",为绿色项目的存款人和贷款人提供税收减免,从而引导个人或机构投资者投资绿色项目。

(二) 政策与标准体系的建立加速了ESG的规范化和全球化

2017年,中国环境保护部(现为生态环境部)与证监会共同签署了《关于共同开展上市公司环境信息披露工作的合作协议》,这标志着我国在ESG体系构建上从顶层设计走向了执行层面。该协议的核心目标是推动建立和完善上市公司的强制性环境信息披露制度,以督促上市公司履行其环境保护的社会责任。双方旨在结合环境保护的要求,建立公平有序的市场规范,推动环境保护与证券市场健康发展的"双赢"。

2019年12月6日,欧洲银行管理局(EBA)发布了《可持续金融行动计划》,该计划详细概述了EBA将针对环境、社会和治理(ESG)因素以及相关风险所展开的任务内容与具体时间表。这一行动计划的重点在于提供关键政策信息,为金融机构的未来实践与经济行为提供指引,以支持欧盟在可持续金融发展方面的稳步推进。

2021年3月,美国证券交易委员会(SEC)在执法部设立了气候变化和ESG特别工作组,这一行动旨在积极识别与ESG相关的不当行为和潜在的违规行为。同年4月,美国众议院金融服务委员会通过了《ESG信息披露简化法案》(ESG Disclosure Simplification Act),该法案要求所有公开交易的公司定期公布其环境、社会和治理表现的具体情况,披露其经营过程中与温室气体排放、化石燃料使用等相关的气候变化风险等相关信息。这被视为美国政府建立强制性ESG披露标准的重要一步。

2022年11月,欧洲议会(European Parliament)通过了《企业可持续发展报告指令》(CSRD),要求符合一定要求且在欧洲运营的公司,需要向投资者、客户和政府披露其ESG信息。这为全球层面可持续发展报告的标准奠定基础,将对全球商业活动产生深远影响。2023年10月,欧洲议会通过了《欧洲绿色债券标准》,并批准采用新的欧洲绿色债券标签,这一举措旨在打击"漂绿"行为。

2024年4月,中国上海证券交易所、深圳证券交易所和北京证券交易所正式发布了《上市公司可持续发展报告指引》,自2024年5月1日起实施。这一指引的发布对上市公司在环境、社会和治理等可持续信息披露作出了规范,明确了首批强制执行范围,并将通过示范效应,带动上市公司及其他市场参与主体的可持续信息披露的规范化发展。同年5月,中国财政部发布了《企业可持续披露准则——基本准则(征求意见稿)》,这标志着中国统一的可持续披露准则体系正在逐步建成,有助于企业践行可持续发展理念、提高国际竞争力、推动高质量发展。

第二节　ESG 的定义与相关概念

一、ESG 定义

ESG 是"环境(Environmental)、社会(Social)和治理(Governance)"的缩写，是指从环境、社会和治理三个维度评估企业经营的可持续性与对社会价值观念的影响，是一种评估企业可持续性和社会价值观念的方法。通过这三个维度来考察企业的中长期发展潜力，旨在找到既能创造股东价值又能创造社会价值，并且具有可持续成长能力的投资标的。

(一) 不同组织、机构的定义

国际金融公司(IFC)将 ESG 定义为公司在管理其业务时考虑的一系列环境、社会和治理因素，以及投资者在进行投资时考虑的与风险、影响和机会相关的因素。具体包括环境问题(如污染、生物多样性影响、碳排放、气候变化、自然资源使用)；社会问题(如健康与安全、供应链、多样性和包容性)；治理问题(如公司治理结构和流程，包括董事会结构和多样性、道德行为、风险管理、信息披露和透明度)，以及关键环境和社会政策和程序的治理。

国际标准化组织(ISO)在其 ESG 实施原则(IWA 48)中，将 ESG 定义为组织在其文化中实施和嵌入的环境、社会和治理(ESG)实践的高层次结构和原则。这些原则旨在支持管理 ESG 绩效，并促进在现有框架下进行测量和报告，实现全球 ESG 报告和实践的一致性、可比性和可靠性。

高盛集团指出 ESG 包括环境标准、社会标准和治理标准。其中，环境标准包括投入(Input)和产出(Output)两方面，前者是指能源、水等资源的投入，后者是指气候变化、排放物、废料等。社会标准包括领导力(Leadership)、员工(Employees)、客户(Customers)和社区(Communities)四个方面。

(二) 学术研究中的定义

目前，学术研究中关于 ESG 的定义多种多样，肖红军指出这些定义在两个维度上存在显著差异：第一个维度是主体维度，包括单一主体视角(投资者或企业)和双重主体视角(投资者和企业)，第二个维度是本质认知维度，包括作为评价标准与框架即评价观和作为义务要求与考虑因素即行为观。

1. 单一主体评价观

在单一主体评价观中，ESG 被认为是投资者视角的新型投资评价框架或者企业视角的可持续发展评价方法。对于前者，ESG 是一种用于评价企业可持续发展的投资概念，是投资者用于评价企业行为和未来财务绩效的标准与战略，或者是投资者用于评估企业在环境、社会和治理因素方面集成努力的一种策略。也有学者认为 ESG 是非财务绩效的关键要素，是投资者和利益相关方对企业可持续发展和影响进行评价的非财务绩效指标，属于对企业负责任影响投资进行评估的标准。

2. 双重主体评价观

双重主体评价观认为，ESG 是兼具投资者视角和企业视角的综合性评价框架，既是投资者用于衡量企业非财务表现和可持续性的重要工具，也是企业自我评估和改进的重要依据。投资者通过 ESG 评价识别长期价值潜力和抗风险能力较强的企业，而企业则通过优化 ESG 表现吸引负责任投资者，提升品牌形象和资本市场竞争力。这一评价框架强调企业和投资者在环境、社会和治理维度上的协同作用，实现了两者目标的平衡与互补。ESG 是衡量企业或商业投资中可持续性和道德影响最核心的环境、社会和治理三个因素的方法。

3. 单一主体行为观

从单一主体行为观的视角来看，ESG 被定义为企业或投资者在环境、社会和治理三个维度上承担责任并采取行动的指导框架。对于企业而言，ESG 是一种行为标准，要求其在生产经营活动中主动履行环境保护责任、社会公益义务和公司治理职责。企业的 ESG 行为是通过减少碳排放、保护自然资源、尊重人权及提升公司治理透明度等具体措施，来实现可持续发展的目标。对于投资者而言，ESG 行为观被视为一种投资决策中必须纳入的考虑因素。投资者在选择投资标的时，不仅关注企业的财务绩效，而且关注企业在环境保护、社会责任和治理结构方面的表现。

4. 双重主体行为观

双重主体行为观认为，ESG 既是企业行为的实践框架，也是投资者行为的评估工具，两者相辅相成，共同推动可持续发展的实现。企业通过积极履行 ESG 责任，可以提升自身吸引负责任投资者的能力，而投资者则通过关注 ESG 表现来引导企业行为的改进。在企业层面，企业通过制定和实施 ESG 政策，不仅有助于履行其环境、社会和治理责任，而且能够增强品牌声誉、优化风险管理，并提升长期价值。例如，企业在环境方面可以通过采用绿色技术减少碳足迹，在社会方面通过加强员工福利和社会公益活动获得利益相关者的认可，在治理方面通过透明的董事会运作增强投资者信心。

在投资者层面，投资者通过对企业的 ESG 表现进行评估，可以在资本配置过程中支持表现良好的企业，并对表现欠佳的企业施加外部压力，推动其改进。这种互动机制促进了 ESG 在资本市场和企业经营中的深度融合，形成了企业和投资者之间的良性循环。

（三）中国特色的 ESG 内涵

ESG 在中国的发展既吸收了国际上的广泛认知，也体现了中国的特点。总体而言，ESG 是一种开放包容的理论体系和政策框架，是创新、协调、绿色、开放、共享的新发展理念在资产管理领域得以贯彻落实的适当载体；ESG 是一种关于如何发展的价值观，它将目标公司置于相互联系、相互依赖的社会网络之中，将个体活动映射到整个社会网络，将公共利益引入公司价值体系，更加注重公司发展过程中的价值观和行为，以及由此带来的公司与社会价值的共同提升，而非孤立的单一公司的财务结果。

正如本章导引案例所指出的那样，ESG 已不仅是塑造企业品牌形象的“软实力”，更是推动企业长期发展的“硬标准”。在国家政策引导、中央企业示范以及逐步完善的本土评级体系下，中国企业正迎来一场从“新绿”到“长青”的绿色转型升级，迈向高质量发展的新篇章。这一过程也为企业如何真正将 ESG 融入管理运营提供了中国样本，为全球可持续发展贡献中国智慧和中国经验。

二、ESG 相关概念

（一）ESG 表现

ESG 表现是指企业在环境、社会和治理三个维度上的实际行动和成果的综合反映。它是企业在可持续发展和社会责任方面的整体表现，常用于衡量企业在履行环境保护、社会责任和公司治理义务方面的成效。环境反映企业对自然资源和环境的影响，以及其在应对气候变化方面的努力；社会关注企业如何对待员工、供应链、客户以及所在社区；治理反映企业的内部管理结构和治理透明度。

ESG 表现的作用主要体现为：①帮助企业提升长期财务表现，通过改善环境、社会和治理，降低风险，增强企业的可持续竞争力。②增强投资者信心，吸引更多长期投资和资金流入。③提升企业的品牌形象和社会责任感，从而获得更广泛的消费者支持。④提升企业的风险管理能力，特别是在应对环境变化、社会责任及治理结构等方面的挑战，从而增强企业的长期发展潜力。

（二）ESG 披露

ESG 披露包括强制性披露和自愿性披露，是指企业在环境、社会和治理三个方面，向利益相关者（如投资者、监管机构、公众）公开其政策、实践和绩效的信息的过程。这是一种透明化的企业管理和沟通手段，旨在反映企业在可持续发展和社会责任履行方面的表现。ESG 信息披露的形式包括独立的 ESG 报告、综合报告、其他信息披露形式。

ESG 披露的主要作用：①通过披露 ESG 信息，企业能够向利益相关者展示其在环境保护、社会责任和公司治理方面的努力和成效。此举有助于增强企业透明度，吸引关注可持续发展的责任投资者，优化资本结构，提升市场竞争力。②通过向投资者、监管机构和公众披露环境、社会和治理方面的信息，企业能够传递其在这些领域的表现和风险管理策略。③有助于提升投资者的决策质量和信任度，促使企业优化其治理结构、改善环境和社会责任管理，并实现长期可持续的增长。

（三）ESG 评级

ESG 评级是对企业在环境、社会和治理三个维度上的表现进行综合评估并给予评分的过程。这种评级主要由专业的评级机构依据企业披露的信息和第三方数据完成，用以衡量企业在可持续发展和社会责任方面的表现。

ESG 评级的主要作用：①投资决策依据。为机构投资者提供可持续投资的重要参考，帮助其在筛选投资标的时综合考虑企业的财务风险与非财务风险。②企业内部改进。企业可以通过 ESG 评级结果识别自身的优势与不足，优化其环境管理、社会责任履行以及治理结构。③风险管理工具。ESG 评级能够揭示企业潜在的非财务风险（如环境违规、社会争议、治理问题），为投资者提供风险警示。

（四）ESG 鉴证

ESG 鉴证是指由独立的第三方对企业披露的环境、社会和治理信息进行独立审核与验证的过程。其目的是确保 ESG 报告或披露内容的真实性、完整性和可靠性，为利益相关者（如投资者、监管机构、公众）提供更高水平的信任保障。ESG 鉴证对企业披露的非财务信息进行核实，以识别是否存在重大虚假陈述或遗漏。它帮助企业提升信息披露质量，增强资本市场和社会对企业可持续发展承诺的信任。

ESG 鉴证的主要作用包括：①提高信息透明度和可信度。ESG 鉴证通过独立的第三方验证，确保企业披露信息的真实性和完整性，降低信息不对称，提升资本市场的透明度。②满足利益相关方需求。投资者和其他利益相关者越来越关注企业的 ESG 表现。通过鉴证，企业能够增强其信息披露的公信力，吸引更多负责任投资者。③增强企业声誉和竞争力。ESG 鉴证帮助企业树立可持续发展的形象，增强市场和社会对其责任履行的信任。④支持监管合规。随着全球范围内 ESG 信息披露法规的强化，许多国家和地区已经或计划强制要求 ESG 鉴证。通过鉴证，企业能够确保其披露内容符合相关法规标准。

（五）ESG 投资

ESG 投资是指在投资研究实践中融入 ESG 理念，在基于传统财务分析的基础上，通过环境、社会、治理三个维度考察企业中长期发展潜力，希望找到既创造股东价值又创造社会价值、具有可持续成长能力的投资标的。

ESG 投资的主要作用：①促使企业将社会环境责任融入其业务运作，以降低风险，创造价值，并实现长期可持续的回报。②与传统财务指标不同，ESG 指标能够更有效地衡量企业的可持续发展能力和社会影响，帮助投资者更好地预判公司未来的财务情况以及绩效。简而言之，ESG 投资是一种注重企业在环境、社会和治理方面绩效的投资理念，旨在实现经济、社会和环境的综合效益。

中国之路　绿色发展是高质量发展的底色

中国式现代化是人与自然和谐共生的现代化。《中共中央关于进一步全面深化改革、推进中国式现代化的决定》把建设美丽中国列为重大改革任务之一。党的十八大以来，习近平总书记围绕建设美丽中国作出一系列重要论述，为新时代新征程以美丽中国建设全面推进人与自然和谐共生的现代化提供了根本遵循。

在生态文明体制改革方面，提出完善生态文明基础体制，健全生态环境治理体系，健全绿色低碳发展机制；提出实施分区域、差异化、精准管控的生态环境管理制度，健全横向生态保护补偿机制，实施支持绿色低碳发展的财税、金融、投资、价格政策和标准体系，加快规划建设新型能源体系。

——2024 年 7 月，习近平总书记关于《中共中央关于进一步全面深化改革、推进中国式现代化的决定》的说明

绿色发展是高质量发展的底色，新质生产力本身就是绿色生产力。必须加快发展方式绿色转型，助力碳达峰碳中和。牢固树立和践行绿水青山就是金山银山的理念，坚定不移走生态优先、绿色发展之路。

——2024 年 1 月 31 日，习近平在二十届中央政治局第十一次集体学习时的讲话

提高生态环境领域国家治理体系和治理能力现代化水平。要健全党委领导、政府主导、企业主体、社会组织和公众共同参与的现代环境治理体系，构建一体谋划、一体部署、一体推进、一体考核的制度机制。

——2021 年 4 月 30 日，习近平在十九届中央政治局第二十九次集体学习时的讲话

资料来源：习近平.推进生态文明建设需要处理好几个重大关系[J].求是，2023(22)：4—7.

思考：ESG 内涵与中国高质量发展内涵的逻辑关联是什么？

拓展阅读 未来属于能够整合商业价值和社会价值的企业

——华为 TECH4ALL 战略，让数字世界更平等可持续

未来的商业竞争不再仅仅是关于产品和服务的竞争，更是企业价值观和社会责任的竞争。在这样的背景下，能够整合商业价值和社会价值的企业将占据优势。ESG 的核心目的正是引导企业实现更加可持续的发展，这不仅涉及环境保护和社会责任，而且关系到公司治理结构的完善。

华为作为全球领先的信息与通信技术(ICT)解决方案提供商，致力于通过创新科技改善全球连接性和增强数字化水平。华为认识到，尽管数字技术为人们的生活带来了前所未有的便利，但全球依然存在显著的数字鸿沟。据联合国国际电信联盟(ITU)估算，截至目前，全球仍有近 29 亿人未曾使用过互联网，占世界总人口的 37%。这一数据突显了数字不平等的严重性，特别是在亚非拉等地区，许多人因为缺乏接触互联网和相关技术的机会而无法享受数字时代带来的好处。

针对这一社会问题，华为启动了 Tech4all 数字包容倡议，旨在通过科技创新来缩小数字鸿沟，特别是通过提供公平优质教育、保护脆弱环境、促进健康福祉和推进均衡发展四个主题的实践，实现更广泛的数字包容性。

通过 Tech4all 倡议，华为不仅在全球范围内扩大了其品牌影响力，增强了其作为社会责任典范的形象，而且成功开辟了新的市场和增长机会。华为的实践证明，通过识别和解决社会问题，企业不仅能够为社会作出贡献，而且能够实现商业上的成功，创造出新的商业模式和增长点。这种模式展示了如何将社会价值和商业价值整合为企业战略的一部分，实现双赢。真正能够在市场上长期生存并实现可持续发展的企业，是那些能够将商业价值与社会价值相结合的企业。

思考题

1. ESG 的发展经历了哪些阶段？
2. 政府作为 ESG 的实践主体，能发挥什么作用？

练 习 题

一、单项选择题

1. ESG概念的形成主要受到(　　)理念的推动。

A. 公司盈利最大化　　B. 企业社会责任

C. 技术创新能力　　D. 市场竞争机制

2. ESG概念是(　　)年被系统性地提出。

A. 1965　　B. 1992

C. 2004　　D. 2006

3. 1992年首次地球峰会在(　　)召开。

A. 北京　　B. 巴黎

C. 阿姆斯特丹　　D. 里约热内卢

4. GRI是指(　　)。

A. 全球报告倡议组织　　B. 国际标准化组织

C. 国际金融公司　　D. 联合国全球契约组织

5. (　　)成立标志着在ESG信息披露领域迈出的重要一步。

A. 美国证券交易委员会(SEC)　　B. 碳信息披露项目(CDP)

C. 全球影响力投资网络(GIIN)　　D. 可持续发展会计标准委员会(SASB)

二、多项选择题

1. 以下属于ESG核心要素的有(　　　)。

A. 环境保护　　B. 公司治理

C. 企业盈利能力　　D. 社会责任

2. ESG评级的主要作用有(　　　)。

A. 提高企业透明度　　B. 投资决策

C. 企业内部改进　　D. 风险管理工具

3. ESG鉴证的重要性体现在(　　　)。

A. 提高信息透明度和可信度　　B. 满足利益相关方需求

C. 增强企业声誉和竞争力　　D. 支持监管合规

4. 在ESG框架中,社会要素聚焦于企业与(　　　)的互动关系。

A. 政府　　B. 员工

C. 客户　　D. 供应链伙伴和社区

5. 在ESG框架中,环境要素侧重于(　　　)。

A. 环境保护　　B. 资源管理

C. 可持续发展　　D. 公司治理

三、判断题

1. ESG评级的高低不会影响企业的融资能力和资本获取。（　　）

2. ESG披露是针对ESG三个维度上的表现进行综合评估并给予评分的过程。（　　）

3. ESG鉴证机构扮演着ESG信息搜集、筛选、整合和评级的角色。（　　）

4. ESG监管机构在全球可持续发展和企业责任投资中扮演着监督的角色。（　　）

5. ESG标准制定机构的主要职能是加强ESG标准与政策的衔接。（　　）

第二章　ESG的理论基础

学习目标

1. 熟悉经济外部性理论；
2. 熟悉可持续发展理论；
3. 熟悉社会责任理论；
4. 掌握相关理论对ESG的影响。

导引案例

人性假设的悖论："经济人"和"社会人"

随着对人性认识的不断深化，人类文明的工业化与数智化进程也在持续推进，企业内部各类活动的最终目的都是要实现人的发展。企业社会责任本质上是一个关于人本性的价值判断命题，社会责任的异化很大程度上源于对人的关怀的缺失。亚当·斯密在《国民财富的性质和原因的研究》(《国富论》)中提出"经济人"假设，其核心观点在于"人都是自利的"，人出于对自身利益的追求参与经济活动，并通过交换与分工满足其对利益的追逐，保证经济社会的正常运转。随着19世纪末20世纪初西方垄断资本主义逐渐取代自由资本主义，物质水平迅速提高，人们对经济利益的追求逐步转向精神上的更高层次的需求。乔治·梅奥通过长达十余年的霍桑实验突破了传统"经济人"假设的局限性，认为人不仅仅是经济人，更是社会人，人与人之间的亲密关系、非正式组织对人的影响都会左右人的生产行为。

"经济人"与"社会人"假设都忽略了人与组织个体均是"利己"与"利他"的合一的"复杂人"，人的需要和行为动机是多元复杂的，并且在不同情境下会发生变化。总体而言，人本质上是"悖论人"，一方面存在"精致利己主义"的逐利倾向，另一方面作为"社会人"，又倾向于防止自己与社会脱嵌。尽管许多组织经营者(企业家)都承认社会责任的合理性，但其理念与行为之间还是会出现知行不一的情况，甚至一些企业开始利用社会责任的内在模糊性从事披着慈善外衣行牟利之实的伪社会责任行为。此外，基于对"经济人"与"社会人"的矛盾认知，企业也可能由于对社会责任实践方向与方式无所适从而出现社会责任的异化，如脱离核心业务进行道德竞赛，公共责任搭便车进而导致“公地悲剧”等。这些行为不仅没有增进社会福利，而且使得社会问题进一步恶化。因此，“悖论人”的存在造成企业对社会责任的治理难以顺利推进，同时社会也因这些伪善和异化行为而对企业社会责任失去信心，结果导致学界对所构筑的企业社会责任理论大厦产生怀疑，最终阻碍整个企业社会责任生态圈的可持续发展。

案例来源：肖红军，阳镇，商慧辰.从理想主义到合意性：企业社会责任多重悖论的破解[J].财贸研究，2021，32(05)：62—81.

思考：“经济人”假设和“社会人”假设如何帮助我们理解 ESG 的理论基础？

ESG 作为评价企业可持续发展的一种方法论，其背后的理论体系源远流长。对 ESG 基础理论的深入研究与广泛实践，为 ESG 方法论提供了坚实的学术和实践基础。在全球化与可持续发展的背景下，ESG 理论基础不仅是企业管理的重要框架，更是推动社会进步的核心力量。随着气候变化、资源短缺、贫富差距等全球性挑战的日益加剧，ESG 实践成为衡量企业长期价值和责任担当的重要标准。无论是资本市场、消费者、员工，还是政策监管机构，越来越多的利益相关者开始关注企业在环境保护、社会责任和公司治理方面的表现。而这一转变，正促使企业从传统的财务利润驱动，向更具社会价值与可持续发展的方向转型。因此，深入理解和应用 ESG 的理论基础，不仅是对全球发展趋势的响应，更是企业实现战略转型、提升竞争力和塑造长期价值的关键。

第一节　经济外部性理论

一、经济外部性理论概述

（一）经济外部性的内涵

由于不同学者的研究视角和研究层次并不相同，经济外部性至今还未形成统一的定义。归纳起来大致可以分为两类：一类是从外部性产生的主体角度进行定义；另一类是从外部性的承担者角度进行定义。这两种定义虽然侧重点不同，但它们的核心理念一致，即认为外部性是一种经济实体对另一实体产生的非市场交易性影响，这种影响通常是由于他人的行为而使得某一主体获得利益或遭受损失。

1. 外部性产生主体角度

从经济外部性产生主体的角度进行定义的典型代表是萨缪尔森和诺德豪斯，他们在其著作《经济学》中提到“外部性是指那些生产或消费对其他团体强征了不可补偿的成本或给予了无需补偿的收益的情形”。外部经济效果，是市场失灵的一种体现，当生产或消费的所有副作用没有被包括在市场价格中时，外部经济效果就产生了；外部经济效果或外溢发生在生产和消费给他人带来的非自愿的成本或收益的时候，即成本或收益被强加于他人身上，而这种成本或收益并未由引起成本或接受收益的人加以偿付；更确切地说，外部经济效果是一个经济主体对另一个经济主体福利产生的效果，而这种效果并没有从货币或市场交易中反映出来。这种定义的角度主要是强调外部性产生主体的主动性。

2. 外部性承担者角度

从经济外部性的承担者角度对经济外部性进行定义的代表学者是兰德尔，他认为外部性是用来表示"当一个行动的某些效益或成本不在决策者的考虑范围内的时候所产生的一些低效率现象；也就是某些效益被给予，或某些成本被强加给没有参加这一决策的人"。

用数学语言来表述，所谓外部效应，就是某经济主体的福利函数的自变量中包含了他人的行为，而该经济主体又没有向他人提供报酬或索取补偿。即：

$$F_j = F_j(X_{1j}, X_{2j}, \cdots, X_{nj}, X_{mk}) \qquad j \neq k$$

这里，j 和 k 是指不同的个人（或厂商），F_j 表示 j 的福利函数，X_i（$i=1, 2, 3, \cdots, n, m$）是指经济活动。这函数表明，只要某个经济主体 j 的福利受到他自己所控制的经济活动 X_i 的影响外，同时也受到另外一个人 k 所控制的某一经济活动 X_m 的影响时，就存在外部效应。

（二）外部性的分类

对外部性的分类，往往是根据不同的标准、从不同的视角出发进行的。常用的外部性分类概念包括：外部经济和外部不经济、生产的外部性与消费的外部性、代内外部性与代际外部性、竞争条件下的外部性与垄断条件下的外部性、稳定的外部性与不稳定的外部性、单向的外部性与交互的外部性、制度外部性与科技外部性等。

1. 外部经济和外部不经济

外部性可分为两大类：正向外部性和负向外部性。正向外部性，也称为外部经济，指的是某些人的生产或消费行为为他人带来利益，而受益者无需为此支付费用。例如，一户人家的私人花园为路人提供了视觉上的愉悦，而这些路人无需为此美景买单，这就是正向外部性的体现。

负向外部性，或称外部不经济，是指某些人的生产或消费活动对他人造成损害，而行为人并不对受害者进行补偿。比如，当邻居的音响音量过大，干扰了你的休息，这种情况便是负向外部性。

2. 生产的外部性与消费的外部性

外部性可划分为生产引起的外部性和消费引起的外部性。生产的外部性和消费的外部性的区别，是根据产生外部性的经济主体是生产者还是消费者作出的。如果外部性行为的实施者是生产者，该外部性就是生产外部性，意为源于生产领域的外部性。相应地，如果外部性行为的实施者是消费者，则该外部性就被称作消费外部性，意为源于消费领域的外部性。无论是生产外部性，还是消费外部性，对于承受者来说，其影响有可能是正的，也有可能是负的。

在 20 世纪 60 年代以前，人们大多较为关注生产外部性，如企业对环境的污染问题、垄断企业对消费者剩余的侵蚀等。但随着经济的发展和消费水平的提高，20 世纪 70 年代以后，消费外部性问题日益突出，如汽车消费过程中的空气污染、道路拥挤、交通事故增多等现象，人们关注的焦点也正在从生产外部性向消费外部性转移。

3. 代内外部性与代际外部性

代内外部性与代际外部性在概念上有所不同，其中，代内外部性通常是基于空间的概念，侧重于评估当前资源分配的合理性，主要涉及同代之间的外部性问题。相对而言，代际外部性关注的是不同代人之间行为的交叉影响，尤其是减少前代对后代以及当代对后代的负面影响。这种外部性可以被视为“从现在延伸至未来的外部性”。

当前外部性的讨论已不再仅限于同一地区的企业间或企业与居民间的争端，而是扩展到了区域之间、国家之间，显示出代内外部性的地理范围正在扩大。与此同时，代际外部性的问题也日益显著，诸如生态破坏、环境污染、资源枯竭、淡水短缺等问题，已经开始威胁到子孙后代的生存环境。

4. 竞争条件下的外部性与垄断条件下的外部性

威廉·鲍莫尔对外部性的研究不仅限于竞争环境，还涵盖了垄断环境。他指出，竞争与垄断条件下的外部经济问题存在显著差异。假设某厂商的规模扩张能提升整个行业的运输效率，这种扩张对于一个独立厂商来说可能并不划算，但若该行业由单一厂商垄断，则此种扩张仍能带来利益。换句话说，在竞争性部门中，单一厂商所产生的外部经济（或外部不经济）效应，并不必然等同于垄断者所面临的外部经济（或外部不经济）效应。

在竞争条件下，外部性通常表现为正外部性，即一个企业的行为（如技术创新、提高效率）使得其他企业或整个社会受益，而无需得到直接的补偿。例如，一家企业通过采用更高效的生产技术，降低了生产成本，提高了产品质量，这不仅能吸引更多的消费者，而且能促进整个行业的技术进步。在垄断条件下，外部性可能表现为负外部性，即企业的行为（如环境污染、资源过度开采）对其他企业或整个社会造成不利影响，而这些成本并不直接由该企业承担。例如，一家垄断企业可能无限制地增加产量，而不考虑其生产活动对环境的破坏，因为市场上没有足够的竞争来限制其行为。

5. 稳定的外部性与不稳定的外部性

根据外部性承受者是否能够预料到外部影响的发生并采取防范措施，可以将外部性分为稳定的外部性和不稳定的外部性。如果外部性受体对所受到的外部性影响能够进行预期，从而可以采取各种措施加以规避，或者可以与产生外部性的主体方进行协商，从而减轻其所受影响，这种外部性就属于稳定的外部性。例如，教育带来的稳定的外部性，一个社会整体的教育水平提高，不仅能提高劳动生产率，而且能促进社会和谐，减少犯罪等。这种外部性通常在长时间内持续存在，且有规律。

当外部性受体对外部性影响不能及时作出预期，因此无法采取措施加以规避，或无法与产生外部性影响主体方进行协商以减少损失，该外部性就是不稳定的外部性。例如，一项技术突破可能带来短期内的巨大效益，但随着技术普及和市场饱和，这种外部性可能逐渐减弱或变得不可预测。

6. 单向的外部性与交互的外部性

经济合作与发展组织（OECD）编撰的《环境管理中的经济手段》一书中对单向外部性与交互外部性进行了区分。单向外部性涉及一方对另一方造成的经济或非经济影响，而无需对方产生相应的反馈。例如，若上游的化工厂排放废水导致下游渔场产量下降，而渔场并未对化工厂产生任何外部效应，这种情况即为化工厂对渔场的单向外部性。大多数外部性案例属于这一类别。

交互外部性则涉及多方主体，他们均有权使用某项资源，并可能相互造成成本。这类外部性常见于公有资源的使用中。例如，所有国家在利用生态环境时都可能对彼此产生负面的外部效应。交互外部性中的一个特殊形式是双向外部性。双向外部性描述的是两个经济主体相互施加外部效应的情况，其主要表现形式包括三种：一是双方相互产生正外部性；二是双方相互产生负外部性；三是甲方对乙方产生正外部性，而乙方对甲方产生负外部性，或者相反。

7.制度外部性与科技外部性

新制度经济学对外部性理论进行扩展和深化，将其与产权和制度变迁紧密相连，进而将外部性概念纳入制度分析的范畴，制度外部性主要涵盖三个层面。首先，制度作为一种公共品，极易孕育外部性；其次，某些利益在一种制度下得以存在，而在另一种制度下则无法获得，这体现了制度变迁带来的外部经济或不经济效应；最后，在特定的制度安排中，由于禁止自愿协商或协商成本过高，个体所获得的收益与所承担的成本不相匹配，导致外部收益或成本的产生。中国谚语“一个和尚挑水喝，两个和尚抬水喝，三个和尚没水喝”便隐含了制度外部性的含义。制度外部性的本质在于社会责任与权利的不对称性。

科技外部性同样普遍存在。首先，科技成果具有较强的外部性，是一种公共品，缺乏有效的激励机制可能导致其供给不足；其次，科技进步具有递进性，一项成果的推广和应用能够为其他成果的研究、开发和使用铺平道路；最后，网络经济的外部性源自网络的系统性、内部信息流和物流的互动性，以及网络基础设施的长期垄断特性。

二、经济外部性理论的发展

（一）看不见的手

最早对市场经济运行机制进行系统论述的经济学家是亚当·斯密。斯密在1776年出版的经典巨著《国富论》中，深入而系统地阐述了经济自由主义的理论和政策主张，并据此分析了政府在社会经济活动中的职责和作用。斯密认为，市场经济是一种自然的经济制度，该制度具有无比的优越性。在市场经济中，每一个人改善自身处境的自然努力，都能够被一只无形的手引导着去尽力达到一个并非他本意想要达到的目的，即促进社会公共利益。在斯密眼里，国家富强和经济发展的根本动力来自个人对自身经济利益的追求，只有最大限度地利用市场机制这只“看不见的手”来协调和引导私人经济活动，允许人们自主经营、自由贸易，才能增加资本积累、扩大劳动分工并最终促进国民财富的积累。

（二）外部经济

外部性概念最初源于阿尔弗雷德·马歇尔在1890年出版的《经济学原理》一书中提出的“外部经济”概念。在该书中，马歇尔在讨论作为第四种生产要素的“工业组织”时提出了“内部经济”(Internal Economies)和“外部经济”(External Economies)的概念。他认为，“我们可把因任何一种货物的生产规模之扩大而发生的经济分为两类：第一是有赖于该工业的一般发达的经济；第二是有赖于从事该工业的个别企业的资源、组织和效率的经济。我们可称前者为外部经济，后者为内部经济”。内部经济主要来自企业由于规模扩大从更细的分工和专业化、管理的改善等因素带来的生产效率的提高；而外部经济则是指受益于其他企业而带来的效率的提高，比如集聚效应、信息和技术的交流、市场容量的扩大等因素。马歇尔从企业内部和外部两个方面考察影响企业生产成本的分析方法给后来者研究外部性问题提供了一个新角度。尽管马歇尔仅提出了外部经济的概念，而未直接阐述外部性的完整理论，但经济学界普遍认为，外部经济理论是外部性概念的早期形态和起源。

（三）庇古税

1920年马歇尔的亲传弟子阿瑟·塞西尔·庇古在《福利经济学》一书中，基于马歇尔的外部经济理念，进一步提出了经济外部性的概念。庇古将外部性研究的焦点从外部因素对企业的影响转向了企业或居民对其他企业或居民的影响，这一转变标志着经济外部性理论的正式确立。庇古提出，当边际私人净产值与边际社会净产值出现偏差时，经济外部性便会产生。运用边际成本和边际收益的概念，当边际私人（包括个人和企业）成本低于边际社会成本时，便会产生负外部性，即社会其他主体承受了本应由私人承担的成本，例如某化工厂环保不达标导致的空气污染，周边企业和个人未能从该化工厂获得补偿。

相反，当边际私人收益低于边际社会收益时，正外部性便会出现，即社会其他主体无偿享有了本应属于私人的收益，如企业技术创新的溢出效应，促进其他企业技术水平的提升。为此，庇古建议对那些边际私人成本低于边际社会成本的企业征税，对边际私人收益低于边际社会收益的企业给予补贴。通过这种税收和补贴机制，可以实现外部效应的内部化，从而尽可能实现资源配置的帕累托最优。庇古的这些政策建议后来被称作庇古税。排污费、环保税的征收以及对零排放汽车的补贴，都是庇古税的实际应用。

（四）科斯定理

1960年，科斯针对经济外部性议题发表了著名论文《社会成本问题》，对庇古税的不足进行了批判。文章通过两个农场主的案例，讨论了在产权明确界定的情况下，双方可以通过自愿协商来解决养牛农场主对种植农场主造成的外部性问题。

基于科斯的这一观点，经济学家们总结出科斯定理。科斯定理主张，经济外部性并非市场机制不可避免的产物，而是产权界定不清晰所致。一旦产权得到明确，外部性问题便可以通过当事人之间的契约或协商来解决。科斯质疑庇古税作为解决经济外部性的最佳方案，认为在交易成本为零且产权可以明确界定的条件下，双方通过自愿协商就能达到资源的最优配置，从而使得庇古税变得不再必要。然而，在交易成本非零的情况下，解决外部性问题可能需要依赖于基于成本效益分析的行政干预，这时庇古税可能是有效的制度设计，也可能不是。只有当行政干预的成本低于其带来的效益时，庇古税才能被视为一种高效解决经济外部性的制度安排；反之，则可能是一种低效甚至无效的解决方案。

三、经济外部性理论对ESG的影响

（一）经济外部性理论对环境的影响

1. 环境中的正外部性

环境中的正外部性通常是指那些对自然环境或生态系统产生有益影响的行为。一个典型的正外部性例子是生态恢复项目。企业投资生态恢复或保护生态系统（如森林保护、湿地修复），这些行为虽然难以从市场中直接获得收益，但其带来的外部效益包括减少土地退化、改善空气质量、增加生物多样性等，最终提高生态福祉。但由于市场上没有针对这些生态效益的有效补偿机制，往往需要政府补贴或公共资金支持。

此外，开发和使用绿色技术、可再生能源（如太阳能、风能等）也具有显著的正外部性。企业投资清洁能源和低碳技术，不仅能减少温室气体排放，而且能改善空气质量，减少环境污染。这些环保行为会改善周围环境，并有助于应对气候变化。然而，企业往往无法从这些环保行动中获得足够的经济回报，可能缺乏足够的激励。因此，政府补贴、税收优惠和激励措施（如绿色电力证书和碳排放交易等）在这种情况下尤为重要。

2. 环境中的负外部性

环境中的负外部性通常表现为污染、资源过度消耗等。工业生产、能源消耗、交通运输

等活动常常伴随着污染物的排放,如二氧化碳、硫氧化物、氮氧化物、废水等。这些污染物对空气、水源和土壤造成污染,影响生物多样性和公共健康。由于污染的成本未能通过市场交易反映在产品价格中,企业往往缺乏足够的激励去减少污染排放。长期而言,环境污染导致的外部性可能会让社会付出巨大的生态和经济成本。

此外,森林砍伐、过度捕捞、矿产资源开采等行为,也会对环境造成负外部性。由于市场上未能充分考虑到生态系统服务的价值,企业追求短期经济利益,导致自然资源的过度开发。这些行为不仅导致资源枯竭,而且破坏生态平衡,进而影响气候变化和生物多样性。

(二)经济外部性理论对社会的影响

1. 社会中的正外部性

社会中的正外部性能够推动社会的公平和包容,例如,教育投资通常带有显著的正外部性。企业或政府提供免费的职业培训或教育资源,不仅帮助个人提升技能,而且能够提高整体劳动力的素质,从而促进更广泛的社会参与和经济发展。这种教育和培训能减少贫困,提高贫困群体的社会流动性,降低社会阶层分化,对社会的整体稳定和福祉有着深远影响。

企业通过社会责任投资、慈善捐赠、社区建设项目等行为,能够产生正外部性。在贫困地区投资基础设施、支持地方企业发展,不仅帮助当地经济发展,而且提升社区的社会资本带来更好的社区关系,创造更多就业机会,促进社会的包容性和公平性。

2. 社会中的负外部性

负外部性通常会导致社会成本的外部化,造成社会不公平、资源浪费和社会不稳定等问题。企业如果在生产过程中忽视员工的权益、采取压榨劳动力的方式,或者在员工条件、工资支付、工时分配等方面存在不公,这些行为均会导致负外部性。企业使用童工、强迫劳动等不道德的商业行为,会加剧贫困和社会不公平,造成社会的不稳定。这种行为对社会的负面影响不仅仅限于企业自身的声誉,还可能引发广泛的社会讨论。

此外,一些企业在生产和营销过程中,未能充分考虑消费者的权益,可能通过虚假宣传、劣质产品、食品安全问题等行为对社会产生负外部性。例如,假冒伪劣商品、过度包装、隐瞒产品风险等行为,不仅损害消费者利益,对社会健康也会产生长期不良影响。这种行为往往未通过市场机制得到及时纠正,导致社会对市场信任的下降,也增加公共健康系统的负担。

(三)经济外部性理论对治理的影响

1. 治理中的正外部性

企业的良好治理往往能创造正外部性,提高治理效率和透明度,促进社会和经济的可持续发展。企业严格遵守反腐败法律和合规标准,不仅能减少自身法律风险,而且能树立行业标杆,推动其他企业遵守法律,形成良性的行业规范。这种正外部性的传播可以减少市场中不正当竞争和腐败行为。

此外,企业积极履行社会责任和披露社会责任报告,不仅有助于企业自身品牌建设和声誉管理,而且促进社会和市场对企业的监督与参与,进而推动治理规范的不断完善。通过这些机制,投资者对市场的信任度得以提升,资本市场也在良性循环中得到了健康发展,对整个社会的经济与治理体系产生积极而深远的影响。

2. 治理中的负外部性

企业的治理结构若存在漏洞，可能会引发负面外部效应，进而影响社会和经济的健康发展。管理层有可能在薪酬和激励措施上追求个人利益最大化，例如过高的薪酬和股票期权，从而忽视股东价值和企业长期发展的需求。他们甚至可能采取不负责任的商业策略，以追求短期利益。这种行为的不公正性不仅会导致资源的浪费和资本的误配，削弱企业的持续发展能力，还会对社会公平和经济效率造成损害。

当企业管理层或股东通过不透明的决策流程谋取非法利益时，不仅资源配置的效率会降低，而且会损害其他股东、员工以及社会的利益。尤其是当企业采取逃税、行贿等不正当手段来获利时，这些行为会直接侵蚀政府财政收入，扭曲社会公共资源的分配，加剧社会不公。这种负面外部性不仅加深了社会的不平等，而且降低了公共资源的使用效率，从而增加社会不稳定的风险。因此，强化公司治理，确保透明度和责任感，对于维护一个公平、高效的经济环境至关重要。

第二节 可持续发展理论

一、可持续发展理论概述

（一）可持续发展的内涵

1. 公平性原则

在人类需求的层面上，存在诸多不公平现象。所谓的公平，指的是社会选择的均等性。可持续发展的公平性原则涵盖三个层面：首先，是本代人之间的公平，即同代人之间的横向公平。当前世界，贫富差距显著，根据联合国开发计划署发布的《2024 年全球多维贫困指数报告》，目前全球大约有 11 亿人生活在极端贫困中，其中一半以上是未成年人。按比例来说，全球约 1/8 的人口面临极端贫困，这显然与可持续发展的目标相悖。因此，我们必须追求全球资源的公平分配和发展权利的均等，将消除贫困作为可持续发展的首要任务。其次，是代际间的公平，即不同代人之间的纵向公平。我们必须认识到，自然资源是有限的，本代人不应以损害后代人满足需求的能力为代价来追求自身的发展。最后，是有限资源的公平分配。联合国环境规划署发布的《2024 年全球资源展望》显示，当前，高收入国家人均资源消耗是低收入国家的 6 倍，人均造成的气候影响是低收入国家的 10 倍。这种不平等的资源分配，进一步加剧了全球的不公平现象。为了实现全球公平与共同发展，必须推进全球资源的合理分配，促进全球环境和社会的可持续共赢。

2. 持续性原则

持续性原则的核心在于，人类的经济建设和社会发展不应超越自然资源和生态环境的承载极限。这意味着，可持续发展不仅要求人际间的公平，而且要求人与自然之间的和谐。资源和环境是人类生存发展的基石，缺乏这些基础，人类的生存与发展将无从谈起。可持续发展倡导在保护地球自然系统的基础上进行发展，因此，发展必须受到一定的限制。人类对自然资源的消耗速率应考虑到资源的临界性，不应损害维持地球生命的大气、水、土壤、生物等自然系统。换言之，人类应根据持续性原则调整生活方式和消费标准，避免过度生产和消费。一旦发展破坏了人类生存的物质基础，发展本身也将陷入衰退。

3. 共同性原则

尽管世界各国在历史、文化和经济发展水平上存在差异，可持续发展的具体目标、政策和实施步骤不可能完全一致。然而，可持续发展作为全球发展的总体目标，体现的公平性和持续性原则是普遍适用的。实现这一目标，需要全球范围内的联合行动。从广义上讲，可持续发展的战略旨在促进人类之间以及人类与自然之间的和谐共生。若每个人在规划和执行个人行动时，都能考虑到这些行动对他人（包括后代）和生态环境的影响，并真诚地遵循“共同性”原则，那么人类内部以及人类与自然之间就能维持一种互惠共生的关系。

（二）可持续发展的主要内容

1. 经济可持续

经济可持续是指能保持经济增长的同时不对环境造成危害和形成资源浪费的发展，即“低投入、高产出、低消耗、低污染”的经济增长。

在实践中，经济可持续发展要求在经济发展中注重资源的节约和循环利用，减少污染排放，推动绿色低碳技术的运用，以确保经济的长期稳定发展。例如，推广清洁能源、实施节能减排措施、发展循环经济等都是实现经济可持续发展的具体措施。

2. 生态可持续

生态可持续是指在经济发展过程中，既要考虑当代人的需求，又要考虑后代人的需求，确保自然资源的开发利用速度不超过其再生或创造替代资源的速度，废物的排放不超过生态系统相应的自净能力。生态可持续性强调生态系统的平衡和自然资源的合理利用，以保证经济和社会的可持续发展。

生态可持续论在资源科技和资源经济学中有着重要的应用。人们在制定改造自然的实践活动时，必须考虑到生态系统自身的需要，注重生态的可持续承载力与生态系统的弹性力，维护生态平衡，实现生态与人类社会的可持续发展。

3. 社会可持续

社会可持续是指在满足当前和未来世代的需要的同时，尽可能保护和提高自然资本，改善人类生态环境，提升社会绩效和公正性，并保持经济增长和物质生活方式合理水平的发展路径。其目标是建立一个可持续的社会体系，使社会的经济、社会和环境资源能够相互协调和稳定地发展，使人民的生活水平更加平衡和健康。

可持续发展理论中，经济可持续、生态可持续和社会可持续三者相互依存、相互制约，构成了一个统一的整体，其中经济可持续是基础，生态可持续是前提，社会可持续是目的，三者需通过综合协调和长远规划，实现平衡与和谐，以保障人类社会的长远发展。

二、可持续发展理论的发展

（一）寂静的春天

美国海洋生物学家蕾切尔·卡逊创作了颇具影响力的环境科普作品《寂静的春天》。在书中，她详细描绘了由于化学药品和肥料的滥用所引发的环境污染和生态破坏，以及这些行为给人类带来的灾难性后果。卡逊深入剖析农药对环境的污染问题，并运用生态学原理探讨这些化学杀虫剂对人类赖以生存的生态系统造成的威胁。她警示，人类为了提高农业产量而自行制造并使用农药，实际上是在自掘坟墓。卡逊提倡，人类应当寻求一条不同的道路即可持续发展的道路。

(二) 只有一个地球

英国经济学家芭芭拉·沃德与美国微生物学家雷内·杜博斯应联合国人类环境会议秘书长莫里斯·斯特朗之邀,为同年在斯德哥尔摩举行的联合国人类环境会议提供一份非正式报告《只有一个地球:对一个小小行星的关怀和维护》。该报告立足于全球发展的视角,多维度地分析了经济发展与环境污染对各国的影响,并号召全世界共同关注和保护人类生存所依赖的地球环境。《只有一个地球》作为环境运动史上的重要文献,其诸多观点被《联合国人类环境会议宣言》吸纳,将人类对生存与环境的理解提升至一个新的高度即可持续发展的理念。

(三) 增长的极限

美国未来学家丹尼斯·梅多斯等受罗马俱乐部(Club of Rome,一个专注于探讨人类现状与未来挑战的非正式国际组织)委托,利用计算机模型和系统动力学方法,对人口、农业生产力、自然资源、工业产出和污染五个关键因素进行了实证研究。研究成果汇集于《增长的极限》这一报告中。该报告预测,如果不加控制,未来百年内人口和经济增长将导致地球资源的枯竭、生态系统的破坏和环境污染的加剧。报告强调,除非人类主动限制人口增长和工业化进程,否则这一灾难性后果在所难免。报告倡议,人类需转变发展理念,从无节制的增长转向可持续的增长路径,并将发展控制在地球承载能力之内。

(四) 我们共同的未来

世界环境与发展委员会(WECD)的成立标志着国际社会对环境与发展问题的高度关注。1987年,该委员会发布《我们共同的未来》这一具有里程碑意义的研究报告。该报告以"持续发展"为核心原则,通过详实的资料深入剖析全球环境与发展面临的挑战,并提出切实可行的行动建议。报告强调"环境与人类活动紧密相连,环境是人类的栖息地,而发展则是在这一栖息地中改善人类生存状态的行为"。此外,报告还明确了可持续发展的概念即"在满足当代人需求的同时,不损害后代满足自身需求的能力"。这一概念迅速获得了国际社会的广泛认同。

(五) 中国特色的可持续发展

中国传统文化中的生态智慧,如"取用有节"和"顺天时,量地利",为可持续发展提供了哲学基础。"天育物有时,地生财有限,而人之欲无极。"人类只有遵循自然规律才能有效防止在开发利用自然上走弯路,人类对大自然的伤害最终会伤及人类自身,这是无法抗拒的规律。在现代社会,这些思想被用来指导资源的合理利用和生态保护,促进了经济、社会和环境的协调发展。

1. 突出发展的主题

发展,与单纯的经济增长有着本质的区别。发展是一个多维度的概念,它不仅仅局限于经济领域的扩张,而是涵盖了社会进步、科技创新、文化繁荣、环境保护等多个方面的综合现象。发展是全人类的共同追求,是一种普遍的权利,无论是发达国家还是发展中国家,都拥有平等且不可剥夺的发展权利。这种权利意味着每个国家都有权根据自己的国情和需求,制定和实施发展战略,以实现国家的全面发展和人民的福祉提升。

2. 发展的可持续性

人类的经济和社会发展必须遵循一个基本原则,那就是不能超越资源和环境的承载能力。可持续发展的核心理念在于,我们不仅要满足当前的需求,而且要保护和维护自然资源的存量，确保未来世代能够继续享有发展的可能。这意味着我们需要采取一种长期的、负责任的态度来规划和实施发展计划，通过绿色技术和低碳生活方式，实现经济发展与环境保护的双赢。

3. 人与人关系的公平性

在追求发展的过程中，我们必须强调人与人之间关系的公平性。当代人在进行发展和消费活动时，应当努力确保后代人拥有相同的发展机会，不因我们的行为而损害他们的未来。同时，同一代人中，任何一部分人的发展都不应以牺牲另一部分人的利益为代价。这意味着我们需要推动更加公平的资源分配，缩小贫富差距，保障基本人权，促进社会公正，以确保每个人都能在发展中受益，共同分享发展的成果。

4. 人与自然的和谐共生

人与自然是生命共同体，无止境地向自然索取甚至破坏自然必然会遭到大自然的报复。尊重自然、顺应自然、保护自然，是全面建设社会主义现代化国家的内在要求。尊重、顺应和保护自然就是要使人类社会与自然有机融合，实现人与自然的良性互动，最终达到人与自然和谐共生。中国式现代化是人与自然和谐共生的现代化。我们深刻认识到，生态文明建设是关系中华民族永续发展的千年大计，必须站在人与自然和谐共生的高度来谋划经济发展，深植"绿水青山就是金山银山"的理念，走绿色发展道路。

三、可持续发展理论对 ESG 的影响

（一）可持续发展理论对环境的影响

可持续发展理论强调在满足当代人需求的同时，避免对未来世代造成资源匮乏的威胁。环境保护作为可持续发展的核心议题之一，要求减少污染物排放和资源消耗。为了实现可持续发展目标，企业不断投入资源进行绿色技术和创新的研发。这些创新包括清洁能源技术（如太阳能、风能）、节能技术、低碳技术、废物回收和处理技术等。这些新技术的应用可以降低环境污染和资源消耗，并推动能源结构向可再生能源转型，减少对化石燃料的依赖。

可持续发展理论的广泛传播促进了公众环保意识的提高。随着可持续理念的普及，越来越多的个人和组织开始关注自己的环境足迹，减少碳排放，参与资源回收和环境保护活动。消费者对可持续产品和环保企业的需求增加，推动了市场向绿色消费转型。社会各界的环保行动不仅提升环保意识，而且加强环境保护的社会参与，形成全民参与环保的良好氛围。

（二）可持续发展理论对社会的影响

可持续发展理论倡导社会公平与包容性增长。在推动经济发展的同时，该理论强调关注社会各个阶层，特别是贫困人口、边缘群体和其他弱势群体。它着眼于通过切实的政策和行动来缩小社会贫富差距，确保每个人都能平等地参与社会和经济活动。提供公平的教育机会、普及的医疗保障和健全的社会保障体系，这些措施有助于弱势群体更好地融入社会，提高他们的生活品质。这种包容性的社会架构不仅促进了社会和谐与稳定，而且为社会的发展注入了新的活力和潜力。

可持续发展理论认为，消除贫困是社会进步的根本。通过发展可持续的经济模式，企业可以为贫困群体创造更多的就业机会和生活保障，进而减少贫困现象的发生。这不仅仅涉及提高贫困地区的收入水平，更包括通过教育、技能培训和社会保障等途径，增强贫困群体的自我发展能力，帮助他们走向自给自足。

（三）可持续发展理论对治理的影响

可持续发展理论不仅强调环境保护和社会责任，更重要的是，它鼓励企业将目光投向长期价值的创造，而非仅仅追求短期经济利益。企业若要在快速变化的市场环境中保持竞争力，也需要在治理结构中注重长期战略的布局，确保决策和行为符合可持续发展的核心要求。

企业应从战略层面认识到，短期的收益和利润最大化虽然能带来瞬时的市场反应，但如果忽视了环境、社会和治理因素，最终会导致企业在长期中面临更大的风险和不确定性。因此，企业在规划和决策过程中，应坚持“长远眼光”，注重可持续的盈利模式和增长动力，制定切实可行的长期战略规划。并且在制定战略规划和经营决策时，采取全面的风险管理策略，确保其能够适应外部环境的变化并应对各类潜在风险，进而保障其长期稳定的发展。

第三节　企业社会责任理论

一、企业社会责任概述

（一）企业社会责任的内涵

1924 年美国学者奥利弗·谢尔顿在其著作《The Philosophy of Management》中提出了“企业社会责任”的概念。其后，霍华德·鲍恩于 1953 年在《商人的社会责任》一书中将社会责任界定为“商人有义务按照社会的目标和价值观要求进行决策并采取行动”，他认为企业社会责任的目的不在于解决当前特定的企业和社会问题，而是作为一种长期有效的机制引导企业的未来发展。这一开创性工作使关于企业社会责任问题的研究成为学术界讨论的热点议题。国内外学者对企业社会责任的定义各不相同，如表 2-1 所示。

表 2-1　企业社会责任概念界定

作者	年份	定　义
Sheldon	1924	企业社会责任要与经营者使各类人群达到满意的责任挂钩，打破了“公司的责任就是为股东赚钱”的传统公司理论
Bowen	1953	商人以社会目标和价值观念为基础所进行的决策和制定生产经营规则的义务
McGuire	1963	企业不仅具有经济和法律的义务，而且具有超出这些义务之上的对社会的义务
Friedman	1970	企业的社会责任就是利润
Carroll	1979	提出企业社会责任的金字塔模型，指某一特定时期社会对企业所寄予包括经济、法律、道德和自由决定（自愿性或慈善的）的愿景
袁家方	1990	企业在面对生存与发展过程中出现的各种社会需求和问题时，为维护国家、社会及人类的根本利益所承担的义务
刘俊海	1999	企业不能把为股东服务作为唯一目标，应充分考虑员工利益、债权人利益、消费者利益等社会利益

续　表

作者	年份	定　　义
卢代富	2001	企业社会责任是以非股东利益相关方为企业义务的相对方，企业应履行维护和增进社会利益的义务
屈晓华	2003	企业社会责任是企业通过其制度和行为所体现的对股东、客户、员工、社区、国家履行的各种积极义务和责任。具体包括经济责任、法律责任、生态责任、伦理责任和文化责任
张兆国	2009	以最大限度地承担和维护企业利益相关方的利益构成了企业社会责任的主要内容
李伟阳	2011	企业社会责任是指在一定的制度条件下，企业在存续期内追求最大化社会福利的行为和结果
许正良	2017	企业担当社会责任的基本准则是实现企业、消费者和社会三者利益期望实现程度的动态平衡
肖红军	2020	企业与社会关系定位由共享价值式转向共生共益式，企业社会责任认知由单一视角界定转向四维建构，社会责任实现方式由议题嵌入模式转向社会责任根植模式与议题嵌入模式的高阶耦合
周祖城	2022	企业社会责任概念强调企业作为责任主体的多元责任，包括对社会的广泛责任、超越法律的经济道德责任，以及在决策中融入对各方关切的必要性，并对未履行责任所导致的后果负责

可以看出，国内外学者从不同视角对社会责任的概念进行了阐释，尽管具体表述各有差异，但这些定义无不凸显了对社会结构要素的责任诉求。作为社会组织结构中不可或缺的一环，企业通过其政策和行为传递出对社会的一种坚定承诺，这不仅体现了企业的价值观和道德立场，也是其长期可持续发展的基石。

（二）企业社会责任的内容

关于企业社会责任的要素构成，学界基本认同卡罗尔提出的四个层面要素：经济责任、法律责任、伦理责任和慈善责任。但是，在四个的要素的构成模式上还存在着分歧，Geva 把企业社会责任要素构成模式分为三类，即金字塔模式、交互圆环模式和同心轴模式。

1. 企业社会责任金字塔模式

企业社会责任金字塔模式（如图 2-1 所示）将企业社会责任的四个要素以层级形式排列，表明四者之间的不同重要性，其中，经济责任是最基本的社会责任，其他社会责任都是建立在经济责任基础之上的。该模式要求企业在追求经济利润的同时还应该重视社会责任承担，而经济责任的基础性显示出企业决策方面的灵活性需要。从理想状态上来看，企业应该同时关注和承担这四种社会责任，但是现实中却往往考虑到责任优先顺序的问题。

2. 企业社会责任交互圆环模式

企业社会责任交互圆环模式（如图 2-2 所示）认为，四种责任之间并没有层级性，而是互相交织在一起的。企业经济责任不是最重要的，尽管企业是为了实现一定商业目的而存在的组织，但是它的存在必须依赖社会其他部门和资源的持续支持。因此，企业的其他社会责任并不比经济责任次要，四种责任间存在动态的相互作用，管理者可以依据自己的偏好灵活配置资源。

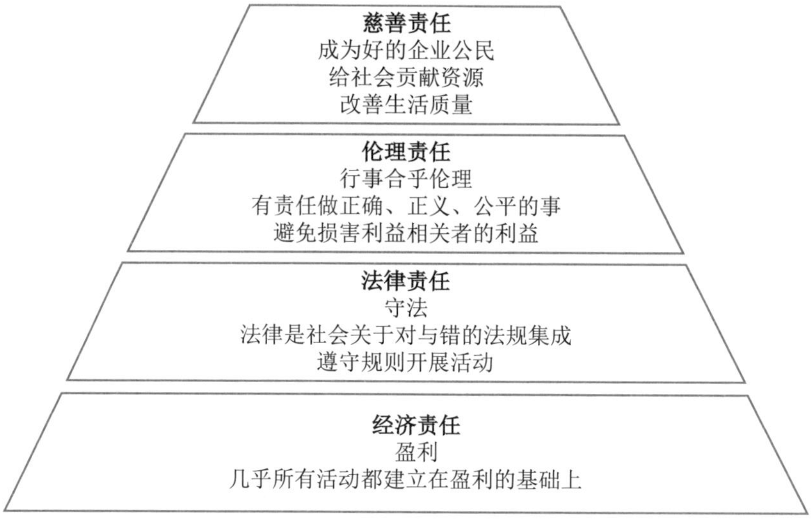

图 2-1 企业社会责任金字塔模式

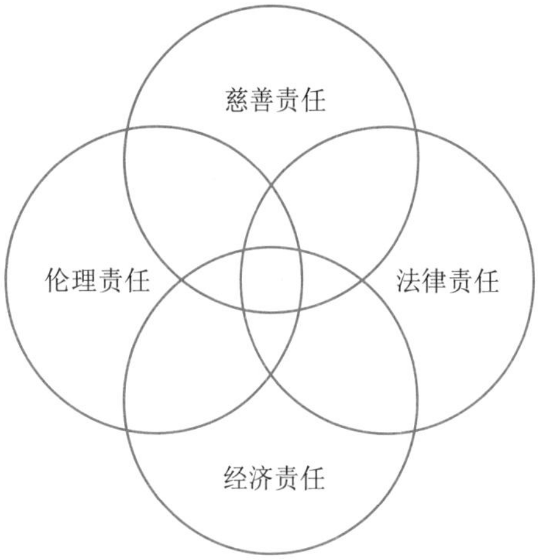

图 2-2 企业社会责任交互圆环模式

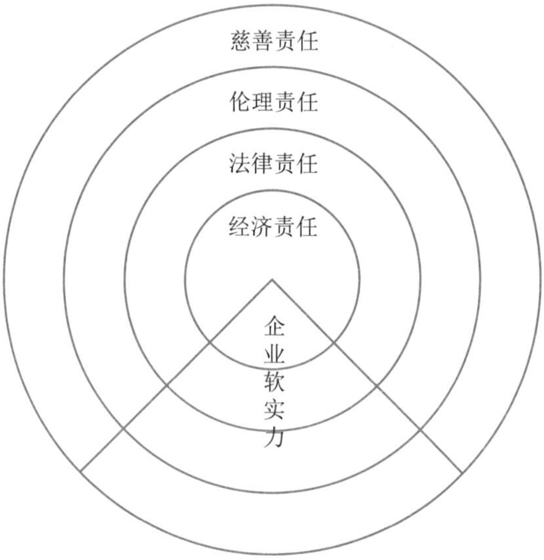

图 2-3 企业社会责任同心轴模式

3. 企业社会责任同心轴模式

企业社会责任同心轴模式(如图 2-3 所示)是美国经济发展委员会于 1971 年发表的一项声明中采用的,同心轴模式与金字塔模式的相似之处在于把经济责任置为企业的核心责任,但并没有像金字塔模式那样将非经济责任视为重要性递减的社会责任,而是将非经济责任作为核心经济责任的外围扩散。同心轴模式强调四种责任之间的相互依存关系,体现了由外向内与由内向外的统一。尽管企业经济职能是最重要的职能,但企业决策仍然是一个经济、法律、伦理与慈善等要素持续互动的过程。

二、企业社会责任理论的发展

从企业应当对谁负责以及应承担什么社会责任的角度看,企业社会责任理论可大致分为股东至上理论（Shareholder Supremacy）和利益相关方理论（Stakeholder Doctrine）两大流派。

（一）股东至上理论

1. 理论概述

股东至上理论的根源可追溯至1917年的道奇兄弟对亨利·福特的诉讼案。该案确立公司目的——实现股东财富最大化，这一原则被美国各州法院广泛采纳，成为美国公司治理的基石。到了20世纪70年代，随着新自由主义经济学的兴起，股东至上主义得到复兴。经济学家米尔顿·弗里德曼提出，在私有制和自由市场体系中，企业的唯一责任是盈利。

该理论主张，股东作为企业的所有者，其投入的实物资本构成了企业财产，承担了企业的剩余风险，因此应享有企业的剩余控制权和索取权。企业的运营目标应是最大化股东利益，管理者应基于股东利益行使控制权，以确保公司治理的有效性。股东至上理论的核心观点是，管理者应服务于股东，股东承担公司剩余风险，并拥有对其产权的使用、处置和转让权力，管理者的目标应是追求股东利益的最大化。

2. 理论演变

19世纪末至20世纪初，第二次工业革命时期，企业规模显著扩大促进了公众公司的蓬勃发展。1932年，哥伦比亚大学的阿道夫·贝利和哈佛大学的梅里克·多德两位学者在《哈佛法律评论》围绕企业伦理问题进行辩论。多德认为，商业公司是一个既具有商业能力，又服务社会的经济组织，不能仅为股东谋利，还要保护员工合法权益，遵守商业和行业法规，以及为公众利益负责，换句话说，公司的员工、客户、合作方、所在社区，乃至公司所处的社会和国家，都是其利益相关方，需要在公司运行中被关照到。贝利的意见则相反，他说企业管理者只需要以利润最大化为目标，不必考虑股东收益之外的其他利益。随着贫富差距缩小和人文主义兴起，多德的观点在20世纪上半叶逐渐占据上风。到1954年，贝利也转向支持多德观点，认为公司权利由社会赋予。

20世纪70年代新自由主义经济学的兴起使得股东至上主义再次崭露头角。1970年，米尔顿·弗里德曼在《纽约时报》上发表的著名文章，首次提出“企业经理人的核心使命在于实现股东价值的最大化”，为现代“股东资本主义”奠定了理论基础。随后数年，威廉·麦克林与迈克尔·詹森也发表文章，进一步声援股东至上主义的立场。20世纪80年代，股东至上主义成为商业主导思想。

21世纪初，莱纳·克拉克曼和亨利·汉斯曼发表《公司法历史的终结》，明确指出股东至上主义已成为全球公司治理模式趋同的显著方向。2019年“商业圆桌会议”的181名CEO签署《关于企业宗旨的声明》，重新定义公司运营的宗旨，不再将股东利益作为最重要的目标。

尽管股东至上主义具有一定的合理性，但现代企业经营环境中，企业是资本家的企业以及股东是唯一剩余风险承担者的理论假设受到越来越多的质疑。在这种情况下，企业的价值在于其增值的能力，而在早期的工厂式生产环境中，资本雇佣劳动，物质资本的投入被认为是价值增值的关键因素。然而，随着经济的发展和市场竞争的加剧，人们逐渐认识到人力资本、组织能力、创新能力等软实力在价值创造过程中的重要性。这使得传统的以股东为中心的公司治理模式受到挑战。

(二)利益相关方理论

1. 理论概述

利益相关方理论认为股东至上理论的价值观过于狭隘,过分强调资本雇佣劳动,从根本上否认了股东之外的其他利益攸关者特别是人力资本对企业价值创造的重要贡献。利益相关方理论回答了“企业应该为谁承担责任”的问题,明确了企业社会责任的方向,并找到了正确衡量企业社会责任的方法。该理论认为任何一个公司的发展都离不开各利益相关方的投入或参与,企业追求的是利益相关方的整体利益,而不仅仅是某些主体的利益。

2. 理论演变

利益相关方理论的早期思想可以追溯到1932年。哈佛法学院的瑞安曼指出:企业董事必须成为真正的受托人,他们不仅要代表股东的利益,而且要代表其他利益主体如雇员、消费者特别是社区整体的利益。约翰霍普金斯大学教授安蒂思·潘罗斯在1959年出版的《企业成长理论》中提出了“企业是人力资产和人际关系的集合”的观念,为利益相关者理论构建奠定了基石。

1963年,斯坦福研究所提出:“利益相关方是那些没有其支持,组织就不可能生存的团体。”这个定义对利益相关方的界定是依据某一群体对于企业的生存是否具有重要影响。虽然这个定义仅强调利益相关方对组织的支持,忽视了利益相关方和企业之间的相互影响,但是它使人们认识到,企业存在的目的并非仅为股东服务,在企业的周围还存在许多关乎企业生存的利益群体。

1984年,弗里曼在其经典著作《战略管理:利益相关者方法》中首先把利益相关方的方法应用于战略管理研究中。此后的利益相关方研究基本上都是按照他的框架展开。

利益相关方的“战略管理”观点强调利益相关方在企业战略分析、规划和实施中的作用,侧重于从相关利益主体对企业影响的角度定义利益相关方,强调企业战略管理中的利益相关方参与,并从所有权、经济依赖性和社会利益三个不同的角度对企业利益相关者进行分类。①所有权利益相关者:持有公司股票者。②经济依赖性利益相关者:经理人员、债权人、员工、消费者、供应商、竞争者、地方社区等。③社会利益相关者:政府领导人、媒体等。

利益相关者主义的核心思想是,公司不仅属于股东,而且属于与其有经济依赖关系的各种利益相关者,包括员工、客户、供应商社区等。这种观点强调公司的权利源自所有利益相关者的贡献,因此公司应该追求所有利益相关者的整体利益,而非仅仅追求股东的利益最大化。利益相关者主义的目标是通过平衡各种利益相关者的利益和风险,实现公司的长期稳定和可持续发展。

三、企业社会责任理论对ESG的影响

(一)企业社会责任理论对环境的影响

企业社会责任理论要求企业在追求利润的同时,应当承担起对环境的责任。企业从传统的线性经济模式转向循环经济模式,在生产过程中可以减少资源消耗和废物产生,推动资源的再利用和回收。企业投资环保技术和产品研发,推动绿色创新,有助于转变传统的高耗能、高污染产业模式,促进产业结构优化升级,实现经济发展与环境保护的双赢。

企业社会责任理论推动企业环境管理体系的建立和完善。企业通过制定环境政策、实施环境审计、进行环境影响评估等措施,不仅能够及时发现和解决环境问题,而且能够预防潜在的环境风险。这种主动的环境管理方式,使得企业在生产运营的各个环节都能够考虑

到环境因素，从而在源头上减少对环境的负面影响。同时，企业社会责任理论还强调企业与利益相关者的沟通与合作，包括政府、社区、消费者等，共同参与环境保护行动，形成了多方共治的环境保护格局。这种模式不仅提升了企业的环境责任意识，而且促进了社会各界对环境保护的重视和支持，为构建可持续发展的环境友好型社会奠定了坚实的基础。

（二）企业社会责任理论对社会的影响

企业社会责任理论要求企业的管理层和董事会不仅要对股东负责，而且应对员工、消费者、社区承担责任。企业在追求利润最大化的同时，需要考虑到其经营活动对社会的广泛影响，并采取积极措施以确保其商业行为符合社会期望和伦理标准。

①对员工的责任体现在提供公平的薪酬福利、安全健康的工作环境、平等的职业发展机会以及尊重员工的基本权利。企业可以建立完善的劳动保护制度，确保员工在不受歧视和剥削的环境中工作，并通过培训和教育提升员工的技能和职业素养。②对消费者的责任要求企业生产和销售安全、可靠、高质量的产品和服务。企业应当诚实宣传，避免误导消费者，并建立有效的客户服务体系，及时响应消费者的需求和投诉，保护消费者的合法权益。③对社区的责任意味着企业应当积极参与社区发展，通过慈善捐赠、志愿服务、社区投资等方式回馈社会。企业应当考虑其运营对当地环境、经济和社会结构的影响，努力成为社区的好邻居和合作伙伴。正如导引案例中所描述的，基于对“经济人”与“社会人”的矛盾认知，企业也可能由于对社会责任实践方向与方式无所适从而出现社会责任的异化，如脱离核心业务进行道德竞赛，公共责任搭便车进而导致“公地悲剧”等。这些行为不仅没有增进社会福利，反而使得社会问题进一步恶化。企业应融入社会责任，平衡经济与社会角色，避免形式化，确保解决社会问题，实现与社会和谐共生。

（三）企业社会责任理论对治理的影响

企业社会责任理论强调企业通过良好的治理实践来建立道德的企业文化。这种文化能够推动员工、管理层和董事会遵循道德原则进行决策，促进企业的社会责任意识。企业文化的建立不仅有助于塑造一个道德的工作环境，而且能够显著提升员工的忠诚度和归属感。在一个道德文化浓厚的企业中，员工更有可能感受到自己的工作对社会的积极影响，从而增强他们的社会责任感。这种责任感又会反过来促进企业更好地履行其社会责任，形成一个良性循环。

以道德为核心的企业文化将成为企业最宝贵的无形资产，它不仅能够提升企业的声誉和品牌形象，而且能够为企业的长期可持续发展提供坚实的道德支撑。在这样的文化指导下，企业将能够更好地应对市场变化，赢得利益相关者的信任，并在社会中扮演更加积极的角色。

中国之路　推动绿色发展，促进人与自然和谐共生

习近平总书记在党的二十大报告中提出，大自然是人类赖以生存发展的基本条件。尊重自然、顺应自然、保护自然，是全面建设社会主义现代化国家的内在要求。必须牢固树立和践行绿水青山就是金山银山的理念，站在人与自然和谐共生的高度谋划发展。

一是加快发展方式绿色转型。加快推动产业结构、能源结构、交通运输结构等调整优化。实施全面节约战略，推进各类资源节约集约利用，加快构建废弃物循环利用体系。完善支持绿色发展的财税、金融、投资、价格政策和标准体系，发展绿色低碳产业，健全资源环境要素市场化配置体系，加快节能降碳先进技术研发和推广应用，倡导绿色消费，推动形成绿色低碳的生产方式和生活方式。

二是深入推进环境污染防治。持续深入打好蓝天、碧水、净土保卫战。加强污染物协同控制，基本消除重污染天气。统筹水资源、水环境、水生态治理，推动重要江河湖库生态保护治理，基本消除城市黑臭水体。加强土壤污染源头防控，开展新污染物治理。提升环境基础设施建设水平，推进城乡人居环境整治。

三是提升生态系统多样性、稳定性、持续性。加快实施重要生态系统保护和修复重大工程。推进以国家公园为主体的自然保护地体系建设。实施生物多样性保护重大工程。科学开展大规模国土绿化行动。深化集体林权制度改革。推行草原森林河流湖泊湿地休养生息，实施好长江十年禁渔，健全耕地休耕轮作制度。建立生态产品价值实现机制，完善生态保护补偿制度。加强生物安全管理，防治外来物种侵害。

四是积极稳妥推进碳达峰碳中和。立足我国能源资源禀赋，坚持先立后破，有计划分步骤实施碳达峰行动。完善能源消耗总量和强度调控，重点控制化石能源消费，逐步转向碳排放总量和强度“双控”制度。深入推进能源革命，加强煤炭清洁高效利用，加大油气资源勘探开发和增储上产力度，加快规划建设新型能源体系，统筹水电开发和生态保护，积极安全有序发展核电，加强能源产供储销体系建设，确保能源安全。完善碳排放统计核算制度，健全碳排放权市场交易制度。提升生态系统碳汇能力。积极参与应对气候变化全球治理。

思考：党的二十大报告提出的“人与自然和谐共生”如何契合 ESG 的理论基础？

拓展阅读　联合国发布 2024 年可持续发展目标报告

2024 年 6 月 28 日，联合国可持续发展解决方案网络（SDSN）发布了 2024 年可持续发展目标指数报告，回顾了自 2015 年以来 193 个联合国成员的可持续发展目标取得的进展，可持续发展目标共由 125 项目标组成，其中包含 98 项全球目标。该指数由 125 项指标构成，其中 98 项为全球性指标。指数要求成员国的数据缺失率不得超过 20%。2024 年，在 193 个联合国成员国中，有 167 个符合这一标准。

联合国秘书长古特雷斯表示，这份报告强调，当前迫切需要更有力、更有效的国际合作，才能从现在开始取得最大进展。他说：“还有六年多的时间，我们绝不能放松兑现我们在 2030 年消除贫困、保护地球和不让任何人掉队的承诺。”

《2024 年可持续发展目标报告》显示，可持续发展目标中仅有 17%的目标目前进展顺利，近一半的目标进展甚微或一般，超过三分之一的目标停滞不前或出现倒退。与 2019 年相比，2022 年新增 2300 万人陷入极端贫困，1 亿多人遭受饥饿。2023 年，死于武装冲突的平民人数激增。这一年也是有史以来最热的一年，全球气温升幅接近 1.5 ℃的临界点。

报告显示，全球利用可再生能源发电的能力开始以前所未有的速度增强，在过去五年中，年增长率为 8.1%。在部署可再生能源方面取得了令人瞩目的进展，展现了实现公正能源转型的明确途径。

另外，全球可使用移动宽带的人口比重达到 95%，高于 2015 年的 78%。在短短八年时间里，互联网普及率提高了约 70%，这也说明了快速转型是可以实现的。报告呼吁为发展中国家提供更多资金和财政支持。报告显示，本世纪以来，世界上一半最脆弱国家的人均国内生产总值增长速度首次低于发达经济体。发展中国家的外债存量水平一直前所未有地居高不下。约60%的低收入国家极有可能或已经受到债务困扰。报告指出，发展中国家的可持续发展目标投资缺口目前为每年4万亿美元。它们需要更多的资金和财政空间。

报告显示，截至2024年5月，被迫流离失所者的人数再创历史新高，接近1.2亿人。在暴力不断升级的情况下，2022年至2023年平民伤亡人数激增了72%，这凸显了人们对和平的迫切需求。报告强调，需要大量投资和有效的伙伴关系来推动粮食、能源、社会保护、数字连接等领域的关键转型。

思 考 题

1. 三大理论基础（经济外部性理论、可持续发展理论、企业社会责任理论）对ESG产生了哪些影响？
2. 如何理解经济外部性理论中“外部性”的概念？外部性有哪些分类？
3. 可持续发展理论的三大原则是什么？如何实现经济、生态和社会的协调发展？
4. 企业社会责任理论的股东至上理论和利益相关方理论有哪些区别？
5. 如何将ESG理论应用于企业实践？

练 习 题

一、单项选择题

1. 可用（　　）术语来描述一个养蜂主与邻近的经营果园的农场主之间的影响。
   A. 外部不经济　　B. 外部经济
   C. 外部损害　　D. 以上都不是
2. 如果上游工厂污染了下游居民的饮水，按照科斯定理（　　），问题即可妥善地解决。
   A. 不管财产权是否明确，只要交易成本为零
   B. 只要产权明确，且交易成本为零。
   C. 只要财产权明确，不管交易成本有多大。
   D. 不论财产权是否明确，交易成本是否为零

2

3. 经济外部性是指(　　)。

A. 两个经济主体之间发生的市场交易

B. 一个经济主体对另一个经济主体产生的非市场交易性影响

C. 企业内部的成本和收益

D. 企业的盈利能力

4. 可持续发展的定义是(　　)。

A. 只注重经济发展

B. 只注重环境保护

C. 满足当代人的需求,又不损害后代人满足其需求的能力

D. 随意发展

5. 以下(　　)不属于企业社会责任的四个要素。

A. 经济责任　　B. 法律责任

C. 伦理责任　　D. 声誉责任

二、多项选择题

1. 下列不属于科斯定理解决外部性办法的是(　　)。

A. 征税　　B. 财政补贴

C. 排污权交易　　D. 排污收费

2. 可持续发展理论的三大原则是(　　)。

A. 公平性原则　　B. 持续性原则

C. 共同性原则　　D. 和平性原则

3. 以下属于可持续发展理论主要内容的是(　　)。

A. 经济可持续　　B. 生态可持续

C. 社会可持续　　D. 文明可持续

4. 以下属于企业社会责任要素构成模式的是(　　)。

A. 金字塔模式　　B. 交互圆环模式

C. 同心轴模式　　D. 黄金圈模式

5. 企业社会责任理论中,企业社会责任金字塔结构的特点是(　　)。

A. 经济责任是最基本的社会责任

B. 法律责任、伦理责任和慈善责任建立在经济责任基础之上

C. 企业应该同时关注和承担四种社会责任

D. 企业决策方面具有一定的灵活性

三、判断题

1. 负外部性是指未经他人同意增加他人成本的外部性。(　　)

2. 科斯定理认为,解决经济外部性问题必须依靠政府的行政干预。(　　)

3. 可持续发展理论的持续性原则要求人类的经济建设和社会发展不应超越自然资源和生态环境的承载极限。(　　)

4. 股东至上理论认为,企业的目标应是最大化股东利益。(　　)

5. 利益相关方理论认为,任何一个公司的发展都离不开各利益相关方的投入或参与。(　　)

第二篇

ESG 内涵

贰

第三章　ESG的环境内涵

学习目标

1. 了解ESG在环境政策与法规遵循方面的披露要求；
2. 熟悉ESG在环境保护与气候变化方面的披露要求；
3. 熟悉ESG在资源利用与循环经济方面的披露要求；
4. 了解ESG在生物多样性方面的披露要求；
5. 了解ESG在环境管理体系方面的披露要求；
6. 掌握ESG的环境内涵。

导引案例

中国石油坚定绿色发展之路　围绕“双碳”目标加快转型

2023年，中国石油实施“清洁替代、战略接替、绿色转型”三步走总体部署，加快绿色低碳转型步伐，初步形成以地热、氢能、风光电和CCUS等“六大基地”和“五大工程”为核心的绿色产业布局，在推进美丽中国建设上走在前、做示范。

第一，拥抱热能，地热产业跃上规模化发展新台阶。中国石油加快推动地热产业发展和布局，借助资源、市场、工程、技术四个方面优势，形成五大关键核心技术和四大工程建设实施能力，跑出地热产业高质量发展加速度。2023年，中国石油新增的11个地热项目同批“入列”全国冬供方阵，遍布北京、河北、河南、山东、陕西等10余个省区市，新拓展地热供暖市场面积超4 000万平方米。2023年2月11日，中国石油冀东油田建设的曹妃甸新城地热供暖项目和武城县清洁能源供暖项目被评为“国家地热能开发利用示范项目”。8月6日，中国石油首个中深层U形井地热项目——中国石油大庆油田朝热R3-U1井组试运行，可满足49万平方米供暖需求。11月15日，中国石油华北油田承建的北京市首个中深层地热供暖试点示范项目顺利投运。

第二，风光无限，风光气电融合发展。中国石油充分发挥上下游产业一体化协同的优势，在新能源全产业链发力，有序推进风光气电融合发展重点项目，不断提高清洁能源供给能力和质量，积极推动化石能源与新能源全面融合发展的“低碳能源生态圈”建设。2023年

3月17日，随着中国石油吉林油田美字风电场成功并网发电，中国石油首个风电项目全面投产，年发电量达2.6亿千瓦时。塔里木油田分别在巴州尉犁县、且末县建成2座各10万千瓦的光伏发电项目，于3月和5月正式并网发电。9月7日，中国石油成功收购普天新能源100%股权。11月15日，大庆油田首个风电利用工程——龙一联风光发电站，风、光累计发电量突破1 500万千瓦时。

思考：中国石油实施的“清洁替代、战略接替、绿色转型”如何体现对环境内涵的考量？

ESG的环境内涵主要包括环境政策与法规遵循、环境保护与气候变化、资源利用与循环经济、生物多样性、环境管理体系五部分内容。其中，环境政策与法规遵循是基础。企业必须遵循环境政策与法规，以确保其环境行为的合法性和合规性。环境保护与气候变化、资源利用与循环经济、生物多样性是关键。这三部分涉及企业在污染物排放、废弃物处理、应对气候变化、能源管理、水资源管理、物料管理、包装材料管理以及生物多样性保护等诸多领域的表现，是对企业环境影响的全面揭示。环境管理体系是保障。环境管理体系能够帮助企业系统识别、评估和管理其环境影响，降低企业对环境的不利影响，提高其环境绩效，进而实现可持续发展。这五个方面紧密关联、相互支撑，共同构成了ESG的环境内涵。

第一节　环境政策与法规遵循

一、环境政策与法规概述

环境政策是国家为保护和改善环境、防治污染和其他公害而采取的一系列行动和措施。为推进环境保护、实现可持续发展，国家和地方制定了一系列环境政策与法规，涵盖空气、水、土壤、气候、自然资源等多个方面。

（一）污染防治政策与法规概述

1. 空气污染防治政策与法规概述

在空气污染防治方面，国家发布了《关于打赢蓝天保卫战的行动计划》《空气质量持续改善行动计划》等政策文件，主要聚焦于限制工业废气排放、推广清洁能源、提升车辆排放标准等；出台了《中华人民共和国环境保护法》《中华人民共和国大气污染防治法》等法规，为空气污染防治提供了法律框架和基本要求。空气污染防治政策与法规中，与企业相关的要求主要包括：①企业排放的大气污染物应当符合国家制定的大气环境质量标准、大气污染物排放标准；②企业要定期监测废气排放情况，并向相关部门报告；③符合大气污染防治的排污企业应当取得排污许可证；④建设对大气环境有影响的项目应进行环境影响评价等。

2. 水污染防治政策与法规概述

在水污染防治方面，国家发布了《水污染防治行动计划》等政策文件，出台了《中华人民共和国水污染防治法》等法规，主要包括设定排放标准、加强水质监测、改善污水处理设施等内容。其中，与企业相关的要求主要包括：①排放水污染物不得超过国家或者地方规定的水污染物排放标准和重点水污染物排放总量控制指标。②新建、改建、扩建直接或者间接向水体排放污染物的建设项目和其他水上设施，应当依法进行环境影响评价。建设项目的水污染防治设施，应当与主体工程同时设计、同时施工、同时投入使用。③应当取得排污许可证，方可排放废水、污水。④实行排污许可管理的企业事业单位和其他生产经营者应当按照国家有关规定和监测规范，对所排放的水污染物自行监测，并保存原始监测记录。⑤禁止向水体排放油类、酸液、碱液或者剧毒废液等。

3. 土壤污染防治政策与法规概述

在土壤污染防治方面，国家发布了《土壤污染防治行动计划》等政策文件，出台了《中华人民共和国环境保护法》《中华人民共和国土壤污染防治法》《中华人民共和国固体废物污染环境防治法》等法规，主要聚焦于土壤污染防治、土地资源合理利用和生态恢复等内容。土壤污染防治政策与法规中，与企业相关的要求主要包括：①各类涉及土地利用的规划和可能造成土壤污染的建设项目，应当依法进行环境影响评价；②生产、使用、贮存、运输、回收、处置、排放有毒有害物质的单位和个人，应当采取有效措施，防止有毒有害物质渗漏、流失、扬散，避免土壤受到污染；③企业事业单位拆除设施、设备或者建筑物、构筑物的，应当采取相应的土壤污染防治措施；④禁止向农用地排放重金属或者其他有毒有害物质含量超标的污水、污泥，以及可能造成土壤污染的清淤底泥、尾矿、矿渣等；⑤禁止在土壤中使用重金属含量超标的降阻产品等。

（二）资源利用与循环经济政策与法规概述

在资源利用与循环经济方面，国家发布了《2024—2025 年节能降碳行动方案》《国务院办公厅关于加快构建废弃物循环利用体系的意见》等政策文件，出台了《中华人民共和国能源法》《中华人民共和国节约能源法》《中华人民共和国水法》《中华人民共和国循环经济促进法》等法规，鼓励企业节能减排，推广应用节能环保技术和设备，提高资源利用效率，推动资源的再生利用和循环利用。资源利用与循环经济政策与法规中，与企业相关的要求主要包括：①禁止新建不符合国家规定的燃煤发电机组、燃油发电机组和燃煤热电机组；②禁止生产、进口、销售国家明令淘汰或者不符合强制性能源效率标准的用能产品、设备；禁止使用国家明令淘汰的用能设备、生产工艺；③建筑工程的建设、设计、施工和监理单位应当遵守建筑节能标准；④重点用能单位应当每年向管理节能工作的部门报送上年度的能源利用状况报告；⑤生产列入强制回收名录的产品或者包装物的企业，必须对废弃的产品或者包装物负责回收；⑥设计产品包装物应当执行产品包装标准，防止过度包装造成资源浪费和环境污染；⑦新建、改建、扩建建设项目，应当配套建设节水设施。节水设施应当与主体工程同时设计、同时施工、同时投产使用等。

（三）气候变化应对政策与法规概述

在气候变化应对政策方面，国家出台了《生态系统碳汇能力巩固提升实施方案》《关于推进污水处理减污降碳协同增效的实施意见》《全国碳排放权交易市场覆盖水泥、钢铁、铝冶炼行业工作方案》等政策文件，主要聚焦于减少温室气体排放、增加碳汇、推动低碳技术发展等内容。在气候变化应对法规方面，国家于 2024 年 5 月 1 日起施行了《碳排放权交易管理暂行条例》，这是中国应对气候变化领域的首部专项法规。气候变化应对政策与法规中，与企业相关的要求主要包括：重点排放单位应按规定制定并执行温室气体排放数据质量控制方案，清缴其碳排放配额，报送排放统计核算数据、年度排放报告，向社会公开年度排放报告中的排放量、排放设施、统计核算方法等信息等。

（四）生物多样性保护政策与法规概述

在生物多样性保护政策方面，国家出台了《中国生物多样性保护战略与行动计划（2023—2030 年）》《关于进一步加强生物多样性保护的意见》等政策文件。在生物多样性保护法规方面，国家出台了《中华人民共和国野生动物保护法》等，这些政策和法规旨在通过严格保护濒危物种、建立自然保护区等手段，保护和恢复生物多样性。在这些政策与法规中，与企业相关的要求主要包括：①禁止违法猎捕、运输、交易野生动物，禁止破坏野生动物栖息地；②禁止生产、经营使用野生动物及其制品制作的食品等。

二、环境政策与法规遵循

企业应遵循环境政策和法规的要求，在取得排污许可证后，按国家或地方规定的污染物排放标准和排放总量控制指标排放污染物，监测记录污染物排放情况；节能减排，推广应用节能环保技术和设备，提高资源利用效率，推动资源的再生利用和循环利用；减少温室气体排放，增加碳汇，推动低碳技术发展；严格保护濒危物种，保护和恢复生物多样性等。

（一）环保违法违规事件与处罚

环保违法违规行为是指违反环境保护法律法规，对环境造成或可能造成负面影响的行为。常见的环保违法违规行为包括未取得排污许可证排放污染物、未按规定使用燃料、超标排放污染物、自动监测设施不规范运行或弄虚作假等。环保违法违规行为可能使企业遭受巨额罚款、行政拘留、查封扣押、停产关闭，甚至是环境犯罪。企业需要对外披露因环境违法违规事件受到生态环境等有关部门重大行政处罚或被追究刑事责任的情况，包括但不限于违规情形、处罚原因、处罚金额、对披露主体生产经营的影响以及公司的整改措施等。

（二）环境事件风险评估及应急预案

环境事件是指由于违反环境保护法律法规的经济、社会活动与行为，以及意外因素的影响或不可抗拒的自然灾害等原因致使环境受到污染，人体健康受到危害，社会经济与人民群众财产受到损失，造成不良社会影响的突发性事件。企业需要开展环境事件风险评估，采取管理措施预防相关风险，针对突发环境事件制定应急预案。

（三）突发重大环境事件情况

突发环境事件是指由于污染物排放或者自然灾害、生产安全事故等因素，导致污染物或者放射性物质等有毒有害物质进入大气、水体、土壤等环境介质，突然造成或者可能造成环境质量下降，危及公众身体健康和财产安全，或者造成生态环境破坏，或者造成重大社会影响，需要采取紧急措施予以应对的事件。突发环境事件按照事件严重程度，分为特别重大、重大、较大和一般四级。针对突发重大环境事件，企业需要对外披露突发重大环境事件的发生日期、地点和持续时间，事件等级、事件处理方式和处理结果，对公司、社会公众的影响以及整改措施。

第二节 环境保护与气候变化

一、污染物排放

污染物是指进入环境后使得环境的正常组成发生变化，直接或者间接危害人类的物质。

污染物来源于自然界的释放，或通过人类社会活动而产生，其进入环境后会干扰环境的正常组成与性质，导致环境污染，环境质量恶化。

（一）污染物种类和名称

污染物按照受污染物影响的环境要素，可分为大气污染物、水体污染物和土壤污染物。

1. 大气污染物

大气污染物是指由于人类活动或生产过程中排入大气的并对人和环境有害的物质，主要包括以下形态：①颗粒物，如 $PM_{2.5}$ 等；②硫氧化物，如一氧化硫、二氧化硫等；③氮氧化物，如二氧化氮、三氧化二氮等；④碳的氧化物，主要指一氧化碳；⑤碳氢化合物，如甲烷、乙烷等烃类气体；⑥其他有害物质，如含氟气体、含氯气体等。

2. 水体污染物

水体污染物是指造成水体水质、水中生物群落及水体底泥质量恶化的各种有害物质或能量。水体污染物种类繁多，根据污染的性质，可分为：①物理污染物，如放射性物质、热等；②化学污染物，即排入水体的各种化学物质，包括无机有害物（酸、碱、无机盐类等）、无机有毒物（重金属元素、氟化物、氰化物等）、有机有害物（氨基酸、蛋白质、油类、脂类等）、有机有毒物（酚类化合物、有机农药、多环芳烃、多氯联苯、洗涤剂等）四类；③生物污染物，即污水中的细菌、病毒、寄生虫等。

3. 土壤污染物

土壤污染物是指使土壤遭受污染的物质。土壤污染物种类繁多，按照污染的性质，土壤污染物可分为化学污染物、物理污染物、生物污染物和放射性污染物四类。①化学污染物，包括汞、镉、铅、砷等重金属，过量的氮、磷，各种化学农药、石油及其裂解产物等；②物理污染物，主要包括尾矿、废石、粉煤灰等；③生物污染物，主要指带有各种病菌的城市垃圾和由卫生设施（包括医院）排出的废水、废物以及厩肥等；④放射性污染物，如锶和铯等在土壤中生存期长的放射性元素。

（二）排污信息

1. 废气排放情况

废气排放包括氮氧化物、硫氧化物及其他受国家法律法规管制的污染物。废气排放情况主要包括：①废气排放量，即公司生产经营、办公活动等所产生的废气总量（以千克或立方米计）；②废气污染物排放量，即公司废气中氮氧化物（NO_x）、硫化物（SO_x）、持久性有机污染物（POPs）、挥发性有机化合物（VOCs）、危害性空气污染物（HAP）、颗粒物（PM）等气体排放情况（以千克或立方米计）；③废气排放达标情况，即公司自有固定源或移动源设备设施的废气排放是否符合本行业废气排放标准以及确定达标的依据；④废气污染物排放浓度，即公司废气中污染物的排放浓度，包括实际排放浓度（以毫克/立方米计）及许可排放浓度限值（以毫克/立方米计）。

2. 废水排放情况

废水排放情况主要包括：①废水排放量，即公司生产经营、办公活动等所产生的废水总量，可分别计算工业废水排放量和生活废水排放量（以吨计）；②废水污染物排放量，即公司废水中化学需氧量（COD）、氨氮（NH_3-N）、总磷、总氮等主要污染物排放情况（以污染物当量值计）；③废水污染物排放浓度，即公司废水中主要污染物的排放浓度，包括实际排放浓度（以毫克/升计）及许可排放浓度限值（以毫克/升计）；④废水排放达标情况，即公司是否符合

3

本行业的废水排放标准以及确定达标的依据。

（三）污染物处理

为减少污染物排放，企业应对污染物进行处理。常见的大气污染物处理技术包括烟气净化和废气处理，其中，烟气净化主要通过安装过滤装置或电除尘器来去除颗粒物和固体废物，废气处理则通过化学反应或物理吸附来去除气体污染物。对于水污染物来说，最常见的处理技术是生物处理和化学处理。生物处理是利用微生物的生长代谢来降解有机物，通常包括活性污泥法和生物膜法，而化学处理则通过添加化学试剂来沉淀或氧化有机物和重金属离子。

污染防治设施是指为防治环境污染，保护和改善环境质量，而建设的各种处理、处置、监测、控制等设施的统称。这些设施在减少污染物排放、保护环境方面发挥着至关重要的作用。企业应积极建设污染防治设施，并关注污染防治设施的运行情况和实施成果。就污染防治设施的实施成果而言，企业可通过比较污染防治设施实施前后，企业污染物排放浓度、强度或排放总量等的降低幅度来进行量化。

（四）污染减排目标及举措

企业需要就废气和废水中的主要污染物（氮氧化物、硫氧化物、颗粒物、化学需氧量、氨氮等）设定减排目标。减排目标通常是按特定日期对照某基线水平，以百分比呈列。比如，2030年二氧化硫排放量比2020年下降5%。

企业应采取措施减少污染排放，对污染物开展“源头减少、过程管控、末端治理”，进而实现减排目标。企业减污举措包括但不限于：①充分识别企业决策和活动产生的污染物来源和种类，并明确排查重点及频次，对生产经营各环节排放的污染物进行分析和评估，挖掘可优化改进的环节；②改进生产技术，采用更高效、清洁的生产工艺和设备，从源头减少污染物产生；③对燃煤锅炉烟气采取布袋除尘、脱硫的方式进行治理，对炭黑尾气锅炉采取脱硝、脱硫的方式进行治理等，减少废气排放量；优化污水处理及中水回用工艺，减少废水排放；④建立污染物指标日常管理和监测机制，对生产运营过程中产生的污染物来源和排放情况进行系统梳理、统计和报告，提高对污染物排放的管理能力。

二、废弃物处理

（一）废弃物种类和名称

废弃物包括危险废弃物和一般废弃物。危险废弃物是指具有毒性、腐蚀性、易燃性、反应性或者感染性的一种或者几种危险特性的废物；不排除具有危险特性，可能对生态环境或者人体健康造成有害影响，需要按照危险废物进行管理的其他废物。危险废弃物类别和行业来源可参考《国家危险废物名录（2021年版）》。一般废弃物是指在生产、生活和其他活动中产生的丧失原有利用价值或者虽未丧失利用价值但被抛弃或者放弃的固态、半固态和置于容器中的气态的物品、物质，以及法律、行政法规规定纳入固体废物管理的物品、物质，未被列入《国家危险废物名录》。一般废弃物分类可参考《一般固体废物分类与代码》（GB/T 39198—2020）。

（二）废弃物排放情况

废弃物排放情况主要包括废弃物排放总量及密度，具体如下：①危险废弃物总量，即公司生产办公排放的危险废弃物总量；②危险废弃物密度，即危险废弃物总量与公司特定指标的比值，特定指标包括营业收入、产量、设施数量等；③一般废弃物总量，即公司生产办公排放的一般废弃物总量；④一般废弃物密度，即一般废弃物总量与公司特定指标的比值，特定指标包括营业收入、产量、设施数量等。

（三）处理方法与处置情况

废弃物防治的目标包括资源化、减量化和无害化。企业应采取措施对废弃物进行处理，常见的处理方法有：①焚烧法，即通过有机废物的焚烧处理回收热量、用于发电等。这种方法可以削减固体量大的废弃物，消除某些有害物质，但是投资成本较高，也可能造成严重的二次污染。②回收法，即分类回收，再生利用。这是废弃物较为理想的处理方法。③填埋法，即将废弃物深埋于地下。这种方法不占土地，填埋后的土地可重新利用，但处理不当可能造成水源和空气污染。④固化法，即用水泥、石膏等固化剂包封废弃物。这种方法安全可靠，但可能造成部分资源成为废弃物。⑤堆肥法，即利用微生物发酵以用作肥料，这种方法可产生有机肥料，但适用面较窄，容易造成水源和空气污染。

企业对废弃物的处置情况主要包括以下几个方面：①一般固体废物综合利用量，指企业通过回收、加工、循环、交换等方式，从固体废物中提取或者使其转化为可以利用的资源、能源和其他原材料的固体废物量（包括当年利用的往年工业固体废物累计贮存量）（以吨计）。②一般固体废物处置量，是指报告期内企业将工业固体废物焚烧和用其他改变工业固体废物的物理、化学、生物特性的方法，达到减少或者消除其危险成分的活动，或者将工业固体废物最终置于符合环境保护规定要求的填埋场的活动中，所消纳固体废物的量（以吨计）。③危险废物利用处置量，是指报告期内企业将危险废物焚烧和用其他改变固体废物的物理、化学、生物特性的方法，达到减少或者消除其危险成分的活动，或者将危险废物最终置于符合生态环境保护规定要求的填埋场的活动中，所消纳危险废物的量（以吨计）。

（四）减废目标及举措

企业要针对危险废弃物和一般废弃物订立减排目标，并采取措施减少废弃物排放，进而实现减废目标。企业可采取的减废措施包括但不限于：①严格遵守国家、地区及行业的废弃物管理相关规定，履行相关倡议、标准及行业要求，将废弃物管理机制贯穿产品的整个生命周期；②识别企业经营活动中涉及的有害废弃物产生来源，测量、记录并报告重要的排放来源及排放量变化情况，实现废弃物排放精细化管理；③合理选择和利用原材料、能源和其他资源，积极采用低耗、高效、无污染和少污染的新工艺、新技术、新设备，从源头减少废弃物的产生量，降低废弃物的危害性；④遵循层级削减原则，即源头削减、再利用、再循环和再加工、废弃物处理和处置。在降低废弃物产生的基础上，对废弃物进行重复使用或再利用、再循环。

三、应对气候变化

工业革命以来，由于人类活动，特别是开采、燃烧煤炭等化石能源，大气中的温室气体含量急剧增加，导致了以气候变暖为主要特征的全球气候变化。气候变化是当今世界面临的重大挑战之一。

（一）温室气体排放情况

温室气体是指《京都议定书》列明的 7 种温室气体，包括二氧化碳（CO_2）、甲烷（CH_4）、一氧化二氮（N_2O）、氢氟碳化物（HFC）、三氟化氮（NF_3）、全氟化碳（PFC）和六氟化硫（SF_6）。企业应当核算并披露报告期内的温室气体排放总量，并将不同温室气体排放量换算成二氧化碳当量公吨数。温室气体排放可分为范围 1、范围 2 和范围 3 三大范围。范围 1 排放是指企业拥有或控制的来源产生的直接温室气体排放，比如，在拥有或控制的锅炉、熔炉、运输工具等设备中燃烧燃料产生的排放，化学品、水泥、钢铁等的生产和加工产生的排放，未经物理控制而有意或无意的温室气体释放等。范围2排放是指企业消耗的外购电力、蒸汽、供暖或制冷所产生的间接温室气体排放。范围3排放是指发生在企业价值链上游和下游的间接温室气体排放（不包括在温室气体范围2排放中），包括购买的货物和服务、上游运输和分配、下游运输和分配、售出产品的报废处理等来源。温室气体排放强度描述公司温室气体排放量与公司特定指标的比值，特定指标包括产品数量、总产值、销售额或职工人数等。

（二）温室气体减排管理

1. 温室气体减排目标及举措

企业应针对范围1、范围2、范围3的温室气体排放设立减排目标，并采取措施及行动来降低碳排放。比如，①积极引入先进的生产技术、设备和工艺，降低单位产出的碳排放；②积极探索和采用太阳能、风能、水能等可再生能源，逐步替代化石能源，实现清洁能源替代；③开发低碳、环保的产品和服务，引导市场需求向绿色消费转变；④加强与供应商的合作，推动供应链上下游企业的绿色转型；⑤培养员工的环保意识和节能减排习惯，将绿色低碳理念融入企业文化。

2. 温室气体减排量

温室气体减排量是指通过采取各种措施减少二氧化碳、甲烷、氮氧化物等温室气体的排放量，从而减缓气候变化的速度和程度。温室气体减排量是企业取得的减排效果的量化结果。温室气体减排量的计算通常基于以下几个步骤：①确定基准线温室气体排放量：确定在没有采取任何减排措施的情况下，某个活动或系统的温室气体排放量。②测量实际温室气体排放量：在实际操作中，测量实际温室气体排放量，并与基准线温室气体排放量进行比较。③计算温室气体减排量：通过温室气体实际排放量减去基准线温室气体排放量，得出温室气体减排量。

3. 温室气体减排项目

碳排放权交易是通过市场机制控制和减少温室气体排放、助力积极稳妥推进碳达峰碳中和的重要政策工具。2011年10月，我国在北京、天津、上海等地启动碳排放权交易市场试点工作，2021年7月全国碳排放权交易市场正式上线交易。碳排放权交易市场是强制碳市场，交易的产品是“碳配额”。碳排放权交易能够通过价格机制推动企业进行碳减排，具体机理如下：政府根据生产排放情况、技术水平和减排需求等向重点排放单位分配年度碳排放配额，即重点排放单位在一年内允许排放的二氧化碳量。如果这些企业的实际碳排放量超过了碳配额，则需在市场上购买额外的碳配额，以免因超排而面临罚款或其他法律后果。反之，如果这些企业通过减排措施降低了碳排放，使得分配的碳配额有剩余，则可将剩余的碳配额在市场上出售，从而获得经济收益。

全国温室气体自愿减排交易市场是继碳排放权交易市场之后，我国推出的另一个助力实现碳达峰碳中和目标的重要政策工具。自愿减排交易市场是自愿性市场，交易的产品是“核证减排量”，即非控排企业基于减排项目按相应方法学监测核查而产生的减排量。减排项目业主可以通过向重点排污单位出售核证减排量获得经济回报。

（三）气候相关风险和机遇

1. 气候相关风险和机遇的概念

气候相关风险是指气候变化对公司的潜在负面影响，包括与气候相关的物理风险，以及与气候相关的转型风险。与气候相关的物理风险包括急性物理风险和慢性物理风险。急性物理风险产生于与天气有关的事件，如风暴、洪水、干旱或热浪；慢性物理风险来自气候的长期变化，包括降水和温度的变化。与气候相关的转型风险是指公司向低碳经济转型所面临的风险，包括政策、法律、技术、市场和声誉等方面的风险，比如，对气候破坏较低的技术取代对气候破坏较高的技术（技术风险）、消费者逐渐转向对气候破坏较低的产品及服务（市场风险）。气候相关机遇是指气候变化对公司产生的潜在积极影响，或全球缓解和适应气候变化的努力可能为公司带来的机遇。

2. 应对气候相关风险和机遇的治理机制

企业应当建立健全公司治理结构和内部制度，确保公司相关内部机构具备足够的专业能力并有效应对气候变化对其生产经营带来的风险和机遇。具体包括两个层面：一是董事会对气候相关风险和机遇的监督。如董事会在审查和指导战略、重大行动计划、风险管理政策、年度预算和业务计划等时，是否考虑与气候有关的问题。董事会如何监督解决气候相关问题的目标和工作进展。二是管理层在评估和管理与气候相关的风险和机遇方面的作用。

3. 气候相关风险和机遇的管理

企业需要识别和评估气候相关风险和机遇，采用情景分析等方式评估公司的战略、商业模式等对气候变化的适应性。具体而言，评估气候变化对其战略和商业模式影响，评估公司在短期、中期和长期内为适应气候变化调整其战略和商业模式的能力等。此外，企业也需制定应对气候相关风险和机遇的转型计划及措施，包括但不限于下列内容：①对当前和未来战略、商业模式和资源分配进行调整；②改进生产工艺、更新设备等以直接或间接应对气候相关风险和机遇；③制定转型计划以应对气候相关风险和机遇；④为实施转型计划提供资源；⑤评估实施转型计划的进展情况。

正如导引案例中所描述的，中国石油坚定绿色发展之路围绕“双碳”目标加快转型，推动了地热产业规模化和风光气电融合发展，迎来了企业高质量发展的新契机。

第三节 资源利用与循环经济

一、能源管理

能源是指直接或者通过加工、转换而取得有用能的各种资源，包括煤炭、石油、天然气、核能、水能、风能、太阳能、生物质能、地热能、海洋能以及电力、热力、氢能等。

（一）能源使用基本情况

能源使用的基本情况，包括但不限于按类型划分的直接及间接能源（如煤、电、气或油）消耗量（以吨标准煤计算）、消费结构及能耗强度（如以每产量单位计算）等，具体指标如下：①能源消耗量，包括直接能源消耗量和间接能源消耗量，其中直接能源消耗量主要是指消耗的煤、石油或石油的提取物、天然气等资源，间接能源消耗量主要指外购电力、外购天然气等所消耗的资源；②能源消费结构，即所消费的每种能源的数量在能源消费总量的比重；③能源消耗强度，即能源消耗量与公司特定指标的比值，特定指标包括生产产值、营业收入、产量等。能源消耗强度是衡量能源利用效率的重要指标，能源消耗强度越低，能源利用效率越高。

（二）清洁能源使用情况

清洁能源是指不排放污染物，能够直接用于生产生活的能源，主要包括风能、太阳能、水能、地热能、生物质资源、海洋能、天然气等。清洁能源使用情况包括但不限于清洁能源的种类、使用总量、比例等。

（三）能源目标及举措

企业能源目标应包括减少能源消耗、提高能源效率、降低能源成本和减少环境污染等方面。具体目标可以设定为降低能源消耗总量、提高能源使用效率等。比如，2030 年的能源消耗量较 2020 年降低 20%。

企业应加强能源管理，推动实现能源目标，包括但不限于以下举措：①积极使用太阳能、水电、风能等清洁能源，努力提升清洁能源使用占比。正如导引案例中，中国石油加快推动地热产业发展和布局，有序推进风光气电融合发展重点项目。“清洁替代”是实现能源目标、推动绿色可持续发展的重要抓手。②新建项目时，将能源使用效率作为重要因素考虑。③适时淘汰高耗能的设备、生产工艺或者产品，积极引入新技术、新设备、新材料和新工艺，提高能源使用效率。④构建能源管理体系，打通综合能源管理全链条，通过能源精细化管理，实现节能增效。⑤推进智能化能源监测，利用数字化技术对使用能源的设备和场景进行智能监控和能耗分析，进而进行相关的优化改进。⑥积极推进绿色建筑。通过建筑节能、被动式超低能耗建筑等方式，达到能耗总量和强度“双降”。⑦发展能源物联网，把能源生产、存储、配送、消费等能源基础设施通过信息技术连接起来，实现智能感知、智能计算、智能处理、智能决策、智能控制等目标。

二、水资源管理

水资源是指可被利用或有可能被利用的水源。即水源应具有足够的数量和合适的质量，并满足某一地方在一段时间内的利用需求。

（一）水资源使用情况

水资源使用情况包括总耗水量（以吨计算）、使用强度（如以每产量单位计算）及回收利用情况，具体包含以下几个方面：①新鲜水用量，即从各种水源提取的被第一次利用的水量之和，不包括外供的水和水产品而取用的水量；②循环水用量，即公司水资源使用后再次循环利用情况；③循环水用量占比，即公司循环水使用占比情况，其中循环用水总量可按照循环用水量与重复利用次数相乘进行计算，总耗水量为新鲜水取量与循环用水总量之和；④水资源消耗强度，描述公司水资源消耗强度，可按照产品数量、总产值、销售额或职工人数等计算。

（二）水资源节约目标以及具体措施

在国家持续实施水资源消耗总量和强度双控行动的背景下，企业需制定明确的节水目标，确保企业节水工作有明确的指导方向。提高水资源利用效率或减少用水项目是实现水资源节约目标的两大抓手，具体节水举措包括但不限于以下方面：①加强内部用水管理，建立节水管理制度；②采用分质供水、高效冷却和洗涤、循环用水、废水处理回用等先进、适用节水技术、工艺和设备；③回收利用生产设备冷却水、空调冷却水、锅炉冷凝水等，提高水资源重复利用率；④积极采用废水深度处理回用技术。

三、物料管理

物料是我国生产领域中的一个专业术语。生产企业习惯将最终产品之外的、在生产领域流转的一切材料、燃料、零部件、半成品、外协件以及生产过程中必然产生的边角余料、废料以及各种废物统称为“物料”。

（一）物料使用情况

物料使用情况包括物料消耗量、使用强度以及回收利用情况等，具体包含以下几个方面：①不可再生物料消耗量，即用于生产和包装组织的主要产品和服务的不可再生材料的总重量或体积（以吨或立方米计）；②可再生物料消耗量，即用于生产和包装组织的主要产品和服务的可再生材料的总重量或体积（以吨或立方米计）；③物料消耗强度，描述公司物料消耗强度，可按照产品数量、总产值、销售额或职工人数等计算；④回收输入材料占比，即用于制造该组织的主要产品和服务所使用的回收输入材料占输入材料总量的百分比。

（二）物料管理措施

为减少物料浪费，促进环境可持续发展，企业应采取措施加强物料管理，包括但不限于：①在产品设计阶段，考虑环境可持续性，优先选择可回收或可降解的物料；②在物料采购阶段，优先选择采用可持续生产方法和环保材料的供应商，以减少环境影响；③分析和优化生产流程，减少物料在生产过程中的损耗；④制定标准化操作程序，确保员工按照最佳实践使用物料，减少错误和浪费；⑤建立物料回收系统，鼓励员工和供应链合作伙伴回收可再利用的物料，减少对新材料的需求；⑥对生产过程中产生的废料进行再利用，寻找适合的应用场景，减少废物的产生；⑦设定物料管理的关键绩效指标，如物料利用率、废弃物料产生量等，监测和评估管理效果；⑧采用自动化设备和技术，提高物料处理的效率，减少人为错误和浪费。

四、包装材料管理

包装材料是指用于制造包装容器、包装印刷、包装运输、包装装潢等满足产品包装要求所使用的材料，包括纸板、金属、塑料、玻璃、复合材料等。

（一）包装材料使用情况

包装材料使用情况主要包含以下几个方面：①包装材料总量，即公司制成品所用包装材料总量（用重量或体积表示）。如果可行，企业可按包装材料类别，如塑料、纸张、金属等分类汇报每种包装材料的使用总量。②包装物料密度，即包装材料使用总量与公司特定指标的比值，特定指标包含产量、员工数、销售收入或销量等。③制成品所用包装材料回收比例，即企业回收的包装材料数量与使用包装材料总量的比值。

（二）包装材料管理措施

用后弃置产品及包装材料已成为日益严峻的环境挑战。企业要加强包装材料管理，减少、重复使用或回收利用包装材料，具体可采取如下措施：①在包装设计时尽量减少边角料的产生，在使用过程中尽量避免辅助材料的浪费；②在强度、寿命等因素相同的条件下，尽量减少材料用量，实现包装材料减量化、轻薄化；③积极研发可自行降解、无污染的包装材料，提高绿色包装材料的使用比例；④对包装产品重复利用、回收及综合利用，建立包装循环经济；⑤对包装材料耗费总量及单位产量耗费情况进行统计，建立监控机制，定期对包装材料的使用进行监控。

第四节　生物多样性

生物多样性是指生物(动物、植物、微生物)与环境形成的生态复合体以及与此相关的各种生态过程的总和,包括生态系统、物种和基因三个层次。生物多样性使地球充满生机,是人类赖以生存和发展的基础,是地球生命共同体的血脉和根基。

一、生产、服务和产品对生物多样性的影响

企业需要对外报告其对生物多样性及生态环境有重大直接或间接影响的事件,包括但不限于以下几个方面:①建造或使用制造工厂、矿山和运输基础设施;②污染(从点源和非点源引入栖息地中非自然发生的物质);③引进入侵物种、害虫和病原体;④物种减少;⑤生物栖息地转变;⑥自然变化之外的生态过程变化(例如,同碱度或地下水水平的变化)。

生物多样性受到重大的直接和间接积极和消极影响的方面,包括以下几个方面:受影响的物种、受影响的区域范围、影响持续时间、影响的可逆性或不可逆性等。

二、生物多样性保护行动及成效

企业需要采取措施保护生物多样性,并评估保护成效,包括但不限于:①生态保护红线范围内,企业退出生产经营活动、处置相关设施等;②在生产经营场所周边和陆地、海洋重点生态功能区、生态保护红线、自然保护地,以及其他具有重要生态功能或生态环境敏感脆弱区域的保护和恢复等方面采取的措施与取得的效果;③在野生动植物保护、自然栖息地保护恢复等方面采取的措施与取得的效果;④在生物遗传资源的保护、可持续利用、获取与惠益分享、监测预警和风险管理等方面采取的措施与取得的效果;⑤为降低产品全生命周期等对生态系统、生物物种及其栖息地、生物遗传资源等的影响和依赖,采取的行动与取得的效果。

三、生物多样性保护指标与目标

企业需要制定生物多样性保护管理指标及目标,并评估目标的达成进展。管理指标包括但不限于:①运营点及周边生物多样性保护优先区域的面积;②运营点及周边生物多样性保护优先区域的数量;③对生物多样性影响最大的运营点正在恢复或重建的区域面积;④导致或可能导致自然资源开发利用的运营点捕获的每个野生物种的数量;⑤运营点周边受影响的物种和数量;⑥运营点周边环境物种丰富度等。企业在设置生物多样性目标时,可设置定量目标或定性目标。

第五节　环境管理体系建设

环境管理是指公司遵循环境相关法律法规要求,通过系统规划,运用经济、法律、技术、教育等多种手段管理生产经营的环境影响,包括建立环境管理体系、通过环境管理体系认证、研发与应用环保产品或技术、进行环保宣传教育等方面。

一、环境管理体系的内涵

（一）环境管理体系的内容和构建

环境管理体系是企业管理体系的一部分，用来制定和实施环境方针，并管理环境因素，包括为制定、实施、实现、评定和保持环境方针所需的组织结构、计划活动、机构职责、惯例、程序、过程和资源。环境管理体系是一个组织有计划，需要协调动作的管理活动，其中有规范的动作程序、文件化的控制机制。它通过有明确职责、义务的组织结构来贯彻落实，目的在于防止对环境的不利影响。

1. 环境管理体系的内容

企业环境管理体系主要包括：①环境政策：制定明确的环境政策，并确定相关目标和计划。②环境评价：了解面临的潜在环境风险及潜在环境影响，进行环境评估、环境风险评价等。③环境管理计划：针对环境保护任务及环境政策要求，制定环境管理计划，并不断更新，同时要制定协调改进企业的相关计划和项目。④资源和环境目标：应从资源和环境保护的角度出发，制定针对性的目标和实施计划。⑤组织实施：制定内部章程和工作规程，建立环境管理组织，配备环境管理人员，并建立相关的信息收集和记录管理机制。⑥审核和改进：对企业环境管理是否合规、有效性等方面的实施，在外部评审、内部审核、经验总结等多层次方面进行系统总结、推进改进等。

2. 环境管理体系构建

企业构建环境管理体系主要包括：①领导决策与准备：最高管理者决策建立环境管理体系，任命环境管理人员，并提供必要的资源保障。②初始环境评审：组成评审组，评审企业的环境现状，识别主要环境因素。③体系策划与设计：制订环境方针、目标、指标和环境管理方案，确定环境管理体系构架和组织机构与职责，策划需要制订运行控制程序的活动。④体系框架文件设计：编写环境管理手册、程序文件和作业指导书，修改并正式颁布。⑤体系试运行：进行全员培训，按照环境管理体系文件进行试运行，并根据试运行情况对环境管理体系文件进行再修改。⑥内部审核：制订审核计划，实施内审，对不符合项采取纠正措施，编写审核报告并报送最高管理者。⑦管理评审：最高管理者评审环境管理体系的持续适用性、充分性和有效性，评审环境管理体系的方针、目标、指标和环境管理方案的完成情况，指出需改进的地方，形成环境管理体系评审报告。

（二）环境管理体系认证

环境管理体系认证是指由第三方公证机构依据公开发布的环境管理体系标准，对供方的环境管理体系实施评定，评定合格的由第三方机构颁发环境管理体系认证证书，并给予注册公布，证明供方具有按既定环境保护标准和法规要求提供产品或服务的环境保证能力。常见的环境管理体系认证包括国际标准化组织（ISO）颁布的《环境管理体系——规范及使用指南》（ISO14001）以及我国颁布的《环境管理体系——要求及使用指南》（GB/T 24001—2016）等。通过环境管理体系认证，可以证实企业使用的原材料、生产工艺、加工方法以及产品的使用和用后处置是否符合环境保护标准和法规的要求。企业需要披露其通过国内外环境管理体系认证方面的相关情况。

二、绿色环保行动与措施

（一）清洁生产

清洁生产，即指不断采取改进设计、使用清洁的能源和原料、采用先进的工艺技术与设备、改善管理、综合利用等措施，从源头削减污染，提高资源利用效率，减少或者避免生产、服务和产品使用过程中污染物的产生和排放，以减轻或者消除对人类健康和环境的危害。换言之，清洁生产是将综合预防的环境保护策略持续应用于生产过程和产品中，以降低对人类健康和环境的危害。在生态文明建设上升至国家战略高度的大背景下，推进清洁生产，已成为促进国民经济可持续以及高质量发展的主要手段之一。企业需要采取措施推进清洁生产，包括开发节能技术、减少有毒有害原料的使用、开展清洁生产审核等。

（二）绿色供应链管理与绿色采购

绿色供应链管理是一种集成环保理念的供应链管理模式，旨在通过优化供应链的各个环节，减少对环境的负面影响，实现可持续发展目标。绿色供应链管理覆盖从原材料采购到产品生命周期结束的所有环节，包括绿色采购、清洁生产、绿色包装、绿色物流、产品回收与再利用、供应商绿色评估与管理等内容。随着消费者环保意识的增强，绿色供应链管理将成为企业提升市场竞争力的重要手段。

绿色采购是指企业在采购活动中，推广绿色低碳理念，充分考虑环境保护、资源节约、安全健康、循环低碳和回收促进，优先采购和使用节能、节水、节材等有利于环境保护的原材料、产品和服务的行为。比如，将供应商所提供产品的质量优劣水平、成分是否有害、生产材料可回收性等信息纳入供应商合作考察范围，优先准入节能环保型产品。

（三）环保产品或技术的研发与应用

环保产品是指在生产、使用、回收和处理过程中，对环境影响较小，有利于环境保护和资源再利用的产品。环保产品包括节能产品（如节能灯具、节能电器等）、清洁能源产品（如太阳能、风能、水能等）、再生资源产品（如废纸再生纸、废金属再制等）、环保建筑材料（如石膏板、硅藻泥等）等多个类别。环保技术是指为了预防和减少环境污染，改善生态环境，实现可持续发展而采用的一系列技术手段。环保技术涉及多个领域，主要包括水处理技术、大气治理技术、固废处理技术、土壤修复技术、噪声与振动控制技术等。

环保产品与技术的研发和应用能够减少能源消耗和污染物排放，实现资源的循环利用和可持续发展。为应对全球环境问题、推动技术创新和产业升级，企业要积极研发与应用环保产品和环保技术。

（四）绿色办公

绿色办公是指在办公活动中使用节约资源、减少污染物产生与排放、可回收利用的产品。绿色办公是节能减排全民行动的重要组成部分，包括但不限于：夏季空调温度不低于26度；办公区采用节能灯具照明，人走灯灭；办公区生活用水回收再利用；推广无纸化办公，纸张双面使用；办公垃圾科学分类；推行视频会议减少员工出行等。

（五）环保培训和宣教

环保培训和宣教是提升公众与专业人员环保意识与技能的重要途径。培训和宣教内容可包括环保意识、环保政策法规、环境科学知识、环境问题分析、环境治理技术、绿色生活方式、环保项目管理、环保宣传教育、环保产业发展、国际合作与交流等多个方面。企业可以对董事、高管、员工或利益相关方开展环境保护培训或宣传活动，可进一步介绍活动具体情况、资金投入、覆盖人数、次数及时长等内容。

中国之路 共建清洁美丽世界 为世界可持续发展注入更多中国“绿色能量”

随着全球气候环境问题日益严峻，共建清洁美丽世界已成为全人类的共同愿景。中国作为世界上最大的发展中国家，正以其独特的“绿色能量”，为全球可持续发展注入活力和信心。

第一，赋予清洁能源在全球范围内的规模经济性和可及性。长期以来，得益于中国政府对清洁能源发展的长远规划和持续投入，以及中国企业在技术研发和成本控制方面的不懈努力，中国在完备的制造业体系基础上，逐步形成了全球最大的新能源装备制造产业，不仅推动了国内能源结构的转型和优化，而且为全球市场提供了高质量、低成本的清洁能源解决方案，为全球绿色低碳转型作出突出贡献。国际能源署曾在 2017 年的《世界能源展望》报告中表示，全球能源转型出现了四大系统性的新变化，分别是美国成为全球最大的油气生产国、光伏发电成为许多国家最便宜的新增装机选择、中国经济切换至新常态发展模式并推动了全国能源结构清洁低碳化、电力的应用不断拓宽至电动汽车和数字化等更多领域，其中后三项都由中国主导并作出最大贡献。

第二，彰显致力于全人类可持续发展的格局和担当。中国实施积极的应对气候变化和保护生物多样性战略，推动和引导建立公平合理、合作共赢的全球治理体系，推动构建人类命运共同体。习近平主席指出，“生态文明建设关乎人类未来，建设绿色家园是人类的共同梦想，保护生态环境、应对气候变化需要世界各国同舟共济、共同努力”，“地球是我们的共同家园，人类需要一场自我革命，加快形成绿色发展方式和生活方式，建设生态文明、保护美丽地球。”这一论述体现了大国领袖的天下情怀。我们为实现气候保护目标持续付出了艰苦卓绝的努力并已取得阶段性成效：为《巴黎协定》的达成和快速生效作出历史性贡献；率先发布《中国落实 2030 年可持续发展议程国别方案》，全面履行《联合国气候变化框架公约》，提高国家自主贡献力度，将用全球历史上最短时间实现从碳达峰到碳中和的进程；连续 10 年清洁能源相关投资占据全球第一，总量超过了美国加上欧盟 27 国的总和，份额达到全球 40%左右。

第三，以开放合作姿态贡献中国方案和中国力量。气候变化是全球共同面临的挑战，也是全人类共同面对的战略机遇。在全球化的今天，在气候保护和能源转型重大议题里，世界没有独善其身的桃源，只有同舟共济的未来，没有哪个国家能够独立于世界之外。中国以开放合作的姿态，积极贡献中国方案和中国力量，展现了大国的责任感和使命感，在国际舞台上发挥着越来越重要的作用。中国“一带一路”倡议是开放合作精神的具体体现。我们与共建国家分享绿色发展理念和技术，帮助他们提高应对气候变化的能力，实现共同发展和繁荣。2021 年底，中国与非洲国家共同发布《中非应对气候变化合作宣言》、启动中非应对气候变化 3 年行动计划专项。同时，中国积极开展应对气候变化能力建设培训项目，累计举办 58 期应对气候变化南南合作培训班，为 120 多个发展中国家培训 2 400 余名气候变化领域的官员和技术人员。

思考：世界可持续发展中的中国“绿色能量”如何体现 ESG 实践的环境内涵？

拓展阅读 财政部等九部门印发《企业可持续披露准则——基本准则(试行)》

为深入贯彻落实党的二十大精神，推动经济、社会和环境可持续发展，稳步推进我国可持续披露准则体系建设，规范企业可持续发展信息披露，近日，财政部、外交部、国家发展改革委、工业和信息化部、生态环境部、商务部、中国人民银行、国务院国资委、金融监管总局联合印发了《企业可持续披露准则——基本准则(试行)》(以下简称《基本准则》)。

《基本准则》起草的总体思路：

《基本准则》的起草，主要坚持“积极借鉴、以我为主、兼收并蓄、彰显特色”的思路。一方面，以我为主、体现中国特色。《基本准则》在制定目的、适用范围、披露目标、重要性标准、体例结构以及部分技术要求等方面基于我国实际作出规定。另一方面，积极借鉴国际准则的有益经验。根据前期国际准则的中国适用性评估结论，国际准则多数要求在我国具有适用性。考虑到 S1 作为一般披露要求，对可持续信息披露仅做原则性规定，《基本准则》与 S1 在信息质量特征、披露要素和相关披露要求上总体保持衔接。这种制度安排，既有利于具体准则的制定和实施，也有利于我国可持续披露准则与国际准则实现趋同。

《基本准则》的主要内容：

《基本准则》共六章 31 条，主要内容如下：

第一章为总则，共 7 条，规定了制定目的、准则体系、可持续信息和价值链的概念、报告主体、关联信息、信息系统和内部控制要求等。

第二章为披露目标与原则，共 4 条，规定了可持续信息披露目标和信息使用者，并对披露目标所涉及的重要性原则、重要性评估、汇总和分解以及相称性方法等予以明确。

第三章为信息质量要求，共 6 条，规定了企业披露的可持续信息应当满足的 6 个信息质量要求，即可靠性、相关性、可比性、可验证性、可理解性和及时性。

第四章为披露要素，共 7 条，规定了企业披露的可持续信息应包括的四个核心要素，即治理、战略、风险和机遇管理、指标和目标，以及每一要素下需要披露的内容。

第五章为其他披露要求，共 6 条，规定了报告期间、可比信息、合规声明、判断和不确定性、差错更正、报告和披露位置等。

第六章为附则，共 1 条，规定了解释权。

国家统一的可持续披露准则体系的构成及建设目标：

国家统一的可持续披露准则体系由基本准则、具体准则和应用指南组成。国家统一的可持续披露准则体系建设的总体目标是，到 2027 年，企业可持续披露基本准则、气候相关披露准则及应用指南相继出台；到 2030 年，国家统一的可持续披露准则体系基本建成。鉴于准则体系建设周期较长，可由相关部门根据实际需要先行制定针对特定行业或领域的披露指引、监管制度等，未来逐步调整完善。

思 考 题

1. 结合具体行业，分析企业面临的环境风险及应对策略。

2. 结合具体企业，分析企业战略发展和行业特征，制定温室气体减排目标和行动方案。

3. 举例分析气候变化给企业带来的风险和机遇。

4. 举例分析环境管理体系在推动企业可持续发展中的作用。

5. 结合具体案例，分析企业承担环境责任的必要性。

练 习 题

一、单项选择题

1. ESG 中环境的内涵是(　　)。

A. 环境政策与法规　　B. 环境保护与气候变化

C. 资源与物料管理　　D. 以上都是

2. 下列属于气候相关风险的是(　　)。

A. 物理风险　　B. 转型风险

C. 自然灾害风险　　D. 物理风险和转型风险

3. 下列不属于一次能源的是(　　)。

A. 原煤　　B. 电力

C. 太阳能　　D. 生物质能

4. 水资源消耗强度是指水资源耗水量与(　　)的比值。

A. 产品数量　　B. 总产值

C. 销售额　　D. 以上都是

5. 下列不属于生产、服务和产品对生态及生物多样性的影响是(　　)。

A. 引进入侵物种、害虫和病原体

B. 物种减少

C. 生物栖息地转变

D. 自然变化范围内的盐度或地下水位变化

二、多项选择题

1. 废弃物管理遵循的基本原则包括（　　）。

A. 减量化　　B. 资源化

C. 无害化　　D. 卫生填埋

2. 在污染物排放方面，企业需要对外披露的内容包括（　　）。

A. 废气排放达标情况　　B. 废气污染物排放量

C. 废水排放量　　D. 废水污染物排放量

3. 水资源管理可以采取的措施包括（　　）。

A. 从严管控用水，实现全生命周期管理

B. 循环利用水资源

C. 积极优化工艺，引入降低能耗技术

D. 实施水资源使用效益计划

4. 绿色供应链管理覆盖从原材料采购到产品生命周期结束的所有环节，具体包括（　　）。

A. 绿色采购　　B. 清洁生产

C. 绿色物流　　D. 产品回收与再利用

5. 下列属于环境领域违法违规事件的包括（　　）。

A. 未批先建　　B. 未验先投

C. 取得排污许可证排放污染物　　D. 私设暗管

三、判断题

1. 企业是社会经济活动的主要参与者，其主要责任是创造经济价值，可以不承担环境保护责任。（　　）

2. 能源消耗强度是衡量能源利用效率的重要指标，能源消耗强度越高，能源利用效率越高。（　　）

3. 生物多样性是生物（动物、植物、微生物）与环境形成的生态复合体以及与此相关的各种生态过程的总和，包括生态系统和物种两个层次。（　　）

4. 绿色供应链管理是在供应链管理的基础上，增加环境保护意识，包括清洁生产。（　　）

5. 突发环境事件可能由污染物排放或者自然灾害、生产安全事故等因素导致，事发突然且不可控，即便制定突发环境事件应急预案也意义不大。（　　）

第四章　ESG 的社会内涵

学习目标

1. 掌握员工职业安全、权益与保障、培训和发展的要求；
2. 掌握消费者权益与产品安全的要求；
3. 掌握供应商选择与管理、数量与分布、ESG 战略、供应链环节管理；
4. 理解社区认知和共建、社区公共安全与应急响应的基本内涵。

导引案例

京东物流的 ESG 行动

京东物流作为中国领先的物流企业，在 ESG 实践上展现了全面的社会责任和环境承诺。以下是京东物流在 ESG 各方面的具体行动内容：

京东物流关注员工健康安全和职业成长，为公司健康与可持续发展护航。截至 2022 年底，京东物流一线员工数超过 37 万人，始终坚持与所有一线员工签订规范的劳动合同，提供稳定的收入和五险一金等福利，推动高质量就业。

京东物流在供应链管理中注重产品安全与质量。通过其卓越的环保实践和创新成果，旗下“浙江公司纸箱二次裁切及回收”项目和“X 系列纸箱”项目双双荣获“2024 年度绿色快递示范案例”，体现了对消费者权益和产品安全的重视。京东物流将基础设施和服务能力下沉，通过落实乡村振兴战略的奔富计划，服务全国超过 1 000 个产地产业带，架起城乡资源互通之桥，体现了其在供应链管理方面的社会责任。京东物流还自主研发了企业级温室气体管理平台，引领行业数字化碳管理升级，这也涉及供应链的绿色管理和减碳行动。

京东物流通过参与社区建设、支持社区项目等方式，与社区居民建立更紧密的联系，了解他们的需求和期望，从而更好地调整经营策略，提升产品和服务质量。企业的积极参与也会激发社区居民的归属感和认同感，进而提升企业在社区中的影响力和口碑。京东物流在“恣意春日益起捡跑”五城同跑活动中，通过跑步捡拾垃圾的方式，积极参与社区环保活动，体现了其对社区参与和支持的承诺。

思考：以京东为例，如何通过供应链管理提升 ESG 的社会实践？

本章从员工权益和人力资源管理、消费者权益和产品安全、供应链管理、社区参与和支持四个方面揭示ESG的社会内涵。第一节聚焦于员工权益与人力资源管理，这是ESG理念中“社会”维度的核心体现，探讨员工职业安全、健康管理以及职业成长。只有确保员工的身心健康和职业发展，企业才能在激烈的市场竞争中立于不败之地。第二节和第三节进一步扩展了ESG的社会内涵，分别涉及消费者权益与产品安全、供应链管理。这两部分的内容不仅体现了企业对市场和消费者的尊重，而且体现了企业在供应链管理中对环境、社会和治理因素的全面考量。第四节将视角转向了社区参与和支持，这是ESG理念中“社会”维度的重要一环。企业只有积极参与社区建设，才能实现与社区的和谐共生，进而为企业的长远发展奠定坚实的基础。以上四节共同构成了ESG社会理念的核心框架，为企业的可持续发展提供了有力的支撑。

第一节 员工权益与人力资源管理

一、员工职业安全

（一）员工健康安全

员工健康安全是指雇主和员工共同努力，确保工作场所安全，保护员工免受工作相关伤害和疾病的影响。这包括预防因工作导致的身体伤害、职业病以及心理疾病等，旨在为员工创造一个安全、健康的工作环境，以保障其生命安全和身心健康。具体来说，员工健康安全涉及多个方面，如建立健全的安全管理制度、提供必要的安全培训和监督、定期检查设备和环境等，以确保员工在工作过程中的安全与健康。《上市公司可持续发展报告指引》第四十九条规定“披露主体应当披露报告期内职业健康与安全的基本情况，包括针对公司职业安全风险及来源的识别与评估情况，职业健康安全管理体系（OHSMS）的建立及实施情况、相关培训具体情况，工伤保险、安全生产责任险的投入金额及人员覆盖率，报告期内安全事故的具体情况（如有）等”。

1. 员工健康安全管理制度

建立健全员工健康安全管理制度是确保企业可持续发展和员工福祉的重要保障。相关工作包括：①建立健康档案；②关注特殊人群；③开展健康促进活动。

2. 提供必要的安全培训和监督

为确保员工健康安全，提供必要的安全培训和监督是至关重要的。安全培训的执行主要包括：①制定培训计划；②新员工入职安全培训；③定期岗位安全培训；④培训效果评估。安全监督的执行主要包括：①建立监督体系；②日常安全检查；③培训过程监督；④培训档案建立。

3. 定期检查设备和环境

在员工健康安全管理体系中，定期检查设备和环境是至关重要的环节，它有助于及时发现并消除潜在的安全隐患，从而确保员工的生命安全和身体健康。设备检查主要包括：①制定检查计划；②执行检查；③记录与报告；④整改与复查。环境检查主要包括：①工作环境评估；②有害因素监测；③安全标志与标识；④应急准备与响应。

(二) 职业卫生管理

职业卫生管理是指通过科学的管理控制手段和技术手段,使劳动者能够在岗位上不受职业有害因素的侵害,保证职工身体健康和身体及心理的舒适状态。它是企业管理的重要组成部分,对员工的身心健康和企业的长远发展具有重要意义。职业卫生管理的核心目标是保护员工的健康与安全。通过实施有效的职业卫生管理,企业可以降低员工因工作而患病或受伤的风险,从而提高员工的工作满意度和幸福感。这不仅有助于维护员工权益,而且能提升企业的整体绩效和竞争力。

职业卫生管理的主要内容包括工作环境卫生、职业病预防、职业安全和职业心理健康等方面。

1. 工作环境卫生

工作环境卫生是职业卫生管理的基础,主要涉及工作场所的物理因素(如温度、湿度、照明、噪音等)和化学因素(如有害气体、化学品等)的管理。企业应定期检测这些因素,确保员工在安全、舒适的环境中工作。例如,保持工作场所通风良好,减少粉尘、化学物质等有害物质浓度,安装有效的吸尘设备或空气净化装置。

2. 职业病预防

职业病预防是职业卫生管理的核心任务之一。企业应针对特殊工种,如矿工、化工人员等,制定针对性的健康监护方案,及时发现并治疗职业病。这包括定期进行职业病危害因素的检测和评价,以确定可能存在的危害因素和危害程度,并采取相应的控制措施,如改善工艺、更新设备、使用个人防护用品等,以降低职业病危害因素对员工的影响。

3. 职业安全

职业安全是保障员工生命安全和身体健康的重要环节。企业应关注机械设备的安全防护、个人防护用品的使用等方面,定期对设备进行检查维护,并为员工提供必要的防护装备,如安全帽、防护眼镜、防护服等,以降低工伤事故的发生率。此外,企业还应加强员工的安全教育和培训,提高员工的安全意识和操作技能。

4. 职业心理健康

近年来,职业心理健康越来越受到重视。企业应关注员工的心理状况,采取合理的工作安排和福利措施,帮助员工缓解工作压力,维护其心理健康。例如,提供心理咨询服务、组织户外素质拓展训练等,以增强员工的身心素质和抗压能力。同时,企业还应建立激励机制,激发员工的工作热情,减少工作压力对员工心理健康的负面影响。

职业卫生管理是一项系统工程,需要企业从工作环境卫生、职业病预防、职业安全和职业心理健康等多个方面入手,确保员工的身心健康和安全。通过加强职业卫生管理,企业可以创造一个安全、健康、和谐的工作环境,提高员工的工作效率和满意度,进而实现企业的可持续发展。

(三) 职业病管理与员工职业风险管理

1. 职业病管理

职业病是指由于长期从事某种工作或暴露于特定工作环境中,导致工人接触有害物质或作业条件不良而引发的一系列疾病。职业病管理是指对职业活动中因接触职业病危害因素而引起的疾病预防、诊断、治疗、康复以及补偿等全过程管理。

2. 员工职业风险管理

员工职业风险管理是指对企业内部员工可能面临的职业风险进行识别、评估、控制和监测的全过程管理。这些风险可能包括物理、化学、生物、人体工程学和心理社会等方面的危害。员工职业风险管理要求企业建立健全的职业卫生档案资料，如职业病防治责任制文件、职业卫生管理规章制度、工作场所职业病危害因素检测报告等。

（四）职业健康安全管理体系认证

职业健康安全管理体系（OHSMS）是继质量管理体系和环境管理体系后，世界各国普遍关注的又一重要管理体系。其目的是规范组织的职业健康安全管理行为，促进组织建立职业健康安全管理体系，并按照法律、法规和外部要求，预防和控制事故的发生，保障组织员工和相关方的安全与健康，并不断地改进组织的职业健康安全绩效，降低职业健康安全风险。

职业健康安全管理体系认证的核心是确保员工的健康与安全。通过这一认证，企业能够展示其对员工权益的重视，包括提供安全的工作环境、必要的个人防护装备以及定期的职业健康检查等。这些措施有助于提升员工的满意度和忠诚度，同时也有助于降低因工伤和职业病导致的员工流失率。

二、员工权益与保障

（一）员工基本权益

1. 员工薪酬理念

薪酬理念是企业内部对于薪酬分配和管理的核心价值观和信念，它决定了企业在薪酬方面的行为准则和决策依据。薪酬理念不仅关乎员工的薪酬水平，而且体现了企业对员工的尊重、认可和激励。员工薪酬理念是企业薪酬激励体系建设的指引，它本质上是企业核心价值观在人力资源管理领域的重要体现。合理的薪酬理念能够确保员工的劳动得到公平回报，这是对员工基本权益的保障。企业应当制定公平、透明且具有竞争力的薪酬政策，以吸引和留住人才。薪酬理念还应体现对员工贡献的认可，通过绩效奖金、股权激励等方式激励员工为企业创造更多价值。一个具有吸引力的薪酬理念能够提升企业的社会形象，展现企业对员工的关怀和尊重。这有助于增强公众对企业的信任和好感度。优秀的薪酬理念还能吸引更多优秀人才加入企业，从而进一步提升企业的整体竞争力和社会影响力。

2. 薪酬构成

员工薪酬构成是一个复杂而全面的体系，是指企业以货币形式支付给员工的全部报酬。它涵盖了基本工资、绩效工资、奖金、津贴和补贴等多个方面，同时还包括社会保险、住房公积金等法定福利以及职工福利费、非货币性福利等其他福利。这些组成部分共同构成了员工的薪酬体系，旨在全面反映员工的劳动价值和企业对员工的回报。

（1）基本薪酬。基本薪酬是职工收入的主要部分，也是计算其他薪酬性收入的基础。它较全面地实现薪酬的各项职能，对促使职工全面完成生产工作任务具有重要作用。通常是根据职工所在岗位（职务）的劳动质量以及本人的劳动能力与贡献计付。

（2）奖金。奖金是对职工作出优异劳动贡献而给予的效率薪酬，其目的是奖励和刺激职工努力提高劳动效率、增加效益。奖金的多少与劳动成果有直接联系，其增长速度可能超过基本薪酬，但通常不应成为薪酬的主要部分，以免导致劳动定额水平偏低或人为加大薪酬成本。

（3）津贴。津贴是对职工在特殊劳动环境下工作所给予的附加薪酬，是为了补偿在恶劣环境下工作的职工的健康和精神损失，也是为了吸引和稳定这部分职工安心工作。津贴与劳动无直接关系，而是一种对劳动负效应的补偿，其种类和金额通常根据工作环境和条件而定。

(4) 补贴。补贴一般是为了保证职工实际薪酬和生活水平不下降或鼓励职工长期在本单位工作而设置的，如物价补贴、工龄补贴、教龄补贴等。这些补贴有助于增强员工的归属感和忠诚度，也是对员工生活成本的一种补偿。

(5) 福利薪酬。福利薪酬是企业为员工提供的除基本薪酬和可变薪酬之外的附加报酬，如社会保险、住房公积金、带薪休假、节日福利、非货币性福利等。福利薪酬旨在提高员工的生活质量和工作满意度，增强员工的归属感和忠诚度。

3. 员工福利

员工福利是企业基于雇佣关系，依据国家的强制性法令及相关规定，以企业自身的支付能力为依托，向员工所提供的、用以改善其本人及其家庭生活质量的各种以非货币工资和延期支付形式为主的补充性报酬与服务。

员工福利可以根据不同的分类标准进行分类，常见的分类方式有以下几种：

(1) 法定福利与非法定福利。法定福利是指国家法律规定企业必须提供的福利，如社会保险、法定休假等。非法定福利是指企业根据自身情况和员工需求自行提供的福利，如健康体检、员工培训等。

(2) 货币性福利与非货币性福利。货币性福利是指以货币形式发放的福利，如过节费、年终奖等。非货币性福利是指以非货币形式提供的福利，如带薪假期、员工培训、健康保险等。

(3) 集体福利与个人福利。集体福利是指面向全体员工提供的福利，如企业年会、团队建设活动等。个人福利是指针对个别员工或特定群体提供的福利，如员工生日礼物、特殊岗位津贴等。

(二) 员工保障

1. 员工多元化与平等

员工多元化是指在工作场所中，员工在性别、种族、文化背景、年龄、教育经历、宗教信仰、国籍、性取向、工作方式等方面存在差异性。这种差异性构成了员工队伍的多样性，为企业带来了丰富的思维方式和观点。员工平等是指在人力资源管理中，对所有员工不进行任何形式的歧视，而是根据个人能力和业绩进行评价和对待。员工平等是实现员工多元化的基础，只有平等对待员工，才能充分发挥每个人的优势和潜力。

员工多元化与平等要求企业在治理结构中充分考虑员工的利益和诉求。通过构建一个包容性的工作环境，使不同背景、性别、年龄、种族、宗教信仰等的员工都能感受到被尊重和被接纳。这种包容性文化能够增强员工的归属感和忠诚度，提高员工的工作满意度和积极性，增强企业凝聚力。

2. 民主管理

民主管理是指管理者在“民主、公平、公开”的原则下，科学地将管理思想进行传播，协调各组织行为以达到管理目的的一种管理方法。鼓励员工积极参与决策过程，表达自己的观点和想法，从而激发员工的积极性和创造力。

民主管理的特点：

(1) 参与性。民主管理强调员工的广泛参与，使员工能够表达自己的意见和诉求，增强员工的归属感和责任感。

(2) 公平性。民主管理注重公平原则,确保每位员工在决策过程中享有平等的权利和机会。

(3) 公开性。民主管理要求决策过程和信息公开透明,让员工了解企业的运营状况和决策依据。

(4) 创新性。民主管理能够激发员工的创新思维,为组织带来更多的新想法和解决方案。

民主管理强调员工与管理层之间的沟通与协作。通过员工的参与和决策权,企业能够更加了解员工的想法和需求,从而制定出更加符合员工期望的政策和决策。同时,员工也能够更好地理解企业的战略目标和发展方向,积极参与企业的各项工作,共同推动企业的发展。

3. 员工满意度

员工满意度是指员工通过对企业所感知的效果与其期望值相比较后所形成的感觉状态,是员工对其需要已被满足程度的感受。它是员工的一种主观价值判断和心理感知活动,是员工期望与员工实际感知相比较的结果。

员工满意度的主要影响因素包括:

(1) 工作环境。包括工作场所的物理条件、企业所处地区环境、工作作息制度、工作配备齐全度以及福利待遇满意度等。这些因素直接影响员工的工作体验和身心健康,进而影响其满意度。

(2) 工作群体。包括上级的信任与支持、同事的相互了解与理解、下属的领会意图与完成任务情况,以及信息开放度等。良好的工作群体关系能够增强员工的归属感和团队精神,从而提高其满意度。

(3) 工作内容。包括工作内容与性格、兴趣的吻合度,是否符合个人职业发展目标,能否发挥个人能力,以及工作强度等。这些因素直接影响员工的工作积极性和成就感,进而影响其满意度。

(4) 企业背景。包括对企业的历史、企业文化、战略政策的理解和认同程度,组织参与感,以及企业前景等。这些因素能够塑造员工对企业的整体印象和归属感,进而影响其满意度。

(5) 个人观念。员工的个人性格和观念也会影响其满意度。例如,理想主义和完美主义倾向的员工可能对企业各方面情况有更高的期望和要求,一旦遇到困难,易产生不满情绪。

员工满意度反映了企业文化和价值观的塑造情况。一个积极向上、注重员工发展的企业文化,员工往往更加愿意为企业的发展贡献力量,积极参与企业的各项工作。这有助于提升企业的决策效率和执行力,确保企业战略目标的实现。

4. 员工争议处理

员工争议,也称劳动争议,是指企业与员工之间因劳动关系产生的纠纷,包括但不限于开除、除名、辞退、工资、保险、福利、培训、劳动保护以及劳动合同履行等争议。

处理劳动争议应遵循着重调解、及时处理的原则,以及当事人在适用法律上一律平等的原则。这意味着无论企业的规模大小或员工职位高低,在法律面前都享有平等地位,争议处理不能因人而异。

劳动争议处理流程通常包括协商、调解、仲裁和诉讼四个阶段。首先，当事人应尝试通过协商解决争议；如果协商不成，可以向劳动争议调解委员会申请调解。调解不成时，可以向劳动争议仲裁委员会申请仲裁，对仲裁结果不服的，可以向人民法院提起诉讼。员工争议处理机制是维护劳动关系和谐、保护劳动者权益的重要手段。通过合法、公正、及时的处理，可以减少劳动争议，促进企业与员工之间的良好合作关系，维护社会稳定。

三、员工培训与发展

（一）员工聘用、晋升

1. 员工发展通道

员工发展通道是指企业为员工提供的，旨在促进其职业成长、能力提升和职位晋升的一系列路径和机会。这些通道通常基于员工的个人兴趣、能力、职业规划以及企业的战略需求来设计，旨在帮助员工实现个人价值的同时，也为企业创造更大的价值。

员工职业通道的类型：

（1）单一职业通道。传统的职业发展路径，员工沿着既定的职位序列逐步晋升，如员工级别、主管级别、经理级别等。这种模式缺乏灵活性，可能导致员工职业发展的局限性。

（2）双重职业通道。在为普通员工进行正常的职业通道设计时，为专才另外设计一条职业发展的通道。这种模式包括管理生涯通道和专业生涯通道，员工可以在两个通道中自由选择，满足不同类型员工的职业发展需求。

（3）多重职业通道。将双重职业通道中对专业技术人员的通道设计分成多个技术通道，为专业技术人员的职业发展提供了更大的空间。例如，技术人员通道、技术带头人通道、技术管理人员通道等。

对企业来说，员工职业通道有助于企业更加了解员工的潜能，制定更加合理的人力资源规划，提高员工对公司的敬业度和忠诚度，从而推动组织能力发展。对员工来说，员工职业通道可以让员工更加专注于自身未来的发展方向，明确职业目标，提高工作满意度和成就感。

2. 员工激励及晋升政策

（1）员工激励政策。员工激励政策是指企业为了激发员工的工作热情、提高工作绩效而采取的一系列奖励和惩罚措施。这些措施通常包括物质激励和精神激励两个方面。物质激励如奖金、津贴、福利等，旨在通过物质手段满足员工的经济需求，激发其工作动力；精神激励如荣誉、表彰、晋升等，旨在通过精神层面的满足，提升员工的归属感和忠诚度。

（2）晋升政策。晋升政策是指组织内部制定的，关于员工职位提升的一系列规定和程序。这些规定和程序通常包括晋升条件、晋升流程、晋升标准等。晋升政策旨在为员工提供职业发展的机会，使他们能够在工作中不断提升自己的能力和素质，同时实现个人价值的提升。

（3）联系与区别。员工激励和晋升政策都是人力资源管理的重要手段，旨在提高员工的工作积极性和满意度。晋升政策往往包含激励元素，如晋升机会本身就是一种激励，能够激发员工的工作动力。激励政策也可能为晋升提供基础，如通过绩效奖励等方式，鼓励员工提升工作绩效，为晋升创造条件。

激励政策更侧重于短期的、即时的奖励和惩罚，以激发员工的工作热情。晋升政策则更侧重于长期的、持续的职业发展机会，为员工提供职业成长的空间。激励政策的实施方式多种多样，包括奖金、津贴、福利、荣誉、表彰等，旨在满足员工的不同需求和期望。晋升政策的实施方式则相对固定，通常包括制定晋升标准、晋升通道、晋升流程等，确保晋升过程的公平性和透明度。

（二）员工培训

《上市公司可持续发展报告指引》第四十九条规定“披露主体应当披露报告期内员工职业发展与培训的基本情况，包括但不限于公司职位体系设置情况，员工晋升、选拔与职业发展机制，员工培训类型、次数、开展情况，以及年度培训支出金额、员工培训覆盖率等”。员工培训是一个组织或企业为了提升其员工的知识、技能、态度或行为，以更好地满足当前及未来工作需求，而采取的一系列有计划、有组织的培养和教育活动。

1. 环境培训

环境培训旨在提高员工对环境保护的认识和责任感，确保企业运营符合国家和地方的环保法规。培训内容通常包括：①环保基础知识：介绍环保的基本概念、意义以及环保法规。②企业环保政策：详细解读企业内部的环保规章制度，强调遵守法规的必要性。③环境风险识别：教导员工如何识别工作环境中的污染源和风险点，提高环保意识。④应急处理：让员工了解在遇到突发环境事件时应如何应急处理，以及如何报告事故。

2. 安全培训

安全培训是确保员工在工作场所免受伤害的重要措施。培训内容涵盖：①安全基础知识：介绍安全的基本概念、意义以及在企业运营中的重要性。②安全操作规程：详细解读与工作相关的安全操作规程，确保员工严格遵守。③危险源识别：教导员工如何识别工作环境中的危险源，提高安全意识。④应急演练：组织员工进行消防器材使用、急救技能等实际操作演练，提高应对突发事件的能力。

3. 职业道德培训

职业道德培训旨在提升员工的道德素养和职业操守，促进企业的和谐发展。培训内容通常包括：①职业道德基本概念：阐述职业道德的内涵、原则及规范，引导员工树立正确的职业观念。②诚信与责任：强调诚信在职业道德中的核心地位，明确员工的职业责任。③团队协作与沟通：培养员工的团队协作精神，提高沟通能力，促进同事之间的合作与互助。

4. 职业发展培训

职业发展培训旨在帮助员工规划职业生涯，提升职业竞争力。培训内容通常包括：①职业规划：引导员工制定个人职业规划，明确职业目标和发展路径。②职业技能提升：提供与岗位相关的专业技能和知识培训，提升员工的职业素养。③领导力与软技能：针对具备潜力的员工和管理层，提供领导力培训，培养更多的企业领导者和管理人才。④跨部门协作：加强员工对其他部门业务的了解，提升跨部门协作能力。

5. 技术培训

技术培训旨在提升员工的专业技能和知识水平，确保企业技术更新和升级。培训内容通常包括：①新技术介绍：介绍行业内的最新技术和发展趋势，让员工了解技术前沿。②专业技能培训：针对特定岗位和职能，提供专业技能和知识培训，提升员工的实际操作能力。③实践操作：通过模拟演练、项目实践等方式，让员工在实践中掌握所学技能。④创新思维培养：鼓励员工创新思维，培养解决复杂问题的能力。

员工培训的目的在于提升员工个人能力、促进职业发展、增强团队协作与沟通能力、适应组织变化与发展、传承企业文化与价值观、提高员工满意度与忠诚度以及优化人力资源配置。这些目的共同构成了员工培训的重要性和必要性，也是企业持续发展和成功的关键因素之一。因此，企业应该高度重视员工培训工作，制定科学的培训计划并认真组织实施。

（三）员工培训相关概念

1. 员工培训覆盖率

员工培训覆盖率是指在一定工作周期内（如一个月或一个季度），员工参加企业组织的各项培训所达到的范围，即受训人数与企业总人数的比率。它反映了有多少比例的员工在本工作周期得到了培训，是评估培训效果的一个直接指标。

2. 年度培训支出

年度培训支出是指企业或组织在特定的一个年度内，为了提升员工的知识、技能、态度或行为，而投入的资金和资源。这些资金和资源主要用于各种形式的培训活动，包括但不限于课堂教学、实践操作、在线学习、案例分析、角色扮演等。年度培训支出是企业或组织在人力资源开发方面的一项重要投资，旨在提高员工的综合素质和工作效率，从而增强企业或组织的竞争力和市场地位。

3. 员工每年接受培训的平均时长

员工每年接受培训的平均时长，指的是在一个特定的年度内，企业所有员工接受培训时间的总和除以员工总数所得出的平均值。这一指标反映了企业每年为员工提供的培训机会和投入程度，同时体现了员工个人在职业发展方面的学习和成长机会。

第二节　消费者权益与产品安全

一、消费者权益

（一）消费者服务

消费者服务是指企业或组织为满足消费者需求而提供的一系列活动和支持。这些服务旨在提升消费者的购买体验，确保消费者满意度，并建立长期的客户关系，具体包括产品与服务可及性情况，售后服务体系，客户满意度调查与客户需求调查。

1. 产品与服务可及性

产品与服务可及性是一个多维度的概念，它主要关注的是消费者或用户能否方便、容易地获取到所需的产品和服务。这个概念涉及产品与服务在物理、经济、信息以及社会等多个层面的可获取程度。

（1）物理可及性。物理可及性是指产品或服务在地理位置上的可获得性。例如，商品在零售店或在线平台的可获得性，以及服务（如医疗、教育等）在地理上的覆盖范围和便利性。它还包括产品或服务的运输和配送是否便捷，以及用户能否方便地访问服务地点（如实体店、医疗机构等）。

（2）经济可及性。经济可及性指的是产品或服务的价格是否在用户可承受的范围之内。这包括产品的成本效益、服务的费用以及是否有适当的支付选项（如分期付款、贷款等）。经济可及性还涉及产品或服务的价格是否透明，以及是否存在价格歧视或不公平定价。

（3）信息可及性。信息可及性指的是消费者能否方便地获取到关于产品或服务的详细信息。这包括产品的功能、价格、使用方法等，以及服务的条款、条件和质量标准。信息可及性还涉及消费者能否通过适当的渠道（如官方网站、社交媒体、消费者评价等）获取到这些信息。

（4）社会可及性。社会可及性指的是产品或服务是否对所有社会群体都公平可得，无论他们的社会地位、种族、性别、年龄或其他社会特征如何。社会可及性还涉及产品或服务是否考虑了不同社会群体的需求和偏好，以及是否提供了适当的支持和资源来帮助这些群体获取和使用这些产品或服务。

2. 售后服务体系

售后服务体系是指企业为了保证客户在购买产品或服务后能够得到持续的支持、维护以及相关服务而建立的一整套组织架构、流程、资源配置和管理机制，具体包括售后维修服务、退换货政策、技术支持、客户投诉处理等多个方面。售后服务体系贯穿于产品销售后的整个生命周期，目的是提高客户满意度、增强客户忠诚度，并维护企业的良好形象。

评估企业售后服务体系可通过以下七个步骤进行：

（1）审查企业服务政策，确保其明确、合理且对客户公开。政策内容应简洁明了，无歧义，且符合法律法规，应全面覆盖服务承诺、客户权益和争议解决机制，并在企业官网、客户服务点等渠道公开展示，以便客户随时查阅。同时，更新政策后要及时通知客户，确保透明度和及时性。

（2）考察企业服务渠道的多样性和便捷性。一方面要关注企业是否提供了多种服务渠道，如线上平台、电话客服、实体店等；另一方面还要评估这些渠道的响应速度、服务质量和客户体验，确保客户能够轻松、快速地获得所需的服务。

（3）评估企业服务的响应时间和处理效率。评估企业服务响应时间和处理效率时，需重点考察企业从接收客户请求到开始处理以及最终解决问题的全过程。高效的响应时间意味着企业能够迅速响应客户需求，而快速的处理效率则确保问题能够得到及时解决，从而提升客户满意度。

（4）检查企业服务人员的专业性和服务态度。专业性体现在服务人员是否具备必要的技能和知识，能够准确解答客户问题；而良好的服务态度则能让客户感受到尊重和关怀，增强客户对企业的信任感。

（5）分析企业服务流程的标准化和透明度。在分析过程中需关注企业是否建立了清晰、统一的服务标准，并确保这些标准在实际操作中得到有效执行。同时，服务流程的透明度也很重要，能让客户了解服务进度，提升客户对服务过程的信任感和满意度。

（6）评价企业服务内容的全面性和个性化。在评价企业服务内容的全面性和个性化时，需考虑企业是否提供覆盖客户需求的广泛服务，并且能否根据客户的特定需求提供定制化的解决方案。全面的服务内容能满足客户的基本需求，而个性化服务则能增强客户的满意度和忠诚度。

（7）监测企业服务跟踪和持续改进的情况。监测企业服务跟踪和持续改进的情况，需关注企业是否建立了有效的服务反馈机制，能够及时了解并解决客户在服务过程中遇到的问题。同时，企业是否致力于持续优化服务流程、提升服务质量，以不断满足客户需求，实现客户满意度的持续提升。

3. 客户满意度调查

客户满意度调查是一种系统地收集客户对产品或服务感受和评价的方法，它旨在了解客户的需求、期望以及对企业的整体满意程度。

（1）客户满意度调查措施包括：

调查设计：确定调查目标、选择合适的调查工具（如问卷、访谈、在线调查等）。

样本选择：确定调查对象，确保样本的代表性和充分性。

数据收集：实施调查，收集客户反馈数据。

数据分析：对收集到的数据进行整理和分析，识别趋势和模式。

结果报告：编制调查报告，包括关键发现、分析和建议。

（2）客户满意度调查结果披露。客户满意度调查结果是企业了解自身产品和服务质量的重要手段。为了更好地利用这些结果，企业通常会将调查结果进行披露，分为内部披露与外部披露两种形式。内部披露主要面向企业内部员工和管理层，目的是让相关人员了解企业当前的服务现状，找出存在的问题和不足，从而有针对性地进行改进。而外部披露则是向公众、合作伙伴及潜在客户展示企业的服务水平和客户满意度，以此提升企业品牌形象，增强市场竞争力。通过这两种披露方式，企业能够全面、客观地认识自身优势与劣势，为持续优化产品和服务提供有力支持。

4. 客户需求调查

客户需求调查指的是企业为了深入了解其目标客户群体对产品或服务的具体需求、偏好、期望以及潜在问题，而采取的一系列系统性的信息收集和分析活动。调查目的主要包括识别客户需求、发现潜在问题、预测市场趋势以及提升客户满意度。调查方法包括但不限于问卷调查、深度访谈、观察法以及数据分析。客户需求调查的结果可以应用于企业的多个方面，包括产品研发、市场营销、客户服务以及战略规划等。

在进行客户需求调查的过程中，为确保调查的有效性和可靠性，需高度重视以下四个方面：首先是要保护客户的隐私，必须确保整个调查流程中客户的个人信息得到严格保密，避免任何形式的泄露；其次，要确保数据的准确性，企业在设计问卷和访谈提纲时务必做到科学合理，以便能够精准地收集到客户的真实反馈；再次，需避免主观判断的干扰，在观察和分析客户需求时，应保持客观公正，确保结果的客观性和真实性；最后，要及时反馈调查结果，将收集到的信息迅速传递给相关部门和团队，以便他们能够据此及时采取改进措施，不断提升产品或服务的质量。

（二）消费者权益保障

消费者权益保障是指通过立法、行政、司法等各种手段，保护消费者在购买、使用商品或接受服务过程中享有的各项权益，以维护消费者的合法权益和市场经济秩序。消费者享有的权益包括安全保障权、知情权、选择权、公平交易权、索赔权等，具体包括企业的安全风险提醒、退换货与赔偿机制、避免误导或错误信息等。

（1）安全风险提醒。企业有责任告知消费者其产品和服务可能存在的安全风险，以及如何避免或减轻这些风险。例如，对于一款电子产品，企业需要提醒消费者产品可能存在的电池过热、漏电风险；对于食品企业，要标注食品可能引起过敏的成分。这种提醒应该是清晰、明确且易于消费者理解的。除此之外，在风险发生时，企业应提供紧急联系方式、救援措施等，以便消费者能够迅速获得帮助。企业进行安全提醒的方式主要有产品说明书、网站公告、消费者服务热线以及社交媒体等。安全提醒不应是一次性的，企业应继续关注产品的使用情况，定期更新提醒内容，以确保消费者始终了解最新的安全信息。

(2) 退换货与赔偿机制。退换货机制是指企业允许消费者在购买产品或服务后的一段规定时间内，根据一定的条件将产品退回或更换。

退换货通常需要具备以下条件：

产品质量问题：如果商品存在质量缺陷，如电子产品出现功能故障、服装有破损或面料瑕疵、食品不符合安全标准等，消费者有权要求退换货。

产品规格不符：当商品的规格（如尺寸、型号、颜色等）与消费者购买时所要求的不一致时，消费者可以要求退换。例如，消费者在网上购买了一双标注尺码为36码的鞋子，但收到的却是38码，这种情况就属于退换货的范围。

消费者偏好改变：在某些情况下，消费者可能因为自身喜好的变化而希望退换货。不过，这种情况通常会受到商家一定的限制。比如，一些商家规定在商品未使用、包装完整且在一定期限内（如7天无理由退换货），消费者可以基于个人偏好进行退换。

赔偿机制是在产品或服务给消费者造成损失（如人身伤害、财产损失）时，企业按照规定对消费者进行经济补偿或其他形式的补偿。赔偿方式包括但不限于退货退款、换货补偿、现金赔偿。赔偿标准通常根据消费者实际损失的大小、商家过错程度及法律规定等因素确定。在实践中，赔偿标准可能因地区、行业及具体案件的不同而有所差异。

赔偿机制主要适用以下情况：

商品质量问题导致人身伤害或财产损失：如果商品存在质量缺陷，并且因此对消费者的人身安全造成伤害（如食品中毒、电器爆炸等）或对消费者的其他财产造成损失（如劣质电池损坏了其他电子设备），企业应当承担赔偿责任。

服务质量问题导致消费者损失：在服务领域，如旅游服务中，若旅行社未按照合同约定提供服务，导致消费者额外支出费用（如因航班安排失误，消费者需要自行支付额外的住宿费用）或遭受其他损失（如错过了重要的旅游景点），消费者有权要求赔偿。

虚假宣传导致消费者损失：如果企业在销售过程中存在虚假宣传行为，使消费者基于错误的信息购买商品或服务，并因此遭受损失，消费者也可以要求赔偿。例如，商家宣传某保健品具有特定的治疗功效，但消费者购买使用后发现并无此效果，消费者可以要求赔偿购买费用以及可能因依赖该宣传而产生的其他费用（如延误治疗的费用等）。

(3) 避免误导或错误信息。企业在宣传产品和服务时，应该提供真实、准确的信息，避免使用容易让消费者产生误解的表述或者提供错误的信息。这包括产品的性能、功能、成分、产地、有效期等信息，以及服务的内容、质量、价格等方面。例如，企业不能夸大产品的功效，如宣传一款普通的护肤品具有“立竿见影的美白效果”，而实际上这种效果很难实现。

产品与服务信息管理应遵循准确性、透明度、一致性原则。准确性原则要求企业确保所有产品或服务信息准确无误，符合实际；透明度原则要求产品与服务信息的提供应全面、透明，不隐瞒重要细节；一致性原则要求企业在不同渠道和场合提供的产品或服务信息应保持一致。

（三）消费者投诉

消费者投诉是指消费者在购买、使用商品或者接受服务的过程中，认为自己的合法权益受到损害，而向商品的生产者、销售者或者服务的提供者提出的书面或者口头的异议、抗议或者要求解决问题的行为。

客户投诉被解决的数量占比通常被称为投诉解决率或投诉办结率，是一个衡量企业处理消费者投诉有效性的重要指标。它是指在企业收到的所有消费者投诉中，已经成功得到解决的投诉数量所占的比例。计算方法通常是用已解决的投诉数量除以总的投诉数量，再乘以 100%。占比越高，说明企业在处理消费者投诉方面的效率和效果越好，能够更有效地解决消费者在购买产品或服务过程中遇到的问题。

从消费者角度来看，高的投诉解决数量占比意味着消费者的问题更有可能得到妥善处理。从企业角度而言，这个占比是企业客户服务质量的重要体现。高占比有助于维护企业的声誉，减少负面口碑。

投诉解决数量占比的主要影响因素有：

(1) 解决问题的流程效率。简单高效的投诉处理流程能够提高解决数量占比。例如，企业设置专门的投诉热线，有专业的客服人员及时接听并按照标准化流程处理投诉，能够更快地解决问题。

(2) 员工能力。客服人员和相关解决问题的工作人员的专业能力极为关键。他们需要具备良好的沟通技巧、问题分析能力和解决问题的能力。通过定期培训，员工可以更好地应对各种投诉情况。比如，对客服人员进行产品知识培训，使他们能够准确回答客户关于产品性能的疑问。

(3) 资源分配情况。足够的人力、物力和财力资源投入到投诉解决中会影响占比。如果企业能够为解决投诉提供足够的技术支持、产品替换或补偿资源，就更有可能解决客户投诉。例如，一家电子产品制造商为了及时解决产品故障投诉，备有充足的零部件用于维修和更换。

二、产品安全

(一) 产品质量

产品质量是指产品满足规定需要和潜在需要的特征和特性的总和。规定需要一般是指国家法律法规、行业标准、企业标准等明确规定的产品应具备的属性；潜在需要则是指消费者期望产品拥有的，虽然没有明确规定但能够提升产品使用体验的特性。具体包括对企业产品质量测定，对服务流程、内容、标准进行控制，质量管理认证机制等。《上市公司可持续发展报告指引》第四十六条规定："披露主体应当披露报告期内产品或服务的安全与质量管理的基本情况，包括产品或服务质量管理体系、制度的建设、执行情况以及具体措施；公司获得的质量管理相关的认证、主要产品或服务质量管理体系认证情况。"

1. 产品质量测定

为了确保产品质量，企业应运用各种科学手段和技术对产品质量进行直接或间接测定。直接测定是指通过物理、化学等科学手段直接对产品本身进行检测，以获取产品质量的相关信息。间接测定是指通过检测与产品质量相关的其他因素来推断产品质量。企业应根据产品特性、生产规模以及成本效益选择合适的测定方法。

产品质量测定的程序如下：

(1) 确定测定标准和规范。根据产品的特性和用途，确定相应的质量标准和规范，作为产品质量测定的依据。

(2) 选择测定方法和工具。根据测定标准和规范，选择合适的测定方法和工具，如化学分析仪器、微生物检测设备、试验机等。

(3) 实施测定。按照测定方法和工具的要求，对产品进行测定，记录测定数据和结果。

(4) 分析测定结果。对测定数据进行处理和分析，判断产品是否符合质量标准，找出可能存在的问题和原因。

(5) 提出改进建议。根据测定结果和分析，提出改进产品质量的建议和措施，以提高产品质量水平。

在进行产品质量测定时，企业应首要关注测定方法的科学性与准确性，精心挑选并应用科学、精确的测定手段，以确保所得测定结果的可靠性和有效性。其次，测定过程必须严格遵守既定的测定标准和规范，确保每一步操作都符合规范性和标准化的要求。同时，企业还需高度重视测定数据的真实性和完整性，坚决杜绝数据造假或遗漏的现象，以保障数据的真实可信。最后，企业应及时对测定结果进行处理和分析，一旦发现质量问题，应立即采取措施进行改进，以确保产品质量始终符合标准和用户需求。

2. 服务流程、内容、标准控制

产品质量不仅关乎产品本身的性能、可靠性和安全性，而且与服务流程、服务内容和服务标准密切相关。

服务流程控制涉及对服务过程中各个环节的规范化、标准化和监控，其关键要素包括流程标准化、监控与反馈、员工培训以及技术支持。其中，流程标准化是基石，确保每一步操作都有章可循；监控与反馈是保障，通过实时追踪和及时调整，保证服务过程的高效执行；员工培训则是提升服务质量的关键，培养专业且服务意识强的团队；技术支持则提供了智能化、自动化工具，提升服务效率和准确性。这些要素共同构成了一个高效、灵活的服务流程控制体系，为企业和客户带来双重价值。

服务内容控制涉及对服务提供的具体内容、方式、标准等方面的管理和监控，主要控制点在于明确服务要求、服务执行与监督以及客户反馈与改进。首先，明确服务要求，确保服务目标与客户需求一致，为服务提供清晰的方向；其次，强化服务执行与监督，通过制定详细的操作规范和实施严格的监督机制，确保服务过程符合既定标准；最后，重视客户反馈与持续改进，积极收集并分析客户意见，及时调整和优化服务内容，不断提升服务质量和客户满意度。这些控制点共同构成了服务内容控制的完整框架。

服务标准控制通常包括对基础、质量、资质、信息等标准的控制，其关键要素在于制定明确的服务标准、标准执行与检查以及标准的更新与改进。首先，制定明确的服务标准，能够为服务提供清晰的指导原则；其次，强化标准执行与检查，通过规范的操作流程和严格的监督机制，确保服务过程符合既定标准；最后，注重标准的更新与改进，根据市场变化和客户需求的调整，不断优化服务标准，以保持服务的竞争力和适应性。这些要素共同构成了服务标准管理的完整体系。

3. 质量管理认证机制

质量管理认证机制是指企业为了证明其质量管理水平和产品质量符合国际或国内相关标准，而接受第三方认证机构审核的一种机制。该机制旨在通过权威认证机构的审核，确保企业的质量管理活动得到有效实施，从而为客户提供高质量的产品和服务。

(1) 认证机构。认证机构是独立的第三方机构，负责对企业进行质量管理审核和认证，需要具备权威性和专业性,以确保审核结果的公正性和准确性。

(2) 认证标准。认证标准是质量管理认证机制的核心,规定了企业质量管理活动的具体要求和标准,常见的认证标准包括 ISO 9001(质量管理体系)、ISO 14001(环境管理体系)等。

(3) 认证流程。企业首先向认证机构提交认证申请,并提供相关资料;接收资料后由认证机构对企业进行现场审核,评估其质量管理水平和产品质量;审核通过后,认证机构向企业颁发认证证书,证明其符合相关标准。

(4) 监督与改进。认证机构会定期对获证企业进行监督审核,以确保其持续符合认证标准,同时企业需要不断改进其质量管理活动,以适应市场和客户的需求变化。

(二) 产品安全

产品安全是指产品在正常使用或合理预见的误用情况下,不会对用户的人身安全、财产安全以及环境造成危害的特性。为降低产品可能给消费者带来的危害,企业应主动提高产品安全风险意识,建立产品与服务的健康安全风险排查机制或制度等。《上市公司可持续发展报告指引》第四十六条规定,"披露主体应当披露报告期内发生的产品或服务相关的安全与质量重大责任事故(如有),包括事件性质(如行政处罚等)、造成的影响及损害涉及的金额、采取的应对措施及进展;售后服务、产品召回制度的建立与执行情况,针对客户投诉的受理途径、处理流程及处理情况"。

产品与服务的健康安全风险排查机制或制度是企业保障消费者权益、履行社会责任和维护自身发展的关键措施。其核心目标是预防和降低产品与服务在整个生命周期中对人身安全、健康、环境以及产品自身可能产生的危害。

1. 健康安全风险排查机制或制度的具体内容

(1) 风险识别。具体包括以下内容:

原材料审查:企业需要详细了解产品生产所使用的每一种原材料的特性和潜在风险。例如,对于食品企业,要检查原材料是否存在农药残留、重金属超标、变质等问题;对于玩具制造,要确保原材料无毒无害,符合儿童接触安全标准。

设计评估:产品设计是风险识别的重要部分。要检查产品的结构设计是否会导致使用过程中的危险。比如,机械产品的运动部件设计要避免夹伤操作人员,同时要考虑产品的易用性,过于复杂的设计可能导致用户误操作,引发安全问题。

生产工艺分析:生产工艺的不同环节可能引入新的风险。例如,在电子产品制造中,焊接工艺不当可能导致焊点虚焊,影响产品的电气性能,进而引发短路、过热等安全隐患。

人员与环境因素:服务人员的专业素质和行为直接影响服务安全。如在航空服务中,飞行员的飞行技能、健康状况和心理状态对飞行安全至关重要;同时,服务环境也需要考虑诸如酒店的消防安全设施、卫生条件,餐厅的厨房卫生、食品储存环境等都可能对消费者的健康安全构成威胁。

(2) 风险评估。企业要建立一套科学、合理的风险评估标准。这些标准通常包括风险的严重程度、发生的可能性和可检测性等维度。严重程度可以根据对人身伤害、健康损害、环境破坏或产品损坏的程度进行分级,如轻微、中等、严重或灾难性;发生的可能性可以用概率表示,如高、中、低;可检测性则是考虑通过现有的检测手段和方法能够发现风险的难易程度,同时还应采用合适的评估方法对风险作出科学而准确的评估。

(3) 风险控制与应对措施。

预防措施：根据风险评估结果，企业采取相应的预防措施。对于产品，这可能包括改进原材料采购标准、优化产品设计、更新生产工艺等。例如，汽车制造商为了提高汽车的被动安全性，在设计阶段增加更多的安全气囊、加强车身结构设计。

应急处理预案：尽管采取了预防措施，但仍有可能发生风险事件。因此，企业需要制定完善的应急处理预案。预案应明确在风险事件发生时各个部门和人员的职责、应急处理流程和资源调配方案。例如，在食品企业发生食品安全事故时，应立即启动预案，停止相关产品的生产和销售，对已销售产品进行召回，同时配合相关部门进行调查，对受害者进行救治和赔偿。

2. 健康安全风险排查机制或制度的实施与监督

(1) 实施过程。企业要将健康安全风险排查机制或制度融入到日常的生产经营活动中。在产品研发阶段就开始进行风险识别和评估，确保设计的安全性；在生产环节，严格执行质量控制和风险监控措施；在产品投放市场后，持续收集用户反馈，对可能出现的新风险进行分析和处理。对于服务企业，在服务设计、人员培训、服务提供等各个环节都要贯彻风险排查意识。

(2) 监督机制。包括内部监督和外部监督。

内部监督：企业内部要建立专门的监督团队或指定监督人员，定期对风险排查机制的执行情况进行检查。通过内部审核、现场检查等方式，确保各个部门都按照规定开展风险排查工作。例如，企业的质量部门定期检查生产车间的工艺执行情况、原材料检验记录等；安全管理部门检查服务场所的安全设施、人员操作规范等。

外部监督：接受政府监管部门的检查和监督，如市场监督管理部门对产品质量和安全的抽检、卫生部门对餐饮服务卫生的检查等。同时，也可以借助第三方认证机构的力量，对企业的产品和服务进行评估和认证，如 ISO 等国际标准认证，通过外部监督促使企业不断完善风险排查机制。

第三节　供应链管理

一、供应商管理

(一) 供应商选择与管理

供应商的选择标准在企业的采购决策中发挥着至关重要的作用。它不仅帮助企业筛选出那些在环境保护、社会责任和公司治理方面表现卓越的合作伙伴，确保供应链的整体可持续性，而且体现了企业对社会责任和环境保护的深刻承诺。通过遵循这些标准，企业能够降低环境风险、提升品牌形象，并促进整个供应链的绿色发展，从而与供应商共同实现经济效益与社会效益的双赢，为企业的长远发展奠定坚实的基础。供应商的选择主要考察企业是否对以下供应商选择与管理标准进行披露：

1. 供应商选择标准

(1) 环境标准：碳排放与能效：评估供应商的碳排放量，包括直接排放和间接排放。考察供应商的能效水平，如能源使用效率、节能措施等。资源利用与循环：评估供应商对原材料、水资源等资源的利用效率。考察供应商是否采用循环经济模式，如废物回收、再利用等。环境合规性：检查供应商是否遵守当地及国际环保法规和标准。评估供应商是否获得相关环保认证或奖项。

（2）社会标准：员工权益与福利：评估供应商的员工薪酬、工作时间、工作环境等是否符合当地劳动法规定。考察供应商是否提供员工培训、职业发展机会等福利。社区关系与责任：评估供应商与当地社区的关系，是否积极参与社区建设和社会公益活动。考察供应商是否尊重当地文化和习俗，避免文化冲突。供应链透明度：要求供应商提供详细的供应链信息，包括供应商的来源、生产过程等。评估供应商是否建立有效的供应链管理体系，以确保供应链的透明度和可追溯性。

（3）治理标准：公司治理结构：评估供应商的公司治理结构是否健全，包括董事会、监事会等机构的设置和运作。考察供应商是否建立有效的内部控制和风险管理机制。商业道德与诚信：评估供应商的商业道德水平，是否遵守商业道德规范和行业准则。考察供应商是否建立诚信经营机制，如反腐败、反欺诈等。利益相关者关系：评估供应商与股东、客户、员工等利益相关者的关系是否和谐。考察供应商是否积极回应利益相关者的诉求和关切。

（4）其他考虑因素：ESG 评级与报告：参考第三方 ESG 评级机构对供应商的评级结果。要求供应商提供 ESG 报告，以了解其 ESG 表现和改进措施。历史记录与持续改进：评估供应商过去在 ESG 方面的表现和改进措施。考察供应商是否建立持续改进机制，以不断提升 ESG 水平。合规性与风险管理：确保供应商遵守所有适用的法律法规和行业标准。评估供应商的风险管理能力，包括环境风险、社会风险和治理风险等。

2. 供应商培训的具体政策

供应商 ESG 培训体系的主要目标是增强供应商对 ESG 理念的理解和认同，使其认识到 ESG 管理对企业可持续发展的重要性，使供应商熟悉国内外 ESG 相关的法律法规、标准和最佳实践，以便更好地遵守和执行。通过培训，提升供应商在 ESG 方面的管理水平和实际操作能力，包括风险评估、合规管理、持续改进等方面。

培训内容主要包括 ESG 基础知识，如 ESG 的定义、发展历程和国内外实践、ESG 信息披露的要求与政策趋势。部分环境因素，如碳排放管理、能源消耗与节能措施、废物处理与资源循环利用、环保法规与合规性要求。社会因素：员工权益保护与福利保障、消费者权益保护与产品质量、社区关系与社会责任。治理因素：公司治理结构与管理机制、风险管理与内部控制、利益相关者关系管理。

培训方式分为线上培训和线下培训，线上培训主要利用网络平台进行远程教学，方便供应商随时随地学习，可以包括视频课程、在线测试、互动问答等形式。线下培训组织面对面的培训课程，邀请专家进行现场讲解和互动。线下培训可以更加深入地探讨 ESG 问题，并提供实际操作指导。在培训过程中，分享国内外优秀的 ESG 案例，让供应商了解最佳实践和经验教训。案例分享可以激发供应商的灵感和动力，推动其改进 ESG 管理。

培训效果的评估方式主要有三种：知识测试：通过在线测试或笔试等方式，评估供应商对 ESG 知识的掌握程度。实践考核：检查供应商在 ESG 方面的实际操作情况，如碳排放量、能源消耗量等指标的变化情况。反馈收集：收集供应商对培训内容和方式的反馈意见，以便不断改进和优化培训体系。

3. 供应商考核的具体政策

(1) 环境方面。绿色供应链管理:要求供应商在采购、生产、物流等各个环节中,采取环保措施,减少对环境的影响。鼓励供应商使用可再生能源,降低碳排放。污染控制:设定严格的排放标准,要求供应商有效控制废水、废气等污染物的排放。对排放物进行定期监测和评估,确保符合相关法律法规的要求。资源利用:鼓励供应商提高资源利用效率,减少资源消耗。对供应商的资源使用情况进行定期审计和评估,以识别潜在的资源浪费问题。

(2) 社会方面。劳动权益:要求供应商遵守劳动法律法规,保障员工的合法权益。禁止童工和强制劳动,确保员工的劳动条件和福利待遇符合标准。社区参与:鼓励供应商积极参与社区建设,促进社区的可持续发展。评估供应商对当地社区的影响,确保其业务活动不会对社区造成负面影响。健康安全:要求供应商提供安全的工作环境,确保员工的职业健康与安全。定期对供应商的工作场所进行安全检查,以预防潜在的安全隐患。

(3) 治理方面。合规经营:要求供应商遵守所有适用的法律法规,确保其业务活动的合规性。对供应商的合规情况进行定期审查,以识别潜在的违法违规行为。反腐败与贿赂:强调反腐败和贿赂的重要性,要求供应商建立有效的反腐败机制。对供应商的反腐败政策和实践进行定期评估,以确保其符合标准。透明度与责任:要求供应商提高透明度,公开其业务活动、财务报告和 ESG 绩效等信息。鼓励供应商制定并遵守 ESG 政策和目标,以推动其可持续发展。

(4) ESG 评分和评级。利用第三方评级机构提供的 ESG 评分或评级工具,对供应商的 ESG 表现进行客观评价。通过比较不同供应商的 ESG 评分和评级,识别出表现优秀的供应商和需要改进的方面。要求供应商按照全球报告倡议(GRI)、可持续发展报告标准(SASB)等要求发布 ESG 报告。通过分析供应商的 ESG 报告,了解其 ESG 改进情况、存在的问题以及未来的发展方向,对利益相关者进行调研,通过调研、问卷和对话等方式收集来自员工、客户、供应商和社区等利益相关者的反馈意见。综合考虑利益相关者的期望和担忧,对供应商的 ESG 改进情况进行全面评估。

4. 供应商督查的具体政策

近年来,为推动相关企事业单位依法披露环境信息,发挥政府监管和行业自律作用,建立健全对排放单位弄虚作假、中介机构出具虚假报告等违法违规行为的有限管理和约束机制,我国陆续发布了一系列相关政策。这些政策主要聚焦于强制或鼓励企业披露 ESG 相关信息,以及推动绿色金融和责任投资的发展。例如,2023 年沪深交易所发布的《上海证券交易所科创板股票上市规则》中,专设"社会责任"章节,要求上交所上市公司在年报中披露履行社会责任的情况,并鼓励披露社会责任报告、可持续发展报告及环境责任报告等文件。此外,国家还出台了一系列关于绿色金融和责任投资的政策,旨在引导金融机构和企业将 ESG 理念融入风险管理及决策流程中。关于 ESG 供应商督查的具体政策要求,可能因地区和行业而异,但通常包括以下几个方面:

(1) 环境信息披露。要求供应商提供关于其环境影响的详细信息,包括能源消耗、排放物处理、废物管理等。这些信息有助于评估供应商的环境绩效,并推动其采取更环保的生产方式。具体而言,供应商需要报告的内容涵盖了能源消耗情况,这不仅包括生产过程中的直接能源消耗,而且应包括间接能源消耗,如办公场所、物流运输等方面的能耗;排放物处理方面,供应商需详细说明其废水、废气、固体废物等排放物的种类、数量、处理方式以及是否符合相关法律法规的排放标准；此外，供应商应阐述其废物分类、储存、运输、处置及回收利用的全过程，以展示其在资源循环利用和减少环境污染方面的努力。这些信息为采购方提供了评估供应商环境绩效的重要依据，推动整个供应链向绿色、低碳、可持续的方向发展。

（2）社会责任实践。考察供应商在员工权益、社区关系、产品安全等方面的表现。这包括员工福利待遇、工作条件、社区参与以及产品是否符合相关安全标准等。社会责任实践是一个全面而细致的评估过程，旨在深入考察供应商在员工权益保护、社区关系维护以及产品安全等多个关键领域的具体表现。这一实践不仅关注员工福利待遇的公正性与合理性，比如薪资水平、福利政策、健康保险及退休计划等，而且严格审视工作条件的优劣，确保提供安全、健康且符合劳动法规的工作环境，避免任何形式的剥削与歧视，促进员工的职业发展与身心健康。此外，要求供应商必须严格遵守并执行国家及国际的安全标准，从而保障消费者的权益与安全。

（3）公司治理结构。公司治理结构是评估供应商整体运营稳健性与合规性的核心要素之一，它涵盖了从董事会职能定位、高管薪酬体系的合理性，到股东权益保护的全面性与有效性等多个关键维度。在这一过程中，首先关注的是董事会职责的明确性与履行情况，董事会作为公司的决策核心，其成员构成是否多元化、决策过程是否透明公正、对战略方向与风险管理的监督是否到位，都是评估的重点。其次，高管薪酬体系的合理性同样至关重要，它不仅关系到激励机制的有效性，而且直接影响到公司内部的公平性与透明度。合理的薪酬结构应当能够激发高管的积极性与责任感，同时避免过度激励可能带来的短期行为倾向，确保公司的长期稳定发展。

（4）合规性检查。合规性检查是供应链管理中的一项重要环节，它深入细致地审查供应商是否严格遵守国家及地方层面的相关法律法规和行业标准，涵盖了环保法规、劳动法律、税收规定等多个关键领域。在环保法规方面，检查重点包括供应商在生产运营过程中是否采取有效措施减少污染排放、合理利用资源、实施废物管理等，以符合环境保护法律法规的要求，避免对环境造成不良影响。

（二）供应商数量与分布

企业的 ESG 报告或社会责任报告中，通常会详尽地包含一系列关键绩效指标，其中供应商数量便是一项重要内容，这一数字反映了企业供应链的规模。企业还会根据供应商所在的地理位置进行划分，以了解供应链的地理分布。为了进一步提升数据的准确性和可比性，企业还可以建立供应商数目指标的日常管理和监测机制。这一机制将确保企业能够持续、系统地统计和报告供应商的数量及分布，及时发现并解决数据不一致或遗漏的问题。通过定期的审查与更新，企业可以确保 ESG 报告或社会责任报告中的数据不仅准确可靠，而且具有高度的可比性，为企业的可持续发展战略提供坚实的基础。

1. 供应商的数量

供应商数量相关的指标包括：总供应商数量：反映企业供应链的整体规模。有助于了解企业与多少供应商建立了合作关系。按 ESG 表现分级的供应商数量：将供应商按照 ESG 表现分为不同等级（如优秀、良好、一般、较差等），并统计各等级供应商的数量，有助于了解供应商在 ESG 方面的整体表现水平。新增与流失供应商数量：统计在一定时期内（如一年）新增和流失的供应商数量。有助于分析企业供应链的动态变化，以及 ESG 标准对供应商选择的影响。

2. 供应商的分布

供应商的分布可以反映企业的供应链多元化程度。例如，某企业中国区供应商占比最高，那么其供应链呈现本土化趋势。不同地区的供应商可能具有不同的环境、社会和治理特点，这要求企业在选择供应商时充分考虑这些因素。除了地区分布外，供应商的行业分布也是企业关注的重点。在医药生物、电力设备和基础化工等行业，由于行业的特殊性，这些行业的供应商在 ESG 方面的表现往往备受关注。

（三）供应商 ESG 战略

供应商的 ESG 战略是指供应商在环境、社会和治理三个维度上制定并实施的一系列长期规划和行动。

1. 环境方面的战略

在环境方面，战略涵盖了一系列旨在降低对自然环境负面影响的举措。这些战略可能包括积极的节能减排措施，比如采用高效的能源系统和设备，优化生产流程以减少能源消耗，以及实施严格的能效管理政策。同时，资源循环利用也是关键一环，供应商可能会推行废物分类与回收计划，探索废旧产品的再利用途径，以及采用循环经济模式，确保资源在供应链中得到最大化利用。此外，绿色生产也是供应商 ESG 战略的重要组成部分，涉及使用环保材料、减少有害物质排放、推广清洁生产技术，以及建立绿色供应链管理体系，从而在整个生产过程中减少环境污染和生态破坏。通过这些综合性的环境管理策略，供应商不仅能够有效减轻对环境的负担，而且能提升企业的社会责任感和品牌形象，为可持续发展奠定坚实基础。

2. 社会方面的战略

在社会方面，战略可能涵盖一系列旨在提升社会和谐与公平的举措。这些战略首先聚焦于员工福利，包括提供合理的薪酬结构、完善的社会保障、安全健康的工作环境以及职业发展机会，以确保员工权益得到充分保障，并激发员工的工作积极性和创造力。其次，供应链管理也是重要的一环，供应商会努力确保供应链中的各个环节都遵循公平贸易原则，反对任何形式的强迫劳动和童工，维护供应链的透明度和道德标准。最后，供应商还会积极发展与社区的良好关系，通过社区投资、公益活动和社会责任项目，回馈社会，促进社区的经济发展和社会福祉，从而构建一个更加和谐、公平的社会环境。

3. 公司治理方面的战略

在公司治理方面，战略可能会着重加强信息披露的透明度，确保所有相关利益方都能及时、准确地获取企业的运营和财务状况信息，从而增强企业的公信力。同时，优化治理结构也是关键一环，包括建立科学合理的决策机制、强化董事会职能、确保股东权益的平等保护，以及推行员工持股计划等，以提升企业内部的民主化和科学化管理水平。此外，防范腐败和财务欺诈也是公司治理中不可忽视的重要任务，供应商会加强内部控制体系，建立健全的反腐败和反欺诈机制，确保企业运营的合法合规。这些战略不仅有助于促进企业自身的可持续发展，提升品牌形象和市场竞争力，而且能积极响应全球对可持续发展的广泛关注，为企业的长远发展奠定坚实基础。

二、供应链环节管理

（一）采购与渠道管理

ESG 供应链采购是指在采购过程中，除了考虑价格、质量、交货期等传统因素外，还综合考虑供应商的环境绩效、社会责任表现和公司治理结构，从而选择那些符合 ESG 标准的供应商进行合作。

1. 采购管理

在采购过程中，首先，要对供应商评估与选择，建立 ESG 供应商评估体系，对潜在供应商的环境绩效、社会责任和公司治理进行全面评估，选择符合 ESG 标准的供应商进行合作。其次，明确采购合同与条款，在采购合同中明确 ESG 要求，包括环保标准、社会责任承诺和公司治理规范等，确保供应商在合作过程中遵守这些要求。最后，对供应商进行监督与管理，定期对供应商进行 ESG 监督和管理，确保其持续符合 ESG 标准，并对不符合要求的供应商进行整改或淘汰。这样有助于企业降低潜在的环境和社会风险，提升供应链的可持续性和稳定性。通过与符合 ESG 标准的供应商合作，提升企业的品牌形象和声誉，增强消费者对企业的信任和支持。

2. 渠道管理

在渠道管理中，企业所关注的已不再局限于渠道成员的销售能力、市场覆盖率以及物流效率等传统因素，而是更加深入地注重其环境绩效、社会责任和公司治理表现。通过实施 ESG 渠道管理策略，企业能够确保渠道成员在追求经济效益的同时，也符合 ESG 标准，从而共同推动整个供应链的可持续发展。为了实现这一目标，企业会建立一套完善的渠道成员 ESG 评估体系，该体系不仅涵盖了环境友好性、社会责任履行情况，而且涉及公司治理结构的合理性等多个维度。在此基础上，企业会对渠道成员进行系统的 ESG 培训和激励，以提升其环保意识和社会责任感，鼓励其采取更加绿色、可持续的经营方式。同时，为了确保渠道成员能够持续符合 ESG 标准，企业还会定期对其进行 ESG 监督和评估，及时发现问题并采取相应措施进行改进。这种注重 ESG 的渠道管理模式，不仅有助于企业构建更加绿色、可持续的供应链体系，提升供应链的竞争力，而且能实现企业与社会的共赢，促进经济、社会、环境的协调发展。

（二）重大风险与影响

ESG 供应链管理中，企业面临着多项重大风险。环境方面，供应链中的企业若未能有效管理其环境影响，可能导致严重的环境污染和生态破坏，进而引发监管处罚、声誉损失和消费者抵制。例如，供应商在生产过程中排放有害物质或过度消耗自然资源，都可能对整个供应链造成连锁反应，增加企业的环境合规成本和法律风险。社会风险则主要体现在供应链中的劳动权益、人权保障和社区关系上。若供应商存在劳动剥削、歧视或侵犯人权的行为，不仅可能引发社会舆论的强烈谴责，而且可能导致供应链中断，影响企业的正常运营。此外，供应链中的企业若未能妥善处理与社区的关系，也可能引发冲突和抗议，对企业的社会形象和业务稳定构成威胁。

ESG 供应链管理所产生的影响非常深远，其重要性远远超出了单纯的风险防控范畴，它实际上对企业的可持续发展和长期竞争力产生了极为深远且积极的影响。通过实施 ESG 供应链管理，企业能够在环境保护、社会责任和公司治理等多个维度上建立起一套完善的管理体系，这不仅能够确保企业在运营过程中有效规避各类潜在风险，比如环境污染、劳动权益纠纷以及合规性问题等，而且能推动企业在追求经济效益的同时，积极履行社会责任，提升企业的社会形象和品牌价值。更重要的是，ESG 供应链管理促使企业不断优化资源配置，提高资源利用效率，降低运营成本，同时增强供应链的透明度和稳定性，从而在激烈的市场竞争中获得独特的竞争优势。

1. 环境方面

在环境方面，企业通过积极优化供应链中的资源使用，比如推广循环经济模式，实施资源回收再利用计划，以及采用节能高效的生产技术和设备，可以显著降低运营成本，提高资源利用效率，减少资源浪费。同时，企业还致力于减少污染排放，严格遵守环保法规，推行清洁生产，减少有害物质的使用和排放，从而减轻对环境的负面影响。这一系列举措不仅有助于企业实现绿色可持续发展，而且能有效满足当前消费者对环保产品的迫切需求，树立良好的企业形象。通过提供符合环保标准的产品和服务，企业能够增强市场竞争力，吸引更多关注可持续发展的消费者，并在激烈的市场竞争中脱颖而出，实现经济效益与环境效益双赢。

2. 社会方面

在社会方面，企业在供应链管理中注重劳动权益和人权保障，意味着为所有员工提供公平合理的待遇，确保工作场所的安全与健康。通过维护良好的劳动条件，企业能够显著提升员工的工作满意度和忠诚度，有效降低员工流失率，从而构建一个稳定、高效的工作团队。这样的团队不仅在生产效率上表现出色，而且能在产品质量上追求卓越，为企业的产品竞争力打下坚实基础。此外，积极履行社会责任的企业，通过公开透明地展示其在人权、公平贸易、社区发展等方面的努力和成果，更容易获得消费者的信任和青睐，这不仅能提升企业的品牌形象，而且能在激烈的市场竞争中脱颖而出，扩大市场份额，实现经济效益与社会效益的和谐统一。

3. 治理方面

在治理方面，企业高度重视加强供应链风险管理，通过建立健全的信息共享机制和严格的监管流程，确保供应链的每一个环节都能被有效监控和管理。《上市公司可持续发展报告指引》第四十四条规定，"工业企业披露主体可以披露报告期内加强供应链风险管理、保障供应链安全稳定的情况"。这种高度的透明度不仅有助于企业及时发现和应对潜在的运营问题、质量隐患以及合规风险，而且能在问题初露端倪时就迅速采取行动，从而有效降低因供应链问题引发的合规风险和法律纠纷，保护企业的声誉和资产。同时，通过不断优化风险管理策略，企业能够显著提升供应链的稳定性和可靠性，确保供应链在面临外部冲击或市场波动时仍能保持高效运转，为企业的持续生产和市场供应提供坚实保障。这种注重治理的供应链管理模式，为企业的长期发展奠定了稳固基础，增强了企业的市场适应能力和竞争力。

第四节 社区参与和支持

一、社区认知和共建

（一）社区认知

社区认知是指社区居民、管理者及利益相关者对环境、社会和治理三个维度在社区层面的理解和认同以及他们如何在日常生活中践行这些理念。这种认知不仅关乎社区的环境保护、社会公平和治理效率，还体现了社区对可持续发展的追求和承诺。

1. 评价指标

关于社区认知的一些评价指标包括：

(1) 社区参与和发展。企业是否披露参与包括教育、文化、就业、知识技能获取、收入、减轻健康威胁和投资等方面的社区发展的政策、措施与成果。

(2) 企业对所在社区的潜在风险。企业是否披露其潜在风险对所在社区的影响程度，对所在社区潜在风险的防范政策、措施及效果。

(3) 社会响应。企业对社会状况变化的适应能力，强调的是企业对社会需求和压力的回应。

2. 实践

社区认知强调管理者对于环境、社会和治理三个维度在社区层面的理解和认同，具体来说可以从以下三个方面在日常生活中践行其理念。

(1) 安全。企业在社区内开展安全知识宣传活动，通过展板、宣传册、讲座等形式，向居民普及安全常识和应急处理技能。设立安全咨询台，解答居民关于安全方面的疑问。

(2) 环境。企业在生产过程中采取环保措施，减少污染物排放，保护社区环境。公开企业的环境绩效数据，接受社区居民的监督。开展环保公益活动，如植树造林、垃圾分类宣传等，提升社区居民的环保意识。

(3) 健康。企业关注员工的职业健康，提供必要的防护设备和健康检查服务。与社区医疗机构合作，开展健康讲座和义诊活动，提高社区居民的健康水平。

(二) 社区共建

ESG 社区共建是一个综合性的概念，是指社区内的居民、管理者、企业、社会组织等利益相关方，共同致力于在环境、社会和治理三个维度上提升社区的整体质量和可持续发展水平。这种共建模式强调多方参与、协同合作，通过共同努力实现社区的可持续发展目标。

1. 评价指标

企业参与社区共建的一些评价指标包括：

(1) 环保培训和宣教。介绍公司对董事、高管、员工等利益相关方开展的环境保护培训或宣传活动，可进一步介绍活动具体情况、资金投入、覆盖人数、次数及时长等内容。

(2) 安全宣贯与培训。介绍公司在推行安全文化、增强员工安全意识方面的宣贯与培训活动。

(3) 打造品牌公益项目。品牌项目是指在国家、社会和公众高度关注而发展程度较低的社会、环境领域，企业开展的有一定社会影响力并且取得了显著成效的公益项目。打造品牌公益项目，能够有效发挥其对 ESG 工作的重点工作牵引作用和资源整合平台作用。

2. 活动

社区共建强调居民、管理者、企业等多方参与、协同合作，其中企业可以通过宣传、培训等活动参与社区共建，推动社区的可持续发展。

(1) 宣传。利用社区公告栏、公众号等渠道，定期发布 ESG 相关信息，包括企业的环保措施、社会责任活动等。举办 ESG 主题宣传活动，如环保知识竞赛、健康讲座、企业开放日等，吸引社区居民参与，听取居民对企业 ESG 工作的意见和建议，促进企业与社区的双向沟通。企业也可以根据行业特点来进行精准宣传，比如化工等特定行业，在传播分享 ESG 理念时，应突出其行业的特殊性与专业性。例如，强调企业在化工安全方面的投入和成效，展示企业的安全管理体系和应急处理能力。分享企业在环保方面的创新技术和实践经验，如废水处理、废气治理等。突出企业在健康保障方面的措施和成果，如职业健康监测、健康促进活动等。

（2）培训。为社区居民提供ESG相关培训，如环保知识培训、安全技能培训等，提升居民的专业素养和自我保护能力。

二、社区公共安全与应急响应

（一）企业建立的安全事故处理机制

1. 处理机制

企业建立的安全事故处理机制是一个系统性的框架，旨在预防、应对和减轻安全事故处理机制框架，包括预防、应对和评估三个关键阶段。

（1）预防阶段。首先，风险评估与应急预案，企业定期进行风险评估，识别潜在的安全隐患，降低事故发生的概率。根据评估结果，制定详细的安全事故应急预案。其次，安全教育与演练培训，企业定期对员工进行安全教育和培训，提高员工的安全意识，强调安全操作规程。定期组织应急演练，检验应急预案的可行性与有效性。最后，安全设施与应急资源储备，配备必要的安全设施和设备，定期检查和维护安全设施和设备，确保其正常运行。另外，储备必要的应急资源，确保应急资源在紧急情况下能够迅速调用。

（2）应对阶段。首先，事故报告与通报。事故发生后，立即向企业应急管理部门和相关部门通报。确保信息的准确性和及时性，避免信息误传或延误。其次，事故现场处理。迅速启动应急预案，组织应急响应和救援工作。对事故现场进行清理和修复，对受损设备进行维修或更换。再次，人员安置与心理疏导。对受伤人员进行妥善安置和医疗救治。对受事故影响的人员进行心理疏导和安抚。最后，生产恢复与调整。制定生产恢复计划，逐步恢复正常生产。对事故原因进行深入分析，调整生产工艺和管理措施，防止类似事故再次发生。

（3）评估阶段。首先，事故调查与分析。成立事故调查组，对事故进行全面调查和分析。查明事故原因，总结经验教训，提出改进措施。其次，安全绩效评估。对企业的安全绩效进行评估，包括事故发生率、隐患整改率等指标。根据评估结果，制定针对性的安全改进措施。最后，持续改进与优化。定期对安全事故处理机制进行审查和改进。引入新技术和新方法，提升安全管理水平。

2. 评价指标

（1）安全生产管理体系。描述公司安全生产组织体系、安全生产制度，以及为确保安全生产所采取的有效防护措施。

（2）隐患排查与整治。描述公司建立生产安全事故隐患排查治理制度，避免或减少安全事故隐患的行动举措。

（3）应急管理体系。描述公司在建立应急管理组织、规范应急处理流程、制定应急预案、开展应急演练等方面的制度和措施。

（二）社区危险品仓储、使用管理

1. 危险品仓储

危险品仓储是指将具有毒害、腐蚀、爆炸、助燃等性质的化学品存放在符合相关安全标准和规范的仓库中。这些仓库在选址、设计、建造和运营过程中均需要遵循严格的要求，以确保储存的化学品不会对人员、环境或者财产造成损害。

(1) 仓库选址。危险品仓库应选址在人口稀少、交通便利、通风良好的地区，远离人员密集场所。仓库的设计应符合相关法规和标准，确保通风、防火、防爆等安全要求。

(2) 仓储设施与设备。仓库应配备安全设施，包括消防设备、泄漏监测设备、报警系统等，确保特殊情况下能够及时防范和处理危险品泄漏、起火等情况。仓库内应设置明显的安全警示标识，包括危险品种类、储存位置、安全使用方法等信息。仓库应配备专门的存储设备和容器，用于安全储存危险品，这些设备和容器应符合相应的标准要求。

(3) 仓储管理制度。应建立完善的危险品档案管理制度，包括危险品信息、库存量、进出库记录等，并进行定期检查和更新。应严格控制人员进出，禁止非授权人员进入仓库，同时要建立出入库登记制度，记录危险品的进出库情况。

(4) 推广专业仓储服务。鼓励社区与专业的危险品仓储服务提供商合作，将危险品存放在符合安全标准的专用仓库中。这不仅可以降低安全风险，而且可以提高仓储效率和管理水平。

2. 危险品使用管理

(1) 使用前准备。危险品使用前，必须进行安全培训和考核，确保操作人员了解包括危化品的物理性质、化学性质、毒性、燃爆性等特征，以及正确的防护措施。此外，日常也应对危险品进行检测，在使用前确保其处于安全状态，防止因过期、变质等原因引发事故。

(2) 使用过程中管理。危险品操作过程中，必须严格按照操作规程进行，不得擅自改变操作流程。操作人员必须佩戴相应的防护用品，操作过程中必须保持良好的通风条件，避免产生有毒气体。

(3) 使用后处理。危险品使用结束后，必须及时清理现场，确保现场安全。废弃物应根据国家和地方的环保法规要求，以及危险品的性质和危害程度进行分类、收集和处理，确保不会对环境造成危害。建立废弃物处理档案，对处理过程进行详细记录，以便监管部门进行检查和追溯。

(三) 危害公共安全的重大事故

危害公共安全的重大事故是指在生产、生活或其他活动中，由于人为原因或自然因素导致的对公众生命、健康以及公私财产安全造成严重威胁或实际损害的事故。它包括重大生产安全事故，如煤矿、化工、建筑等领域的重大事故；重大交通事故，如高速公路上的连环追尾、客车翻坠等；重大环境污染事故，如化工厂泄漏、油轮沉没等；重大安全事故，如恐怖袭击、大规模食物中毒等。

(四) 群体性事件

群体性事件是指由某些社会矛盾引发，特定群体或不特定多数人聚合临时形成的偶合群体，利用没有合法依据的规模性聚集、对社会造成负面影响的群体活动，以及发生多数人语言行为或肢体行为上的冲突等群体行为的方式，来表达诉求和主张、直接争取和维护自身利益、发泄不满或制造影响，从而对社会秩序和社会稳定造成重大负面影响的各种事件。其表现形式多种多样，包括非法集会、游行、示威、聚众斗殴、罢工、罢课、罢市等。

(五) 社区安全应急预警机制和应急处理情况

1. 社区安全应急预警机制

(1) 组织架构。通常由社区党组织主要负责人担任应急响应工作小组组长，社区党组织、社区居委会相应的副职担任副组长，成员包括社区居委会成员、小区物业公司负责人、社区工作者、综治协管员、就业援助员、助老助残员、社区民警、医生、城管等有关人员。

（2）预警流程。通过社区监控系统、居民信箱、互联网、手机等硬件设施和社区网络员、各支部书记、楼栋长等队伍，及时获取突发事件的有关信息。值班人员每天做好值班记录和接听值班电话，并随时关注短信提示和广播、电视、报刊、互联网等种类信息渠道发布的突发事件预警信息。

（3）预警措施。对可能引发突发事件的情况要及时进行分析、预警，做到早发现、早报告、早处理。增强对突发事件的防范意识，落实各项防范措施，做好人员、技术、物资和设备的应急储备工作。

2. 社区安全应急处理情况

（1）应急响应。突发事件发生后，应急响应工作小组需及时报告上级相关部门，并于第一时间赶赴现场，立即组织专业救援队伍赶赴现场，包括消防、医疗、公安等部门的人员，以控制事态发展，防止事故进一步扩大。优先疏散受到威胁的人员并确保人员得到及时的救治，救援队伍应该携带必要的救援设备和药品，以应对可能出现的各种情况。调动社区各方力量控制事态、稳定局面，积极配合上级相关部门做好应急处置工作。向上级相关部门报送书面情况，根据有关政策配合相关部门做好善后工作。

事故处理后，组建由专家、技术人员和执法人员组成的调查组，对事故进行深入调查。调查组应全面收集事故现场的证据，分析事故原因，提出防范措施和建议。并根据调查结果，依法追究相关责任人的法律责任，并对事故进行通报，以警示其他单位和个人。这有助于维护法律的尊严和公正，提高公众对安全生产的重视程度。

（2）应急保障。社区应建立和完善应急处理机制，确保突发事件发生后能够迅速启动应急预案。应急保障设备设施由综合办、民政办负责调配，确保应急处理工作的顺利进行。应急保障的主要措施包括组织保障、物资保障、资金保障、技术保障、制度保障等。

第一，组织保障。组建专业应急队伍，包括消防、医疗、公安等部门的救援人员，以及志愿者等社会力量。

第二，物资保障。储备必要的应急物资，如救援设备、医疗用品、食品、饮用水等确保在紧急情况下能够应对。

第三，资金保障。设立应急专项资金，用于应对突发事件的救援、重建等工作。

第四，技术保障。利用现代科技手段，如遥感、GIS、无人机等，提高应急监测、预警和救援力量。此外，加强应急信息化建设，建立应急指挥平台，实现信息共享和协同作战。

第五，制度保障。制定和完善应急预案，明确应急响应程序、救援措施和保障措施等。

此外，加强应急演练和培训，提高队伍的专业素养和实战能力。

中国之路　海尔集团：践行社会责任　引领可持续发展

海尔集团从1984年成立至今，一直注重履行社会责任，是最早倡导并积极践行ESG理念的全球化公司之一。海尔将ESG发展理念贯穿企业全产业、各环节，推动绿色低碳循环经济，实现企业自身与社会、自然的和谐共生。

在持续推进低碳转型的过程中，海尔以科技为驱动，探索出全流程、全链条、全生态绿色发展新路径。全流程绿色发展方面，坚守“6-Green”战略，将自主创新的低碳节能科技融入“绿色设计、绿色制造、绿色营销、绿色回收、绿色处置、绿色采购”的产品全生命周期管理中，致力于产品绿色化、制造绿色化、产业绿色化发展。在青岛莱西打造行业首座家电再循环互联工厂，一年拆解 200 万台废旧家电，循环新材料产能 3 万吨，年碳减排能力约 1.7 万吨。全链条绿色发展方面，通过绿色生产、绿色伙伴式供应商管理、“数字赋绿”等方式，打通全产业链同步减碳，建立了覆盖产业链全环节的智能协同平台，与上下游企业一同推动全产业链绿色转型。全生态绿色发展方面，依托旗下的卡奥斯工业互联网平台打造开放的绿色低碳解决方案赋能平台，目前已赋能全国 18 个工业园区和 700 余家企业，探索出 560 多个场景及 1 000 余套定制化能源解决方案。

在社会责任方面，累计投入希望工程 1.4 亿元，共计援建 405 所希望小学和 1 所希望中学，覆盖全国 26 个省、自治区、直辖市，是团中央希望工程中援建希望小学最多的企业。2024 年海尔创业 40 周年之际，启动全新海尔希望小学公益项目“海尔小科学家计划”，激发孩子们创新创造的潜能。近年来，在国内抗灾救援、公益医疗、爱心志愿活动等方面累计捐赠超过 8 亿元。同时，积极投身海外慈善公益活动，带动就业超百万人。公共卫生方面，海尔生物医疗创新研发太阳能直驱储冷技术系列疫苗冰箱，解决了电力缺失带来的疫苗存储安全问题，每年为 4 500 万儿童提供疫苗安全接种。

在公司治理方面，建立了规范有序的治理结构，形成了权责分明、相互协调和相互制衡的治理机制，保障了企业管治高效合规。同时，坚持“人的价值最大化”，创新“创客制”增强全员活力，搭建全方位的员工关爱平台、学习平台，为员工实现个人价值提供广阔舞台，让员工成为企业可持续发展的源头活水。

思考：中国企业如何通过践行社会责任提升可持续发展能力？

思考题

1. 如何平衡员工职业风险与企业经济效益之间的关系？

2. 如何理解员工发展通道在企业和员工个人发展中的作用？

3. 在健康安全风险排查机制的监督过程中，企业应如何确保内部监督与外部监督的有效结合，以持续提升风险排查机制的有效性和完善性？

4. 在选择和管理供应商时，企业应如何平衡价格、质量、ESG 表现等多个因素，以实现供应链的整体优化和可持续发展？

5. ESG 社区共建的概念强调了多方参与和协同合作的重要性。在实际操作中，如何在环境、社会和治理三个维度平衡不同利益相关方的需求和期望？

练 习 题

一、单项选择题

1. 职业病是指企业、事业单位和个体经济组织的劳动者在职业活动中,因接触(　　)而引起的疾病。

A. 粉尘　　B. 放射性物质

C. 职业病危害因素　　D. 化学品

2. 企业进行员工培训的主要目的是(　　)。

A. 提高员工满意度　　B. 增加企业利润

C. 提升员工技能和知识　　D. 减少员工流失率

3. 以下不属于产品与服务可及性所涉及多维度概念的是(　　)。

A. 物理可及性,关注产品或服务在地理位置上的可获得性

B. 经济可及性,考虑产品或服务的价格是否在用户可承受范围内

C. 文化可及性,强调产品或服务是否符合特定文化背景下的审美和价值

D. 社会可及性,确保产品或服务对所有社会群体公平可得

4. ESG供应链管理中最核心的环境目标是(　　)。

A. 提高生产效率　　B. 降低成本

C. 增强品牌影响力　　D. 实现供应链的可持续发展

5. 社区安全应急预警机制中,以下不是预警流程一部分的是(　　)。

A. 定期发布ESG相关信息

B. 值班人员每天做好值班记录和接听值班电话

C. 通过社区监控系统获取突发事件信息

D. 随时关注短信提示和广播、电视、报刊、互联网等信息渠道发布的突发事件预警信息

二、多项选择题

1. 以下属于职业病危害因素的是(　　)。

A. 高温　　B. 噪音

C. 振动　　D. 生物因素

2. 以下属于我国劳动法规定的劳动者享有的基本权利的是(　　)。

A. 取得劳动报酬的权利

B. 休息休假的权利

C. 获得劳动安全卫生保护的权利

D. 接受职业技能培训的权利

3. 以下关于产品质量和服务流程、内容、标准控制正确描述的是(　　　　)。
   A. 对服务过程中各个环节进行规范化、标准化和监控，包括流程标准化、监控与反馈、员工培训以及技术支持
   B. 服务流程控制的关键要素包括流程标准化、监控与反馈、员工培训以及技术支持，这些要素共同构成了一个高效、灵活的服务流程控制体系
   C. 在进行产品质量测定时，企业应首要关注测定方法的便捷性与快速性，以确保测定过程的高效进行
   D. 服务标准控制通常包括基础、质量、资质、信息等标准，其关键要素在于制定明确的服务标准、标准执行与检查以及标准的更新与改进
4. 在 ESG 供应链管理中，企业需要关注的环境因素包括(　　　　)。
   A. 供应商的资源利用效率　　B. 产品的生命周期管理
   C. 供应链的碳排放量　　D. 废弃物的处理和回收
5. 企业参与社区共建的评价指标包括内容有(　　　　)。
   A. 环保培训和宣教　　B. 安全宣贯与培训
   C. 打造品牌公益项目　　D. 企业内部员工满意度调查

三、判断题

1. 安全生产是指在劳动生产过程中消除可能导致人员伤亡、职业危害或设备、财产损失的因素，保障人身安全、健康和资产安全。(　　)
2. 员工争议处理机制是维护劳动关系和谐、保护劳动者权益的唯一手段。(　　)
3. 企业有责任以清晰、明确的方式告知消费者其产品和服务可能存在的安全风险，并提供紧急联系方式和救援措施，且这种安全提醒应是一次性的，无需后续更新。(　　)
4. 在 ESG 供应链管理中，企业只需要对直接供应商进行评估和管理，而无需关注其下游供应商或整个供应链的 ESG 表现。(　　)
5. 社区共建中的品牌公益项目指的是在国家、社会和公众高度关注而发展程度较低的社会、环境领域，企业开展的有一定社会影响力并且取得了显著成效的公益项目。(　　)

第五章　ESG的治理内涵

学习目标

1. 掌握公司治理的含义、原则以及公司治理问题产生的根源；
2. 了解董事会、监事会、高级管理者在公司治理中的作用与机制设计；
3. 掌握内部控制的五个要素及其含义；
4. 掌握风险管理的概念与机制；
5. 了解信息披露与公司治理的关系。

导引案例

科大讯飞公司治理实践

科大讯飞是全球知名的智能语音和人工智能上市公司，致力于让机器"能听会说，能理解会思考"。科大讯飞股东大会、董事会、监事会及管理层相互分离、相互制衡的公司治理结构得到有效运作，各层次在各自职责、权限范围内，各司其职，形成了科学有效的职责分工和制衡机制，确保了公司的规范运作。特别是在股东大会组织和召开、尊重及发挥独立董事作用、创新智慧治理新方式等方面，科大讯飞形成了一系列有益探索。

第一，以诚感人者，人亦诚而应：构建和谐共赢股东关系，打造股东"回家"的"五感文化"。科大讯飞将股东大会和投资者关系活动视为上市公司获得投资者真诚帮助、善意提醒、战略指导的宝贵机会，通过提升公司与投资者互动的深度、广度和效率，形成了上市公司与投资者的密切联系和良性互动，促进企业和投资者实现双赢。有些投资者还为公司业绩增长带来了订单，形成了投资者给公司实实在在的帮助。

第二，他山之石，可以攻玉：高度重视独立董事作用，持续优化公司治理水平。公司特别重视和发挥独立董事"参与决策、监督制衡、专业咨询"的作用，尊重独立董事的独立判断和决策，确保独立董事能够充分发挥自己的专业能力和经验，以期通过"第三人"以完全自由和客观的角度，发现公司存在的问题，并以其自身的专业知识提出专业意见，为公司的长远发展作出贡献。同时，独立董事作用的发挥也提高了公司的治理水平和透明度，增强了投资者和利益相关方的信心。

第三，工欲善其事，必先利其器：创新智慧履职方式，立足自身优势发掘效能。在公司治理实践中，科大讯飞积极发掘和利用企业的自身优势，将公司最新的技术成果应用于履职实践，赋能数字化财务、AI 内控，提升财务会计信息的真实性、准确性和完整性，提升内部控制、合规管理和内部审计的有效性，创新出智慧治理的新方式，为企业规范运作奠定智慧化基础。

思考：以科大讯飞为例，企业为什么如此重视公司治理？

ESG 的治理内涵主要包括公司治理结构与机制、内部控制、风险管理和信息披露治理四部分内容，其中，公司治理结构与机制是基础。健全的公司治理结构与机制为公司内部控制、风险管理和信息披露治理提供了制度保障和运作框架。内部控制是核心。有效的内部控制能够规范公司的内部管理行为，防范和降低风险，为风险管理和信息披露治理提供有力支持。风险管理是关键。风险管理能够识别潜在风险并制定应对策略，降低风险对公司的影响，保障公司的稳健运营，同时，风险管理也有助于提升内部控制的有效性和信息披露的准确性。信息披露治理是保障。信息披露治理能够提升公司的透明度，增强投资者的信任度和企业的声誉，同时，信息披露也有助于企业接受外部监督，及时发现和纠正内部管理中的问题，促进公司治理结构的完善和优化。这四个方面相互关联、相互支持，共同构成了 ESG 的治理核心框架。

第一节　公司治理结构与机制

一、公司治理基础

（一）公司治理的核心概念

1. 公司治理的定义

根据《OECD 公司治理原则》，公司治理涉及公司的管理层、董事会、股东及其他利益相关方之间一系列的关系。公司治理是指通过公司所追求的目标、实现这些目标的手段以及监督这些目标的绩效为公司的运作提供的一套机制。良好的公司治理应为董事会和管理层提供恰当的激励机制去追求符合公司和股东利益的目标，并能够发挥有效的监督作用和更好地利用公司的资源。

2. 公司治理主体

关于公司治理的主体应该包含哪些参与者这一问题，学术界的意见并不一致。按照代理理论，股东是理所当然的主体。股东作为公司的剩余索取权人，相对承担了更大的风险，这也正是多数国家以法律形式赋予股东一定权力的基础所在。利益相关者理论则倾向于把包括股东、债权人、员工、供应商、顾客、社区及政府等所有的利益相关方全部包含在公司治理主体之中。本书采用后一种观点，原因在于它完整地界定了因公司行为受益或受害的群体。

3. 公司治理客体

公司治理客体是指公司治理的对象，具体包括董事会、经理层。在委托—代理链条中，股东及其他利益相关者是初始委托人，董事会是股东的代理人，同时是经理层的委托人，经理层作为代理人，处于该链条的末端。公司治理的目标在于选择合适的董事、经理人，并使之尽职工作以实现公司治理主体（即股东及其他利益相关方）的利益。

4. 公司治理的原则

公司治理的核心理念在于在股东、管理层和其他利益相关方之间建立平衡关系，确保公司的决策和行为尽可能地实现公司目标与价值。这种平衡需要通过公平、透明、责任和效率等原则来实现，即公司治理原则。公平原则要求决策和行为对所有利益相关方公正无私；透明原则要求决策和行为能被所有利益相关方理解；责任原则要求公司和个人对其决策和行为负责；效率原则要求决策和行为能有效实现公司目标与价值。

（二）公司治理问题的根源

1. 公司治理产生的背景

公司治理是当前国内外理论界与实务界研究中的一个重要课题，它随着企业的诞生而诞生，随着企业的发展而不断精进。在未成熟的企业当中，起初公司的所有权与控制权都掌握在一个人手中，资金的来源也很单一。但随着公司逐步发展和规模扩大，需要大量的资金，这时企业往往通过发行股票等多元化的方式来筹措资金，进而产生若干大大小小的股东，公司从原来单一的组织模式逐步走向复杂的组织模式。形成股权结构分散化的局面，公司中由于持股人增加，导致公司所有权与控制权不得不产生分离，进而产生治理上的问题。

2. 公司所有权和经营权分离的原因

公司所有权和经营权分离的原因主要是基于专业化分工和效益最大化的考虑。

(1) 专业化分工的需要。公司所有权者未必具备专业的企业经营能力，为了提升企业的运营效率和管理水平，往往需要委托具备专业经营能力的人才进行经营管理。这种专业化分工有助于发挥各自的优势，所有权者可以专注于资本投入和战略规划，而经营者则可以利用其专业知识和经验来提升企业的运营效率。

(2) 效益最大化的追求。企业所有权和经营权分离有助于实现资源和人力的最优配置。一般来说，所有者可能不具备经营管理的专业知识和经验，而专业的经营者则能够通过其丰富的经济知识和营销能力，更好地实现资产的增值。这种分离模式使得企业能够聘请到最优秀的经营人才，从而提升企业的整体效益。

3. 公司所有权和经营权分离带来的问题

(1) 委托代理问题。委托代理问题是指所有者（委托人）与经营者（代理人）的预期目标不一致，从而导致两者的行为准则、价值取向不一致甚至冲突。产生这种现象的原因是委托人与代理人的目标不同。所有者通常关心的是公司的长期价值和股东财富最大化，而经营者可能更关注自己的薪酬、职位稳定性和个人职业发展等短期目标。

(2) 信息不对称问题。由于经营者直接参与企业的经营管理，可以掌握更多的内部信息和经营情况，而所有者因为将公司的经营权交给了经营者，可能难以全面了解企业的真实状况。这种信息不对称导致经营者可能利用信息优势谋取个人私利，或者隐瞒不利信息以维护自身声誉和利益。同时，为了解决这种信息不对称问题，所有者需要花费更多的时间和资源来监督经营者的行为，从而增加了代理成本。

(3) 决策效率问题。由于在一些情况下，经营者需要向所有者汇报并征得同意后才能作出决策，这可能会延误商机或增加决策成本。同时，所有者与经营者之间在经营理念、战略目标等方面可能存在分歧，进一步影响决策效率。

（三）公司治理的主要内容

1. 建立完善的组织结构

企业治理结构的设计应符合《公司法》及其他法律法规的要求，一般包括股东（大）会、董事会、监事会和管理层。公司组织结构的设计应使董事会能够为企业提供战略指导，并对管理层进行有效的监督，明确董事会成员和高级管理层各自的作用和责任，以促进董事会和管理层对于公司及其股东承担责任，并确保权力的平衡，避免个人权力不受约束。

2. 健全可持续发展相关治理机制

企业应当结合自身实际情况，积极将可持续发展理念融入公司治理的各项制度和流程，进一步健全和完善公司治理机制，推动公司可持续发展。主要举措包括：企业需要开展识别和应对可持续发展相关负面影响或风险的尽职调查；利益相关方沟通制度的建设；听取、反馈利益相关方意见建议的渠道等。

3. 确保合法的商业行为

企业在经营活动中，应当遵循自愿、公平、等价有偿、诚实信用的原则，遵守社会公德、商业道德，不得通过贿赂等非法活动谋取不正当利益，不得侵犯他人的商标权、专利权和著作权等知识产权，不得从事不正当竞争行为。

4. 明确董事会的角色和责任

有效的董事会有利于履行法律赋予董事的职责，并增加企业价值。这就要求按照上述的方式来设计董事会，使它能够正确理解和解决企业中现有和新出现的问题，可以有效地审查管理层的业绩及作出独立的判断。董事是由股东选出的，董事会及其代表在挑选候选人时发挥着重要的作用。

5. 维护财务报告的诚信及外部审计的独立性

企业应要求首席执行官（相应职位）和首席财务官（相应职位）以书面形式向董事会报告，企业的财务报告在所有重大方面按照有关的会计准则真实公允地反映了企业的财务状况和经营成果。同时，企业应该设置一个独立的机构以核实和维护企业财务报告的诚信情况，并建立确保外部审计师独立性和胜任能力的程序。

6. 及时披露信息和保证信息透明度

企业应向投资者披露重要信息，使他们方便地获得董事会运营企业等信息，这被认为是改善公司治理的一种方式。披露有助于公众理解企业的结构和行为、企业的环境政策和业绩、道德标准及他们在社区中的关系。

7. 尊重股东的权利

企业应当能够和股东有效沟通，使他们随时能够得到公司客观公正和易于理解的信息以及企业的计划，便于他们参加股东大会。为了尊重股东的权利，企业应当设计和披露沟通政策，以促进和股东之间的有效沟通，并鼓励股东有效地参与股东大会，如导引案例科大讯飞构建和谐共赢股东关系。此外，公布公司的股东沟通政策也将帮助投资者获取信息。

8. 确认利益相关方的合法权益

企业对于非股东的利益相关方，如员工、客户或顾客和社会整体具有很多法律及其他义务。人们越来越接受这样一个观点，即企业可以通过管理自然、人文、社会和其他形式的资本来更好地创造价值。这种情况下，企业对其经营行为中责任的承诺就非常重要。

二、董事会运作机制设计

（一）董事的选举与任免

1. 董事的任职资格

董事作为公司治理的关键角色，需具备一系列特定的资格条件。担任董事应当符合下列基本条件：

（1）具备完全民事行为能力，这是履行其职责的基本前提。

（2）从知识和经验层面来看，应当具备一定的商业、法律、财务或管理等方面的知识，以确保在决策过程中能够充分理解和分析相关问题。

（3）在法律知识上，熟悉公司法、证券法等相关法律法规，保证公司运营符合法律规定。此外，董事需具有良好的道德品质，诚实守信，不得有欺诈、贪污等不良记录，维护公司和股东的利益。

（4）通常有下列情形之一的，不得担任公司的董事、监事、高级管理人员：无民事行为能力或者限制民事行为能力；因贪污、贿赂、侵占财产、挪用财产或者破坏社会主义市场经济秩序，被判处刑罚，执行期满未逾五年，或者因犯罪被剥夺政治权利，执行期满未逾五年。

2. 董事的权利和义务

我国现有制度文件未对董事权利作集中规定，相关内容散见于董事条款，董事所享有的权利主要包括：

（1）出席董事会会议的权利。董事会会议应由董事本人出席，这是其参与公司决策的核心途径。董事因故不能出席，可书面委托其他董事代为出席，委托书中应载明授权范围。

（2）表决权。董事在董事会会议上，可就所议事项表决。董事会决议须经全体董事过半数通过，表决实行一人一票制。董事会有权获取公司的财务、经营等相关信息，以便在决策时能够基于充分的资料。

（3）召集董事会临时会议的提议权。我国现有制度仅规定董事会可开临时会议，未明确召集方式。董事长可主动召集，一定人数董事提议也可召集，由此产生董事的该项提议权。

（4）借由董事会行使职权所衍生的权利。董事会的职权并非董事个体的职权，不能被董事单独行使。然而，如果缺乏董事的参与，董事会便难以行使其职权。况且，董事身为董事会成员，能够借助行使决议权来左右董事会作出的决策。从这一角度来讲，董事除了享有上述权利之外，还具备借由董事会行使职权而行使的权利。例如，有权要求公司管理层提供详细的财务报表分析和业务进展报告。董事还有权对公司的经营管理提出建议和质询，促使公司管理层改进工作。同时，在合法合规的前提下，董事可以为公司利益代表公司对外开展业务活动。

作为董事，也需承担以下义务：

（1）忠实义务。董事必须始终将公司利益置于首位，不得利用职权谋取私利。例如，不得擅自挪用公司资金，不得与公司进行不正当的关联交易。

（2）勤勉义务。董事应当以合理的谨慎态度履行职责，积极参与公司事务的管理和决策。在董事会会议期间，认真审查各项议案，积极发表意见，为公司发展出谋划策。

（3）竞业禁止义务。董事不得从事与公司存在竞争关系的业务，以避免利益冲突和损害公司利益。这种义务要求董事不得自营或为他人经营与公司同类的业务，且这种禁止义务在董事卸任后仍需持续一段时间。

3. 董事的任期和解任

董事的任期通常由公司章程规定，有定期和不定期两种。定期是把董事的任期限制在一定的时间内，但每届任期不得超过 3 年。不定期是指从任期那天算起，满 3 年改选，可以连选连任。在任期内，董事应持续履行其职责。任期的设定旨在保证董事会成员的相对稳定性，有利于公司长期战略的实施和决策的连贯性。

出现特定情形时，董事将被解任。例如，如果董事违反法律法规、公司章程或对公司有重大失职行为，公司股东大会可以通过决议解除其董事职务。董事因个人原因（如健康问题无法履行职责、辞职等）也可能导致其任期提前结束。此外，出现以下情况，董事也会被解聘：任期届满而未能连任、股份转让、董事会解散、公司破产等。解任程序需遵循公司章程规定，确保合法合规进行。

（二）董事会的规模与构成

1. 董事会的规模

董事会的规模是公司董事会中成员的数量。我国《公司法》规定，有限责任公司设董事会，其成员为 3 人至 13 人；股份有限公司设董事会，其成员为 5 人至 19 人。

董事会规模的确定是公司治理中的重要环节。规模过小可能导致决策视野狭窄，缺乏足够的专业知识和经验来应对复杂的公司事务；规模过大则可能导致决策效率低下，沟通协调成本增加。一般而言，董事会规模根据公司的规模、行业特点、股权结构等因素确定，但一般为单数，以避免表决时出现票数相等的问题。小型公司的董事会可能有 5～7 人，中型公司通常为 7～11 人，大型公司的董事会人数较多，可达 11～15 人甚至以上。同时，还要考虑到公司战略发展阶段，处于快速扩张或多元化发展阶段的公司可能需要更广泛的专业知识和经验，适当增加董事会规模以容纳更多不同背景的董事。

2. 董事会的构成

董事会的构成包括内部董事和外部董事。内部董事通常是公司的高级管理人员，他们熟悉公司的日常运营和内部情况，能够为董事会决策提供公司内部的第一手信息。例如，首席执行官（CEO）、首席财务官（CFO）等常常担任内部董事。外部董事则包括独立董事和非独立董事。独立董事独立于公司的管理层和主要股东，他们凭借自身的专业知识和独立判断为董事会带来客观的意见，在监督公司管理层、保护中小股东利益方面发挥重要作用。非独立董事可能是与公司有业务关系或战略合作伙伴关系的代表，他们能从外部视角为公司发展提供资源和建议，有助于公司拓展业务和建立良好的外部关系。

（三）董事会组织设计

1. 董事长或董事会主席

董事长（董事会主席）在董事会中扮演着领导角色。其职责包括主持董事会会议，确保会议的议程合理、有序进行，保障各位董事有充分的机会表达意见和参与决策。董事长负责协调董事会成员之间的关系，促进董事会的团结和高效运作。在公司对外关系方面，董事长常常代表董事会与股东、政府部门、合作伙伴等进行沟通和协调。董事长还需监督公司战略的执行情况，推动公司长期目标的实现。

2. 董事会秘书

董事会秘书是公司治理中的重要行政人员。其主要职责之一是负责董事会会议的组织和筹备工作，包括确定会议时间、地点、准备会议文件等，保障董事会会议的顺利召开。董事会秘书还需负责公司信息披露事务，确保公司按照法律法规和证券交易所的规定，及时、准确、完整地向股东和社会公众披露公司的财务状况、经营成果、重大事项等信息。此外，董事会秘书要协调公司与监管部门、证券交易所等机构的关系，处理相关的文件报送、沟通等工作，保证公司的运营符合监管要求。

3. 董事会专门委员会

上市公司董事会可以根据公司实际运营情况，依照股东大会的相关决议，设立相应的专门委员会，常见的有审计委员会、薪酬委员会、提名委员会、战略委员会等，其主要职能如下：

(1) 审计委员会。审计委员会主要负责监督公司的财务报告过程和内部控制体系。其成员通常包括具有财务、审计专业知识的董事。审计委员会审查公司的财务报表，确保其真实性和准确性，与外部审计师沟通协调，监督审计工作的开展，评估公司内部控制的有效性，防范财务风险和舞弊行为。

(2) 薪酬委员会。薪酬委员会负责制定公司董事、高级管理人员的薪酬政策。委员会成员需综合考虑公司的业绩、行业薪酬水平、个人绩效等因素来确定合理的薪酬方案。薪酬委员会还要监督薪酬政策的执行情况，确保薪酬制度公平合理，激励公司管理层为公司创造价值。

(3) 提名委员会。提名委员会承担着向董事会推荐董事和高级管理人员候选人的重要职责。委员会依据公司的战略需求、董事会结构等因素，寻找具备合适资格和能力的人选。提名委员会要建立完善的候选人选拔程序，对潜在候选人进行全面评估，包括其专业知识、工作经验、道德品质等方面，确保推荐的候选人能够为公司发展发挥积极作用。

(4) 战略委员会。战略委员会专注于公司战略规划和重大战略决策。成员须具备广阔的战略视野和行业洞察力。战略委员会研究公司的长期发展战略，分析市场趋势、竞争环境等因素，为董事会提供战略建议。

三、监事会监督机制设计

(一) 监事会的构成

1. 监事会的定义

监事会是公司治理结构中的重要组成部分，是依据法律设立的常设监督机构，主要负责对公司董事、经理及其他高级管理人员的经营管理活动进行监督，确保其决策和管理行为符合公司整体利益和相关法律法规的要求。

同时，监事会还承担着对公司财务情况进行审查和监控的职责，确保公司财务状况的真实性、合法性和透明度。通过定期检查和报告，监事会为股东和其他利益相关方提供对公司管理层的有效监督，防止滥用职权和不正当行为，促进公司稳健发展。

2. 监事会的人数和成员结构

无论是有限责任公司还是股份有限公司，除另有规定外，监事会成员应不少于三人，并包含股东代表和公司职工代表，且职工代表比例不得低于三分之一，具体比例由公司章程规定。股东代表通常由股东大会选举产生，职工代表则通过职工代表大会、职工大会或其他民主形式选举产生。

对于规模较小或股东人数较少的有限责任公司，可选择不设监事会，改设一名监事行使监事会的职权；经全体股东一致同意，也可以不设监事。类似地，规模较小或股东人数较少的股份有限公司可以不设监事会，仅设一名监事行使相关职权。同时，监事会的人数和结构应当保障其独立性与监督有效性。上市公司要求董事及高级管理人员不得兼任监事，并可根据公司章程的规定设立外部监事，以增强监事会的独立性和专业性。

（二）监事会的模式与职权

1. 监事会的模式

监事会是负责监督公司事务、确保董事会和管理层合规运作的常设机构。尽管各国在公司治理结构中对监事会职权的设定存在差异，核心均在于确保管理层的合法、合规行为。作为公司治理中的监督部门，监事会的职权范围及具体职责通常受到公司法和相关法律框架的规范。各国基于自身的法律体系、经济环境及企业规模等因素，赋予监事会不同的权力和责任。

（1）“一元制”公司治理模式。一元制公司治理模式，也称为单层制，是指公司治理结构中不设立监事会，而将监督职能交由董事会的独立董事或专门委员会来执行。这种模式在英国和美国等英美法系国家较为常见，其特点是董事会既负责公司的经营管理，也承担监督职责。在这种结构下，董事会内部可能会设立如审计委员会等专门委员会来负责监督工作，以确保公司运营的合规性和透明度。

（2）“二元制”公司治理模式。二元制公司治理结构，又称双层制董事会制度，在这种结构下，监督职能和执行职能由两个独立的机构来行使，确保权力的分立与制衡。最典型的国家是德国，在德国的“二元制”治理结构中，股东大会选举的股东代表和职工大会选举的职工代表组成监事会，监事会负责监督公司的管理层，而董事会则由监事会提名选举产生，负责日常经营和决策。

（3）“业务网络”模式。与英美的“一元制”治理结构和德国的“二元制”治理结构不同，日本公司采用“业务网络”模式。该模式下，公司设立监事会，但由于普遍存在的交叉持股现象，日本公司董事会通常由不同公司派出的代表组成。权力多集中于少数核心成员手中，而这些核心成员往往是企业内部人员，这种情况容易导致内部人控制问题。监事会成员虽由股东大会提名，但也来自不同法人主体，因此难以对董事会实施有效监督。

（4）中国监事会模式。中国的公司治理结构在一定程度上类似于德国的“二元制”治理结构，即设立了监事会来执行监督职能。与德国不同的是，中国的监事会和董事会均由股东大会和职工大会提名选举产生，它们属于平级机构，监事会主要对董事会行使监督权。

2. 监事会的职权

监事会的职权范围和具体职责是公司治理中至关重要的一部分。通过这些职权，监事会能够有效地监控公司运营，确保董事会和管理层的行为符合公司章程、法律法规及股东利益。各国的公司法对监事会职权的设定普遍关注财务监督、业务监督和管理层监督三个方面。

（1）财务监督。各国公司法普遍规定，监事会有权随时审查公司的财务报告，并调查公司的业务和财产状况，调查结果需向股东大会报告。此外，监事会还负有对董事会拟提交股东大会的财务报告、营业报告及利润分配方案等财务资料进行核查的职责。如发现疑问，监事会可以委托会计师、审计师等专业人士进行复审，并以公司名义开展相关审计工作。在我国，监事会依法检查公司财务，监督董事、高级管理人员履职的合法合规性，行使公司章程规定的其他职权，维护上市公司及股东的合法权益。同时，监事会可以独立聘请中介机构提供专业意见。

(2) 业务监督。许多国家的法律规定,监事会负责监督公司的业务执行和财务状况。比如日本立法对于监事的业务监督做了较多规定。其《公司法》381条规定,监事无论何时都可以请求董事、会计参与、经理及其他使用人作出业务报告,对设置监事的公司的业务及财务状况进行调查。监事会有权要求董事或经理提供公司的营业报告,以便实时了解公司的运营和财务状况,从而实施有效的监督。德国《股份公司法》也规定,监事会应对公司的业务执行进行监督。

(3) 管理层监督。我国《公司法》中明确规定了监事会行使以下职权:检查公司财务;对董事、高级管理人员执行职务的行为进行监督,对违反法律、行政法规、公司章程或者股东会决议的董事、高级管理人员提出解任的建议;当董事、高级管理人员的行为损害公司的利益时,要求董事、高级管理人员予以纠正;提议召开临时股东会会议,在董事会不履行本法规定的召集和主持股东会会议职责时召集和主持股东会会议;向股东会会议提出提案;依照本规定,对董事、高级管理人员提起诉讼;公司章程规定的其他职权。

(三) 监事会的运行机制

1. 监事会的议事规则

从公司法立法的角度来看,不同国家对监事会的召集与议事规则有不同的规定:有的国家要求由公司章程自行规定监事会的议事程序,而另一些国家则采用与董事会类似的规则。在德国,由于监事会在公司治理中的重要地位,其《股份公司法》对监事会的召集、议事和表决程序作出了详尽规定。

在我国,监事会应设主席一人,由监事会全体成员过半数选举产生。主席负责召集和主持监事会会议。如主席无法履职,需由过半数监事推选一名监事代行此职责。股份公司监事会还可以设立副主席一职,由全体监事通过过半数投票选举产生。当监事会主席无法履行召集和主持会议的职责或未能履职时,副主席将代为召集并主持监事会会议。监事会的议事方式和表决程序,除《公司法》有规定的外,由公司章程规定。监事会决议应当经半数以上监事通过。

会议召开与表决方面,根据《公司法》规定,监事会应每六个月至少召开一次会议,监事还可以提议召开临时会议。监事会的具体议事方式和表决程序,除法律另有规定外,由公司章程确定。监事会的决议需经全体监事过半数通过,表决方式为一人一票。对于会议讨论事项,监事会需形成会议记录,并要求出席会议的监事在记录上签名以示确认。

2. 监事会监督的有效性

监事会作为公司治理结构中的重要一环,其监督的有效性是保障企业健康发展的关键因素。衡量监事会工作的成效在于其是否有效维护了企业的长远发展和出资人的根本利益。为了确保监事会的监督能够发挥预期作用,可以考虑下列手段:

(1) 监督方式的合理运用是提高监事会监督有效性的基础。监事会应根据公司实际情况选择合适的监督手段,例如定期的财务审查、参与董事会会议、审查重大决策等。同时,监事会应当关注关键经营领域,如公司资金使用、投资项目、经营风险等方面,确保对企业的经营活动进行全面而深入的监督。不同类型的公司,其监事会的监督重点和方式应有所不同,应根据企业的规模、行业特点和治理结构,采取灵活的监督措施。

(2) 监事会的独立性和专业性是确保监督有效性的关键。监事会成员应具备独立性,避免与管理层或大股东之间的利益冲突,确保其监督行为公正、客观。为了有效履行监督职责，监事会成员还应具备一定的专业素养，特别是在财务、法律及行业知识方面的能力，能够对公司经营活动进行深入分析和评估，及时识别潜在的风险和问题。

（3）信息的透明性与沟通机制是监督有效性的保障。监事会必须保证其能够获取及时、准确的信息，从而有效行使监督职能。为了实现信息的流畅传递，监事会与董事会之间应建立良好的沟通渠道，确保信息共享，并在公司面临重大决策或风险时能够及时进行反馈和干预。通过这种方式，监事会能够第一时间掌握公司运营动态，发现并解决问题，保障监督的时效性和有效性。

四、高级管理者激励机制设计

（一）高级管理者的选任机制

在公司治理结构中，高级管理人员承担着至关重要的职责。作为公司战略规划的制定者与执行者，他们主导着企业的发展方向，并确保资源的高效配置与运用。因此，高级管理者的素质与能力对企业的成功及持续发展具有决定性作用。

1. 高级管理者的界定

依据我国《公司法》的规定，高级管理人员，也即高管，包括公司经理、副经理、财务负责人、董事会秘书等职位。在一般语境下，高管特指那些掌握企业经营权并对企业经营成效负有直接责任的管理层。本书所指的高管，特指由总经理、副总经理以及非独立董事构成的管理团队。

2. 高级管理者的选任

高级管理者在组织战略的实施、团队领导力的培养、组织文化的塑造、资源的高效配置、风险的管理、企业形象的构建和人才的培育等方面发挥着直接且关键的作用。他们对于保障组织的竞争优势、稳定性以及长期可持续发展具有决定性意义。因此，采用科学的方法选拔杰出的管理人才对于组织的成功具有至关重要的影响。

（1）选任标准。选拔高级管理者是组织确保其领导团队能够推动战略发展、实现高效管理以及持续创新的关键环节。在选拔高级管理者的过程中，通常会综合考量其专业技能、领导才能、人际交往能力以及个人品德等核心要素。

（2）选任流程。选拔高级管理者对组织实现战略目标、提升竞争力和确保可持续发展至关重要。科学、公正、透明的选拔程序能确保选出具备领导才能、战略视野和决策能力的人选，为组织成功和发展打下坚实基础。高级管理者的选任流程是一个系统而细致的过程包括：推荐、确定考察对象，考察，征求意见、研究确定，任职。

（二）高级管理者激励与约束机制

在公司治理中建立高级管理者的激励与约束机制，是确保充分发挥高级管理者作用以及推动公司持续发展的重要手段。

1. 激励机制

激励机制是指组织通过精心设计的奖励体系、工作环境以及行为规范与惩罚性措施，并利用有效的信息沟通手段，以激发、引导、维持和规范组织成员的行为，从而实现组织预期目标与组织成员个人目标的系统性活动。激励方式主要有物质激励和精神激励，其中，物质激励主要包括薪酬激励、股权激励；精神激励包括经营控制权激励机制、剩余索取权激励机制、声誉或荣誉激励机制以及知识激励。

2. 约束机制

约束机制，是指公司的利益相关方针对高级管理者的经营结果、行为或决策所进行的一系列客观而及时的审核、监查与督导行为。公司治理约束机制的内容包括所有者通过公司内部与外部进行监督两方面的内容,前者是公司治理内部约束机制,后者是公司治理外部约束机制。内部约束包括组织制度约束和管理制度约束;外部约束包括市场约束、债权人约束和法律法规约束。

第二节 内部控制

一、内部控制概述

(一) 内部控制的定义

根据我国2008年5月发布的《企业内部控制基本规范》,内部控制是指由企业董事会、监事会、经理层和全体员工实施的,旨在实现控制目标的过程。内部控制的目标是合理保证企业经营管理合法合规、资产安全、财务报告及相关信息真实完整,提高经营效率和效果,促进企业实现战略目标。

(二) 内部控制的目标

内部控制的目标,是指内部控制所要达到的预期效果和所要完成的控制任务。内部控制目标是认识内部控制基本理论的出发点和实施内部控制的落脚点,是决定内部控制运行方式和方向的关键,是开展内部控制工作的依据和方向,对于衡量内部控制的有效性、保障组织有序发展至关重要。

按照《企业内部控制基本规范》的内容,如图5-1所示,内部控制的目标是合理保证企业经营管理遵循国家法律法规和有关监管要求、资产的安全完整、财务报告及管理信息的真实可靠和完整、提高企业的经营效率和效果、促进企业实现发展战略,具体可以分为合规目标、安全目标、报告目标、经营目标和战略目标。

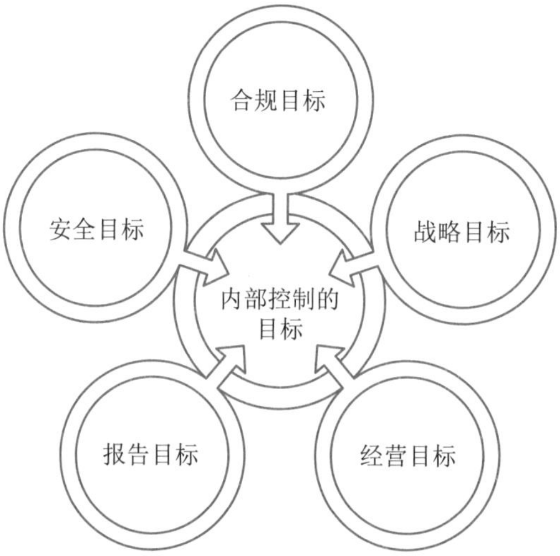

图5-1 内部控制的目标

1. 合规目标

内部控制的合规目标是指企业在经营管理过程中贯彻执行国家的政策和法律法规、各经济发展时期的方针政策，以及在此基础上制订的企业方针与计划，保证企业经营管理目标的实现，提高企业的经济效益。

2. 安全目标

为了实现资产安全目标，企业应建立资产的记录、保管和盘点制度，确保资产记录、保管与盘点岗位的相互分离，并明确职责和权限范围。提高资产使用决策的合理性和科学性，以堵塞漏洞、消除隐患，防止资产因不当经营决策遭受损失，提高资产使用管理水平。

3. 报告目标

报告包括财务信息报告和非财务信息报告（如社会责任报告、合规报告等）。可靠的财务信息报告能够为企业管理层提供适合其既定目的的准确而完整的信息、支持管理层的决策和对运营活动及业绩的监控；同时，保证对外披露的财务信息的真实、完整，有利于提升企业的诚信度和公信力，维护企业良好的声誉和形象。

4. 经营目标

经营目标是实现企业战略目标的核心和关键，战略目标只有被分解和细化成具体的经营目标才能落实。经营目标要求企业结合自身所处的特定的经营、行业和经济环境，通过健全有效的内部控制，不断提高运营活动的盈利能力和管理效率。

5. 战略目标

内部控制的最高目标是要合理保证企业战略目标的实现，内部控制的战略目标是整个目标体系中最高层次的目标，其他目标都应为战略目标服务。企业战略是企业在发展过程中具有全局性、长远性、基本性特征的发展谋略，是企业发展中长期计划的灵魂与纲领。

（三）内部控制的指导原则

内部控制的基本原则是企业建立和实施内部控制都应遵循的、具有普遍性和指导性的原则，具体包括全面性原则、重要性原则、制衡性原则、适应性原则和成本效益原则五个方面。

1. 全面性原则

内部控制的全面性原则是指内部控制应当贯穿决策、执行、监督、反馈等各个环节，覆盖企业及其所属单位的各项业务和管理活动，包括内部控制设计的全面性和实施过程的全面性。内部控制是一个有机整体，是一项系统工程，需要企业董事会、管理层及全体员工共同参与并承担相应的职责，而不仅仅是部分职能部门参与。

2. 重要性原则

内部控制的重要性原则是指内部控制应在全面控制的基础上，关注重要业务事项和高风险领域，针对重要业务与事项、高风险领域与环节采取更为严格的控制措施，确保不存在重大缺陷。

3. 制衡性原则

内部控制的制衡性原则是企业内部控制应当在企业治理结构、机构设置及权责分配、业务流程等方面形成相互制约、相互监督，同时兼顾运营效率。任何人不得拥有凌驾于内部控制之上的特殊权力。

4. 适应性原则

内部控制的适应性原则是指企业内部控制应当与企业经营规模、业务范围、竞争状况和风险水平等相适应，并随着情况的变化及时加以调整。适应性原则要求在内部控制的设计上必须与我国企业所处的具体环境相协调，必须与国家有关法律法规相协调，必须与企业经营管理实践相协调。

5. 成本效益原则

内部控制的成本效益原则是指企业内部控制应当权衡实施成本与预期效益，以适当的成本实现有效控制。这就要求企业在资源有限的情况下，必须结合实际情况，抓住重点，将控制成本花在会对企业经营成果甚至企业成败有重大影响的环节，保证内部控制精简高效。

二、内部控制的要素

内部控制的要素包括控制环境、风险评估、控制活动、信息与沟通、监督。这五个要素作为内部控制系统主要组成部分，有其广泛和深刻的含义，具体如下：

（一）控制环境

控制环境是内部控制整体框架的基础，支撑着整个内部控制框架，是整个控制框架的引擎，起着塑造组织控制文化、影响人员控制意识、奠定组织风格和组织结构等关键作用。对内部控制发挥此作用的环境要素包括人员操守、道德价值、能力素质，以及管理层的管理哲学、经营理念等。

（二）风险评估

面对不断变化的环境，任何组织都面临各种各样的风险，必须对所面临的风险进行有效了解和估定，建立可操作的发现、判别、分析、管理、控制风险的机制，即风险评估机制。建立风险评估机制的一个重要前提是，从整体上和各单个层面上制定与不同作业层次相关联的目标，构成目标体系。风险评估就是分析和辨认实现所定目标可能发生的风险，风险评估机制实质上也是评估实现目标体系的各种不利因素的机制。

（三）控制活动

控制活动是帮助管理层确保管理方针得以贯彻的政策和程序。控制活动的目标是经过风险评估后确定的用以管理和控制风险所必须采取的各项行动能够得到有效落实。控制活动由组织各部门依据不同目标要求实施，并贯穿组织过程始终，具体包括核准、授权、验证、对账以及对经营活动的审查、对资产的保护和不相容职务的分离等。控制活动在企业内的各个阶层和职能之间都会出现，主要包括以下内容：高层经理人员对企业绩效进行分析、直接部门管理与对信息处理的控制、实体控制、绩效指标的比较与分工。

（四）信息与沟通

企业在其经营过程中，需按某种形式辨识、取得确切的信息，并进行沟通，以使员工能够履行其责任。信息系统不仅处理企业内部所产生的信息，而且处理与外部的事项、活动及环境等有关的信息。企业所有员工必须从最高管理层清楚地获取承担控制责任的信息，并且必须有向上级部门沟通重要信息的方法，并对外界顾客、供应商、政府主管机关和股东等做有效的沟通。

（五）监督

内部控制的过程必须施加以恰当的监督，必须定期或不定期地对内部控制运行质量进行评价。监督可分为持续性监督和独立性评估，一般需要二者结合。持续性监督通常在经营过程中进行或体现为经营过程的延续，包括日常管理、例行监督和常规性事后监督等；独立性评估的范围和频率取决于风险评估或持续性监督程序的有效性。监督应保持独立性，监督发现的内部控制缺陷应直接向最高层报告。

第三节 风险管理

一、风险管理概述

（一）风险的相关概念

国际标准化组织（ISO）发布的《ISO Guide 73：2009 风险管理——术语》中对“风险”进行了定义和解释，本书采用了这一定义及解释。这一定义较好地反映了风险的本质，也体现了当前对风险及不确定性的最新理解。这一标准将“风险”定义为：不确定性对目标的影响。

影响是指偏离预期，可以是正面的和/或负面的；目标可以是不同方面（如财务、健康与安全、环境等）和层面（如战略、组织、项目、产品和过程等）的目标；不确定性是指对事件及其后果或可能性的信息缺失或了解片面的状态。

（二）风险管理的相关概念

风险管理是一种全面的管理职能，目的是对某一组织所面临的风险进行评价和处理。

首先，这一定义基于风险客观说，指出了风险客观派所认定的风险管理的目标——对风险进行处理，即降低风险成本。其次，这个定义中的风险包含所有风险，体现了现代风险管理的新发展，即风险管理不仅针对危害性风险，而且针对金融风险。再次，它指出风险管理就是基于上述目标，对风险作出评价，并针对风险采取一些措施，例如保险购买、风险规避等。最后，风险管理不是一个专门化的管理职能，而是一个一般性的管理职能，但这并不是说风险管理者不需要专门知识，相反，风险管理是广泛的、多学科交叉的职能，不能被狭义地描述为保险购买的行为。

（三）风险管理的程序

风险管理的程序可以分为如下五个步骤。

1. 制订风险管理计划

制订合理的风险管理计划是风险管理的第一步。它主要包括：①明确风险管理的目标；②确定风险管理人员的责任以及与其他部门的合作关系。

2. 风险识别

风险识别就是识别出公司所面临风险的类别、形成原因及其影响。风险识别是风险管理的基础。有未来就有风险，并且未来的风险不仅有过去曾经面临的这些类型，而且可能会面临新的风险。因此，风险识别是一项制度性、系统性的持续工作，它是风险管理成功的关键。这一过程的重点包括：①将公司人员和资产的构成与分布进行全面总结和归类；②对人和物所面临的风险进行识别与判断；③分析损失原因；④对后果与损失形态进行归类与分析。

3. 风险评估

风险评估是指在风险识别的基础上，估算损失发生的概率和损失幅度，并依据个人的风险态度和风险承受能力，对风险的相对重要性以及缓急程度进行分析。风险评估既有定性分析的内容，也有定量的分析，它需要一定的专业技术知识，如风险估算中概率统计的应用。得到风险估算的结果以后，公司还要根据自身的风险承受能力对风险给出一个主观的认识。

对同样一个风险，不同的承担者对它的感知可能是不同的。

4. 风险管理措施的选择

根据风险评估的结果，本着增加企业价值的目的，公司要设计并选择恰当的风险管理措施。

（1）控制型风险管理措施。控制型措施通过避免、消除和减少意外事故发生的机会以及控制损失幅度来减少期望损失成本。主要的控制型风险管理措施包括风险规避、损失控制和风险转移。

（2）融资型风险管理措施。融资型措施的着眼点在于获得损失一旦发生后用于弥补损失的资金，其核心在于将消除和减少风险的成本分摊在一定时期内，以避免因随机的巨大损失发生而引起财务上的波动。其中，风险自留是将风险的影响在公司内部的财务上分摊，而保险、套期保值和其他合约化风险转移手段更多的是将风险转移给他方。

（3）内部风险抑制。控制型措施和融资型措施都是从降低期望损失的角度来改变风险的，而内部风险抑制的作用在于降低未来结果的变动，即降低方差，这使得风险管理者对未来的判断更有把握。在实践中，通常将各种风险管理措施进行一定的优化组合，使得在成本最小的情况下达到最佳的风险管理效果。我们将在后面的章节中详细讨论这些措施的选择标准。

5. 措施的实施与效果评价

在执行风险管理决策的过程中，风险管理人员一般对风险管理措施有执行权限，而在管理方面只有参谋权限。措施实施后还必须对其实施的效果进行评价。评价的目的主要有两个：一是考察是否达到预先设定的标准，二是适应新的变化。

因此，要对风险识别、风险评估以及风险管理措施的适用性和收益性进行定期检查及时了解过去一段时间的工作绩效，发现执行中的困难及新的风险，进而调整现有决策以适应新环境，是相当重要而且必要的。也就是说，整个风险管理工作并不是直线型的，而是上述步骤周而复始的循环。

（四）风险管理组织

风险管理部门的内部结构如图 5-2 所示。

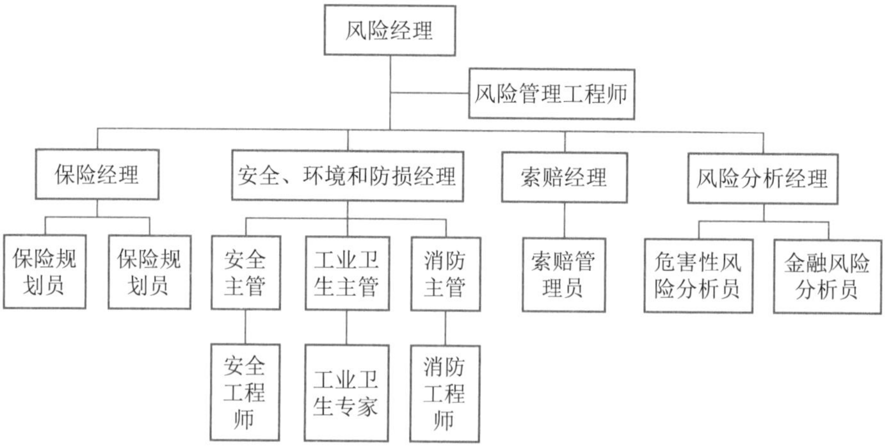

图 5-2　风险管理部的内部组织

虽然风险管理主要是由风险管理部来完成的，但由于产生损失的原因多种多样，因此理论上来说，风险管理的整个过程不可能由风险管理部门独立完成，而是和公司的其他主要部门一起完成的，包括人力资源部、生产操作部、市场营销部和财务部等。风险经理也很可能介入公司多方面的活动，例如为员工建立养老基金和医疗保险，调查影响收购兼并和公司收益的风险因素，购买保险以转移一些类型的风险。

二、风险管理机制

（一）风险识别与评估

1. 风险识别

风险识别是风险管理机制的第一步，即识别实施过程中可能遇到（面临的、潜在的）的所有风险源和风险因素，对它们的特性进行判断、归类，并鉴定风险性质。风险识别实际上就是收集有关风险因素、风险事故和损失暴露等方面的信息，也即发现引起风险的主要因素，并对其影响后果作出定性的估计。该环节需要明确两个问题：明确风险来自何方（确定风险源），并对风险事项进行分类；对风险源进行初步量化。

常用的风险识别方法有专家调查法（包括头脑风暴法、德尔菲法、访谈法、问卷调查法）、情景分析法、故障树分析法等。

2. 风险评估

风险评估是在对风险进行识别的基础上，对识别出的风险采用定性分析和定量分析相结合的方法，估计风险发生的概率、风险范围、风险严重程度（大小）、变化幅度分布情况、持续时间和频度，从而找到影响安全的主要风险源和关键风险因素，确定风险区域、风险排序和可接受的风险基准。在分析和评价风险时，既要考虑风险所致损失的大小，又要考虑风险发生的概率，由此衡量风险的严重性。

风险分析和评价的方法主要有专家打分法、蒙特卡罗模拟法、概率分布的叠加模型随机网络法、风险影响图分析法、风险当量法等。

（二）风险管理策略

1. 风险管理策略内涵

风险管理策略是指企业根据自身条件和外部环境，围绕企业发展战略，确定风险偏好、风险承受度、风险管理有效性标准，选择风险承担、风险规避、风险转移、风险转换、风险对冲、风险补偿、风险控制等适合的风险管理工具的总体策略，并确定风险管理所需人力和财力资源的配置原则。风险管理策略是公司战略的有效组成部分，影响公司风险战略的计划和执行。

2. 风险管理工具

风险管理工具在实践中通常被称为“风险应对”。《中央企业全面风险管理指引》明确了企业管理重大风险的七种工具：风险承担、风险规避、风险转移、风险转换、风险对冲、风险补偿和风险控制。

（1）风险承担。风险承担也称风险保留、风险自留，是指企业对所面临的风险采取接受的态度，从而承担风险带来的后果。企业面临的风险有很多，能够被企业明确辨识的风险通常只占全部风险的少数。风险评估的结果对于企业是否采用风险承担影响很大。

对未能辨识出的风险，企业只能采用风险承担。对辨识出的风险，企业也可能由于以下几种原因采用风险承担：缺乏能力进行主动管理，对这部分风险只能承担；没有其他备选方案；从成本效益考虑，这一方案是最适宜的方案。

（2）风险规避。风险规避是指企业回避、停止或退出暗含某一风险的商业活动或商业环境，避免成为风险的所有人。

（3）风险转移。风险转移是指企业通过合同将风险转移到第三方，企业对转移后的风险不再拥有所有权。风险转移通常使用的方式有：

① 保险。保险合同规定保险公司为预定的损失支付补偿，作为交换，在合同开始时投保人要向保险公司支付保险费。

② 非保险型的风险转移。将风险可能导致的财务风险损失转移给非保险机构，例如服务保证书等。

③ 保险风险证券化。它是利用保险资产证券化技术，通过构造和在资本市场上发行保险连接型证券，使保险市场上的风险得以分割和标准化，将承保风险转移给资本市场。

（4）风险转换。风险转换是指企业通过战略调整等手段将企业面临的风险转换成另一种风险。风险转换的手段包括战略调整和衍生产品等。风险转换一般不会直接降低企业的总风险，它是在减少某一风险的同时增加另一种风险。例如，通过放松交易客户信用标准，增加了应收账款，但扩大了销售。企业可以通过风险转换在两个或多个风险之间进行调整，以达到最佳效果。风险转换可以在低成本或者无成本的情况下达到目的。

（5）风险对冲。风险对冲是指采取各种手段，引入多个风险因素或承担多个风险，使得这些风险能够互相对冲，也就是使这些风险的影响互相抵消。如，使用资产组合、使用多种外币的结算和战略上的多种经营等。又如，利用期货等衍生产品工具进行金融资产的套期保值。要善于利用某些风险具有的自然对冲性质，如不同行业的经济周期风险对冲。风险对冲的前提是要有风险组合；对于单一风险，只能风险规避、风险控制或风险承担，不能风险对冲。

（6）风险补偿。风险补偿是指企业对风险可能造成的损失采取适当的措施进行补偿。风险补偿表现为企业主动承担风险，并采取措施以补偿可能的损失。风险补偿的形式有财务补偿、人力补偿、物资补偿等。

（7）风险控制。风险控制是指控制风险事件发生的动因、环境、条件等，来达到减轻风险事件发生时的损失或降低风险事件发生的概率的目的。风险控制对象一般是可控风险，包括多数运营风险，如质量、安全和环境风险，以及法律风险中的合规性风险。可以通过控制风险因素中的一个或多个来达到目的，主要控制的是事前风险事件发生的概率和事后的损失。

（三）风险监控与报告

1. 风险监控

风险监控是指通过对风险识别、估计、评价、处理全过程的监视和控制，从而保证风险管理能达到预期的目标。风险监控实际上是监控生产活动的进展和环境，即情况的变化，其目的是：核对风险管理策略和措施的实际效果是否与预见的相同；寻找机会改善和细化风险控制计划，获取反馈信息，以便将来的决策更符合实际。在风险监控过程中，及时发现那些新出现的、预先制定的策略或措施不见效或随着时间的推延而产生变化的风险，然后及时反馈，并根据对生产活动的影响程度，重新进行风险识别、估计、评价和处理，同时还应对每一风险事件制订成败标准和判断依据。

风险监控的主要方法有审核检查法、监视单、风险报告等。

2. 风险报告

报告制度确保信息透明，让所有相关利益主体（如高级管理层、董事会、监管机构等）了解风险状况。报告通常应包含风险暴露、控制措施的状况，以及风险管理成果和教训。这要求企业拥有良好的数据管理体系，保证数据的可靠性和报告的时效性。

第四节　信息披露治理

一、信息披露与公司治理概述

（一）信息披露的内涵

1. 信息披露的定义

信息披露主要是指公众公司以招股说明书、上市公告书以及定期报告和临时报告等形式，把公司及与公司相关的信息，向投资者和社会公众公开披露的行为。上市公司信息披露是公众公司向投资者和社会公众全面沟通信息的桥梁。其核心目的是保障投资者利益、接受社会公众的监督，确保投资者能够基于充分的信息作出投资决策。

2. 信息披露的作用机制

（1）信息不对称理论。信息不对称理论认为，市场中卖方比买方更了解有关商品的各种信息，掌握更多信息的一方可以通过向信息贫乏的一方传递可靠信息而在市场中获益；买卖双方中拥有信息较少的一方会努力从另一方获取信息；市场信号显示在一定程度上可以弥补信息不对称的问题。

（2）有效市场理论。有效市场理论认为，在任何给定的时间点，资产的价格都反映了所有可用信息。根据有效市场理论，投资者不可能通过分析历史价格或其他公开信息来获得超额回报，因为市场价格已经包含了所有这些信息。

（二）信息披露与公司治理

1. 信息披露在公司治理中的作用

（1）为管理层决策提供支持。信息披露提供了公司内部决策所需的关键数据和信息，帮助管理层作出更加明智和有效的决策。通过信息披露，管理层可以识别和评估公司面临的各种风险，制定相应的风险管理策略和应对措施。信息披露使管理层能够对公司的绩效进行评估和监控，及时发现问题并采取改进措施。

（2）提升公司内部的沟通效率。信息披露有助于公司内部各部门之间的沟通和协调，确保信息的一致性和准确性，减少信息不对称，提高资源配置的效率。此外，通过有效的信息披露，可以加强企业内部信息沟通，促进团队协作，提高企业的整体效率和竞争力。

（3）有利于对公司经营状况进行监督和评估。信息披露利于监管机构、独立董事和内部审计部门对公司的经营情况进行监督和评估，确保公司的合规性和良好的治理实践。

2. 公司治理对信息披露的影响

会计信息的质量很大程度上取决于企业内部控制制度的健全性、严密性和有效性，而这些又受制于企业的治理结构。合理的公司治理结构可以促进内部控制制度的健全完整，并

5

保证其有效运行。公司的内部治理结构，如股权结构、董事会与经营者的关系，以及外部治理结构，如资本市场和政府行为，都会对会计信息产生重大影响。

二、信息披露的原则与内容

（一）信息披露的原则

我国相继出台了一系列法律法规对企业信息披露的基本内容进行规范，其基本原则主要包含以下几个方面：

1. 真实性

真实性原则要求披露信息的个人或机构必须确保所披露的信息基于客观事实或有事实依据的判断和观点，并且这些信息要真实地反映实际情况，不能包含任何虚假记录或误导性陈述。为了确保信息的真实性，需要满足以下三个条件：客观性、一致性和规范性。客观性要求公司披露的信息必须是经济活动中真实发生的事件，而不是为了特定目的而人为制造的。一致性要求公司披露的信息内容必须与其反映的事实相吻合。规范性要求公司披露的信息必须遵守证券法律法规所规定的格式。

2. 准确性

准确性原则强调财务信息的精确性和语言表述的清晰性，披露义务人必须确保所提供的财务数据准确无误，并且文字描述明确、恰当，没有歧义，避免含糊或误导。对于有具体披露规范的信息，披露义务人需要遵循既定的公式和计算方法来处理数字数据，同时按照规定的标准或表述来编辑文字内容。对于那些没有明确披露规范的信息，披露义务人应当依据广泛认可的标准或表述来进行信息披露。与真实性原则相比，准确性原则更加注重确保所披露的信息不会被投资者误解。

3. 完整性

完整性原则强调信息披露的全面性和充分性。根据这一原则，披露义务人有责任公开所有对投资者决策产生重大影响的信息。这包括但不限于公司的治理结构、财务状况、经营成果、现金流状况、潜在风险及其可能的影响程度。披露义务人必须确保信息的完整性，不得故意隐瞒或遗漏关键信息，无论是正面还是负面。在信息披露的形式上，披露义务人需要确保所提供的信息内容完整，相关文件齐全，并且遵循规定的格式要求。

4. 及时性

及时性原则强调信息披露义务人必须在规定的时间内发布财务报告等定期信息，并且要迅速公开任何重大消息。这样做的目的是确保投资者和其他信息使用者能够获得最新和有效的信息，从而更好地理解公司的当前状况。此外，信息披露义务人还应该迅速地对市场上关于公司的传言和报道进行核实，并主动对投资者和市场提出的疑问进行澄清，如有需要，还应该补充披露公司的重大事件。

5. 公平性

公平性原则要求信息披露者必须向所有投资者同时公布信息，确保他们接收到的信息内容是一致的。这一原则的核心目标是确保所有投资者能够平等地获得相同的信息。在实践中，信息披露者和掌握内部信息的人员不得对外泄露公司的内部信息，也不得进行基于这些信息的交易。公司在通过年度报告说明会、分析师会议等渠道与投资者交流时，应避免透露任何尚未公开的重要信息，并且应该通过网络平台进行直播，以便所有投资者都能参与进来。

（二）信息披露的内容

一般而言，对于上市公司，信息披露的内容主要包括以下几个方面：

① 定期报告：包括年度报告、中期报告和季度报告。年度报告应在每一会计年度结束之日起四个月内报送并公告；中期报告应在每一会计年度的上半年结束之日起两个月内报送并公告。

② 临时报告：发生可能对上市公司股票交易价格产生较大影响的重大事件，且投资者尚未得知时，上市公司应当立即将有关该重大事件的情况向国务院证券监督管理机构和证券交易所报送临时报告，并予公告。这些重大事件包括但不限于公司的经营方针和经营范围的重大变化、公司的重大投资行为、公司订立重要合同等。

③ 招股说明书：公开发行募集的文件。

④ 上市公告书：发行人于股票上市前发布的公告书。

⑤ 募集说明书：与上市公司募集资金相关的文件。

⑥ 收购报告书：上市公司的收购或合并公告。

⑦ 公司的董事、监事、高级管理人员的持股情况。

⑧ 证券交易所要求披露的信息：根据交易所的具体要求，可能包括其他相关信息。

⑨ 其他信息：如公司发展战略、经营计划、资金需求等。

三、信息披露的方式

（一）强制性信息披露

强制性信息披露是指根据相关法律法规要求公司必须披露的信息。对于上市公司，这些信息通常包括公司的财务状况、经营成果、重大事件等，以确保投资者能够获得必要的信息来作出投资决策。强制信息披露具有强制性，公司必须遵守，否则将面临法律制裁。其形式包括公告、置备和网上推介三种形式。

公告是指必须在中国证监会指定的报刊上或者专项出版的公报上刊登，并在中国证监会指定的网站上公告，公告的层次较高，具有较高的社会扩散效应；置备是有关重要信息文件存放在指定场所供公众查阅，置备的持续时间较长，但影响的范围和力度相对较小，只有主动型的投资者才能知晓有关信息；网上推介的强制性只适用于证券发行之前帮助证券发行人发行证券并通过互联网宣传发行信息。

（二）自愿性信息披露

自愿性信息披露是指公司基于公司形象、投资者关系、规避诉讼风险等动机主动披露的信息，如管理者对公司长期战略及竞争优势的评价、环境保护和社区责任、公司实际运作数据、前瞻性预测信息、公司治理效果等。这些信息有助于投资者更全面地了解公司，但不是法律强制要求的。管理人员自主性是自愿性信息披露制度的最大特点。虽然自愿性信息披露不是强制性的，但监管机构仍会对其进行一定程度的监督，以防止误导投资者。

中国之路　中共中央办公厅印发《关于中央企业在完善公司治理中加强党的领导的意见》

新华社北京2021年5月30日电：近日，中共中央办公厅印发了《关于中央企业在完善公司治理中加强党的领导的意见》（以下简称《意见》），并发出通知，要求各地区各部门结合实际认真贯彻落实。

《意见》对中央企业进一步把加强党的领导和完善公司治理统一起来、加快完善中国特色现代企业制度作出部署、提出要求,是推进中国特色现代企业制度建设的标志性制度成果,对于中央企业坚持和加强党的全面领导、加快建设世界一流企业,具有重要意义。

《意见》坚持以习近平新时代中国特色社会主义思想为指导,全面落实习近平总书记关于坚持党对国有企业的领导必须一以贯之、建立现代企业制度必须一以贯之的重要指示要求,立足于在完善公司治理中加强党的领导,明确了中央企业党委(党组)在决策、执行、监督等各环节的权责和工作方式。

《意见》提出,中央企业党委(党组)是党的组织体系重要组成部分,在公司治理结构中具有法定地位,在企业发挥把方向、管大局、保落实的领导作用。同时,《意见》在明晰中央企业党委(党组)讨论和决定重大事项的职责范围,规范党委(党组)前置研究讨论重大经营管理事项的要求和程序,明确党委(党组)在董事会授权决策和总经理办公会决策中发挥作用的方式,强化党委(党组)在执行、监督环节的责任担当,以及加强党委(党组)自身建设等方面,作出了制度性安排。

《意见》强调,各地区各有关部门和各中央企业党委(党组)要加强分类指导,鼓励探索创新,在国有企业完善公司治理中切实加强党的领导。

思考:企业在公司治理提升的实践中,党的领导发挥什么作用?如何体现中国特色?

思考题

1. 如何理解公司治理问题产生的根源及其带来的问题?

2. 公司如何实现良好的公司治理?需要注意哪些方面?

3. 为什么说董事会是公司治理的核心?董事会、监事会和高级管理者是如何在公司治理体系中发挥相应职能的?

4. 为什么要进行内部控制?

5. 如何进行风险管理?有哪些风险管理工具?

6. 如何理解信息披露与公司治理的关系?

练 习 题

一、单项选择题

1. 公司治理的核心目标是(　　)。

A. 最大化股东财富　　B. 保护所有利益相关者的利益

C. 确保公司合法合规　　D. 以上皆是

2. 以下不是公司治理结构一部分的是(　　)。

A. 股东大会　　B. 董事会

C. 监事会　　D. 独立审计师

3. 独立董事的主要作用是(　　)。

A. 监督管理层　　B. 参与日常管理决策

C. 制定公司战略　　D. 负责财务报表的编制

4. 以下不属于公司外部治理机制的是(　　)。

A. 法律法规　　B. 金融市场

C. 媒体监督　　D. 股东大会

5. 内部控制的主要目标是(　　)。

A. 保护公司资产　　B. 确保财务报告的准确性

C. 提高运营效率　　D. 以上皆是

二、多项选择题

1. 下列在公司治理结构中扮演重要角色的机构包括(　　　)。

A. 股东大会　　B. 董事会

C. 监事会或审计委员会　　D. 高级管理层

2. 公司治理中,以下有助于提升信息透明度的措施包括(　　　)。

A. 定期发布财务报告　　B. 实施严格的内部控制

C. 建立有效的信息披露机制　　D. 加强与投资者的沟通

3. 内部控制的重要性体现在(　　　)。

A. 保护公司资产　　B. 确保财务报告的准确性

C. 提高运营效率　　D. 促进公司战略实施

4. 以下属于风险应对策略的有(　　　)。

A. 风险规避　　B. 风险降低

C. 风险转移　　D. 风险接受

5. 信息披露应遵循的原则包括(　　　)。

A. 真实性　　B. 保密性

C. 完整性　　D. 及时性

三、判断题

1. 公司治理结构主要包括股东大会、董事会、监事会和高级管理层。（　　）
2. 公司治理仅关注公司的经济利益，而无需考虑社会责任。（　　）
3. 风险管理的目标是将所有风险完全消除。（　　）
4. 风险评估的目的是确定风险的可能性和影响程度。（　　）
5. 内部控制包括五个基本要素：控制环境、风险评估、控制活动、信息与沟通以及监督。（　　）

第三篇

ESG 实务

叁

第六章　企业 ESG 战略与实施

学习目标

1. 掌握 ESG 战略的概念与制定流程；
2. 掌握 ESG 实施的驱动因素和要求；
3. 熟悉 ESG 沟通的渠道选择和流程；
4. 了解 ESG 风险的评估与应对策略。

导引案例

宁德时代：自己先上阵，再积蓄行业力量

宁德时代新能源科技股份有限公司（简称“宁德时代”）是全球领先的新能源创新科技公司，致力于为全球新能源应用提供一流解决方案和服务。宁德时代的三大发展方向是：以可再生能源和储能为核心实现固定式化石能源替代，以动力电池为核心实现移动式化石能源替代，以电动化＋智能化为核心实现市场应用的集成创新。

作为一家电池龙头企业，宁德时代在 ESG 领域着重节能减碳，不仅自己亲自上马，而且引导供应商一起为行业做贡献。仅在 2021 年，宁德时代就推进 351 项节能减碳项目，减少二氧化碳排放量超 60 万吨，单位产品综合能耗比上年降低 24%。同时，宁德时代还提升可再生能源使用，2021 年因光伏发电减少 4.6 万吨二氧化碳排放，绿色电力比例达到 22%。除了扩大绿色能源和实现碳中和外，在 ESG 领域，宁德时代也关注公司治理、合规经营、环境管理、社会公益、员工权利与发展等层面。为此，他们建立了自上而下的 ESG 管理架构，为 ESG 工作备好组织力量。公司可持续发展委员会由 5 名体系联席总裁担任委员，委员会享有监察和决策权，执行层由各部门管理层组成，同时 ESG 绩效指标与执行层部门绩效挂钩，确保 ESG 战略高效落实。

案例来源：《放眼长远，激发价值——中国企业 ESG 战略与实践白皮书》，《哈佛商业评论》与贝恩公司联合分布。

思考：以宁德时代为例，企业是如何制定 ESG 战略与开展 ESG 实施的？

第一节　企业 ESG 战略

一、企业 ESG 战略概述

（一）企业 ESG 战略的定义与重要性

1. 企业 ESG 战略的定义

企业 ESG 战略即企业将 ESG 纳入商业战略，明确执行路径，完善管治架构；通过产品全生命周期考量 ESG，提升市场竞争力。通过满足利益相关方对 ESG 的关切，聚焦重要性议题。结合国内外指标披露，提升 ESG 排名，吸引投资者。

具体来说，企业从董事会层面践行 ESG 理念并进行战略规划；分别从短期、中期、长期确定发展目标，从业务、制度、影响力等板块明确具体的执行路径，以综合的可持续发展的方法学推进企业可持续发展战略的实现；将 ESG 理念嵌入到各部门的业务发展中，明确各部门在发展 ESG 过程中的职责与具体方法。企业要从董事会层面自上而下完善 ESG 管治架构，明确 ESG 工作流程机制，并形成常态化的 ESG 能力提升推进路径。

2. 企业 ESG 战略的重要性

ESG 战略不仅关乎企业的社会责任感和道德标准，更与企业的长期发展密切相关。一个优秀的 ESG 战略可以帮助企业降低环境风险、增强社会信任、优化治理结构，从而提高企业的竞争力和市场价值。

（1）对企业自身的重要性。风险管理上，ESG 战略有助于企业更好地识别、分析和评估企业风险，从而指导风险管理决策。例如，通过评估气候变化风险对常规运营的影响，企业可以提前了解潜在风险，为调整和制定风险应对策略做准备。提升品牌价值上，遵循 ESG 原则的企业往往能够提升社会形象和品牌价值。通过关注环境保护、社会责任和公司治理，企业可以更好地满足消费者的需求，增强员工的归属感，提升供应链的稳定性，进而实现长期稳健的发展。

（2）对投资者的重要性。在评估企业价值上，顺应企业 ESG 战略规划的 ESG 表现已成为投资者评估企业价值的重要参考。投资者越来越注重企业的长期发展前景和社会责任感，ESG 表现良好的企业往往能够获得更多的投资者青睐。在降低投资风险上，通过关注企业的 ESG 战略，投资者可以选择那些治理良好、抗风险能力强的企业进行投资，从而降低投资风险并实现投资回报与风险控制的平衡。

（3）对社会及全球可持续发展的重要性。在推动就业与提升社区生活质量上，开展 ESG 战略的企业为当地提供更多的就业机会，促进社会稳定与和谐；通过提供教育与培训机会，企业可以提升员工技能和素质，进而提升社会整体的生活质量和幸福感。推动全球可持续发展目标的实现上，推行 ESG 战略的企业在追求经济效益的同时，积极承担社会责任和环境保护义务。通过全球范围内的 ESG 实践和推广，可以推动全球可持续发展目标的实现，包括减少贫困、保护生态环境、促进性别平等和消除社会不平等。促进国际合作与交流上，随着 ESG 理念的普及和全球投资者对 ESG 关注的增加，越来越多的跨国企业开始在全球范围内实施 ESG 战略，这有助于促进国际合作与交流，共同应对全球性挑战如气候变化等。

(二) ESG 战略的核心要素和内容

1. ESG 战略的核心要素

(1) ESG 战略的利益相关者与环境分析。第一,将 ESG 理念融入企业战略规划和决策过程,确保 ESG 战略与企业整体战略相互支撑。在投资、研发、生产、销售等各个环节中体现 ESG 原则,推动企业向绿色、低碳、可持续方向发展。第二,企业 ESG 战略的实施,重点需要明确利益相关方关系,尤其是重要利益相关方的识别,了解各利益相关方的期望和需求,将其关注议题融入公司有关决策制定中,同时有助于企业更好地识别和管理潜在风险,

(2) ESG 战略的目标与愿景。企业明确的 ESG 目标是 ESG 战略规划的核心。目标设定需具体、可衡量且富有挑战性,以便引导企业全体员工共同努力实现。ESG 战略的愿景规划则旨在描绘企业未来的 ESG 行动宏伟蓝图,激发员工的归属感和使命感。一个清晰的愿景有助于企业在 ESG 践行过程中保持方向感,确保各项 ESG 战略举措与企业长期目标保持一致。在实现 ESG 战略目标与愿景的过程中,企业需不断调整和优化 ESG 战略规划,以适应市场变化、投资者需求和利益相关方诉求。

(3) ESG 战略的业务布局与资源配置。业务布局是企业 ESG 战略规划的关键环节,它涉及将 ESG 纳入整体公司战略,发挥董事会 ESG 治理职责,产品与服务中 ESG 在产品全生命周期中的考量以及将 ESG 纳入供应链管理、利益相关方沟通的风险管理、重要性议题的聚焦等多个方面。合理的业务布局有助于企业充分利用资源,实现 ESG 价值最大化。资源配置则关乎企业如何将有限的人力、物力、财力等资源分配到 ESG 各个行动领域。优化资源配置可以提高企业的 ESG 执行效率,发挥企业 ESG 优势,进而实现可持续发展。在业务布局与资源配置过程中,企业需充分考虑自身实践能力和利益相关方诉求,确保 ESG 战略规划的可行性和有效性。

(4) ESG 战略的组织架构与流程优化。一个高效、灵活的组织架构有助于企业快速响应 ESG 需求,提升整体行动力。例如,成立 ESG 管理委员会或类似机构,负责 ESG 战略的制定、实施和监督。制定 ESG 管理制度和流程,确保 ESG 理念贯穿于企业运营管理的各个环节。流程优化则旨在提高企业内部管理效率,降低执行成本。通过简化流程、明确职责、强化协同,企业可以确保 ESG 战略规划的顺利实施。例如,ESG 报告制度的完善、定期进行 ESG 沟通,建设 ESG 生态体系,实现环境、社会和治理的共赢发展。

2. ESG 战略的内容

ESG 战略的核心内容围绕 ESG 内涵展开,包括环境、社会和治理三个维度,旨在确保企业追求经济效益的同时,指导规划其在环境保护、社会责任和公司治理方面的义务。

二、企业 ESG 战略的制定

(一) ESG 战略目标设定

1. 确定可持续性领域

(1) 依据行业与业务特点精准定位。企业首先需要深入分析自身所处的行业特性以及业务模式,以此来确定优先推进的 ESG 领域。不同行业在环境、社会和治理方面的侧重点会有所不同。例如,制造业可能更关注资源使用和废弃物处理,而金融行业则可能在公司治理和责任投资方面投入更多精力。

(2) 结合商业价值与使命,顺应法规要求。企业应选择与自身商业价值和使命相近的 ESG 主题。例如,如果企业的使命是为了解决食物匮乏,那么在 ESG 战略中可以将关注食

品供应链的可持续性、支持当地农业发展等作为重点领域。如果企业致力于推广绿色能源，那么在能源使用、可再生能源投资等方面可以设定具体的目标和指标。同时，企业必须密切关注经营和销售所在国家和地区的法律法规。

2. 设定目标

(1) 设定基线，全面评估现状。设定 ESG 目标的第一步是要弄清楚企业目前在整个经营过程中的实际做法。这需要引入不同的部门，共同参与对当前活动、政策和流程的差距评估。例如，在环境方面，可以评估企业目前的能源消耗情况、废弃物产生量以及环保措施的执行效果。通过全面的差距评估，企业可以清晰地了解自己在 ESG 各个领域的现状，为后续目标设定提供坚实的基础。

(2) 了解当前数据，明确测量重点。在完成基线设定和差距评估后，企业应该能够了解当前正在测量的内容以及还需要测量的内容。例如，在环境方面，企业可能需要测量能源消耗的具体数值、温室气体排放的总量以及可再生能源的使用比例。基于对当前数据的了解，企业可以设定切合实际的目标以及用于推动该进展的内部 KPI(关键绩效指标)指标。

(3) 协作工作，凝聚内部力量。跨部门工作并在组织内进行协作是设定 ESG 目标的关键环节。ESG 涉及企业的各个方面，需要各个部门共同参与和努力。例如，环境目标的实现可能需要生产部门优化生产工艺、减少能源消耗，同时也需要采购部门选择环保材料和供应商。此外，企业必须就重点领域和 KPI 达成一致，这需要建立有效的沟通机制和协作平台，共同推动 ESG 目标的实现。

(4) 设定具体目标，增强可操作性。随着市场对"漂绿"和透明度的审查越来越严格，明确设定的目标至关重要。企业应避免使用模糊的语言，如"成为一家绿色公司"之类的表述，而要选择可以通过数据直观报告进展情况的具体目标。例如，在环境方面，可以设定具体的减排目标。具体的目标可以让利益相关者更清楚地了解企业的 ESG 努力和成果，增强企业的公信力和竞争力。

(二) ESG 战略与企业整体战略的融合

1. 调整业务模式

(1) 梳理业务与 ESG 之间的关系。ESG 是长期性行动，企业需要充分认知 ESG 的长期必然性和对业务长期发展的必要性，并且从战略、业务模式、体系保障等方面作出适合自身企业和行业特点的安排，作为长期投入，通过 ESG 强化企业竞争优势，提升可持续经营能力。基于 ESG 与业务之间的关系，践行 ESG 可以帮助企业降低在环境、社会、治理层面的风险，避免经营或者市值受到这些风险的影响；间接为业务提供增长动力，也可以带来新的业务增长机会；将 ESG 融入经营中的理念为企业穿越长周期提供保障。

(2) 融合 ESG 理念至各业务环节。目前，绝大多数的中国企业认为其业务模式将因 ESG 而作出调整。ESG 转型意味着要将 ESG 理念融入运营，企业需要在研发、采购、生产、物流、销售和产品回收等环节进行调整。如本章导引案例中宁德时代的做法，将 ESG 绩效指标与执行层部门绩效挂钩，实现 ESG 理念融合至绩效考核环节，确保 ESG 战略高效落实。此外，部分企业还涉及在研发环节，企业开发新技术和低碳产品解决方案；采购环节采用低耗能、可再生、可回收的环保材料和工艺技术。将供应商的碳排放、人权等合规因素纳入考量。生产环节加大使用节能技术、可再生能源，建设环境友好工厂。

2. 完善组织保障

面临未来宏观环境的不确定性以及 ESG 实践的确定性，广大企业需要立足自身资源和能力，结合内外部治理，完善 ESG 落地保障机制。组织保障体系通常包括组织架构与职责分工、领导力与治理体系、目标与考核激励机制、业务与管理流程、人才与文化六个方面(图 6-1)。

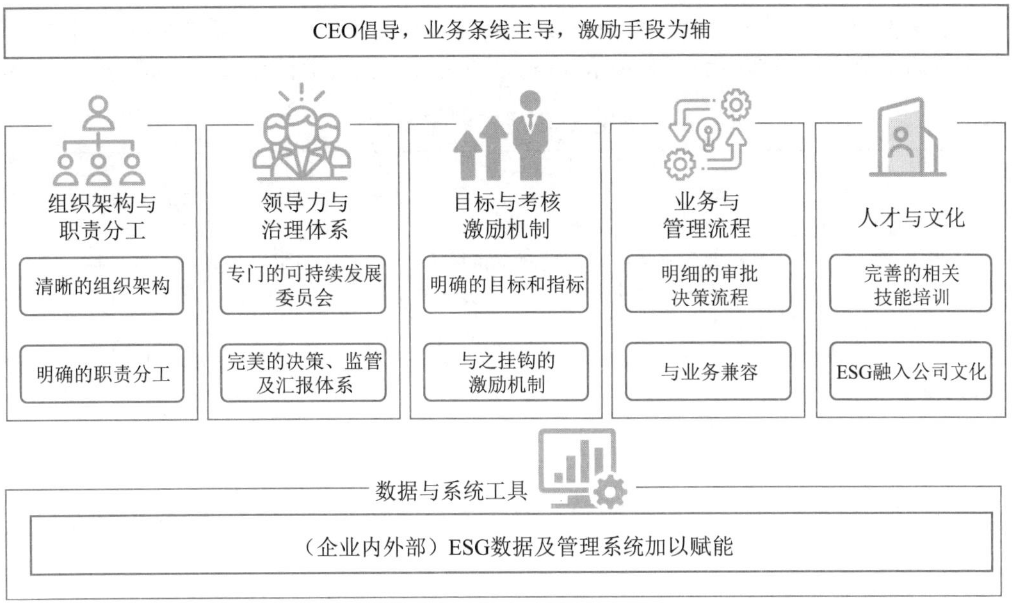

图 6-1 组织保障体系

完善的 ESG 组织架构通常包含董事会、高管、执行三个层面的 ESG 组织(图 6-2)。董事会层面的 ESG 委员会负责给出战略方向，对企业 ESG 工作进行监督指导；高管层面的 ESG 组织则负责 ESG 战略制定，相关资源的部署协调以及管理决策；各"议题工作组"则负

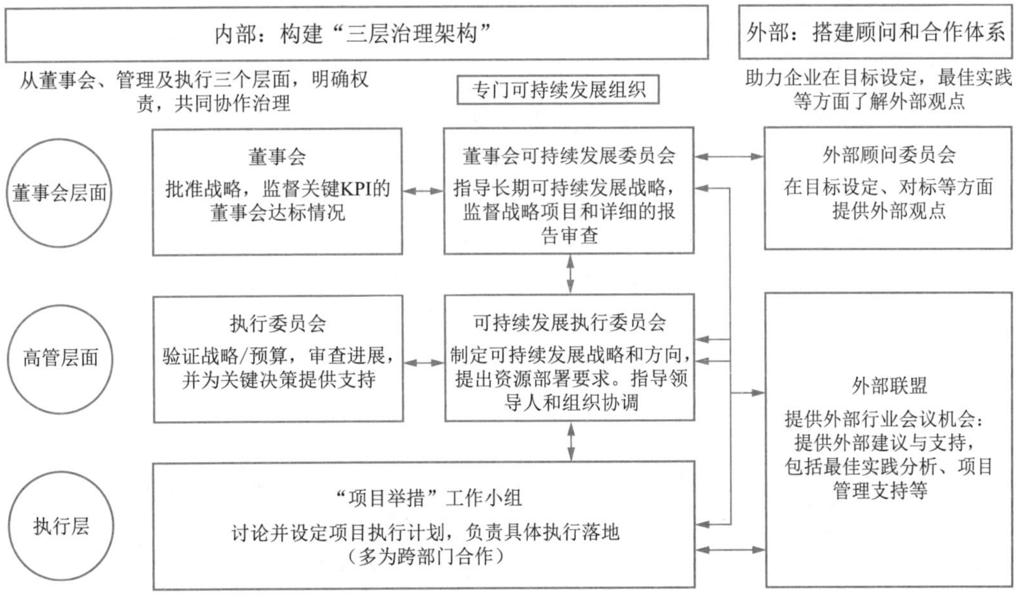

图 6-2 企业 ESG 组织架构

6

责 ESG 工作的具体执行落地。此外，设立顾问委员会或与外部联盟合作可以使企业在 ESG 目标设定、最佳实践等方面了解外部观点。

（三）ESG 战略制定的关键步骤

一个完善的 ESG 战略框架不仅有助于企业更好地管理其社会和环境影响，而且能提高企业的长期价值和市场竞争力。ESG 战略制定的关键步骤通常包括以下方面（表 6-1）。

表 6-1　　常见 ESG 战略制定步骤

A 类	B 类	C 类
● 评估 ESG 现状和挑战 ● 识别 ESG 实质性议题 ● 设置 ESG 愿景和目标 ● 形成 ESG 战略选择 ● 制定 ESG 战略选择和关键衡量指标	● 战略融合与创新 ● 建立成熟度评估机制与指标体系 ● 搭建行之有效的可持续发展战略框架与体系	● 进行全面诊断 ● 制定愿景和可衡量目标 ● 拉拢业务战略和可持续发展战略 ● 勾勒整体转型路径 ● 建立有效的治理体系 ● 招揽合适人才，培养相关技能 ● 建立有效的合作生态 ● 确保透明的沟通 ● 以身作则 ● 激发对可持续发展的热情

1. 评估 ESG 现状和挑战

企业的 ESG 实践不是千篇一律的，而应是实事求是、基于企业发展基础的。企业需要从 ESG 评估开始，以评估其现状并确定提升领域。企业应建立一个共同的、针对企业特点的 ESG 认识。除了分析正在进行的项目及活动外，外部视角还来自对标行业领先和跨行业企业的最佳实践。企业还需要对自身的现状进行全面分析，包括企业在环境、社会和治理方面的表现、存在的问题以及面临的挑战。

2. 识别 ESG 实质性议题

实质性又被称为重要性，是 ESG 中最重要的概念。它是包括在某个 ESG 关注的议题中，例如组织的碳排放，企业的行为对其他利益相关方造成影响的重要程度，也包括在此议题下，利益相关方对企业造成影响的重要程度，即双重实质性。对于企业来说，实质性议题识别是 ESG 战略分析的重要方法，为 ESG 战略规划和管理提供关键信息。ESG 战略分析应当包含实质性议题识别过程。议题的实质性评价总体可参照 GRI 标准中关于组织实质性议题的披露项和指南（GRI 3）中的评价方法，同时将宏观趋势研究、利益相关方分析和行业研究的结论以专家评分的方式纳入实质性识别过程中综合评价。其中，评估矩阵对 ESG 议题进行评估是领先企业的普遍做法，从 ESG 议题对业务的重要性和对各利益相关方的重要性入手，评估各项议题的优先级（图 6-3）。此外，评估 ESG 议题对业务和各利益相关方的重要性，识别作为防御之盾和进攻之矛的议题（图 6-4）。

3. 设置 ESG 愿景和目标

与关键利益相关方举行主题聚焦的工作会议，以确定企业的 ESG 愿景和目标。将目标草案提交给企业领导团队，就这些愿景和目标达成共识，并获得资源支持。根据有限资源，细化并制定目标。它包括积极、主动、行业领先和差异化竞争优势四类，如图 6-5 所示。对于“矛”一类的议题，可以制定较高的目标；对于“盾”一类的议题，要求可以适当放松。同时，在企业内部广泛沟通这些目标。要注意的是，必须设定易理解、可衡量、切实可行且志向远大的目标。

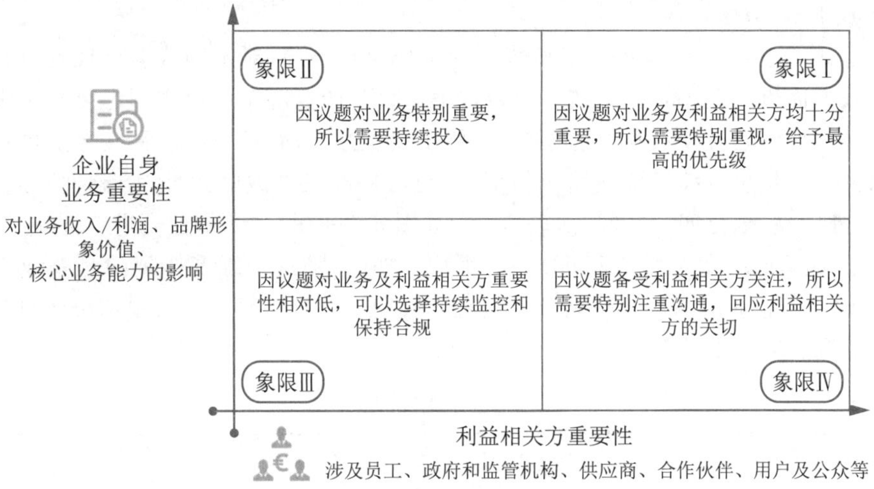

图 6-3 ESG 议题实质性评估矩阵

“防御之盾”

- 在广大利益相关方重视的领域，取得收益/竞争优势
  如：防范下行风险、优惠的财务条款、政策合规、人才选用预留等
- 企业根据自身愿景设立目标水平：
  制定行业高标准（“领先”）
  对齐竞争对手（“追随”）
  满足监管要求（“合规”）

“进攻之矛”

- 在与客户/消费者积极互动的领域：打造有吸引力的宣传内容和产品服务，从而实现商业差异化优势
- 企业设定“独特”或“差异化领先”的发展目标；在满足监管要求的同时：
  推动大胆变革，解决行业主要挑战
  构建与竞争对手的差异化优势

图 6-4 ESG 防御之盾和进攻之矛的议题

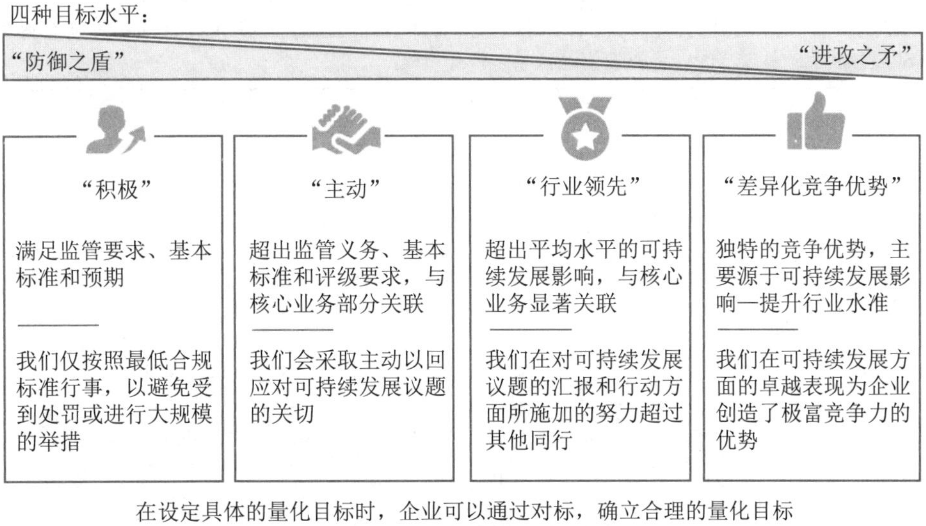

在设定具体的量化目标时，企业可以通过对标，确立合理的量化目标

图 6-5 ESG 战略的四种目标水平

6

4. 形成 ESG 战略选择

商业模式的不同导致企业在 ESG 发展时的侧重点不同，对不同战略路径的可行性评估及资源投入方面也存在差异。科技企业通常根据自身产业链布局模式制定可持续发展策略及 ESG 目标，平台型科技企业多选择平台/科技赋能方式，而重资产型科技企业则更注重产业链升级模式制定可持续发展战略。将 ESG 与可持续发展战略按照“防御性—进攻性”和“内生型—外向型”划分四个区间，如表 6-2 和如图 6-6 所示。“防御性—进攻性”这一维度体现的是企业希望 ESG 做到什么程度。“内生型—外向型”这一维度体现的是企业希望做哪些方面的 ESG。企业应当基于战略分析过程，识别自身战略定位，然后根据企业自身特点制定更加具体和针对性的 ESG 战略。

表 6-2　　ESG 战略选择

“防御性—进攻性”维度 （企业希望 ESG 做到什么程度）	
“防御性” ESG 战略	（1）倾向于追随战略，即 ESG 目标设定符合企业自身战略定位，追随行业优秀实践，并确保自身 ESG 表现不会明显落后于主要竞争对手； （2）优先管控重大 ESG 风险，优先满足强制或者半强制政策要求； （3）合理配置向 ESG 投入的资源，确保合理的 ESG 投资回报率
“进攻性” ESG 战略	（1）要求企业 ESG 目标和表现必须处于行业领先水平，并将 ESG 视为企业竞争中的重要一环； （2）致力于通过技术和管理的变革，回应行业 ESG 问题，提出新的标准和解决方案，通过 ESG 建立独特的竞争优势
“内生型—外向型”维度 （企业希望做哪些方面的 ESG）	
“内生型” ESG 战略	更偏向于创造 ESG 价值，具体表现为企业通过节能减废节约成本，控制 ESG 风险，通过员工、供应链和客户的 ESG 管理增强组织韧性和抗风险能力
“外向型” ESG 战略	更偏向传播并获取 ESG 价值，具体表现为通过 ESG 相关目标和贡献获得更好的影响力、品牌价值与溢价

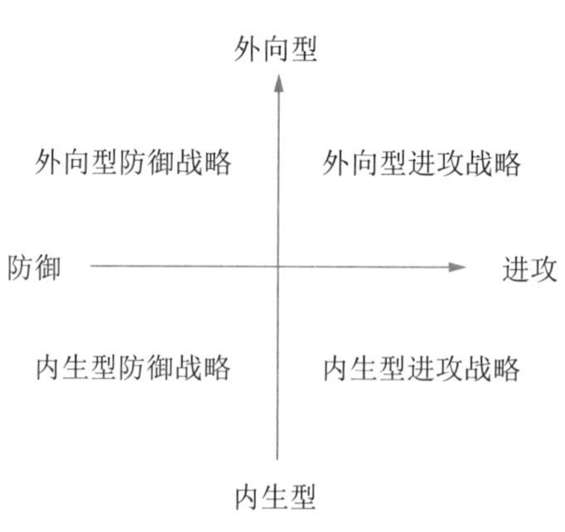

图 6-6　ESG 战略四象限

一般来说，To B 型的企业往往难以制定外向型 ESG 战略，因为客户的 ESG 要求多数是基于控制重大风险的，客户采购一般将性价比视为主要依据，同时将 ESG 表现作为排除性标准进行选择，难以获得溢价。To C 型的企业才有机会制定外向型的 ESG 战略，但是同时也必须考量企业本身的品牌定位和客户群体。

企业管理者在充分且深入了解企业背景信息后，开始思考企业 ESG 战略时，可以通过以下几个问题逐渐明确 ESG 战略定位。

问题一：在短期和中期内，您希望企业的 ESG 表现为：

a）可以接受明显落后于主要竞争对手；

b）应当与主要竞争对手处于相近水平；

c）应当处于行业标杆与领先水平；

d）通过技术与管理的变革，为行业 ESG 提供新的标准和解决方案。

问题二：在短期和中期内，您希望 ESG 在企业商业竞争中发挥的作用是：

a）不认为 ESG 能够在商业竞争中发挥作用，或者作用微乎其微；

b）ESG 表现应当匹配企业在行业中的定位，确保不拖后腿；

c）通过 ESG 的优秀表现获得竞争优势；

d）开拓行业 ESG 全新标准和实践，通过 ESG 创造独特竞争优势和壁垒。

问题三：在短期和中期内，您认为 ESG 能够为企业带来：

a）运营效率提升与成本节约；

b）顺应全球 ESG 转型趋势，规避长期风险；

c）能够带来声誉提升，并因此带来额外的订单或销量；

d）通过创造 ESG 价值，提升品牌影响力，获取绿色或向善溢价。

对问题一和二的回答体现的是企业 ESG 战略从“防御”到“进攻”的偏好，显然，如果企业的选项从“a”到“d”，企业的 ESG 战略将从“防御”逐渐转向“进攻”。

对于问题三的回答体现的是企业 ESG 战略从“内生型”到“外向型”的不同偏好，如果企业的选项从“a”到“d”，企业的 ESG 战略将从“内生型”逐渐转向“外向型”。

5. 制定 ESG 战略规划和关键衡量指标

企业 ESG 的实施，仅仅通过定义 ESG 战略是不够的，企业还应将 ESG 战略嵌入企业的运营管理及决策，制定符合企业自身实践的 ESG 战略规划，并积极采取行动制定实现规划目标的指标和关键绩效指标。这将有助于企业实现在业务层面和社会层面都能带来积极成果的目标。为了激励企业内部自上而下地按照规划完成既定工作，设立切实可行的并符合成本效益原则的 ESG 关键绩效指标（KPI）是必不可少的。制定 KPI 的过程可以依据“SMART”原则，这使考核指标更科学化、规范化，有利于员工高效地完成 ESG 战略规划任务。KPI 是基于 ESG 战略规划而设定的，随着 ESG 战略规划内容的逐步落实，需要对已设定的 KPI 不断完善和调整。同时，KPI 指标的达成度也给管理层制订 ESG 战略规划的分阶段提升计划提供了信息反馈。

（四）ESG 战略实施的路径选择

ESG 战略实施的路径选择并非单一，企业可以根据自身情况选择一次到位、阶段递进或主次先后等方式。一次到位的方式需要企业具备较强的实力和资源，能够在短时间内全面实施 ESG 战略。这种方式可以迅速提升企业的 ESG 表现，增强企业的竞争力和社会形象。

阶段递进的方式则适合那些资源有限或ESG基础较弱的企业。企业可以分阶段逐步实施ESG战略，先从容易实施的方面入手，如提高员工福利、加强社区关系等，然后逐步扩展到环境和公司治理方面。主次先后的方式则是根据企业的实际情况，确定ESG战略的重点和优先顺序。例如，对于那些环境风险较高的企业，可以先重点关注环境方面的问题，采取措施减少碳排放和资源消耗；对于那些社会责任感较强的企业，可以先重点关注社会方面的问题，提高员工福利和社区参与度。总之，企业在选择ESG战略实施路径时，需要综合考虑自身情况和外部环境，选择适合企业发展的方式。可从以下几个方面进行考虑：

1. 明确长期价值以确定实施路径

若企业认识到长期的ESG目标对可持续发展至关重要，且自身具备较强实力与资源，可考虑一次到位的方式。比如从环境层面，有实力的企业可迅速投入大量资金用于购置先进环保设备、改进工艺，以实现快速提升环保表现，既节省能源成本，又能规避未来环境风险，还可树立良好社会形象。若企业资源有限但期望实现长期ESG目标，则适合阶段递进。以某小型企业为例，初期可先从提升员工福利入手，增强员工归属感，随着发展逐步加强社区关系，后期再逐步投入环境治理方面。

2. 全面评估短期和长期的影响来指导路径选择

在审视短期商业利益时，企业需考量放弃短期利益所带来的直接损失与潜在影响，同时合理估计长期ESG目标所带来的好处，以此决定采用何种路径。对于实力雄厚的企业，若评估后认为短期损失可承受且长期收益可观，可选择一次到位。如投资研发新能源技术，大规模企业有能力承担前期高成本，期待技术成熟后获得巨大市场份额与收益。而对于资源有限的企业，需谨慎分析各个阶段的成本与收益，可能更适合阶段递进。比如先进行小规模的环保改进，观察成本变化与收益增长情况，再逐步扩大投入。

3. 寻找平衡点与创新方法并结合路径决策

平衡策略即寻找中间道路，创新举措可助力企业突破困境，不同的策略与路径选择息息相关。对于选择阶段递进的企业，在产品包装方面，可以逐步提高可回收材料的比例，避免一次性全面更换，既实现一定的环保效果，又不会大幅增加成本。在员工培训方面，可以先为关键岗位员工提供提高效率的课程，短期可提高生产效率，弥补部分培训支出，同时为长期人才储备与企业发展奠定基础。对于有实力一次到位的企业，则可大胆采用创新方法，如运用数字化管理优化生产流程，既能实现环保目标，又能在短期内提高效率、降低废品率，增加收益。还可以探索新商业模式，开拓新市场与客户。

4. 考虑利益相关方的意见辅助路径确定

利益相关方的看法对企业长期发展意义重大，不同路径选择下都应充分考虑他们的意见。投资者关注企业长期可持续发展，若企业选择一次到位的方式积极推进ESG战略，将获得他们的支持与肯定，为企业带来更多资金支持。员工希望在具有社会责任感的企业工作，良好的ESG措施能增强他们的积极性与归属感。消费者倾向于购买环保、具有社会责任企业的产品。因此，无论选择何种实施路径，企业在决策时应听取各方意见，综合考虑，以作出更有利于长远发展的决策，实现经济与社会效益的双赢。

第二节　企业 ESG 实施

一、企业 ESG 实施的驱动因素

(一) 企业 ESG 实施的外部驱动因素

1. 政策驱动

全球范围内，绿色产业、绿色金融、绿色投资、绿色信息披露等相关政策和制度要求的出台，为企业 ESG 实施提供了重要驱动力。例如，从全球范围的 GRI 系列标准到中国 2024 年沪深北三大交易所正式发布的《上市公司可持续发展报告指引》等一系列政策，都在引导和撬动更多社会资本进入 ESG 领域。这些政策不仅规范了 ESG 信息的披露要求，而且促进了企业 ESG 实施的普及。

2. 投资者驱动

随着投资者对 ESG 认知的提升，越来越多的长期资本和耐心资本开始将 ESG 纳入投资决策体系。ESG 信息为投资者提供了更全面的投资决策依据，越来越多的投资者已认识到 ESG 对企业长期价值和风险管理的重要性，这直接推动了资产管理人在投资过程中重点考虑 ESG 因素。此外，ESG 在二级市场的蓬勃发展也倒逼一级市场的投资机构重视 ESG 管理，以实现项目的高质量发展。

3. 消费者驱动

消费者对企业社会责任和可持续性实践的关注，成为推动企业 ESG 发展的重要力量。越来越多的消费者开始将企业的 ESG 表现作为购买决策的重要参考因素。这种趋势促使企业更加重视 ESG 管理，以赢得消费者的信任和忠诚。

4. 气候变化和利益相关方需求

全球气候变化激发了企业健全长远的经营意识，企业不断在发展中纳入 ESG 考量因素，持续创造与释放在社会、经济和环境中的价值，以实现可持续发展目标。企业自身、客户、消费者和社会公众对 ESG 的关注和期望不断增加，促使企业将 ESG 和可持续发展理念融入战略和运营中。

(二) 企业 ESG 实施的内部驱动因素

1. 提升企业声誉和投资回报

企业 ESG 的开展与高质量实施有助于增强企业的市场声誉和信任度。从企业端赢得投资者、消费者和其他利益相关方的青睐，推进经营合作；同时，具备良好 ESG 表现的企业往往能够在投资过程中实现更好的长期回报，这也使得企业更注重 ESG 的开展。

2. 助力风险管理和吸引人才

ESG 的实施帮助企业更好地识别和管理潜在的环境、社会风险，降低法律诉讼、罚款、声誉损害等风险；同时，随着员工对企业社会责任和可持续发展的日益关注，企业较好的 ESG 工作开展，有助于吸引并留住优秀的人才。

3. 利于资本市场上市和关系管理

随着投资者对企业 ESG 实施和披露要求的不断前置，越来越多的资本市场对企业 ESG

表现有更多要求，如我国沪深交易所于 2022 年 1 月 7 日颁布新修订的《股票上市规则》，就对上市公司践行生态保护、履行社会责任、完善公司治理结构及按时依规披露社会责任等非财务报告方面作出了明确要求，通过实施和披露 ESG，企业可以提高在资本市场上的准入门槛。此外，ESG 的实施更利于企业加强与重要利益相关方之间的沟通和互动，增进双方的理解和信任。

二、企业 ESG 实施的要求

（一）总体要求

为更好地推进 ESG 执行和实施，企业需要明确 ESG 执行的总体要求，包括配套制度的建设及其与之适配的总体框架搭建，来保障 ESG 顺利执行。

1. 企业 ESG 实施的配套制度

（1）ESG 管理体系建设。企业建立 ESG 管理体系，对相关工作进行统一领导、决策并组织实施。企业的 ESG 管理体系建设，需要确立决策层、管理层、执行层构成的管理架构，从决策、组织细化、执行等方面发力形成管理闭环。在决策上，可考虑在董事会层面设立专门的 ESG 委员会，将 ESG 职能融入现有的董事会治理架构中，由董事会制定公司的 ESG 政策、方针和目标，并监督和评价企业 ESG 实践的水平。这样不仅可以有效促进企业 ESG 实践与日常治理相结合，而且可以避免组织机构新建的困难，降低 ESG 的落实难度，推动 ESG 绩效提升。在 ESG 管理上可以设置由公司管理层组成的管理委员会，负责研究和制定企业的 ESG 战略框架与总体规则，同时协调公司内部资源完成整体 ESG 目标。在具体执行上，集团层面建立专门工作组，在下属子公司或基层部门设置有效的执行小组，负责 ESG 政策和目标的具体推行，并定期汇报和总结在开展 ESG 工作中的问题与成果。

（2）ESG 信息披露制度。一份优质的 ESG 报告并非迎合监管要求的内容堆砌，也非局限于品宣推广的信息公开，更不该是响应潮流的无奈之举，而应作为企业呈现自身可持续发展履责绩效的有力载体，连接企业 ESG 实践成果与利益相关方期望。企业需要具备披露标准的筛选与决策能力，妥善制定贴合自身实际情况与需求的 ESG 披露目标，以此作为企业 ESG 披露的有效引导工具与推动企业可持续发展的实践指导工具。在内部执行上，可采取公司管理层构成的 ESG 领导小组、各部门负责人及相关专业人员构成的 ESG 工作小组和 ESG 日常协调工作部门相结合的执行制度。制度内容上涉及目标设定、战略制定、实施与执行、评估与优化等。

（3）ESG 绩效评估与监督。ESG 绩效评估与监督对推动企业可持续发展意义重大。在绩效评估方面，首先要确定包括环境、社会和治理等多方面的绩效指标，如环境指标涵盖能源消耗、温室气体排放等；社会指标包括员工权益、社区参与等；公司治理指标涉及董事会结构等。通过建立数据收集系统，运用分析工具对准确、完整、及时的数据进行整理分析，并采用对比评估、目标达成评估和综合评估等方法得出企业的 ESG 综合绩效得分。在监督方面，建立内部监督机制，如完善内控制度，制定规范流程，加强部门协作监督；同时接受第三方机构鉴证评估，关注利益相关方反馈监督。根据评估和监督结果制定改进措施和行动计划，建立反馈机制，将结果反馈给管理层和各部门并向利益相关方披露改进情况，持续提高

ESG 管理水平，实现可持续发展目标。具体内容详见本节第三部分。

2. 企业 ESG 实施的总体框架

（1）ESG 框架设计。ESG 框架设计旨在通过系统的组织架构、文化建设、数据管理、报告和风险控制，确保企业在环境、社会和治理方面的可持续发展。ESG 框架设计主要包括 ESG 治理生态系统构建、ESG 治理与 ESG 文化的建设、ESG 数据治理与披露工具应用、ESG 相关的风险管控与内部控制等。

（2）ESG 目标制定。企业在制定 ESG 实施的目标时，应遵循业务相关性、具体可衡量性和战略一致性三个核心原则，以确保目标的有效性和可持续性。其中，业务相关性是指企业应确保 ESG 目标与其核心业务紧密相关，反映行业特性和企业运营的实际需求。例如，对于高能耗行业，ESG 目标可能聚焦于能源消耗和碳排放的减少；而对于技术密集型企业，则可能更关注数据隐私和员工技能发展。具体可衡量性意味着目标是可量化评价的，例如，目标可以是“在未来五年内将温室气体排放量减少 20%”。战略一致性要求企业在制定 ESG 目标时，考虑其对企业长期发展的影响，并将其纳入企业的战略规划和运营流程中。

（3）ESG 组织架构设置。ESG 组织架构的设计往往需要具备多级联动、共同发力的特点。实践中，除了公司董事会一般作为 ESG 管理事务的最高责任机构外，董事会领导下的各层级机构的设置需要更多地考虑到公司组织结构的整体情况以及现有业务链条和管理链条之间的衔接关系，个性化设置的情况更为常见。以下为实践中常见的 ESG 组织架构，如图 6-7、图 6-8 和图 6-9 所示。

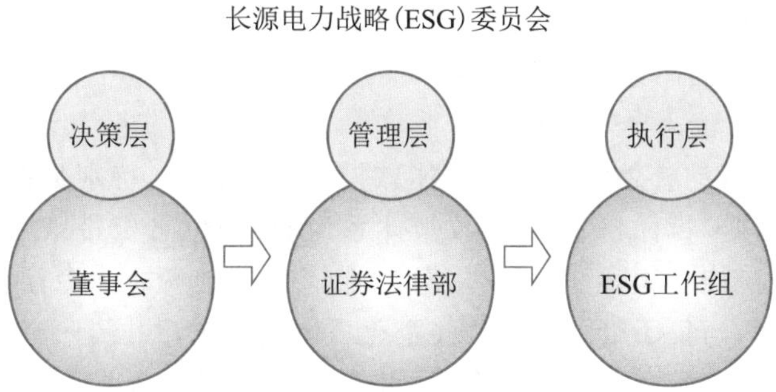

图 6-7　长源电力 ESG 管理架构

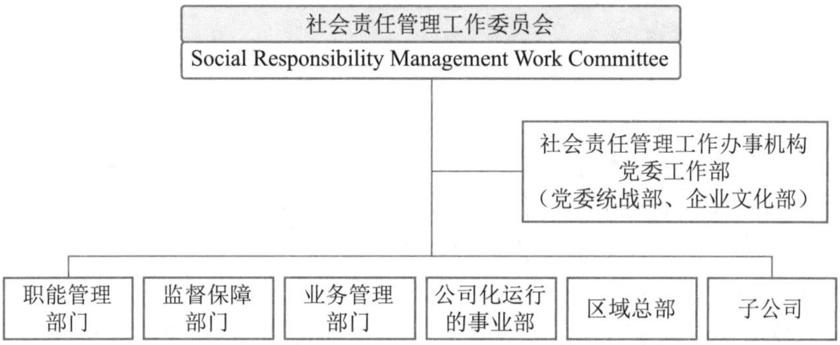

图 6-8　中国交建 ESG 管理委员会架构

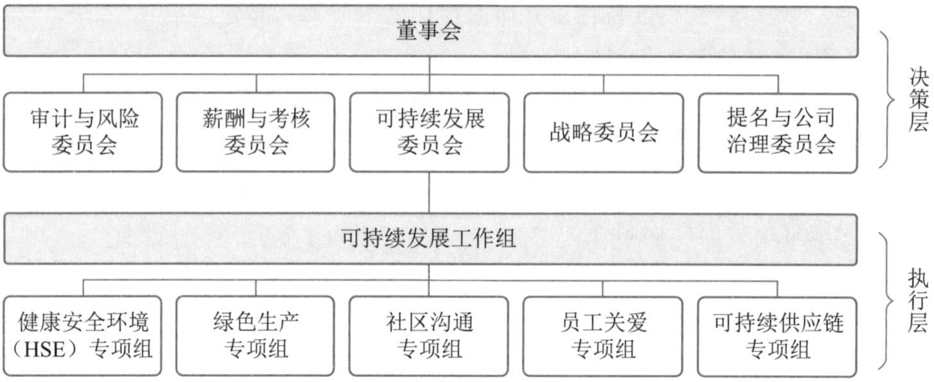

图 6-9　中化国际 ESG 治理架构

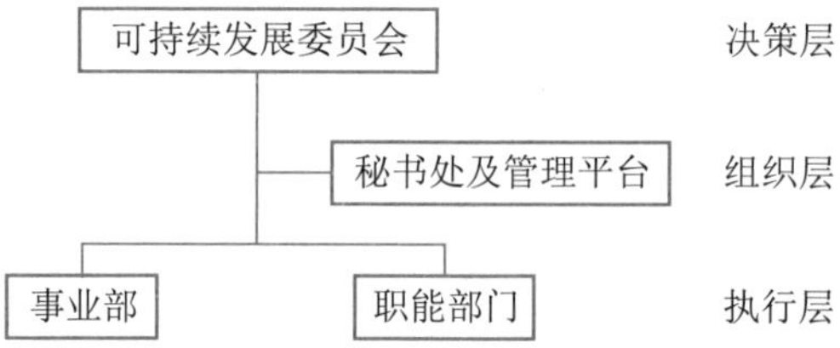

图 6-10　伊利 ESG 治理架构

（二）企业 ESG 实施的具体措施

企业应熟悉和跟踪 ESG 的政策、标准动态，包括但不限于国内外的政策、标准动态、监管要求以及其他本地化特征，建立并完善自身 ESG 管理体系。企业 ESG 的具体措施除遵循第二单元的 ESG 内涵外，还体现在：

1. 环境(E)的行动措施

我国企业的环境行动较之前更重视节能减排与生态保护，特别是在低碳发展上的行动举措，体现在按照“双碳”目标与“1＋N”政策体系，挖掘绿色融资带来的业务机遇等。国企的环境实践策略同时反映了其行业特性。例如，制造业或能源企业专注于废气、废水处理技术和节能降耗的创新，与集团旗下水务科技企业一体化运作，共同打造集团水、气、固(危)一体化环保产业平台，以支持主业的环保需求，并为国家的环保事业贡献力量。相较之，服务行业或轻资产国企则更注重服务流程的绿色化，如通过提升服务过程中的能效和推广绿色办公环境来减少对于环境的负面影响，加大研发投入不断推动绿色低碳技术的创新应用。

2. 社会(S)的行动措施

我国企业开展的社会行动还体现在本土特色上支持国家战略，如乡村振兴、科技创新等，以此促进国家的整体发展。例如，功能保障类国企中，重点还在于支持地区民生保障，如推进水供应格局优化和升级改造，确保居民用水安全。而市场竞争类企业则围绕主营业务开展社会活动，如与地区街道开展合作，携手推出“安心助老”服务，探索“安心就医”服务等。通过提供优质产品和服务，创造就业机会等。

3. 治理(G)的行动措施

我国治理的本土特色重点体现在发挥独立董事作用，将独立董事建设作为治理的重要内容。独立董事能够更加客观地对公司经营管理提出管控要求，常见的具体措施：能力建设上，注重提升董事成员及其他高级管理者的意识与专业能力；议题管理上，可针对利益相关方最为关心的 ESG 议题的管理设定可量化目标，议题的设定根据行业不同各有差异。不同行业 ESG 实质性议题如图 6-11 所示。

	环境(E)	社会(S)	治理(G)
医疗保健	排放物及废弃物管理 有毒及危险物管理 生物多样性保护 绿色包装材料 应对气候变化及温室气体排放 能源管理	产品安全及质量 健康可及性 公共卫生安全 供应链管理 客户服务及权益 职业健康与安全 员工权益保障	科技创新与研发 知识产权及专利保护 合规经营 商业道德与反腐败
房地产	绿色工程及建筑 排放物及废弃物管理 应对气候变化及温室气体排放 能源管理 水资源及废水管理 环境生态保护 生物多样性和土地利用	产品安全及质量 职业健康与安全 对社区的影响 供应链管理 客户服务及权益 员工权益保障	信息公开及披露 风险管理 合规经营 商业道德与反腐败
交通运输	绿色交通 应对气候变化及温室气体排放 有毒及危险物管理 能源管理	运输安全及道路管理 产品安全及质量 职业健康与安全 信息安全及隐私 客户服务及权益	公平竞争及反垄断 违禁品管理及反走私 应急管理 合规经营 商业道德与反腐败

图 6-11　不同行业 ESG 实质性议题

(三) 企业 ESG 实施的自我评价与监控

1. ESG 绩效评价体系

企业 ESG 绩效考核体系主要由七个要素构成：考核主体、考核目标、考核对象、考核指标、考核标准、考核方法和考核报告，如图 6-12 所示。

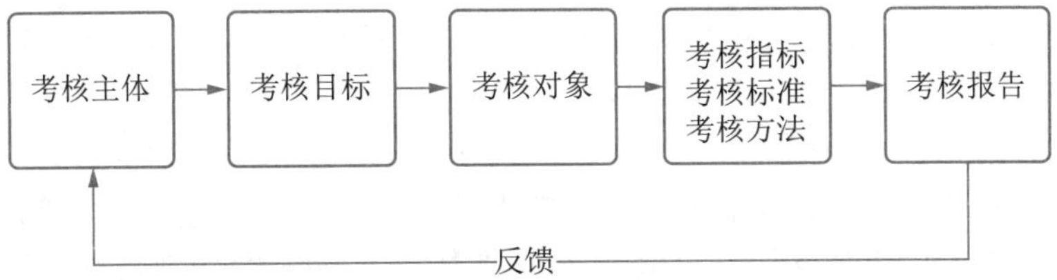

图 6-12　企业社会责任绩效考核体系构成

考核主体因考核类型的不同会有所不同，通常涉及企业管理层、ESG 领导机构、ESG 执行部门、人力资源部门、职能部门的 ESG 联络人员等。

考核目标主要是推进企业 ESG 战略落地，促进 ESG 战略目标能够分解到各部门、各机构予以落实，进而实现企业整体战略。

考核对象因考核层面的不同分为企业整体、各部门或下属单位、各岗位，由此也就形成了不同层级的 ESG 绩效考核体系。

考核指标的选择要以考核目标为基础，通常会涵盖企业 ESG 的各个领域，而且，指标的确定要与企业现有管理指标体系相结合，与考核对象的具体职责相结合。考核指标通常采用定性指标和定量指标相结合，能够更全面地反映企业在 ESG 方面的表现。

考核标准的确定有多种方法，如历史标准、预期标准、外部标准、标杆标准。

考核方法因考核目标不同而有多种选择，目标考核法、等级评估法、相对比较法、小组评价法、综合法等都是常用的方法。

2. ESG 实施效果的监控流程

（1）数据收集与验证。企业需要明确 ESG 实施的范围和内容，并选择适合自身业务特点的关键指标作为监控对象。企业应建立一个系统化的数据收集机制，利用先进的 IT 系统和数据管理工具，自动收集和整合来自不同部门的数据。企业应制定详细的数据验证流程，通过内部审核、数据比对和逻辑检查等方式验证数据的真实性。

（2）指标监测与趋势分析。根据 ESG 战略目标和利益相关者的期望，建立科学的 ESG 指标体系。利用现代信息技术，如物联网、大数据等，实现 ESG 指标的实时监测，定期对 ESG 指标进行评估，形成评估报告，为决策提供依据。通过对比历史数据，分析 ESG 指标的变化趋势，识别潜在的发展规律和影响因素；对 ESG 指标的未来走势进行预测，为制定和调整 ESG 战略提供数据支持；将本企业的 ESG 指标与同行业其他企业、行业平均水平或国际标准进行对比，评估企业的竞争优势和不足。

（3）异常识别与内部控制。为 ESG 指标设定合理的阈值，对 ESG 指标进行实时监控和预警，及时发现异常情况。对识别出的 ESG 异常即 ESG 风险进行识别和评估，确定风险的性质、影响范围和严重程度。制定针对性的应对措施，如调整 ESG 战略、加强内部管理、优化资源配置等。对应对措施的实施效果进行持续监控和评估，根据评估结果不断调整和优化内部控制措施。

3. ESG 实施效果评估

（1）评估的目的与范围。评估目的通常包括衡量企业 ESG 实施成效，发现 ESG 实践问题和不足，通过公开透明的评估结果，为企业的 ESG 实践提供数据支持。评估范围围绕环境、社会和治理的内涵展开。

（2）评估的方法与指标。常用的评估方法有：定量评估，如能源消耗量、废弃物排放量、员工福利支出等，来评估 ESG 绩效；定性评估，通过问卷调查、访谈、案例分析等方法，收集利益相关者的意见和建议，评估企业在 ESG 方面的表现和影响力；综合评估，定量与定性结合的 ESG 综合绩效评价。评估指标针对 ESG 内涵形成对应指标。例如企业的 ESG 记分卡（如图 6-13 所示），通过针对投资者制作专门的 ESG 问卷，进行企业 ESG 实施的综合评估。

（3）评估结果的应用与反馈。应用上，根据评估结果调整 ESG 战略，明确未来的发展方向和重点，将资源投入 ESG 绩效提升的关键领域，推进与利益相关方的信任增强和合作。反馈上，将评估结果反馈给企业内部相关部门和人员，以便他们了解 ESG 绩效的改进点和努力方向，向外部利益相关方（如投资者、客户、监管机构等）披露，接受他们的监督和指导。

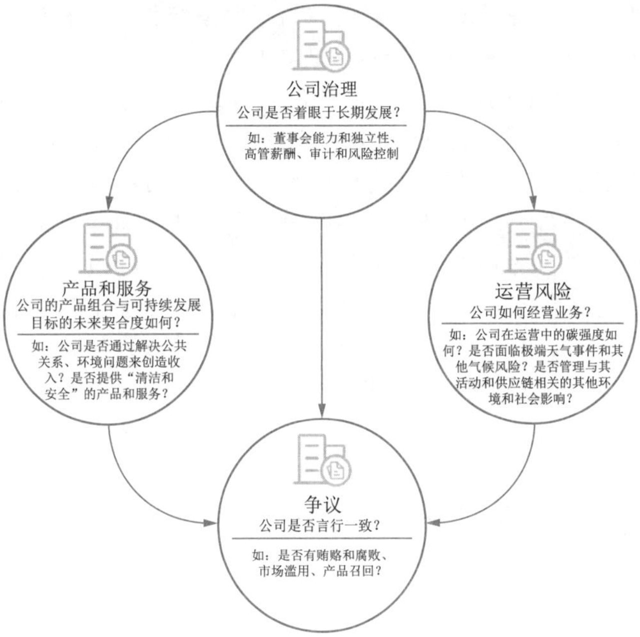

图 6-13　企业 ESG 记分卡实例

4. ESG 监控工具与技术

（1）ESG 数据管理平台。ESG 数据管理平台是指一类专门用于收集、整合、存储、分析和展示企业在 ESG 方面绩效数据的软件系统，主要功能包括数据收集与整合、数据存储与管理、数据分析与可视化、报告生成与披露、决策支持等。如新一代企业 ESG 数字化管理平台示例（如图 6-14 所示）。

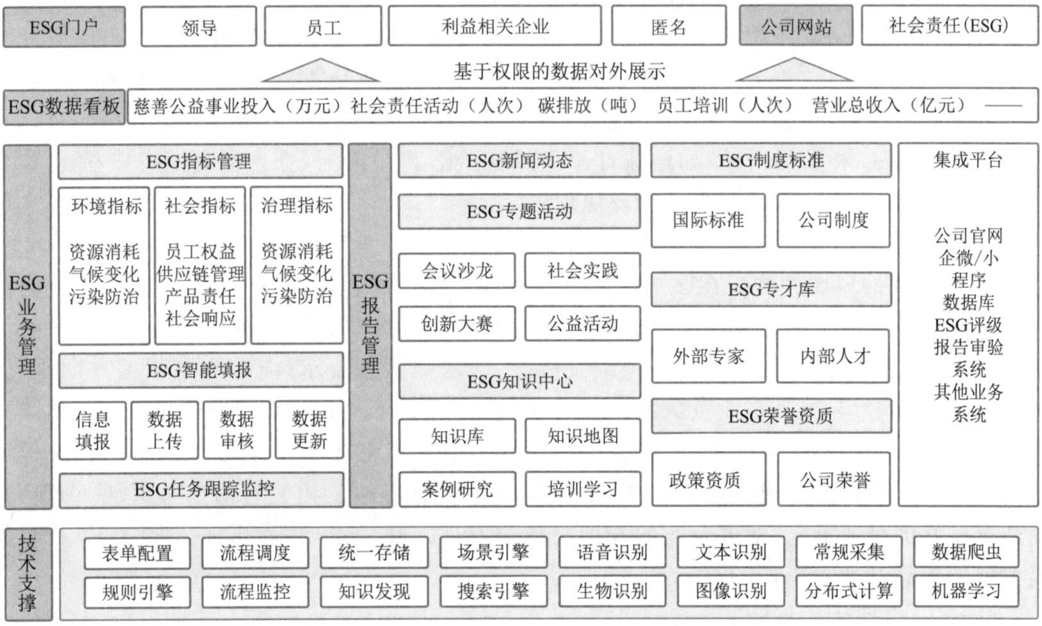

图 6-14　新一代企业 ESG 数字化管理平台

(2) 智能监控与预警系统。ESG 智能监控与报警系统作为一种创新的技术手段，旨在通过智能化、自动化的方式，对企业的 ESG 表现进行实时监控和预警，从而帮助企业及时识别和解决潜在问题，提升企业的可持续发展能力。主要功能包括实时监控、预警功能、数据分析与报告、可视化展示等。如南方周末自主开发的上市公司 ESG 风险预警平台，监测企业在环境、社会和治理领域的风险，评估上市公司 ESG 表现，为市场和投资者提供决策支持。

(3) 可视化分析与报告工具。ESG 可视化分析与报告工具是指一类专门用于收集、整合、分析和展示企业在 ESG 方面绩效的软件系统。这些工具通过整合、分析并可视化 ESG 数据，帮助企业更好地理解其 ESG 绩效，优化决策过程，并与利益相关方进行有效沟通。如领先的 EHS(environment, health, safety)合规性和 ESG 软件提供商 Locus Technologies 推出业界首款用于 ESG 报告的可视化计算引擎。

第三节　ESG 沟通

一、企业 ESG 沟通概述

(一) ESG 沟通的概念与方式、重要性和社会价值

1. ESG 沟通的概念与方式

ESG 沟通是指企业在环境、社会和治理方面关于表现、战略和成果与企业内外部利益相关方进行交流的过程。这种沟通的目的是增强透明度、建立信任、提升品牌形象、吸引投资、促进可持续发展，并回应利益相关方的期望和需求。

ESG 沟通的常用方式有：①年度报告，如 ESG 报告、企业社会责任报告；②投资者关系简报，定期向投资者介绍企业的 ESG 战略和绩效；③企业网站与社交媒体，设立专门的 ESG 或可持续发展板块，发布相关新闻、报告和案例；④利益相关方会议，与员工、客户、供应商和社区代表举行会议，讨论 ESG 议题和合作机会；⑤公共咨询与会议，与行业专家和其他利益相关方进行的深入对话或意见征询；⑥培训与活动，对内对外提供 ESG 相关的教育和培训，举办或参与 ESG 相关的活动，如地球日、环境周等；⑦客户沟通，在产品和服务中融入 ESG 元素，向客户传达企业的社会责任和环保理念。

2. ESG 沟通的重要性

ESG 沟通的重要性体现在多个层面，对企业的发展、利益相关方的信任、整个社会的可持续发展都有着深远的影响。具体体现在：增强企业透明度和信任度、提升企业品牌和声誉、吸引和保持投资者、促进企业可持续发展、适应法律法规要求、响应利益相关方期望、促进利益相关方参与、提升企业竞争力。总之，ESG 沟通对于企业的长期发展和社会的整体福祉都至关重要。它不仅有助于企业实现其商业目标，而且对于推动全球可持续发展议程也具有不可替代的作用。通过这些方式，企业可以有效地与利益相关方沟通其 ESG 表现，从而建立良好的企业形象，促进企业的长期可持续发展。在中国，随着 ESG 理念的普及和监管要求的提高，ESG 沟通已成为企业的重要工作。

3. ESG 沟通的社会价值

企业的 ESG 沟通，除了给企业自身带来价值的体现外，还具有社会价值：①促进可持续

发展;②引导投资决策优化资源配置;③推动行业标准和法规发展;④促进行业内的良性竞争;⑤应对全球气候变化等的挑战。总之,ESG沟通的社会价值在于它能够促进企业、投资者、消费者、员工和其他利益相关方之间的相互理解和合作,共同推动社会向更加可持续和公正的方向发展。

(二) ESG沟通的目标与原则

1. ESG沟通的目标

根据ESG沟通的概念,通常企业开展ESG沟通,是多方面的,旨在通过有效的信息传递和管理,实现目的包括但不限于:遵守法律法规要求、建立和提升企业形象、传达企业价值观和承诺、识别和管理风险、创造共享价值和推动可持续发展。综上,ESG沟通的目标是在确保企业可持续发展的同时,满足利益相关方的期望,提高企业的整体竞争力和市场表现。

2. ESG沟通的原则

ESG沟通的原则是指企业在进行ESG相关信息交流时应遵循的基本准则。以下是一些核心原则:

(1) 真实性与透明性原则。确保沟通的信息是真实、准确。公开和透明地披露ESG相关信息,不隐瞒重要事实。

(2) 可靠性与一致性原则。使用高质量的数据和信息来支持ESG沟通,在不同时间点和不同渠道上保持沟通信息的一致性。

(3) 平衡性与重要性原则。在沟通时平衡不同利益相关方的需求和期望,关注对企业运营和利益相关方决策有重大影响的ESG议题。

(4) 可比性与可理解性原则。确保ESG信息在不同企业之间具有可比性,使用清晰、易懂的语言和格式,使信息对广泛的利益相关方都易于理解。

二、企业ESG沟通策略

(一) ESG沟通的对象与范围

企业进行ESG沟通的对象主要有内部沟通对象和外部沟通对象,外部沟通对象根据ESG业务分为外部利益相关方和其他第三方。内部沟通对象即内部利益相关方,包括员工、管理层和工会等;外部利益相关方包括客户、供应商、邻里/社区、债权债务人、投资者等,其他第三方主要有ESG评级与鉴证机构、ESG监管机构等。

1. 内部沟通对象的沟通范围

企业通过与员工的ESG沟通向他们传达ESG理念、目标、实践成果以及他们在ESG实践中的角色和责任,增强员工的归属感和参与度。

企业与管理层就ESG战略的重要性、目标、实现路径等达成共识,确保ESG战略得到管理层的有力支持,同时通过沟通使管理层明确自身在ESG实践中的责任和角色,确保他们能够有效地领导ESG战略的制定和实施。

企业向工会介绍企业的ESG战略,并解释这些战略如何保障员工的权益和福利。同时,企业可以与工会讨论建立员工在ESG实践中的民主参与和沟通机制,确保员工的意见和建议能够被及时反映和处理,并一同探讨如何将企业的ESG战略与员工的职业发展相结合,为员工提供更多的发展机会和福利保障。

2. 外部利益相关方的沟通范围

企业通过产品包装、广告、社交媒体等沟通渠道,向客户展示企业的ESG实践和成果,如环保材料的使用、公平贸易的承诺等，以提升品牌形象和客户忠诚度。

企业与供应商讨论建立供应链协同机制，共同制定 ESG 标准和目标，包括信息共享、联合培训、应对 ESG 挑战等方面，提升供应链的透明度和整体 ESG 绩效。

企业建立与社区之间的定期沟通机制，分享企业的运营情况、ESG 实践以及对社区的影响，同时收集社区的反馈和建议。

企业向债权人分享企业在环境、社会和治理方面取得的具体成果和改进措施，如节能减排、员工福利提升、治理结构优化等，同时针对债权人关心的 ESG 风险，提供详细的风险评估、管理和应对策略。

企业在与投资者进行 ESG 相关沟通时，展示其在 ESG 领域的实践成果、战略规划及风险管理措施，以增强投资者的信心并促进长期合作。

3. ESG 评级与鉴证机构的沟通范围

ESG 评级的目的是评估企业的可持续发展能力。企业与 ESG 评级机构沟通，了解评级机构所使用的评估标准和流程，然后向 ESG 评级机构提供准确、全面的 ESG 数据和报告，最后与 ESG 评级机构讨论其 ESG 改进计划和目标。

ESG 鉴证是对企业 ESG 信息可靠性与准确性的验证。企业与 ESG 鉴证机构的沟通，重点涉及企业 ESG 报告的信息准确性和可信度，进而影响企业的声誉和市场竞争力。

4. ESG 监管机构的沟通范围

企业与监管机构之间的 ESG 沟通是确保企业合规、展现透明度和负责任管理的重要组成部分，重点在于遵循 ESG 监管。

（二）ESG 沟通的内容规划

1. ESG 实施的改进

ESG 实施的改进，是企业通过 ESG 沟通（如与投资者、员工、客户、供应商、政府、非政府组织等），根据反馈和意见，识别出 ESG 实施中的不足和潜在改进点，开展的一系列调整和优化措施。

2. ESG 披露的提升

在与利益相关方沟通之后，一方面，能够帮助企业有效识别利益相关方的重点关注议题，确定 ESG 披露的重要议题；另一方面，通过利益相关方对已披露 ESG 信息的反馈，获取 ESG 披露在形式、结构等方面的改进建议。

3. ESG 争议的协调

有效的 ESG 沟通在协调 ESG 相关的争议中起到至关重要作用。一方面，主动向公众和利益相关方披露争议的详细信息，包括争议的原因、影响和企业的应对措施。在争议发生时迅速响应，避免信息误解和传播。另一方面，邀请关键利益相关方参与争议的调解过程，共同探讨解决方案，通过持续的沟通，重建和加强利益相关者对企业的信任。

4. ESG 风险管理与未来规划

通过内部 ESG 沟通，企业可以收集来自不同部门的信息，识别潜在的 ESG 风险。与利益相关方（如供应商、客户、监管机构、非政府组织）沟通，了解他们对企业 ESG 表现的看法和担忧。通过沟通获取相关数据，用于评估 ESG 风险的可能性和影响。在未来规划上，ESG 沟通以了解利益相关方期望和需求，帮助设定符合企业长期发展的 ESG 目标。通过内部沟通，建立对 ESG 战略的共识。争取利益相关方的支持，为 ESG 项目获取所需资源。

(三) ESG 沟通的渠道选择

依据不同的 ESG 沟通渠道特点，为企业提供适用于不同沟通对象的渠道选择，如表 6-3 所示，形成沟通适配场景。其中：

报告公告：主要适用于发布 ESG 报告、业绩公告、重大事项公告等，提供全面、准确的信息；对重要 ESG 事件的官方声明和解释。

企业网站：主要适用于发布年度 ESG 报告和可持续发展报告、公布企业 ESG 愿景、战略、行动和绩效、披露公司的 ESG 数据和第三方鉴证结果。

社交媒体：主要适用于发布企业 ESG 相关的新闻、活动和互动，增加与公众的互动和透明度。

新闻发布会：主要适用于企业有重大 ESG 成果或进展需要向公众和媒体宣布时、企业希望提升 ESG 形象，加强与媒体和公众的沟通或需要回应 ESG 相关的质疑或争议，以维护企业形象和声誉时。

媒体采访：主要适用于企业希望就 ESG 相关话题进行深度探讨和解读、就 ESG 方面的具体问题进行澄清说明或是希望通过媒体采访展示其在 ESG 方面的努力和成果时。

行业会议与论坛：主要适用于发布 ESG 研究成果，讨论 ESG 政策和标准，如行业 ESG 披露指南和标准等，建立合作关系共同推进 ESG 项目实施等。

利益相关方调研：主要适用于关系管理，了解投资者对 ESG 议题的关注点和期望；了解消费者的购买偏好和期望，进而调整产品策略、营销策略等，以满足消费者的 ESG 需求；了解员工的期望和意见，从而制定更有效的员工培训和激励计划，提升员工的 ESG 意识和参与度；用于评估供应链的 ESG 风险，并制定相应的管理措施，以确保供应链的可持续性和合规性。

表 6-3 沟通渠道选择

沟通渠道	特点	适用对象
报告公告	全面性、详细性、持久性、权威性	投资者、分析师、监管机构、合作伙伴
企业网站	权威性、广泛性、即时性、互动性	所有利益相关者
社交媒体	即时性、互动性、目标性、及时性	消费者、员工、公众
新闻发布会	正式性、广泛性、即时性、互动性	媒体记者、公众、投资者、分析师
媒体采访	个性化、深入性、灵活性、影响力	特定媒体、分析师、特定利益相关方
行业会议与论坛	专业性、互动性、合作性、影响力	投资者、分析师、行业专家、监管机构
利益相关方调研	针对性、互动性、系统性、反馈性	客户、员工、投资者、供应商等

ESG 沟通渠道的选择建议：

（1）根据目标受众的特点和偏好。选择最适合目标受众的沟通渠道，确保信息能够准确、有效地传达。

（2）根据信息的性质和内容。对于正式、详细的信息，可以选择报告公告或企业网站；对于互动性强的信息，可以选择社交媒体或利益相关方调研。

（3）根据沟通的目的和效果。希望建立信任、增强品牌形象时，可以选择社交媒体和行业会议；希望提供全面、准确的信息时，可以选择企业网站和报告公告。

三、企业 ESG 沟通实施与优化

（一）ESG 沟通的流程管理

1. 确定沟通对象

首先明确 ESG 沟通的目标受众，包括投资者、消费者、员工、供应商等各利益相关方。不同的受众可能关注的 ESG 问题有所不同，因此需要针对性地进行沟通。

2. 制定沟通计划

制定清晰的 ESG 沟通计划，包括沟通的内容、方式等，确保沟通内容真实、准确、客观，避免误导或夸大宣传。

3. 选择沟通渠道

结合不同沟通渠道的特征及适用对象，针对沟通内容，选择恰当可行的沟通渠道进行 ESG 沟通。

4. 沟通与发布

在对外发布前，先在企业内部进行沟通，确保管理层和员工了解并支持 ESG 信息。通过适当的渠道发布 ESG 报告，如企业网站、新闻稿、社交媒体等，或直接向关键利益相关方发送报告，并提供解读和支持。

5. 互动与反馈

通过问卷调查、会议、访谈等方式收集利益相关方的 ESG 反馈，针对其中的疑问和关切，提供及时的回应和解释；保持持续的 ESG 沟通，建立长期信任关系。

6. 评估与改进

根据报告的阅读量、反馈的数量和质量等评估 ESG 沟通的效果，总结沟通过程中的成功经验和不足，据此调整和改进未来的 ESG 沟通策略。

7. 持续报告与更新

随着企业 ESG 实践的发展，及时更新相关信息和数据，确保其 ESG 沟通的有效性和透明度，从而在提升 ESG 表现的同时，增强利益相关方的信任和支持。

（二）ESG 沟通的技巧与方法

1. 披露透明度

在 ESG 沟通中，企业应提升披露信息的充分性和有效性，以提高透明度，包括 ESG 数据、政策、目标、行动计划等。透明度越高，越能够获得利益相关方的信任和支持。企业可采取的措施通常有：定期发布 ESG 报告，全面、详细地阐述公司在环境、社会和治理方面的实践与进步。报告不仅有助于投资者了解公司的 ESG 战略，而且可以提高公司的 ESG 透明度，获得投资者对公司的信任，从而支持公司的可持续发展目标。

2. 故事化沟通

将 ESG 信息以故事的形式呈现，可以更加生动和引人入胜。通过讲述企业在环境保护、社会责任和公司治理方面的成功经验和成就，吸引更多的关注和认可。为了更生动地传达公司的 ESG 实践，提供实践案例是非常有效的方式。通过案例，投资者可以更直观地了解公司如何在业务运营中融入 ESG，并从中看到实际成效。

3. 数据可视化

利用多媒体材料也是一个很好的策略。通过图表、视频等多媒体形式，公司可以更直观地展示其 ESG 成就和目标。这种生动、形象的方式更易于理解和接受，有助于增强信息传递的效果。

4. 反馈和改进

建立 ESG 沟通的反馈机制，及时收集利益相关方的意见和建议，并根据反馈进行改进和调整。持续改进 ESG 沟通策略，提升沟通效果和影响力。这包括建立一个双向的信息交流平台，使投资者能够轻松获取有关公司 ESG 表现的最新信息，同时提供反馈意见。这样的机制有助于促进投资者参与，增强他们对公司的认同感。

(三) ESG 沟通的本土化与国际化

1. 本土化

在中国特色的 ESG 框架中，关于乡村振兴的信息是中国现代化 ESG 沟通的标志之一。ESG 沟通在这一背景下应该强调企业的社会(S)履责，推动各个地区的可持续发展，促进经济和社会的包容性增长，以实现全体人民共同富裕。通过传播关于农村发展、农民收入增长、农村产业升级等方面的信息，ESG 沟通有助于促进乡村地区的可持续发展，提升农民的生活质量和福祉，并实现城乡发展的协调与平衡。

此外，在中国式现代化背景下，保护环境和可持续发展被视为重要的发展目标。ESG 沟通可以通过宣传环境保护举措、推广低碳和循环经济理念，以及传播环境保护的意识和行动，提高公众对环境问题的认识和重视。

同时，ESG 沟通还可以鼓励企业与社会各界合作，共同推动环境友好的创新和解决方案。在中国式现代化背景下，企业的善治是确保可持续发展和社会和谐的基石，着重于企业善治方面的 ESG 沟通有助于完善中国特色现代企业制度，弘扬企业家精神，建立企业与社会之间的互信和合作，推动可持续发展和实现中国式现代化的目标。

ESG 沟通具体的本土化体现包括：

(1) 本土议题。我国的 ESG 本土议题重点体现在环境(E)领域的节能减排、“双碳”战略推进等；社会(S)领域的扶贫、乡村振兴、教育公平等中国社会关注的问题；治理(G)领域的国有企业改革、混合所有制等治理特点。

(2) 本土标准。主要涉及针对国内企业的 ESG 系列标准，如《上市公司可持续发展报告编制指南(征求意见稿)》及各行业颁布的 ESG 披露指南和评价规范等；中国本土的 ESG 评级和认证机制。

(3) 本土渠道。在中国，微信、微博等社交媒体平台是重要的社交媒体沟通渠道，通过中国特有的行业组织和论坛进行 ESG 议题的讨论和传播也是重要的本土渠道。

2. 国际化

企业 ESG 的沟通不仅面对国内利益相关方，而且对于国际利益相关方，还需要遵循和体现 ESG 沟通的国际化，以有效地实现 ESG 沟通的国际化，增强其在全球市场中的竞争力和声誉。包括：

(1) 遵守国际标准和框架。遵守全球标准，如全球报告倡议(GRI)、可持续发展会计准则委员会(SASB)、气候相关财务信息披露工作组(TCFD)等国际标准；遵循联合国可持续发展目标(SDGs)等。

(2) 多语言报告。企业需要考虑是否同时编制、翻译和发布多语言的 ESG 信息，以便不同国家的利益相关方阅读；同时还要确保翻译内容在文化和语境上准确无误，避免误解。

(3) 全球视角的内容。ESG 沟通中需要同时关注全球性议题，如气候变化、供应链透明度、人权等；同时考虑不同地区对 ESG 议题的关注点，如水资源管理在干旱地区的重要性等。

(4) 国际投资者关系。提高对国际投资者的透明度，满足他们对 ESG 信息的需求；或是参与国际 ESG 评级和认证，如道琼斯可持续发展指数(DJSI)、MSCI ESG 评级等。

(5) 利用国际平台。在国际会议和活动中分享 ESG 实践和成果，在国际社交媒体平台上发布 ESG 相关内容。

第四节　ESG 风险

一、ESG 风险的基本内容

(一) ESG 风险概述

1. ESG 风险及 ESG 风险管理的定义

从企业角度看，ESG 风险是指企业在环境、社会和治理三个维度上面临的不确定性或可能性。这些风险和挑战主要来自企业对环境、社会和治理的影响和责任，它们对企业的声誉、财务表现、业务稳定性和长期发展都有深远的影响。根据该定义，ESG 风险可以包括多个方面，如环境因素(例如气候变化风险、资源短缺)、社会因素(例如员工权益、人权问题)以及治理因素(例如董事会独立性、信息披露)，还包括因在环境、社会及治理层面的违规行为而引起法律责任、造成经济或者声誉损失以及其他负面影响的可能性。

ESG 风险管理符合治理内涵的风险管理概念，具体是指企业针对 ESG 风险开展的一系列风险识别与评估的风险管理流程，制定风险预防措施，形成风险管理策略的管理活动，旨在科学性的管理和善用 ESG 风险。

本小节涉及内容为第五章治理(G)内涵中风险管理内容的细分，具体对 ESG 相关的风险及风险管理等进行介绍。本小节 ESG 风险内容遵循本书第五章中风险管理一节的基本内涵，并针对 ESG 风险特有的内容进行展开介绍。

2. 关注 ESG 风险的重要意义

企业关注 ESG 风险不仅是遵守法律和道德标准的需要，也是为了实现长期可持续发展的战略选择。通过有效管理 ESG 风险，企业能够更好地应对外部挑战，抓住机遇，为所有利益相关方创造价值。企业关注 ESG 风险的意义主要体现为：

(1) 推行合规遵循。随着全球对 ESG 议题关注的增加，各国政府纷纷出台相关法律法规。企业关注 ESG 风险有助于避免合规风险，如环保法规、劳动法遵循等。

(2) 维护品牌声誉。消费者越来越倾向于支持 ESG 表现更好或者和更有环境、社会和治理责任感的品牌。企业对 ESG 相关事故风险的关注，如环境污染和数据泄露，避免影响客户忠诚度，以及可能带来的企业声誉损害。

(3) 稳定供应链。ESG 议题如供应商的员工问题或环境事故可能影响整个供应链的稳定性，企业通过管理 ESG 风险，可以提高供应链的透明度和可持续性，进而提升供应链的韧性。

(4) 风险转化为机遇。企业通过应对 ESG 风险，更好地推动技术创新和产品创新，开发新的市场机会，增强竞争力；或是在可持续发展方面表现出色成为行业领导者，引领和引导行业标准的制定。

(二) ESG 风险分类与影响

ESG 风险可以根据不同的标准进行分类，以下是一些常见的分类方式：

1. 根据三个维度分类

根据 ESG 的环境、社会和治理三个维度分类，可进一步将 ESG 风险划分为环境风险、社会风险和治理风险（表 6-4）：

表 6-4 环境、社会和治理三个维度的 ESG 风险分类

环境风险	社会风险	治理风险
• 气候变化风险： 包括极端天气事件、海平面上升等。 • 资源枯竭风险： 水资源短缺、矿物资源枯竭。 • 环境污染风险： 水污染、空气污染、土壤污染等。 • 生物多样性损失风险： 生态系统破坏、物种灭绝。 • 能源使用和转型风险： 依赖化石燃料、可再生能源投资不足。	• 员工管理风险： 包括劳资关系、工作条件、员工健康和安全。 • 供应链风险： 供应商的 ESG 表现、供应链中断。 • 产品责任风险： 产品质量、安全标准和消费者保护。 • 社区关系和人权风险： 社区影响、人权侵犯。 • 社会不平等和包容性风险： 歧视、多样性不足。	• 公司治理结构风险： 董事会结构、管理层监督不力。 • 透明度和披露风险： 财务报告、非财务报告的透明度不足。 • 法律合规性风险： 违反法律法规的风险。 • 道德和行为风险： 腐败、欺诈、商业道德。 • 内部控制风险： 风险管理流程、内部控制有效性。

2. 根据风险来源分类

根据 ESG 风险来源，可进一步划分为企业内部和企业外部的 ESG 风险（表 6-5）：

表 6-5 风险来源的 ESG 风险分类

企业内部的 ESG 风险	企业外部的 ESG 风险
• 管理风险：领导力不足、决策失误。 • 操作风险：流程故障、系统失败。 • 人力资源风险：员工技能不足、人才流失。	• 政策和法律变化：监管环境变化、新法律法规。 • 市场风险：需求变化、竞争加剧。 • 经济风险：宏观经济波动、货币风险。 • 社会和文化风险：社会态度变化、文化冲突。

3. 根据风险影响范围分类

根据 ESG 风险的影响范围，可进一步划分为全球性、地区性、行业性的 ESG 风险（表 6-6）：

表 6-6 影响范围的 ESG 风险分类

全球性风险	地区性风险	行业性风险
• 影响多个国家和地区，如气候变化。	• 主要影响特定地区，如地区性水资源短缺。	• 影响特定行业，如技术变革对传统行业的冲击。

6

二、企业 ESG 风险管理

(一) ESG 风险评估体系及管理流程

1. 国际 ESG 风险评估体系

国际现行的主要 ESG 风险评估体系包括标普全球（S&P Global）的 ESG 风险图谱、

Sustainalytic 评估体系、ISO 31000 风险管理标准。这些评估体系为全球各地的组织提供了一套全面的指导，帮助它们识别、评估和管理 ESG 风险，从而提高其可持续性和竞争力。通过这些工具，企业可以更好地理解和响应 ESG 风险，提高其在全球市场中的表现和声誉。

（1）S&P Global 的 ESG 风险图谱。标普全球（S&P Global）的 ESG 风险图谱提供了全球范围内不同行业和地区相对 ESG 视角的风险衡量，包括行业风险和国家风险两个部分。它提供了对全球各行业在环境和社会风险方面的相对定位，以及对自然灾害风险、社会标准和治理标准的区域分析。S&P Global 的 ESG 风险图谱是一个动态更新的工具，随着 ESG 风险的演变，ESG 风险图谱持续被监测和更新。S&P Global 的 ESG 风险图谱还通过评分的修订以体现风险图谱的动态更新，包括由于行业分组不同而进行的技术修订，以及一些根据 S&P Global 认为已经增长或减少的各种 ESG 风险和机会进行的修订。例如，油气基础设施（之前称为中游）的环境和社会评分都从"3"修订为"4"，反映了其在油气价值链中的位置所带来的更高环境和社会风险。这个图谱不仅为 S&P Global 的 ESG 评估分析提供了基础，而且帮助企业校准不同行业之间的风险评估。

（2）Sustainalytic 评估体系。Sustainalytic 评估体系是全球领先的 ESG 评级和公司治理产品及服务提供商，该评估体系从 ESG 风险角度出发，根据企业 ESG 表现进行风险评估。按照企业 ESG 风险得分划分风险等级。Sustainalytics 结合风险敞口和管理能力对各指标进行评分。这个评级体系帮助投资者和公司理解重要的 ESG 风险议题，如企业所属行业商业模式和商业环境的潜在风险，并支持他们在全球范围内开发和实施负责任的投资策略。

（3）ISO 31000 风险管理标准。ISO 31000 风险管理标准是一项国际标准文件，其提供了风险管理的原则、框架和过程。它强调风险管理的整合性、动态性、信息的可获得性、人文因素以及持续改进。ISO 31000 风险管理标准包括领导力和承诺、整合、设计、实施、评价和改进等要素，遵循 PDCA（计划—执行—检查—行动）循环。

2. 国内 ESG 风险评估体系

国内主要的 ESG 风险评估体系是 Wind 信息的 ESG 评价体系，内容包括管理实践评估和争议事件评估两部分，能综合反映企业的 ESG 管理实践水平以及重大突发风险。它的评级指标体系参考了国际主流 ESG 体系架构，又结合中国资本市场发展情况、监管政策和公司 ESG 实践，形成了本土化特色指标体系，更加科学适用于中国企业。Wind 的 ESG 评级会对 ESG 相关新闻舆情、监管处罚、法律诉讼进行及时捕捉，帮助投资者第一时间获悉公司的 ESG 风险。此外，善择上市公司 ESG 风险预警平台是一个由南方周末中国企业社会责任研究中心开发的平台，它能够实现每周跟踪、监测和评价 6 000 多家上市公司的 ESG 风险。

3. 企业 ESG 风险管理流程

企业开展 ESG 风险管理时，除遵循本书第五章所涉及的治理内涵中一般风险管理流程，公司统一制定风险管理计划的同时，根据 ESG 风险特性的需要，至少还包括和体现以下重要环节内容（图 6-15）。

（1）ESG 风险识别。由于 ESG 风险往往具有不为企业所熟知、时间跨度较长、在商业语言中难以被量化、受政府监管程度较高等特点，企业在对 ESG 风险进行识别时，需要建立一套以培养长期价值增长为目标的风险管理机制，将外部趋势和驱动因素与已经识别的风险相结合，从更全面的角度识别 ESG 风险。这一步骤涉及可能影响企业运营和声誉的 ESG 风险，对其进行系统性的识别。通过审查公司的运营、政策和程序，咨询专业领域的专家，以及审核 ESG 评级和报告等方法，识别公司可能面临的潜在 ESG 风险。这包括企业活动可能对环境造成的影响，如气候变化和资源消耗；社会层面的风险，如员工权益、社区关系和产品责任；治理层面的风险，如合规性、透明度和董事会多样性。

（2）ESG 风险评估。首先，在 ESG 风险评估的分析环节，通过收集和分析相关数据，使用分析工具如 PESTLE 分析来识别和评估与 ESG 风险相关的趋势和模式，以及这些风险可能对企业的经营活动、财务表现和市场声誉等产生的潜在影响。其次，ESG 风险评估的评价上，企业需要对这些风险的严重性进行量化评估，考虑风险敞口、风险管理能力、争议事件的严重性以及机遇关键议题的相关性，这个评价不仅反映了企业的 ESG 表现，而且体现了企业对这些风险的管理能力，帮助企业向投资者和利益相关方展示其在可持续发展方面的承诺和实践。

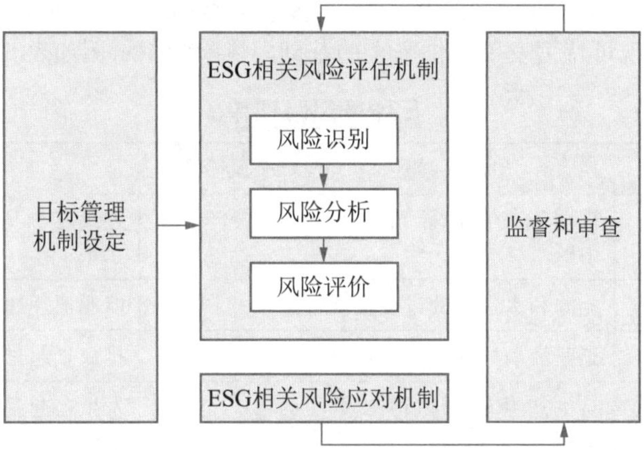

图 6-15 企业 ESG 风险管理流程

（二）ESG 风险识别

1. ESG 风险识别流程

参考美国反舞弊性财务报告委员会（COSO）发起组织及世界可持续发展工商理事会（WBCSD）于 2018 年发布的 ERM（enterprise risk management）企业风险管理框架，ESG 风险识别，针对其风险内容，可具体细分为四个步骤：创建和使用风险清单、掌握识别风险的方法、明确和框定风险、机遇的发现（表 6-7）。

表 6-7 ESG 风险识别流程

创建和使用风险清单	掌握识别风险的方法	明确和框定风险	机遇的发现
● 典型的 ESG 风险类别：战略、运营、财务、合规等。 ● 根据 ESG 相关因素的分类，ESG 风险可进一步划分为环境风险、社会风险与治理风险	● 设置 ERM 流程，开展调查、研讨、风险责任人面谈、定量分析等方法从战略角度识别 ESG 风险。 ● 建立专项的可持续发展职能部门、设置风险责任人，持续执行、跟踪 ESG 相关的活动或流程	● 开展风险的根本原因分析，确定业务的风险驱动因素。 ● 根本原因分析。 ● 评估风险影响程度，对战略和目标的影响进行梳理	● 将可持续发展作为融入实现核心目标的战略中。 ● 关注能源升级和绿色发展。 ● 企业能源升级，减少企业运营成本

2. ESG 风险清单编制

编制企业的 ESG 风险清单首先需要深入理解企业的业务模式、运营环境以及与利益相关方的互动。企业应从环境、社会和治理三个维度出发，识别可能影响其可持续发展的潜在风险。

企业应通过内部审计、利益相关方调研、行业基准比较和专家咨询等方式，收集与这些议题相关的数据和信息。随后，企业应对这些风险进行定性和定量分析，权衡它们对企业财务、运营和社会声誉的潜在影响。在此基础上，企业可以确定风险的优先级，为相应的风险管理策略和应对措施制定做准备。

此外，企业还应建立一个动态的风险监测和评估机制，定期更新风险清单，以反映内外部环境的变化。企业应与投资者、客户、供应商和其他利益相关方进行沟通，了解他们的期望和关切，并将这些信息纳入风险管理过程。通过这些步骤，企业可以编制出一个全面、系统的 ESG 风险清单，为实现可持续发展提供坚实的基础。风险清单示例如表 6-8 至表 6-10 所示。

表 6-8　E 环境风险清单

风险编号	风险类型	风险描述	风险等级	预警条件
ENV-001	气候变化	极端天气事件导致的供应链中断	高	连续三个月降雨量超过历史平均水平
ENV-002	资源消耗	能源和水资源的过度消耗	中	能源消耗超过年度预算的 10%
ENV-003	污染排放	工业活动导致的环境污染	中	排放量超过法定标准的 5%
ENV-004	生物多样性	对生态系统和物种多样性的破坏	低	发生一起受保护物种栖息地破坏事件

表 6-9　S 社会风险清单

风险编号	风险类型	风险描述	风险等级	预警条件
SOC-001	员工标准	违反劳动法规定的工作条件和待遇	高	员工满意度调查低于行业平均水平
SOC-002	社区影响	对周边社区环境和社会的负面影响	中	社区投诉次数增加 20%
SOC-003	数据隐私	客户和员工数据的泄露风险	高	发生一起数据泄露事件
SOC-004	供应链责任	供应链中的人权和员工问题	中	供应链审计中发现严重违规行为

表 6-10　G 治理风险清单

风险编号	风险类型	风险描述	风险等级	预警条件
GOV-001	公司治理	董事会决策失误导致的公司风险	高	连续两个季度业绩未达标
GOV-002	合规风险	违反法律法规导致的罚款和声誉损失	高	收到监管部门的警告或罚款
GOV-003	腐败与贿赂	公司内部或供应链中的腐败行为	中	发现一起内部腐败事件
GOV-004	透明度与报告	ESG 报告的不透明和不准确	低	外部审计对 ESG 报告提出质疑

（三）ESG风险评估

1. ESG风险概率评估

ESG风险分析与评价中，涉及其中的ESG风险概率评估，这是对企业在ESG方面可能遇到的风险进行分析和量化评估的一种方式。例如，Sustainalytics评估体系是从ESG风险角度出发，根据企业ESG表现进行风险评估，按照企业ESG风险得分划分风险等级。在MSCI的ESG评级方法学中，ESG评级提供了公司对财务相关的ESG风险和机遇的管理意见，考虑了公司面临的潜在重大ESG风险，减缓潜在ESG风险的管理体系和治理结构质量。这表明ESG风险概率评估不仅关注风险本身，而且包括企业对这些风险的管理能力和潜在的机遇。

2. ESG风险影响评估

ESG风险分析与评价同时涉及ESG风险影响评估，即对企业在环境、社会和治理三个维度上可能遇到的风险及其对企业运营和财务表现的潜在影响进行系统性分析和评价。例如，明晟(MSCI)的ESG评级根据风险的影响程度和时间范围(短期、中期、长期)来分配权重，其中对环境或社会产生重大影响且时间范围短的关键议题将被赋予更高权重。ESG风险影响评估有助于企业更好地理解和响应ESG风险，通过这种评估，企业可以识别出可能影响其长期成功的潜在问题，并采取适当的措施来减轻这些风险，从而保护和增强其品牌价值和市场地位。

三、企业ESG风险预防与管理策略

（一）ESG风险预防

为了有效预防ESG风险，企业可以在环境、社会和治理层面采取的风险措施通常包括：

1. 环境风险预防措施

（1）环境管理体系。建立和实施国际ISO 14001环境体系、中国GB/T 24001-2016《环境管理体系要求及使用指南》等环境管理体系，确保运营活动对环境的影响得到有效控制；定期进行环境审计，评估和管理环境风险。

（2）节能减排。采用节能技术和可再生能源，减少温室气体排放；优化资源使用，减少废物产生，如《2024—2025年节能降碳行动方案》的执行等。

（3）合规监测：持续跟进环境法规的变化，确保企业活动符合最新的法律法规要求。

2. 社会风险预防措施

（1）员工关怀。提供安全健康的工作环境，遵守职业健康安全标准；实施平等多元的工作场所政策，防止歧视和骚扰。

（2）供应链评估。对供应商进行资质评估，确保其符合采购标准；推动供应链高质量和可持续发展的实践。

（3）社区关系。与当地社区建立良好的沟通和合作关系；支持社区发展项目，增强企业的社会责任感。

（4）消费者权益保护。确保产品质量安全，遵守消费者保护法规；建立有效的产品召回和客户服务系统。

3. 治理风险预防措施

（1）透明度和披露。实施高标准的财务和非财务信息披露政策；定期发布可持续发展报告，提高透明度。

（2）董事会多元化。确保董事会成员具有多元化的背景和技能，包括性别、种族和文化多样性。

(3) 道德准则与合规。制定和执行严格的道德准则和合规政策;对违反道德准则和合规政策的行为进行适当的调查和处理。

(4) 风险管理。建立有效的企业风险管理框架,包括识别、评估、监控和报告风险;如设立风险管理委员会,定期审查风险状况。

(5) 股东权益保护。保障股东权利,包括投票权、信息获取权和公平待遇。

(二) ESG 风险管理策略

面对 ESG 风险,企业需要根据评估结果,结合 ESG 风险属性,选择和采取承担、规避、转移、控制、善用风险等不同的管理策略来应对。这里在治理内涵中一般风险管理策略的基础上,进一步给出具体 ESG 风险的管理策略如下:

1. 风险承担

ESG 风险承担是指企业在评估 ESG 风险后,决定不采取任何措施来规避、减轻或转移风险,而是选择承担风险的后果。该类措施适用于:当 ESG 风险较低,且风险发生后的影响在企业的承受范围内时,风险接受是合理的选择。例如,企业可能认为某些轻微的环境污染问题不会对其业务造成重大影响,因此选择接受这些风险。优势在于无需投入额外的资源和成本来应对风险。劣势是可能面临潜在的经济损失和声誉损害。

2. 风险规避

ESG 风险规避是指企业采取主动措施,避免可能导致 ESG 风险的行为或活动。这通常涉及对潜在风险的深入分析和评估,以便在风险发生之前采取行动。当 ESG 风险非常高,且风险一旦发生将对企业造成重大损失时,风险规避是首选策略。例如,如果企业发现其供应链中存在严重的环境污染问题,可以选择终止与该供应商的合作,以避免潜在的环境风险。优势在于能够从根本上消除风险源,降低风险发生的可能性。劣势是可能限制企业的业务发展和市场机会。

3. 风险转移

ESG 风险转移是指企业通过购买保险、签订风险分担协议等方式,将 ESG 风险转移给其他实体承担。当 ESG 风险较高,但企业无法完全规避或减轻风险时,风险转移是一个可行的选择。例如,企业可以购买环境污染责任保险,以应对可能的环境污染风险。优势在于能够减轻企业自身的风险负担,降低潜在的经济损失。劣势是可能需要支付额外的费用,且在某些情况下可能无法完全转移风险。

4. 风险减轻

ESG 风险减轻是指企业采取措施来降低 ESG 风险的影响程度或发生概率。这通常涉及改进工艺、提高管理效率、加强培训等。当 ESG 风险较高,但风险发生后的影响可以通过采取措施来降低时,风险减轻是合适的策略。例如,企业可以通过改进生产工艺来减少废物排放,从而降低环境风险。优势在于能够在一定程度上降低风险的影响,同时保持企业的业务发展和市场机会。劣势是可能需要投入较多的资源和成本。

5. 风险善用

除了治理内涵中常规的风险应对策略外,ESG 风险的管理策略还体现为风险善用。它是指企业将 ESG 风险视为一种机遇,通过积极应对风险来创造价值和竞争优势。当 ESG 风险与企业的战略目标相契合,且积极应对风险能够带来正面影响时,风险善用是一个明智的选择。例如,企业可以通过加强环境治理和可持续发展来提高其品牌形象和市场竞争力。

优势在于能够为企业带来额外的价值和竞争优势。劣势是需要企业具备较高的风险管理能力和战略眼光。

在发生 ESG 风险时，企业应根据风险的性质、影响程度和企业的实际情况来选择合适的应对策略。ESG 风险的应对并非追求完全消除 ESG 风险因素，而是在平衡成本收益的原则上，采用多层次的策略，将其控制在预设的风险偏好和容忍度范围内。对于高风险且影响重大的 ESG 风险：企业应优先考虑风险规避或风险减轻策略，以最大程度地降低风险的影响；对于中等风险的 ESG 风险：企业可以采取风险减轻或风险转移策略，以平衡风险与收益；对于低风险且影响较小的 ESG 风险：企业可以选择风险接受策略，但应持续监测风险的变化情况；对于与战略目标相契合的 ESG 风险：企业可以积极应对风险，通过风险善用策略来创造价值和竞争优势。

（三）ESG 风险管理体系

由于 ESG 风险往往具有不为企业所熟知、时间跨度较长、在商业语言中难以被量化、受政府监管程度较高等特点，企业在对 ESG 风险进行识别评估和应对时，需要建立一套以培养长期价值增长为目标的风险管理体系，将外部趋势和驱动因素与已识别的风险相结合，更全面地开展 ESG 风险管理。

1. ESG 风险管理组织架构

针对 ESG 风险，该类风险管理的组织架构通常分为治理层、管理层和运营层。同时，管理组织内部需要进行一定的沟通，并对其进行监督，以保证各项措施的有效落实。

（1）治理层。主要涉及董事会，董事会是 ESG 管理的最高决策机构，承担 ESG 管理的最终责任。董事会应负责审议决定企业的 ESG 战略规划，并对实质性议题进行把关，如产品质量与安全、供应链管理、反贪污与商业贿赂等。董事会通常会通过下设 ESG 委员会，负责定期审查公司 ESG 战略，统领公司 ESG 决策部署，并协同其他专业委员会推动可持续发展战略实施。其中可通过企业专设的风险管理委员会，对公司 ESG 风险进行评估和监控，确保 ESG 风险在董事会层面已知、可控。部分企业已开始尝试将 ESG 绩效纳入企业高管的薪酬管理中进行考核。

（2）管理层。ESG 工作领导小组担当 ESG 事务高级管理团队的角色，成员包括各业务职能部门的领导，从整体上指导和协调公司的 ESG 管理工作。ESG 执行小组主要是在职能部门或分支机构成立，授权管理本单位的 ESG 事宜并对接 ESG 领导小组。通过 ESG 领导小组与执行小组间的工作联动机制，形成矩阵式的组织结构。

（3）运营层。各业务部门及职能部门在日常运营中负责落实 ESG 策略和风险管理措施，确保 ESG 理念融入具体业务活动中。通过构建高效的数据收集与报送系统，确保 ESG 数据的全面、及时、准确报送。这需要明确各层级承担的风险管控职责，并委聘第三方顾问审核及评估企业内部各类控制系统运行的有效性。

（4）沟通与报告。建立多元化的沟通机制，与董事会成员、员工、股东及投资者、政府及监管机构、供应商、客户、合作伙伴、社区及公众等利益相关方进行 ESG 风险沟通与报告。定期编制和发布 ESG 报告，向内外部披露 ESG 绩效和管理情况。报告应遵循重要性、量化和平衡等原则，确保信息的准确性和可比性。

（5）监督与评估。监事会或内部审计部门应对 ESG 风险管理活动进行监督和评估，确保各项措施得到有效执行。企业可邀请第三方机构对 ESG 绩效进行评估或鉴证提升企业的透明度和公信力。

实务情景　企业ESG管理体系构建的案例

实务情景一：宝钢股份

以宝钢股份(股份代码:600019.SH)为例,根据2022年度宝钢股份披露的《2022年度可持续发展报告》,宝钢股份以董事会作为公司ESG管理的最高机构,每年监督并审议公司ESG相关风险及目标进度,专设战略、风险及ESG委员会,统筹开展可持续发展及ESG方面工作,研判ESG风险,检查ESG相关的政策、法规、标准、趋势及利益相关方诉求等。同时,宝钢股份将ESG绩效指标纳入高管激励及薪酬计划中,根据年度ESG评估结果采取奖惩措施。ESG工作小组作为主要协调和执行机构,负责识别并监控日常运营过程中的ESG风险、跟踪ESG表现并披露可持续发展相关信息(图6-16)。

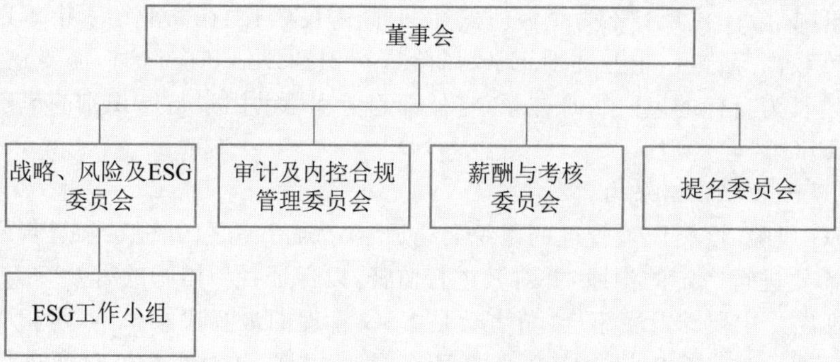

图6-16　宝钢ESG管理体系

宝钢股份从2003年开始发布年度环境报告,2005年更名为可持续发展报告,主要披露公司年度在社会责任、环境及经营方面所开展的相关工作,2020年,随着ESG理念融入企业管理,宝钢股份的可持续发展报告完成进一步调整升级,随着宝钢股份在ESG方面不断的探索实践,已经形成自上而下的完善的ESG管理体系,且仍在不断精进的过程中。根据Wind ESG发布的"2023年度Wind中国上市公司ESG最佳实践100强"中,宝钢股份以AA级的评级位列第五,对整个钢铁行业起着巨大的引领和示范作用。

实务情景二：波司登

波司登(股份代码:03998.HK)是中国知名的羽绒服品牌运营商,主要业务包括羽绒服产品,贴牌加工产品,女装及其他产品的研究、设计开发、原材料采购、外包生产、营销及分销等。根据2023年7月26日波司登披露的《环境、社会及管治报告2022/23》,其在MSCI的ESG评级表现已荣获A级,在中国纺织服装企业中遥遥领先,这得益于波司登十分注重ESG管治体系建设,将ESG管理工作渗透至战略部署与日常经营的每个环节。

ESG相关事宜由波司登董事会负责监管,董事会下设可持续发展督导组,由高级管理层领衔,跨部门共同协作,负责协助董事会评估制定可持续发展目标、路径及促进集团可持续发展工作的有效落地。可持续督导组的成员由集团涉及ESG管治的各个部门主要负责人组成,包括集团各事业部、供应链管理中心、物流管理中心、财务管理中心、人力资源管理中心、数字运营中心、产品创新研究院、审计监察中心、法律事务中心、行政管理中心、党群办及投资者关系中心。可持续发展督导组会定期审查沟通工作情况,并定期向董事会汇报工作执行进展，听取董事会意见和建议，落实及在必要时调整公司在 ESG 方面的战略及具体举措，如图 6-17 所示。

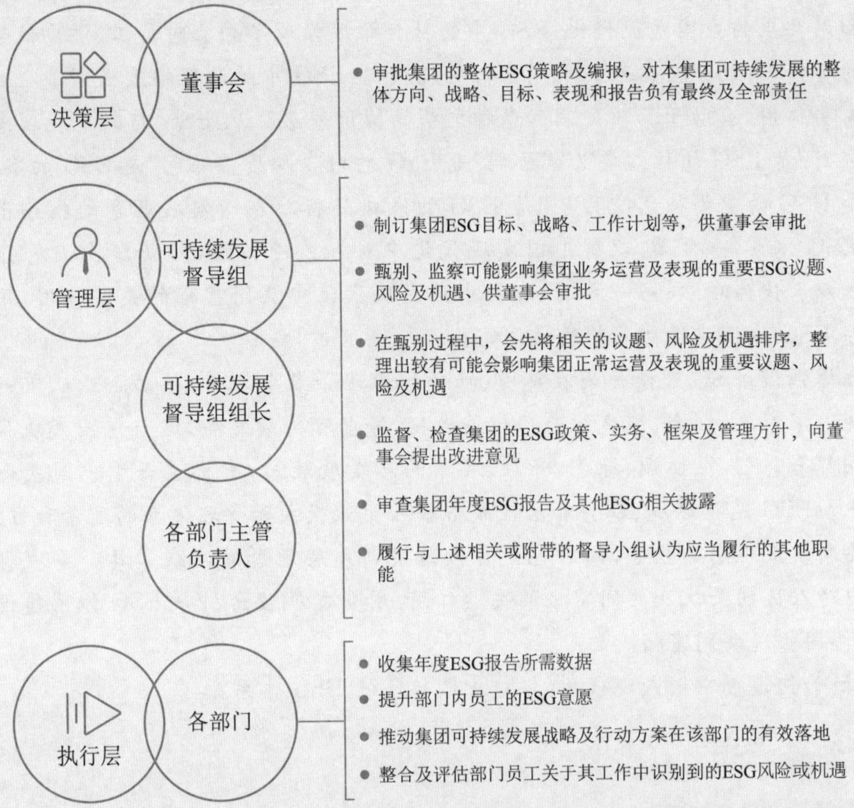

图 6-17　波司登 ESG 管理体系

服装行业属于污染行业，因此 ESG 也成了公司必须解决的重要课题，波司登所关注的 ESG 重要性议题就包括了聚焦碳中和，持续减少产品碳足迹；强化全生命周期绿色化管理、化学品安全管理、水资源管理、废弃物管理、打造稳健绿色供应链等。对于身处重污染行业的企业来说，积极参与 ESG 治理，搭建全面的 ESG 管理体系对于其获得国内外消费者、投资者的认可，以及对于品牌声誉价值来说，有非常积极的正向反馈。

案例资料来源：根据案例公司披露的 ESG 报告和年度报告等公开资料整理。

中国之路　加快构建中国 ESG 体系　更好服务中国式现代化

2023 年 12 月 29 日，由中国企业管理科学基金会、北京市发展和改革委员会指导，首都经济贸易大学主办的中国 ESG 大会 2023 暨首届北京 ESG 学术研讨会在北京举行。第十三届全国政协常委、政协经济委员会主任尚福林出席大会并作主旨演讲。

"ESG与中国式现代化的本质要求高度契合。在我国，ESG本质上是贯彻落实新发展理念的实践工具，要在新发展理念的指导下构建中国特色ESG体系。"尚福林在主旨演讲中指出，ESG中的环境维度体现了企业在生态文明建设和环境保护中的作用，有助于人与自然和谐共生的中国式现代化；ESG中的社会维度体现了企业对员工、供应链合作伙伴和社区的责任，有助于全体人民共同富裕的现代化；ESG中的治理维度强调了企业文化和道德的重要作用，有助于物质文明和精神文明的协调发展。从ESG与新发展理念的关系来看，"创新"是ESG的核心要义，"协调"是ESG的内在本质，"绿色"是ESG的实践基础，"开放"是ESG的重要特色，"共享"是ESG的终极目标。在新发展理念的指导下构建中国特色ESG体系，一方面，理解中国式现代化中对人民的关注，用新发展理念引导ESG体系建设以人民为中心；另一方面，理解中国式现代化中共同富裕的关键作用，用新发展理念引导ESG体系建设协同推进共同富裕。

尚福林强调，ESG理念体现在环境、社会和治理等多个方面，推动企业从单一追求经济利益到追求经济、社会、环境综合价值最大化，寻求可持续发展，这与中国式现代化的本质要求相契合。创新、协调、绿色、开放、共享的新发展理念，有机统一于中国式现代化建设实践中。ESG是将环境、社会和治理战略融入商业模式和管理体系的理念和方法论，本质上需要新发展理念的指导，同时也是贯彻落实新发展理念的实践工具。要理解中国式现代化中对人民的关注及共同富裕的关键作用，用新发展理念引导ESG体系建设以人民为中心、协同推进共同富裕。

思考：如何遵循中国式现代化，搭建中国特色的ESG体系？

思考题

1. 如何理解企业制定ESG战略的重要性？
2. 如何结合企业自身情况和业务发展需要选择ESG战略的路径？
3. 我国本土特色的企业ESG实践体现在哪些方面？
4. 如何规划ESG沟通的内容？
5. 如何进行企业ESG风险评估？它与公司的风险评估有什么区别？

练 习 题

一、单项选择题

1. ESG战略制定的关键步骤不包括(　　)。

A. 评估ESG现状和挑战　　B. 识别实质性议题

C. 定义ESG战略愿景和目标　　D. 调整业务模式

2. ESG战略与企业整体战略融合包括(　　)。

A. 调整业务模式与完善组织保障　　B. 设定ESG战略规划和关键衡量指标

C. 明确长期价值以确定实施路径　　D. 全面评估短期影响来指导路径选择

3. 企业ESG实施的内部驱动因素不涉及(　　)。

A. 提升企业声誉和投资回报　　B. 消费者驱动

C. 助力风险管理和吸引人才　　D. 利于资本市场上市和关系管理

4. ESG沟通的内部利益相关方包括(　　)。

A. 客户、供应商　　B. 债权债务人、投资者等

C. 员工、管理层和工会等　　D. 邻里/社区

5. ESG风险根据风险来源分类为(　　)。

A. 企业内部和企业外部ESG风险　　B. 全球性、地区性和行业性ESG风险

C. 环境风险、社会风险和治理风险　　D. 短期和长期ESG风险

二、多项选择题

1. ESG战略的核心要素包括(　　)。

A. ESG战略的利益相关方与环境分析　　B. ESG战略的目标与愿景

C. ESG战略的业务布局与资源配置　　D. ESG战略的组织架构与流程优化

2. 企业ESG实施的配套制度包括(　　)。

A. ESG目标制定　　B. ESG管理体系建设

C. ESG绩效评估与监督　　D. ESG信息披露制度

3. ESG沟通的原则包括(　　)。

A. 真实性与透明性原则　　B. 可靠性与一致性原则

C. 平衡性与重要性原则　　D. 可比性与可理解性原则

4. ESG风险评估流程包括(　　)。

A. ESG风险识别　　B. ESG风险转移

C. ESG风险应对　　D. ESG风险分析与评价

5. ESG风险管理组织架构包括(　　)。

A. 治理层、管理层、运营层　　B. 风险影响评估

C. 沟通与报告　　D. 监督预评估

三、判断题

1. ESG 战略不仅关乎企业的社会责任感和道德标准，更与企业的长期发展密切相关。一个优秀的 ESG 战略可以帮助企业降低环境风险、增强社会信任、优化治理结构，从而提高企业的竞争力和市场价值。（　　）
2. ESG 框架设计通过系统的组织架构、文化建设、数据管理、报告和风险控制，确保企业在环境方面的可持续发展。（　　）
3. 选择 ESG 沟通渠道时，可根据信息的性质和内容，对于正式、详细的信息，可以选择报告、公告或企业网站；对于互动性强的信息，可以选择社交媒体或利益相关方会议。（　　）
4. 建立 ESG 沟通的反馈机制，及时收集利益相关方的意见和建议，并根据反馈进行改进和调整。持续改进 ESG 沟通策略，提升沟通效果和影响力。（　　）
5. 面对 ESG 风险，企业需要根据评估结果，选择和采取接受、规避、善用、降低和转移风险等不同的策略来应对。（　　）

第七章 ESG信息披露

学习目标

1. 了解ESG信息披露的原则、要素和步骤；
2. 掌握ESG信息披露内容框架的基本内涵；
3. 熟悉现行ESG信息披露内容框架；
4. 了解ESG信息披露的报告格式。

导引案例

五大发电集团的ESG信息披露

五大发电集团主力上市公司接连发布2023年度《环境、社会及管治报告》或《社会责任报告》(以下均简称为ESG报告)，包括华能国际(600011)、华电国际(600027)、大唐发电(601991)、国电电力(600795)和国投电力(600886)。

从编制依据来看，五大发电企业大同小异，均参考了国际使用较广的全球报告倡议组织(GRI)《可持续发展报告标准》。有4家企业参考了上交所关于"社会责任"的编制指引，3家企业参考了香港联合交易所的《环境、社会及管治报告指引》，还有1家企业参考了伦敦证券交易所的《LSEG Guide to ESG Reporting 2020》。

报告编制依据的差异在报告命名上也有所体现。华能国际的报告名称为《环境、社会及管治报告》，国投电力和国电电力的报告名称是《社会责任报告》，华电国际、大唐发电则将上述两种均包含在报告名称中。

整体来看，五大发电企业披露的内容框架十分相似，涵盖安全生产、生态环境、人才团队、公司治理等方面，但内容的篇幅不同。华能国际的报告页数最多，达到106页。国投电力次之，报告有87页。华电国际、大唐发电和国电电力的报告都在60～70页。而篇幅越长的报告，在叙述同一议题时的细节和逻辑也更丰富。

此外，根据GRI标准，公司需要收集、识别利益相关方关注的议题，开展重要性分析和排序，确定公司在环境、社会及管治方面的重要议题。2023年报告中，华能国际、华电国际、大唐发电、国投电力既披露了利益相关方沟通，也呈现了实质性议题分析结果，国电电力则只披露了与利益相关方的沟通情况。

案例来源：同花顺财经官网，2024 年 5 月 29 日。

思考：以五大发电集团为例，企业 ESG 信息披露呈现出什么特征？

第一节　ESG 信息披露的要求

一、ESG 信息披露的原则

（一）重要性原则

重要性概念的核心是不能遗漏或错报重要的会计信息，而判断重要性的标准是看其是否会影响信息使用者的决策。值得注意的一点是，重要性并非一成不变的，而是随着企业的经营状况、发展战略及外部环境等因素动态变化的。单独要求影响重要性或财务重要性，即为单重重要性。双重重要性是指财务重要性和影响重要性，两者都重要。欧盟《公司可持续发展报告指令》(CSRD)已率先开始要求欧洲财务报告咨询组在制定《欧盟可持续发展报告准则》时必须秉承双重重要性原则。上交所、深交所和北交所正式发布的《上市公司可持续发展报告指引(试行)》同样要求双重重要性。但无论是 CSRD 还是《指引》，都要求企业必须进行财务重要性的分析。财务信息与可持续发展信息不再是割裂的，而是紧密联系，共同为包括投资者在内的利益相关方综合呈现企业治理全貌。

（二）可计量原则

可计量原则在 ESG 信息披露中扮演着核心角色，要求关键绩效指标必须能够被量化。通过设定并公开 ESG 相关目标及其完成情况，可以对企业的环境、社会和治理政策及其管理体系的效果进行评估和验证。披露的量化数据应包含解释，说明其目的和潜在影响，并在相关情况下提供对比数据。这样的量化信息有助于利益相关方和投资者对企业的 ESG 绩效进行横向和纵向分析。如果 ESG 信息披露的数据缺乏标准化，投资者在整合 ESG 信息以制定投资决策时可能会遇到障碍。不准确的 ESG 数据质量被视为财务分析中整合 ESG 时的主要挑战。

（三）客观性原则

在进行 ESG 信息披露时，企业应保持客观和公正，确保所提供的信息不会误导信息使用者。对于上市公司而言，这一点尤为重要，因为它们需要向投资者提供准确且有价值的信息。客观性原则要求企业在 ESG 信息披露中摒弃只报告正面信息而忽略负面信息的倾向，即企业应在披露 ESG 信息时，主动揭露不利信息或相关风险。上市公司肩负着向广大投资者提供准确且有价值的信息的责任。这不仅关系到投资者的利益，而且直接影响企业的市场声誉和长期发展。因此，上市公司在披露 ESG 信息时，必须严格遵循客观性原则，确保所提供信息的真实性和完整性。

（四）一致性原则

一致性原则要求企业在 ESG 信息披露时采用统一的统计和报告方法，这包括两个方面，纵向一致性和横向一致性。纵向一致性是指企业在其自身的时间序列上保持数据计算和披露方法的连续性和稳定性。企业应当持续使用相同的指标定义、数据收集程序、计算方法和报告格式，以便历年的数据能够直接进行比较。这种一致性有助于追踪企业 ESG 表现的变化趋势，识别长期的发展模式，以及评估所采取措施的效果。横向一致性涉及不同企业之间在 ESG 信息披露上的标准化。为了促进跨行业、跨区域的比较，企业应当遵循普遍接受的标准或框架，确保所使用的指标和方法论具有广泛的适用性和认可度。

二、ESG 信息披露的关键要素

一份优秀的企业 ESG 报告并非简单的内容堆砌，也不应是平铺的信息公开，更不是政策要求下的被动行为，而是企业呈现自身可持续发展绩效的载体，连接起企业 ESG 实践成果与利益相关方的期望。为了合理准确呈现企业在环境、社会和治理方面的具体内容，ESG 报告应当具有以下四类要素。

（一）监管合规

确保遵守监管规定是编制 ESG 报告的首要条件。ESG 报告作为企业对外沟通的媒介，其编制必须基于对监管要求的严格遵守，这是报告工作的根本出发点和基础。报告内容的制定应遵循明确性、有效性和卓越绩效的标准。在起草 ESG 报告时，应在明确背景和理念的基础上，设定企业切实可行的管理目标，并详细阐释为达成这些目标而建立的政策框架和采取的管理实践。在这些清晰的目标和妥善的管理措施的支持下，报告应详细描述企业在 ESG 相关领域所取得的积极成果，通过实例和绩效数据，以有序和结构化的方式，深入讨论报告需涉及的关键议题和核心关注点，从而将 ESG 报告的关键部分紧密衔接。

（二）数据精确

为了确保 ESG 报告的公正性和客观性，企业必须建立完善的数据收集信息系统。这不仅有助于确保报告中关于企业在环境和社会治理方面的表现和实际情况的准确性，而且要求企业持续监控报告数据的精确度和严格性。在报告编制过程中，企业需要确保自身在环境（如废气、废水、污染物防治、气候变化应对等）、社会（如员工权益、供应链安全等）、治理（如内控、风险管理等）方面的数据真实性，并在 ESG 报告中进行透明说明。此外，企业还应考虑数据的标准化问题以及与行业基准的可比性。通过确保 ESG 数据披露的相关性、一致性、可比性和规范性，企业能够满足利益相关方对报告细节日益增长的需求。这有助于报告用户直观地理解企业的 ESG 绩效，并便于他们进行更深入的分析和评估。

（三）架构清晰

在进行 ESG 信息披露时，企业需要建立一个条理分明、有序的信息披露体系。这个体系应当明确展示组织的架构、职责划分以及信息披露的步骤，以便所有利益相关方能够快速且准确地获得重要信息，并进行有效的监督。一个清晰的架构应当合理地区分出环境、社会和治理三个层次，在每个层次中能够准确地标明其具体内涵。这不仅能够提高企业的透明度，而且是企业负责任管理的反映，这对于增强投资者的信任和提升企业的声誉至关重要。因此，企业在披露 ESG 信息时，必须重视构建一个合理的架构，并确保其得到有效实施，以促进信息的高效流通和价值最大化。

（四）高可读性

ESG 报告的受众是各类投资者和公众等利益相关者，不仅包括专业人士，而且有很多非专业人士，因此需要考虑到报告的可读性。在编制和发布 ESG 报告时，企业应从多个维度着手，包括确保报告易于获取、内容突出、表述浅显、视觉呈现丰富、数据简洁、案例详细等，以读者和受众的视角来审视和优化报告。此外，企业还应利用设计技巧和工具来增强报告的视觉吸引力。通过将视觉设计、实际材料和数据图表相结合，企业可以更有效地展示其ESG目标、管理措施和成果，使读者能够快速捕捉报告的核心信息和数据。这种图文并茂的呈现方式不仅使报告内容更加生动，而且有助于读者更好地理解和吸收信息。

三、ESG信息披露的步骤

ESG报告编制流程通常可分为四个步骤：框架建立、议题界定、指标构建、报告撰写。重视并加强编制流程管控，优化并做实报告编制过程，能够有效提升ESG信息披露的质量。

（一）框架建立

在着手编制ESG报告之前，进行周密的策划是至关重要的一步。策划工作是整个报告编制过程中的基石，报告负责人首先需要明确报告的目标，区分其主次，并对报告进行准确的定位。这一过程中，需要特别关注报告的内容规划、风格设定、流程管理、工作重心和资源配置等方面。ESG报告的定位通常涉及几个关键方向：合规性、风险管理、品牌建设和管理实践。优秀的策划是提高报告质量的关键。短期策划聚焦于当年的ESG报告，涉及报告的主题确定、结构设计、创新点挖掘以及时间规划等关键要素。通过这样的策划，可以确保报告在满足基本要求的同时，也能够体现出企业的特色和创新精神。

（二）议题界定

确定ESG议题是首要任务，即需要创建一个全面、合理且与时俱进的议题清单，清单质量直接关系到企业识别ESG议题的能力和程度。在制定议题清单时，企业需要基于对ESG背景信息的深入分析，考虑信息的类型和来源。系统的议题清单应该涵盖企业内外部利益相关方的需求以及有影响力的ESG政策和标准；合理的议题清单应基于行业特点、属性和发展阶段，包含与企业ESG活动紧密相关的议题；符合趋势的议题清单则需要紧跟国内外ESG发展的最新趋势，以及经济社会发展的新战略方向和实际需求。

确定实质性议题是界定过程的第二步。在建立了ESG议题清单之后，企业可以根据议题对企业可持续发展的重要性以及对利益相关方的重要性两个维度进行排序，从而确定实质性议题。评估议题的重要性需要运用多种理论和方法，并且需要利益相关方如股东、客户、合作伙伴、政府和员工等的参与。

在筛选出一定数量的实质性议题后，企业应征求内外部专家的意见，并根据这些意见进行调整，最后提交给董事会进行审核和批准。一旦这些议题获得董事会的批准，企业就需要对这些重大性议题进行有效的管理和应用。在企业的ESG报告中，应重点披露这些重大性议题的界定过程，以及企业在这些议题上的管理措施、实践成果和绩效表现，并且要定期对这些议题进行审查和更新。

（三）指标构建

对于有条件的企业，可以在广泛使用的上市公司标准基础上，开发适合自己的ESG报告指标体系，并将其标准化和内部化。在开发指标时，应遵循以下要求：

（1）融合国内外权威标准中的指标内容。

（2）尽量与企业现有的经营管理指标相结合。

（3）针对主要业务板块，策划具有企业特色的指标。

（4）区分定性与定量指标，以及短期与长期指标。

(5) 确保指标数量适中,每个指标都有明确的责任部门来执行。

(6) 在指标体系中,将实质性议题分配到相应的业务部门。

(7) 保留数据流转过程中的所有资料,以便于后续审核。

(8) 明确各项指标的归口管理部门或人员,负责报送和收集。

(9) 建立与指标体系相配套的工作程序文件和管理制度。

(10) 利用信息系统提高数据流转的效率。

通过这样的方法,企业能够确保其ESG报告的规范性、专业性和实用性,同时提高报告的透明度和可比性。

(四) 报告撰写

企业在编制ESG报告时,可根据ESG发展的阶段和企业实际情况,选择两种不同的撰写模式:集中式撰写和分布式撰写。集中式撰写模式下,由ESG牵头部门联合外部专家形成核心团队,负责主要的报告撰写工作,而其他职能部门和下属单位则提供必要的素材和内容审核。这种模式有助于降低风险、提升效率,适合处于初创阶段的企业。分布式撰写模式则是由各职能部门根据其职责分工来撰写报告的部分内容。核心团队负责制定编写规范、版位表、培训以及最终的统稿工作。下属单位需向各职能部门提供素材并审核内容。这种模式需要稳定的工作团队、精确的版位表、高质量的培训和强有力的管控,适合成熟期的企业。

ESG报告的完成是经过多轮修改和完善的结果。报告的编写流程通常包括:素材搜集、关键人员访谈、分工、初稿撰写、初稿讨论、素材补充、修改完善、统稿、部门审核、领导审批和最终定稿。

1. 素材收集阶段

企业可以采用资料收集清单的方法,确保收集到充足且有针对性的素材。资料清单的要点包括:为不同部门和单位制定专门的清单;清单内容包括定量数据、定性描述(如制度、措施)、成功案例、利益相关方的评价、照片和视频等;填报要求要明确,包括数据的年限和统计口径,定性描述的维度和字数;成功案例的撰写要素和字数要求,图片的大小规定;明确的填报时间限制;指定答疑人员和联系方式。

2. 关键人员访谈阶段

首先要确定访谈对象,包括高层管理人员、部门负责人、项目负责人等。其次,准备访谈提纲,列出需要了解的关键问题和议题,并进行访谈,记录访谈内容,包括口头和非口头信息。

3. 分工阶段

首先确定报告结构,根据ESG框架(如GRI标准)确定报告的主要章节和内容。其次,分配任务,根据团队成员的专业背景和报告结构分配写作任务。

4. 初稿撰写阶段

根据分工,每个成员负责撰写自己部分的初稿。同时要确保信息准确性,核实数据和事实,确保报告内容准确无误。

5. 初稿讨论阶段

组织讨论会议,团队成员共同讨论初稿内容,提出修改建议,并详细记录讨论中提出的所有建议和意见。

6. 素材补充阶段

根据讨论结果，补充或更新缺失的数据和信息。增加案例研究、图表和图像，使报告更加生动和有说服力。

7. 修改完善阶段

根据反馈进行修改：每个成员对自己的部分进行修改，以反映讨论的结果。同时，进行交叉检查，团队成员相互检查对方的工作，确保报告的一致性和质量。

8. 统稿阶段

整合各部分内容，将所有修改后的部分整合成一个连贯的报告。同时，对报告进行语言上的润色，确保表达清晰、准确。

9. 部门审核阶段

将统稿后的报告提交给法务、财务、人力资源等部门审核，并根据各部门的反馈进行必要的修改。

10. 领导审批和最终定稿阶段

将部门审核后的报告提交给企业高层领导审批，根据领导意见修改。在所有修改完成后，确认报告的最终版本，确保报告的格式、设计和排版符合发布标准。

第二节　ESG 信息披露的内容框架

一、ESG 信息披露内容框架的概念与内涵

（一）ESG 信息披露内容框架的概念

ESG 信息披露内容框架是指企业在对外公布其环境、社会和治理相关信息时所遵循的结构和标准。这个框架帮助企业系统地组织和展示其在可持续发展方面的实践和绩效，以满足投资者、监管机构和其他利益相关方的需求。表 7-1 是 ESG 信息披露内容框架要素。

表 7-1　　ESG 信息披露内容框架要素

内容要素	具体内涵
环境 (Environmental)	温室气体排放和气候变化应对措施 能源使用和效率 水资源管理 废物管理和循环经济 生物多样性和生态系统保护 污染控制和环境合规
社会 (Social)	员工标准和员工福利 健康与安全 多样性、平等与包容性 社区参与和发展 供应链责任 消费者保护和产品责任

续 表

内容要素	具体内涵
公司治理 (Governance)	董事会多样性和结构 股东权利和公司治理结构 商业道德和合规 反腐败和反贿赂措施 政治捐赠和游说活动 风险管理和内部控制
重要性评估 (Materiality)	识别对企业财务表现和长期成功至关重要的ESG议题 确定这些议题对利益相关方的重要性
目标和进展 (Targets and Progress)	设定具体、可衡量的ESG目标 定期报告目标的进展和成就
数据和指标 (Data and Metrics)	设定具体、可衡量的ESG目标 定期报告目标的进展和成就
风险管理 (Risk Management)	识别与ESG相关的潜在风险 描述风险缓解策略和应急计划
利益相关方参与 (Stakeholder Engagement)	描述如何与关键利益相关方沟通和合作 报告利益相关方的反馈和建议
报告和验证 (Reporting and Assurance)	确保ESG报告的透明度和完整性 获取第三方验证或审计以增强报告的可信度
政策和承诺 (Policies and Commitments)	明确企业在ESG方面的政策和承诺 展示企业如何将这些政策和承诺融入日常运营

ESG信息披露内容框架有助于企业更有效地传达其在可持续发展方面的表现，同时也为投资者和其他利益相关方提供了一个评估企业ESG绩效的基准。随着全球对可持续发展的关注日益增加，ESG信息披露已成为企业沟通和透明度的重要组成部分。

（二）ESG信息披露框架要素的基本内容

1. 环境层面的披露内容

环境层面是指组织是否作为环境管理者运作，并涵盖气候变化、温室气体排放(GHG)、森林砍伐、生物多样性、碳排放、废弃物管理和污染等环境问题。具体来说，ESG信息披露的环境层面内容包括以下几个关键领域：

（1）环境政策与法规。废气减排政策；废水减排政策；废弃物排放管理政策；清洁能源使用政策；水资源使用政策。

（2）环境保护与气候变化。污染物防治（污染物的种类、污染物排放情况、污染物管理）；废弃物治理（废弃物的种类、废弃物排放情况、废弃物管理）；应对气候变化（气候变化的成因与危害、气候相关风险与机遇、应对气候变化）。

（3）资源利用与循环经济。能源管理；水资源管理；物料管理；包装材料管理。

（4）生态保护与生物多样性。生态修复治理；生物多样性保护行动。

（5）环境管理体系。低碳发展目标制定与战略措施；节能降碳统计监测与考核奖惩体系；绿色环保行动与措施；绿色低碳认证；环境领域合法合规。

2. 社会层面的披露内容

社会层面是指组织对人、文化和社区的影响，并关注多样性、包容性、人权和供应链的社会影响。具体来说，ESG信息披露的社会层面内容包括以下几个关键领域：

（1）员工权益与人力资源管理。员工职业安全（职业卫生管理、职业病管理与员工职业风险管理、职业健康安全管理体系认证）；员工权益与保障（员工基本权益、员工保障）；员工培训与发展（员工聘用、晋升、员工培训）。

（2）消费者权益与产品安全。消费者权益（消费者服务、消费者权益保障、消费者投诉）；产品安全（产品质量、产品安全）。

（3）供应链管理。供应链管理（供应商选择与管理、供应商数量与分布、供应商ESG战略）；供应链环节管理（采购与渠道管理、重大风险与影响）。

（4）社区参与和支持。社区认知和共建（社区认知、社区共建）；社区公共安全与应急响应（企业建立的安全事故处理机制、社区危险品仓储、使用管理、危害公共安全的重大事故、群体性事件、社区安全应急预警机制和应急处理情况）。

3. 治理层面的披露内容

治理层面是指组织如何被引导，并着眼于公司治理因素，如高管薪酬、继任计划、董事会管理实践和股东权利。具体来说，ESG信息披露的治理层面内容包括以下几个关键领域：

（1）公司治理结构与机制。公司治理基础；董事会运作机制（董事的选举与任免、董事会规模与构成、董事会组织设计）；监事会监督机制（监事会的构成、监事会的模式与职权、监事会的运行机制）；高级管理者激励机制（高级管理者的选任机制、高级管理者激励与约束机制）。

（2）内部控制。控制环境；风险评估；控制活动；信息和沟通；监督。

（3）风险管理。风险管理程序（制订风险管理计划、风险识别、风险分析与评价、风险管理措施的选择、风险管理组织）；风险管理机制（风险识别与评估、风险管理策略、风险监控与报告）。

二、现行ESG信息披露内容框架

（一）可持续发展主题的披露框架

1. GRI《可持续发展报告标准》

全球报告倡议组织（GRI）是全球首个且应用最广泛的可持续发展信息披露标准和工具提供者，被全球90多个国家和地区的众多机构采用。自1997年成立以来，GRI在2000年推出了首版《可持续发展报告指南》（G1），对全球多个大洲的国家产生了深远影响，促使50个机构根据该指南发布了它们的可持续发展报告。2002年，GRI作为一个独立的国际组织正式成立，并在同年的南非约翰内斯堡世界可持续发展峰会上推出了第二代指南（G2）。2006年，GRI在荷兰阿姆斯特丹发布了第三代指南（G3），并在2011年更新至3.1版，同时发布了相关的技术协议。这些指南和协议进一步扩展了GRI的报告范围，增加了人权、性别和社区等方面的报告指导。2011年，GRI推出了第四代指南（G4），提供了关于选择实质性议题的详细指导，增强了与地方和区域报告要求框架的整合灵活性，并参考了其他国际组织认可的报告指南。2016年，GRI发布了GRI标准（GRI Standards），并在2018年7月1日完全取代了G4标准。目前的GRI标准（2021版）由通用标准、行业标准和议题标准三部分组成。

GRI标准由三部分构成：GRI1基础、GRI2一般披露和GRI3实质性议题。GRI1基础部分阐述了GRI标准的宗旨，定义了核心概念，并指导报告组织如何应用这些标准。GRI2一般披露部分则提供了组织背景和其可持续发展报告实践的信息，包括组织的概况、战略、道德与诚信、治理结构、利益相关方参与以及报告流程等内容。GRI3 实质性议题部分则指导组织如何识别实质性议题，包括确定这些议题的流程、议题列表以及如何披露管理每个议题的信息。

GRI 议题标准是一套详细的披露项目，专注于特定议题的影响报告。这些标准覆盖了经济、环境和社会类议题，每个议题标准都包括了主题介绍、具体主题的披露项目以及组织如何管理相关影响的指导。企业可以依据 GRI3 确定的实质性议题清单，选择相应的 GRI 议题标准进行报告。表 7-2 列示了 GRI 议题标准覆盖的一系列议题。

表 7-2 GRI 议题标准

经济相关的议题标准	环境相关的议题标准	社会相关的议题标准
经济绩效(GRI201) 市场表现(GRI202) 间接经济影响(GRI203) 采购实践(GRI204) 反腐败(GRI205) 反竞争行为(GRI206) 税务(GRI207)	物料(GRI301) 能源(GRI302) 水资源和污水(GRI303) 生物多样性(GRI304) 排放(GRI 305) 废弃物(GRI306) 供应商环境评估(GRI308)	雇用(GRI401) 劳资关系(GRI402) 职业健康与安全(GRI403) 培训与教育(GRI404) 多元化与平等机会(GRI405) 反歧视(GRI406) 结社自由与集体谈判(GRI407) 童工(GRI408) 强迫或强制劳动(GRI409) 安保实践(GRI410) 原住民权利(GRI411) 当地社区(GRI413) 公共政策(GRI415) 客户健康与安全(GRI416) 营销与标识(GRI417) 客户隐私(GRI418)

2. SASB《可持续核算准则理事会标准》

可持续会计准则委员会(SASB)是 2011 年在美国成立的非营利组织。SASB 的使命是为企业的可持续发展制定会计标准，其名称、宗旨和为企业制定财务会计标准的财务会计标准委员会(Financial Accounting Standards Board, FASB)相似。在 2018 年，SASB 正式推出了其披露标准，这些标准基于特有的行业分类方法，为各个不同行业的 ESG 议题制定了相关的披露指南。这些标准的目的是为投资者提供有价值的非财务信息，并协助企业在决策和执行过程中提升效率。

SASB 标准共包含六个元素，分别是：

(1) 标准应用指南。这部分为所有行业提供了实施标准的指导，包括标准的适用范围、报告的格式、时间框架以及如何处理前瞻性声明等内容。

(2) 行业描述。对每个行业标准适用的范围进行描述，并对行业内可能包含的公司类型和业务模式进行假设。

(3) 可持续性主题。这些是影响公司长期价值的关键因素，每个行业标准都包含六项议题，是信息披露的核心。

(4) 可持续性会计准则。SASB 为公司提供了一套标准化的指标，用以衡量公司在各个可持续性议题上的表现。每项标准涵盖 13 个指标，每个定量指标都需要附带相关的战略决策、行业定位、未来趋势等信息,以增强报告的完整性和准确性。

(5) 技术守则。这部分提供了对可持续发展会计指标的定义、披露范围、会计处理、编制和呈现方式的指导,确保了不同公司在同一议题下的绩效评估具有一致性和可比性。

(6) 活动度量标准。SASB 标准包含了衡量企业业务规模的指标,以促进会计指标的标准化。这些指标既包括员工总数、客户数量等通用数据,也包括特定于行业的数据,如化工企业的设备产能利用率或互联网公司的交易量。

SASB 定义了"可持续性"概念,其核心在于识别并强调那些对企业长期价值创造至关重要的活动,并将这些活动归类于五个关键维度:环境、社会资本、人力资本、商业模式和创新以及领导力和治理。这五个维度进一步细化为 27 个广泛的可持续发展议题类别(GIC),具体分类如表 7-3 所示。

表 7-3　　SASB 标准的可持续发展主题及内容

环境	社会资本	人力资本	商业模式和创新	领导力和治理
温室气体排放、空气质量、能源和燃料管理、水和水污染管理、污染材料和有毒材料管理、生态影响	人权和社区关系、消费者隐私数据安全、获取和负担能力、消费者福利、产品质量和安全、营销实践与产品标签	员工实践、员工健康与安全、员工敬业度、多样性与融入度	产品设计和使用周期管理、商业模式弹性、供应链管理、材料采购与利用率、气候变化的具体影响	商业道德、竞争行为、法治和监管环境适应、重大事件风险管理、系统风险管理

SASB 标准为企业提供了一个框架,用以识别和披露与可持续性相关的主题,但它并不限制企业向投资者传达的可持续性信息范围。这意味着,虽然 SASB 侧重于财务相关的可持续性议题,它也包括了商业战略等非财务因素。企业需要根据自身的商业模式、战略决策和法律要求,识别出与自身财务状况紧密相关的主题,并在公开报告中披露这些信息。这样的责任在于企业,以确保其报告内容的全面性和相关性。

3.《上市公司可持续发展报告指引》

2024 年 4 月 12 日,上海证券交易所、深圳证券交易所和北京证券交易所发布《上市公司可持续发展报告指引》(以下简称《指引》),引导和规范上市公司发布《可持续发展报告》或者《ESG 报告》(以下统称 ESG 报告)。规则实施方面,上证 180、科创 50 指数样本公司,以及境内外同时上市的公司应当最晚在 2026 年首次披露 2025 年度《可持续发展报告》,鼓励其他上市公司自愿披露。披露框架方面,对于具有财务重要性的议题,公司应当围绕"治理—战略—影响、风险和机遇管理—指标与目标"四个核心内容进行分析和披露。具体议题方面,《指引》设置了应对气候变化、乡村振兴、创新驱动等 21 个议题,并通过定性与定量、强制与鼓励相结合的方式对不同议题设置了差异化的披露要求。

《指引》设置的议题对披露主体具有财务重要性的,披露主体应当围绕下列四个方面核心内容以及本指引对有关具体议题的规定进行分析和披露如表 7-4 所示。

(1) 治理:公司用于管理和监督可持续发展相关影响、风险和机遇的治理结构和内部制度。

(2) 战略:公司应对可持续发展相关影响、风险和机遇的规划、策略和方法。

(3) 影响、风险和机遇管理:公司用于识别、评估、监测与管理可持续发展相关影响、风险和机遇的措施和流程。

(4) 指标与目标:公司用于计量、管理、监督、评价其应对可持续发展相关影响、风险和机遇的指标和目标。

表 7-4　《上市公司可持续发展报告指引》议题

环境信息披露	
应对气候变化	为应对气候相关风险和机遇的转型计划、措施及其进展
应对气候变化	报告期内的温室气体排放总量
应对气候变化	核算温室气体排放量所依据的标准、方法、假设或计算工具
应对气候变化	温室气体减排实践的相关信息
污染防治与生态系统保护	排污信息
污染防治与生态系统保护	对污染物的处理技术和处理方式，污染防治设施的建设、运行情况和实施成果
污染防治与生态系统保护	主要污染物减排目标及为达到相关目标所采取的具体措施
污染防治与生态系统保护	污染物排放对员工、当地社区居民等群体的影响
污染防治与生态系统保护	报告期内因污染物排放受到重大行政处罚或被追究刑事责任的情况
资源利用与循环经济	能源使用的基本情况
资源利用与循环经济	清洁能源使用情况
资源利用与循环经济	能源节约目标以及具体措施
资源利用与循环经济	水资源使用的基本情况
资源利用与循环经济	水资源节约目标以及具体措施
资源利用与循环经济	为实现循环经济而制定的具体目标和计划
资源利用与循环经济	报告期内为实现循环经济而采取的具体措施

社会信息披露	
乡村振兴与社会贡献	报告期内支持乡村振兴的具体情况
乡村振兴与社会贡献	报告期内对公众及社会作出贡献的基本情况
创新驱动与科技伦理	鼓励披露主体积极践行创新驱动发展战略
创新驱动与科技伦理	鼓励披露主体自愿披露报告期内推动科技创新、加强科技成果转化应用、提高科技竞争力的具体情况
创新驱动与科技伦理	报告期内遵守科技伦理的基本情况
供应商与客户	报告期内加强供应链风险管理、保障供应链安全稳定的情况
供应商与客户	报告期末逾期未支付款项的金额，以及拟采取的解决方案
供应商与客户	报告期内产品和服务的安全与质量管理的基本情况
供应商与客户	报告期内数据安全与客户隐私保护的基本情况
员工	员工的聘用与待遇等方面的政策及执行情况
员工	职业健康与安全的基本情况
员工	员工职业发展与培训的基本情况

可持续发展相关治理信息披露	
可持续发展相关治理机制	报告期内识别和应对可持续发展相关负面影响或风险的尽职调查情况
可持续发展相关治理机制	报告期内与包括投资者在内的利益相关方沟通的具体情况
商业行为	报告期内反商业贿赂及反贪污工作的具体情况
商业行为	报告期内反不正当竞争工作的具体情况

7

4.《企业可持续披露准则——基本准则(试行)》

2024 年 11 月 20 日,中国财政部正式发布《企业可持续披露准则——基本准则(试行)》(以下简称"《基本准则》(试行)")。《基本准则》(试行)的发布,是继 4 月 12 日沪深北三大交易所发布《可持续发展报告(试行)》指引后,我国可持续信息披露的发展进程中的又一里程碑事件,标志着我国制定统一可比的可持续披露准则体系迈出了关键一步。

企业可持续披露准则体系由基本准则、具体准则和应用指南组成,适用于境内设立的按规定开展可持续信息披露的企业,确立了"到 2027 年,我国企业可持续披露基本准则、气候相关披露准则相继出台;到 2030 年,国家统一的可持续披露准则体系基本建成。"的总体目标。本次《基本准则》(试行)对企业可持续信息披露的基本概念、原则、方法、目标和一般共性要求进行说明,统驭具体准则和应用指南的制定,奠定了我国可持续披露准则体系的基石。未来相关部门将根据实际需求逐步调整完善可持续披露准则体系建设。

《基本准则》(试行)共六章 31 条,包括"总则、披露目标与原则、信息质量要求、披露要素、其他披露要求及附则",涵盖披露适用范围、报告主体、报告期间、报告形式、披露原则、披露质量等基本要素。《基本准则》(试行)立足我国国情,从可持续信息使用者的角度确定了可持续信息披露目标,遵循重要性原则,对披露要求进行一定区分,以减轻企业披露负担并考虑了企业成本效益及可操作性影响,更好地帮助我国企业逐步适应可持续信息披露准则要求,推动可持续披露准则的应用。主要内容概况如表 7-5 所示。

表 7-5 《企业可持续披露准则——基本准则(试行)》主要内容

要 素	内 容
治 理	负责监督可持续风险和机遇的治理机构或者个人的信息
	管理层在管埋和监督可持续风险和机遇所采用的治理架构、控制措施和程序中的作用的信息
战 略	可持续风险和机遇
	企业的战略和决策如何管理可持续风险和机遇
	可持续风险和机遇的当期和预期财务影响
	企业的战略和业务模式对可持续风险的韧性
风险和机遇管理	用于识别、评估、排序和监控可持续风险的流程和相关政策
	用于识别、评估、排序和监控可持续机遇的流程
	用于识别、评估、排序和监控可持续风险和机遇的流程在多大程度上融入企业的整体风险管理流程
指标和目标	具体准则和应用指南要求披露的指标
	企业用于计量和监控其可持续风险和机遇的指标
	企业设定的目标的进展和国家法律法规、战略规划要求企业实现的目标的进展

(二)气候主题下的披露框架

1. TCFD《气候相关财务信息披露工作组建议报告》

2019 年世界经济论坛的全球风险报告指出,气候变化已成为全球最可能发生且影响最深远的经济风险。为了应对这一挑战，2015 年 12 月，G20 金融稳定理事会发起成立了气候相关财务信息披露工作组（TCFD）。该工作组的目标是通过建立一个统一的框架，帮助各类机构评估气候变化带来的风险和机遇，从而作出更明智的投资决策。

TCFD 鼓励企业在年报、ESG 报告或专门的独立报告中公开披露与气候相关的信息。鉴于气候变化可能引发重大风险，TCFD 框架为上市公司在披露这些风险时提供了一个符合不同司法管辖区法律要求的有效参考。为了增强数据的可信度，TCFD 强调必须将气候变化纳入公司治理体系，并由公司高层进行监督和审查。这样的治理控制有助于确保气候相关信息的准确性和可靠性。

在 TCFD 提出的披露建议框架下，企业需要从治理、战略、风险管理以及度量与目标这四个维度来处理和公开气候变化相关的信息。具体内容包括：

治理层面：企业须公开董事会如何监督与气候变化相关的风险和机遇，以及管理层在这一过程中的角色和职责。

战略层面：企业须披露气候变化带来的风险和机遇对公司业务、战略规划、财务计划和治理结构的潜在影响，同时说明企业对短期、中期和长期气候相关风险和机遇的应对策略，包括对不同气候情景（如 2 ℃温度升高情景）的适应能力。

风险管理层面：企业须说明其识别、评估和管理气候相关风险的流程，以及这些流程如何被整合进公司的整体风险管理和战略规划中。

度量与目标层面：企业须披露用于衡量气候相关风险和机遇的关键绩效指标（KPIs）和目标，以及企业实现这些目标的能力。此外，还需公开企业的转型计划，特别是与 2050 年实现净零排放目标相关的行动。

在温室气体排放的分类上，企业需要关注三个范围：

范围 1 排放：直接由企业拥有或控制的源产生的排放。

范围 2 排放：间接排放，指企业购买的能源在生产过程中产生的排放，虽非直接控制，但可由企业直接管理。

范围 3 排放：其他所有排放，包括企业活动或价值链中产生的但不由企业直接控制的排放。

通过这样的框架，TCFD 旨在提高企业在气候变化相关信息披露的透明度和一致性，帮助各方更好地理解和应对气候风险。

针对不同行业，TCFD 也提供了不同内容的披露建议以 TCFD 框架为披露建议，企业可就其气候变化风险管理进度调整披露内容如表 7-6 所示。

2. CDP 碳披露项目框架

碳排放信息披露项目（CDP），在 2000 年由一些非营利组织和机构投资者联合创立。CDP 主要关注气候、森林和水资源等环境议题的自愿披露工作，涉及的城市和企业都是其数据收集和报告发布的对象。每年，CDP 都会向全球范围内的大型上市公司和非上市公司发放结构化的在线问卷，问卷内容涵盖数百个问题，既包括企业温室气体排放的定量数据（如范围 1、范围 2 和范围 3 排放）以及对减排技术的投资情况，也包括企业面临的气候风险等定性描述。CDP 根据企业的回答进行评分和排名，同时根据回答的完整性和信息的丰富度给予评分，以此激励企业提升信息披露的质量。CDP 的角色不仅限于制定披露标准，还包括评估企业和提供数据服务。截至 2020 年，已有超过一万个组织通过 CDP 平

表 7-6　　TCFD 工作组建议及其建议披露的信息

治理	战略	风险管理	度量与目标
披露机构在气候相关风险与机遇治理方面的信息 建议披露信息： a. 董事会监管气候相关风险与机遇的情况 b. 管理层在评估和管理气候相关风险与机遇上的作为	披露气候相关风险与机遇对机构业务、战略和财务规划产生的实际和潜在影响 建议披露信息： a. 机构短、中、长期识别到的气候相关风险与机遇 b. 气候相关风险与机遇对机构业务、战略和财务规划的影响 c. 温度升高 2 ℃等不同情况下，机构业务、战略和财务规划可能遭受的影响	披露机构如何识别、评估、管理气候相关风险建议披露信息： a. 机构识别和评估气候相关风险的程序 b. 机构管理气候相关风险的程序 c. 将识别、评估、管理气候相关风险的程序并入机构整体风险控制系统的方法	披露用于评估和管理气候相关风险与机遇的度量和目标 建议披露信息： a. 机构根据其战略与风险管理程序，用于评估气候相关风险与机遇的度量 b. 温室气体（GHG）的直接排放量和间接排放量（适当情况下加上其他间接排放量）以及相关风险 c. 机构用于管理气候相关风险与机遇的目标及其业绩

台披露了它们的环境绩效。CDP 所建立和维护的数据库是全球最大的，收录了企业层面关于气候变化应对策略的数据，提供了全球大型企业在温室气体排放管理方面的全面和详尽的信息。

CDP 每年都会对其披露框架和标准进行调整。在 2020 年的 CDP 标准中，气候相关披露框架如表 7-7 所示。值得一提的是，CDP 会针对企业所涉及的业务，动态生成部分问题。此外，对于各披露问题，CDP 还给出了其对应的联合国可持续发展目标，以及与其他披露标准如 TCFD 的联系。

表 7-7　　CDP 披露框架

主　题	需披露的议题
介　绍	企业的基本信息；商业行为和排放的联系；企业所处行业的性质等
治　理	对气候变化问题的监管；董事会的作用；管理责任的归属；在气候问题上对员工的激励政策等
风险与机会	对气候问题的管理过程；气候问题的风险披露，包括风险类型、风险强度、风险可能性等；气候问题的机会披露，包括机会类型、机会强度、机会可能性等
商业战略	气候风险与机会对企业战略和财务规划产生的影响；企业对气候变化的情景分析；当年处于运转状态的减排措施信息，包括措施的类型（建筑能效、生产能效、低碳能源、逃逸排放减少等）和措施的财务信息（投资、投资回收周期等）
目标与表现	排放目标；其他气候相关目标；甲烷排放目标；减排行动；土地管理过程；低碳产品；甲烷减排行动；温室气体泄露检测与维修；减少燃除的举措等
排放方法	基准年排放量；排放方法（用于收集和计算的方法类型、方法详情等）
排放数据	温室气体年度总排放量；报告排放所采用方法；描述排放来源；范围 1、范围 2 和范围 3 的排放量；排放强度
排放分解	对范围 1 和范围 2 排放的分解，包括按气体类型分解、按部门生产活动分解按国家地区分解等
能　源	能源支出占比；能源消耗相关活动：能源消耗量；生产和消耗的能源类别等

续　表

主　题	需披露的议题
附加指标	企业所采用的其他业务相关的气候指标;CDP依据企业所在行业提供的额外指标,例如煤炭业企业须提供储量、生产数据等
验　证	企业提供其范围1、范围2和范围3排放数据的验证方法和标准;企业对于气候信息披露所采取的核实方法;其他披露数据的验证方法等
碳定价	企业业务是否受到碳定价系统(主要是排放交易和碳税)的监管,并指明相关碳定价系统;企业参与碳排放交易系统的细节,如排放许可的购买量;企业参与碳税系统的细节,如受碳税影响的范畴1排放的比例;基于项目的碳信用度;碳的企业内部定价等
价值链的衔接参与	在气候相关问题上,与价值链中其他组织机构的衔接;价值链在气候问题上衔接参与的细节,如衔接的类型(信息收集、合规等)、衔接的供应商比例等公共政策的衔接参与、企业是否参与影响气候相关公共政策的行动;企业对研究的资助;企业对于气候问题的披露渠道等
其他土地管理影响	该问题仅适用于在特定行业(如农产品、造纸、林业等)有业务的企业;其他土地管理影响;土地管理行为等
签　署	企业补充其他相关信息;企业提供签署该报告的人的信息(职位)等
供应链	供应链的基本信息;基于产品、工厂的类型等,为顾客分配排放量;对于供应链合作机会的建议等

3. HKEX《气候信息披露的实施指引》

作为全球领先的金融中心,中国香港一直在推动绿色和可持续金融方面发挥着积极作用。香港交易所(HKEX)作为关键市场参与者,早在2013年就发布了《环境、社会及管治报告指引》,并在此后不断更新和完善。2024年4月,HKEX发布了最新的《气候信息披露的实施指引》,旨在进一步提升上市公司在气候相关信息披露方面的透明度和质量,其目的非常明确,重点突出。

在气候信息披露中,核心概念是确保信息披露质量和有效性的关键。香港交易所《气候信息披露的实施指引》强调了几个重要的核心概念,包括相关性、如实反映、可比性、可验证性、及时性和可理解性。这些概念为企业提供了一个框架,帮助它们编制有用且可靠的气候相关信息。此外,搁浅资产的管理也是企业必须关注的关键问题。通过准确披露和管理搁浅资产,企业可以减少潜在损失并提高业务韧性。

《气候信息披露的实施指引》提供了详细的温室气体排放和其他关键指标的定义和计算方法,帮助企业制定和实现其气候相关目标如表7-8所示。

表7-8　HKEX议题标准

温室气体排放指标	目标设定	实施手段
范围1排放 指标定义:范围1排放指企业直接产生的温室气体排放,包括燃料燃烧、化学反应和工艺排放等 计算方法:使用燃料消耗数据和排放因子计算总排放量	短期目标 目标定义:短期目标是企业在未来1—3年内实现的具体目标 设定方法:基于当前的绩效数据和可行的改进措施设定短期目标	数据透明 定期披露详细的温室气体排放数据,确保信息透明 科学设定目标 基于科学数据和行业标准设定气候目标,确保目标的合理性和可行性

续 表

温室气体排放指标	目标设定	实施手段
范围 2 排放 指标定义：范围 2 排放指企业间接产生的温室气体排放，主要来自购电和购热的使用 计算方法：使用电力和热力消耗数据及相关排放因子计算总排放量	中期目标 目标定义：中期目标是企业在未来 3～5 年内实现的具体目标 设定方法：考虑未来技术进步和政策变化设定中期目标	气候情景分析 企业需进行多情景分析，以评估不同气候条件下的业务影响，确保战略决策的科学性和前瞻性 管理搁浅资产 识别并管理可能成为搁浅资产的资产、物业等，采取措施提高其能源效率或进行改造，以避免资产贬值
范围 3 排放 指标定义：范围 3 排放指企业价值链上其他环节产生的温室气体排放，包括上下游供应链、废弃物处理等 计算方法：根据供应链活动和相关排放因子计算总排放量	长期目标 目标定义：长期目标是企业在未来 5 年以上实现的具体目标 设定方法：基于科学的气候模型和行业最佳实践设定长期目标	利益相关者参与 企业需积极与利益相关者沟通，确保气候信息披露透明且易于理解，增强企业在市场和公众中的信任度 员工参与 鼓励员工参与气候行动，通过培训和激励措施提升全员的环境意识

（三）行业主题下的披露框架

1.《石油化工企业环境社会治理（ESG）披露指南》

为规范石油化工行业环境社会治理（ESG）信息披露内容，进一步强化石油化工企业对环境社会治理（ESG）信息披露的主体责任，提升企业环境社会治理（ESG）信息披露水平，2021 年中国化工环保协会联合北京化工大学以及部分上市化工企业，编制了《石油化工企业社会环境治理（ESG）披露指南》及配套的《石油化工企业社会环境治理（ESG）披露评价规范》团体标准。该标准于 2024 年 3 月 1 日发布，2024 年 6 月 1 日实施，旨在为企业提供可行的行业披露核心框架，并对行业披露水平进行科学有效评价。

石油和化学工业是国民经济的重要支柱产业，为国民经济各部门提供能源、基础原材料及配套产品，在经济建设、国防事业和人民生活中发挥重要的作用，是我国重要的战略性基础工业。该指南是石油化工企业社会环境治理（ESG）报告披露的核心框架，引导企业如何高质量披露环境社会治理（ESG）方面的信息。该指南立足于石油化工行业的客观条件和特点，综合考虑企业的实际能力和需求，充分吸纳了国际国内多个标准的基本方法和框架体系以及国内政策法规的要求，以提高《指南》与其他相关标准的兼容性。

该指南规定的石油化工企业进行 ESG 信息披露的原则包括：

(1) 真实性。企业应以客观事实或具有事实基础的判断和意见为依据进行披露，不应有虚假、不实陈述或隐瞒重要事实，而应如实反映企业客观情况。

(2) 可比性。企业对于信息的筛选、汇总和报告应遵循一致的标准。列示的信息便于利益相关方分析企业 ESG 履行的长期变化，并有助于与其他企业进行比较分析。

(3) 完整性。企业应披露对利益相关方作出价值判断和决策有重大影响的所有信息，信息内容应完整、全面具体、格式规范，不应有重大遗漏。

(4) 平衡性。企业应以公正的方式披露信息，客观反映企业的正、负面信息。

(5) 规范性。企业使用的术语、数据应符合相关法律法规、规范标准等规定和行业规范、行业惯例等约定。

该指南指出石油化工企业每年在次年 4 月 30 日之前，采用企业 ESG 报告、社会责任报告和可持续发展报告等非财务报告的形式公开披露环境、社会和治理(ESG)信息，内容包括但不限于如表 7-9 所示的内容。

表 7-9　石油化工企业 ESG 信息内容要求

基本信息	环　境		社　会		治　理	
企业基本信息 实质性议题提要 披露连续性报告 组织范围 编制依据 第三方鉴证	环境管理要求	环境责任意识 环保制度及行政许可 环境保护税及保险	员工	职业安全 员工权益与保障 员工培训与发展	战略与文化	战略 企业文化
	污染物产排信息	废水 废气 固体废弃物 危险废弃物 有毒有害物质 新污染物 其他污染物 气候变化 非正常工况 污染控制	客户	产品质量与安全 客户责任	治理结构	股东 董事会 监事会 高级管理层
	生态保护	生物多样性 生态环境应急	同业、合作伙伴	同业责任 合作伙伴 债权人责任	治理制度	制度体系与考核
	清洁生产与绿色运营	清洁生产 绿色运营	社会贡献	社会响应 公民责任 社区共建	治理机制	监督机制 守法合规 激励机制
	资源投入	环保投资及运行费用 物料投入 能源投入 水资源投入	投资者	股东回报 投资者关系	治理成效	信息披露 经济效益 企业信用 商业道德
			科技创新与知识产权保护	科技创新 知识产权保护		
			安全管理	储运安全 工艺安全 危险化学品管理		
			其他	利益相关方沟通 表彰与处罚		

2.《有色金属企业环境、社会及治理(ESG)信息披露指南》

有色金属行业是国民经济的重要基础产业之一，作为实现制造强国的重要支撑，行业的高质量可持续发展势在必行。有色金属企业生产经营通常涉及大规模资源开采和利用、污染物排放和废弃物处置等，对自然环境和生态系统有深远影响。同时，在支持社区发展和促进社会经济繁荣等领域，有色金属企业也扮演着重要角色。在此基础上，有色金属企业积极进行 ESG 信息披露，将有助于企业塑造可持续经营形象、回应社会关注并赢得社会信任。

为了提高有色金属行业 ESG 信息披露质量，中国有色金属工业协会、中国有色金属学会牵头制定了《有色金属企业环境、社会及治理(ESG)信息披露指南》(以下简称《指南》)。《指南》旨在围绕有色金属行业特点，以应对行业可持续发展的机遇和挑战为核心，指导有色金属企业以更高的透明度和规范性履行 ESG 信息披露义务，推动企业与各利益相关方持续努力在可持续发展领域取得实质性进展，实现经济、环境及社会的共同繁荣。

该指南规定的有色金属企业进行 ESG 信息披露的原则包括：

(1) 实质性。企业应在信息披露中抓住重要议题和事项进行重点披露。双重实质性越高的议题和事项应当在 ESG 信息披露中越细致地进行披露，以降低与利益相关方和企业间的信息不对称性。

(2) 可信性。企业应以客观事实或具有事实基础的判断和意见为依据进行披露。

(3) 及时性。企业的信息披露应当及时进行，保证信息的时效性，要反映最新时段企业在环境、社会及治理方面的活动及绩效。

(4) 可理解性。企业应以利益相关方的判断能力作为准确理解披露信息的标准。企业应考虑利益相关方的文化、社会、教育和经济背景，通过补充必要的解释说明提升报告易读性，使其利于利益相关方理解。

(5) 可比性。企业披露的信息应具有可比性，即同一企业不同时期可比以及不同企业相同时期可比。

该指南指出有色金属企业应在报告期结束后四个月内披露 ESG 定期报告，或与财务报告同时披露，内容包括但不限于如表 7-10 所示的内容。

表 7-10　有色金属企业 ESG 信息内容要求

环境		社会		治理	
资源消耗	资源使用管理 水资源 物料 能源 矿产资源	员工雇用	雇用制度 薪酬与绩效 员工结构 员工福利 员工沟通	公司治理	治理体系与架构 ESG 治理与监督
污染防治	污染防治管理 废水 废气 固体废物 噪声	职业健康和安全	职业健康 职业安全	治理结构	股东 董事会 监事会 高级管理层

续　表

环　境		社　会		治　理	
应对气候变化	环境管理体系 温室气体排放 绿色低碳产品	员工发展与培训	职业培训 职业发展	合规与风险	合规管理体系 风险控制体系 信息安全
生态及资源保护	生物多样性 自然资源保护	产品与服务	产品质量 客户服务	利益相关方参与	参与渠道 利益冲突事件应对
		供应链	供应链管理 负责任采购	商业道德	企业价值观建设 反对贪污腐败 反垄断与反不正当竞争
		社区共建	企业社区共建 社区沟通	研发与创新	研发创新管理 研发成果转化
		社会贡献	税费缴纳 社会公益 社会响应		

3.《中国汽车行业ESG管理体系要求及使用指南》

汽车产业作为我国国民经济发展的战略性、支柱性产业之一，是可持续发展的重要实践者和贡献者，其关联度高、科技集中性强的特点，催生了大量新技术、新产业、新业态、新模式，已然成为我国推动新一轮科技革命和产业变革的重要力量，是实施制造强国战略、“双碳”目标，打造双循环新格局的重要支撑。为推动汽车行业履责水平提升，指导上下游企业完善ESG体系建设，提高ESG管理水平与企业竞争力，持续推动中国汽车行业高质量发展，2023年12月21日，中国汽车工业协会发布了《中国汽车行业ESG管理体系要求及使用指南》。

汽车企业ESG信息披露是企业为了满足投资者等利益相关方的非财务信息需要，对自身在环境、社会责任和公司治理等非财务方面履行相关义务、承担相关责任的具体信息进行披露。汽车企业进行ESG信息披露具有诸多益处，包括：满足汽车企业有关ESG信息披露的法律法规要求和其他要求；增进汽车企业内部和外部对其ESG战略、目标、计划和绩效，以及所面临挑战的了解；有助于实现汽车企业利益相关方的参与，并促进与投资者、社会公众等利益相关方的对话；提高汽车企业践行ESG理念的透明度，增强利益相关方对汽车企业的信任等。

汽车企业应结合自身实际情况，基于标准内容，梳理和总结其ESG管理、实践及其成效，以确定ESG信息披露内容。汽车企业披露ESG信息，既可针对其整体，也可单独针对其某特定部分，取决于与利益相关方沟通的实际需要。汽车企业还可根据需要，就道路交通安全、社区沟通等某一特定的ESG专项议题进行专项披露。

该指南指出汽车企业应在报告期结束披露ESG定期报告，或与财务报告同时披露，内容包括但不限于如表7-11所示的内容。

表 7-11　　汽车企业 ESG 信息内容要求

环境		社会		治理	
环境管理	环境保护战略与规划 环境管理体系 环境保护	产品责任	产品安全 产品质量 科技创新	组织概况	战略与文化 组织架构及运营区域 主营业务
气候变化	气候风险管理 温室气体排放	客户关系	客户权益 负责任营销	企业治理	规模和影响力 组织及其供应链的重大变化 ESG治理架构 ESG战略 ESG绩效考核 ESG风险管理 遵守商业道德
资源使用	能源管理 水资源管理 其他资源管理	员工权益	招聘与就业 薪酬与福利 民主管理与沟通 员工培训与发展 职业健康和安全生产		
排放物管理	废气排放 废水排放 有害废弃物排放 无害废弃物排放 其他排放	供应链管理	供应商管理 经销商管理		
自然资源保护	生物多样性与生态保护	社区参与	社区参与 社区公益		

第三节　ESG信息披露的报告格式

一、ESG信息披露的报告载体

（一）年报内披露

部分上市公司会在其年度报告和中期报告中包含ESG相关的信息，这种方式使得财务信息和非财务信息相结合，为投资者提供更全面的公司运营视角。年报中的ESG信息披露需要遵循特定的框架和要求。根据《上市公司可持续发展报告编制指南（征求意见稿）》的总体要求与披露框架，上市公司应在年报中对一般要求、识别和分析重要性议题的方法、要素披露，以及报告框架、披露项归类等进行充分说明。

（二）年报外披露

1. ESG 报告

ESG 报告是企业用来披露其在环境、社会和治理领域相关运营信息的重要文件。ESG 报告的目标是使用数据来衡量公司的 ESG 计划与行业基准和目标的比较情况。它还为利益相关者提供了宝贵的见解，可以为决策提供信息，凸显可能影响公司估值的潜在机会和风险。ESG 与可持续发展或企业社会责任（CSR）等主题之间的主要区别之一是动机与结果的概念。可持续发展和 CSR 作为一种商业模式或方法，促使公司及其员工以公民社会的最佳利益为出发点行事。另外，ESG 报告是这些举措的成果，为利益相关者提供决策所需的 ESG 数据。

2. 可持续发展报告

可持续发展报告的概念源于对企业在经济、环境和社会三个维度上责任和影响的认识。报告的核心在于提供一个全面的视角，展示企业如何实现长期价值创造，同时考虑其对环境和社会的影响。

披露主体应当结合自身所处行业和经营业务的特点等情况，在本指引设置的议题中识别每个议题是否预期在短期、中期和长期内对公司商业模式、业务运营、发展战略、财务状况、经营成果、现金流、融资方式及成本等产生重大影响（以下简称财务重要性），以及企业在相应议题的表现是否会对经济、社会和环境产生重大影响（以下简称影响重要性），并说明对议题重要性进行分析的过程。

在中国证监会的指导下，上海证券交易所、深圳证券交易所和北京证券交易所发布的《上市公司可持续发展报告指引》对我国上市公司披露《上市公司可持续发展报告》或《上市公司环境、社会和公司治理报告》起到了规范和指引作用。

二、ESG 信息披露报告的呈现格式

（一）以年报为载体的格式要求

当企业未形成 ESG 报告的常规披露时，ESG 信息的披露会放到年报及其他专项报告中。

对于上市公司来说，年报的披露是企业必须完成的工作。有的企业在还没有建立单独的 ESG 报告披露系统时，会在年报中设置独立篇章进行 ESG 信息披露。为了确保流通股持有人的信息知情权，证监会和证交所也鼓励企业在年报中披露 ESG 信息。

2021 年 5 月，中国证监会对《公开发行证券的公司信息披露内容与格式准则第 2 号——年度报告的内容与格式》《公开发行证券的公司信息披露内容与格式准则第 3 号——半年度报告的内容与格式》进行了修订，向社会公开征求意见。新版《公开发行证券的公司信息披露内容与格式准则第 3 号——半年度报告的内容与格式》增加了“环境和社会责任”章节，将定期报告正文与环境保护、社会责任有关条文统一整合至新增后的“第五节　环境和社会责任”；在新版中环境条文中新增报告期内公司因环境问题受到行政处罚情况的披露内容，鼓励公司披露在报告期内为减少其碳排放所采取的措施及效果。新版发布后，全部上市公司都会在半年报和年报中增加“环境与社会责任”一节，对 ESG 信息披露会起到较大的促进作用。

（二）以 ESG 报告为载体的格式要求

上市公司 ESG 报告的撰写具有自主性，但总体格式通常分为三个部分。第一部分是前

言及公司介绍;第二部分是 ESG 主体内容;第三部分是总结。

第一部分中,首先需要说明报告体系、报告范围和报告编制依据。其次,对公司整体情况、企业管理情况和 ESG 体系架构进行介绍,并选择性说明公司战略目标和所获荣誉。我国上市公司通常需要对党的建设情况在此部分进行阐述。

1. 公司介绍

对企业性质和主营业务进行介绍。如中国石化 2023 年 ESG 报告:"中国石化坚持'为美好生活加油'的企业使命,践行'能源至净,生活至美'的品牌承诺,加快完善'一基两翼三新'产业格局,积极履行'三大核心职责',加快打造具有强大战略支撑力、强大民生保障力、强大精神感召力的中国石化,全力推进高质量发展,努力建设"世界领先洁净能源化工公司"。

2. 企业管理概述

对企业风险、价值管理等方面进行介绍。如中国石化 2023 年 ESG 报告:"健全风控责任体系,坚持管业务必须管风险,坚持联防联控季度例会、月督办季报告机制,加强动态风险评估,及时调整应对策略和措施。聚焦风险事前防范,持续推进重大经营风险管理指标体系应用,优化阈值测算模型和风险指标数据库,开展风险指标预测,及时提示风险"。

"化工销售深化全过程质量管理理念,使'质量第一''质量是企业生命'的理念深入人心,增强诚信意识、服务意识和责任意识;统筹整合区域公司质量管理体系,打破原有各单位一企一式、分散孤立的质量管理模式,明确各层级、各岗位的质量工作责任和权利;坚持依法经营、诚信经营,高度重视市场反馈,迅速妥善处理客户投诉。"

3. ESG 体系和制度

对 ESG 的管理体系和制度建设进行介绍。如北化股份 2023 年 ESG 报告:"我们通过三个方面实施 ESG 管理体系化:①建立涵盖董事会、管理层以及员工的 ESG 管治架构;②把ESG 理念植入企业文化及 ESG 实践融入业务日常运营中;③发布符合国际准则的 ESG 年度报告,以提高透明度,让相关方能看到我们在 ESG 领域的投入以及进展"。

第二部分中,首先,从环境维度对企业环境治理、气候战略、碳中和举措等进行论述。其次,从社会维度对员工福利、人权保护、社区参与和公益慈善事业等进行说明。最后,从治理维度对董事会组成、高管团队、内部控制、风险管理等方面进行说明。

1. 环境维度

详细说明企业在环境方面的可持续发展举措,如节能减排、资源利用、废物管理和环境保护措施,并提供相关数据和趋势。如华能国际 2023 年 ESG 报告:"华能国际所属电厂产生的废气主要为二氧化碳、二氧化硫、氮氧化物和烟尘等,这些废气主要由燃煤机组锅炉燃烧产生。公司二氧化硫、氮氧化物和烟尘的排放量分别为 27 249.01 吨、57 485.68 吨和 3 618.14 吨,排放绩效值分别为 0.06 克千瓦时、0.13 克千瓦时和 0.01 克千瓦时"。

2. 社会维度

介绍企业在社会责任方面的表现,包括员工福利、人权保护、社区参与和公益慈善事业等,并提供相关数据和案例。如华能国际 2023 年 ESG 报告:"发挥主业优势,结合帮扶地区资源特点,投资建设光伏项目,改善当地能源条件,增加集体稳定收益;加强扶持培育新产业新业态,出资援建公共基础设施,不断增强地方经济活力,推动乡村实现可持续发展,全年累计投入帮扶资金 1 463.4 万元;凝聚企业合力,实施消费帮扶,全力促进帮扶地区群众稳定增收,全年购买和帮助销售农产品约 5 000 余万元"。

3. 治理维度

描述企业的治理结构和流程，包括高管团队、内部控制和风险管理，以及道德与合规政策。如华能国际 2023 年 ESG 报告："公司各单位每年对供应商进行盘点分析，积极发掘更多优秀供应商进入供应商库。同时通过采购指南、新闻传播媒体、各种产品发布会、产品展示(销)会、行业协会、员工推荐、公开征询和供应商主动联络等多种途径搜集符合条件的供应商"。

第三部分中，对公司 ESG 实践情况进行总结，对未来发展进行展望，同时对报告进行补充说明。

(三) 以可持续发展报告为载体的格式要求

可持续发展报告是向投资者、员工、客户和公众等利益相关者披露非财务绩效政策、方法和指标。该实践包括环境、社会和治理(ESG)指标。然而，可持续发展报告与环境、社会和治理报告的不同之处在于，环境、社会和治理报告侧重于根据环境、社会和治理指标评估公司的绩效，而可持续发展报告则采用更广泛的方法，着眼于更大的商业模式和方法。具体来说，环境、社会和治理报告使用一组指标来评估公司的环境、社会和治理举措。使用各种环境、社会和治理报告框架，公司可以向利益相关者介绍其对社会和环境的积极影响，以及他们的公司治理实践。另外，可持续发展报告通过考虑组织与周围世界的关系，鼓励更负责任、更合乎道德的商业行为。由于可持续发展是一个复杂的概念，因此公司可以利用多种报告框架，尽管大多数报告框架包含一些可持续发展、碳排放、供应链和企业社会责任(CSR)等关键术语和概念。环境、社会和治理与可持续发展之间的主要区别之一是动机与结果的概念。可持续发展报告审查的是促使公司及其员工以最符合社会利益的方式行事的商业模式或方法。环境、社会和治理报告是这些举措的衡量标准和成果，为公司和投资者提供决策所需的环境、社会和治理数据。

可持续发展报告在结构上可分为前言、可持续内容和总结三个部分。

第一部分中，主要对公司经营情况和过去一个会计期间内的行动及绩效进行回顾，如华能国际 2023 年可持续发展报告："4 日，山东公司青岛董家口热电 2 号机组完成 168 小时满负荷试运行。至此，该项目 2 台机组全部并网发电。25 日，浙江虚拟电厂 1 号机组顺利完成 72 小时试运行，标志着我国首台(套)接入调度系统参与实时响应调节的虚拟电厂正式投产"。

第二部分中，总体上分为环境、社会、经济三个维度。环境可持续发展侧重于节能改造、应对气候变化、温室气体(GHG)排放和生物多样性丧失等环境问题。如华能国际 2023 年可持续发展报告："公司扎实推进煤电机组节能降耗升级改造，注重统筹兼顾、精准施策，不断健全完善三级节能管理体系，加强能耗指标目标管理，开展同类型机型对标管理，重视节能新技术研究应用，持续提升能效创优水平。2022 年，公司火电机组的生产供电煤耗为 287.69 克/千瓦时、生产用电率 4.37%，主要能耗指标保持行业领先"。社会可持续发展侧重于人的福祉、社会效率和劳动关系等。如华能国际 2023 年可持续发展报告："萨希瓦尔项目将国际化人才纳入企业人力资源规划体系中，建立健全企业国际化人才激励机制，优化国际化人才的选拔、培养、任用、退出机制，创新人才引进方式，建立市场化选聘、契约化管理、差异化薪酬运行机制，培养出具有一定国际化视野、业务精湛、英语熟练的国际化人才队伍"。经济可持续发展侧重于企业的可持续发展(即盈利)。

第三部分中，包含企业对组织范围、发布周期、时间范围等的说明。

中国之路　中国特色 ESG 信息披露体系建设稳步推进

中国证监会紧跟时代步伐，视 ESG 信披为推动可持续发展的基础性环节，不断优化制度框架。2024 年 4 月，交易所发布了《上市公司可持续发展报告指引》（以下简称《指引》），标志着中国企业 ESG 信息披露步入规范化新阶段。

在中国特色 ESG 信披体系的指引下，我国上市公司的整体 ESG 信披水平正稳步提升。截至 2024 年 10 月中旬，在 2023 年年底已上市的公司中，有 2241 家 A 股公司披露最新 ESG 相关报告，同比增长超两成，披露率达 42.1%，创历史新高。《指引》要求强制 ESG 信披的涉及 459 家上市公司，2024 年 ESG 报告披露率达 91.3%，较 2023 年提升 8.5 个百分点。

央企作为践行 ESG 理念的先行者，2024 年 ESG 报告披露率已达 94.3%，较 2023 年提升约 11 个百分点，始终领先于其他类型企业。近三年，申万一级行业 ESG 报告平均披露率分别为 38%、44.1%和 50.4%，披露率持续增长，其中银行、非银金融、钢铁行业 2024 年 ESG 报告披露率均超 80%。

在信披质量上，据商道融绿对中证 800 指数成份公司近年自主披露的 ESG 指标评估，2024 年度"高"质量指标占比跃升至 29.8%，较 2023 年增 6.4 个百分点，创历史新高。在定量信披方面，2024 年 A 股公司中有 82.2%的企业 ESG 报告披露了关键指标量化表，较 2023 年激增 30 个百分点。其中，过半公司关键指标数据追溯期超三年，可比性显著提升。

A 股公司 2024 年 ESG 报告经第三方机构鉴证的比例为 7.2%，虽较 2023 年增长 1.2 个百分点，但仍处于较低水平，可能引发报告内容不实或过度美化的问题，潜藏"漂绿"隐患。对此，证监会研究推动 ESG 信息的外部审验和鉴证，同时指导交易所、上市公司协会结合企业实践，编制更加细化的工作指南，持续提升上市公司 ESG 数据的准确性和披露质量。

思考：中国如何发展建设形成具有本土特色的 ESG 信息披露体系？

思考题

1. ESG 信息披露的原则是什么？
2. ESG 信息披露的关键要素是什么？
3. ESG 信息披露的内容框架有哪些？
4. 我国有哪些行业制定了 ESG 信息披露框架？
5. ESG 信息披露的载体有哪些？

练 习 题

一、单项选择题

1. 下列属于ESG信息披露框架中环境要素的是( )。

A. 能源使用和效率　　B. 健康与安全

C. 商业道德和合规　　D. 风险管理和内部控制

2. GRI《可持续发展报告标准》的议题不包括( )。

A. 经济　　B. 环境

C. 社会　　D. 气候

3. 企业温室气体排放的定量数据中,( )是企业直接排放。

A. 范围1　　B. 范围2

C. 范围3　　D. 以上都是

4. ESG信息披露报告的载体中最为重要的是( )。

A. 年报　　B. ESG报告

C. 报表附注　　D. 业绩说明会

5. ESG信息披露内容框架要素不包括( )。

A. 公司治理　　B. 重要性评估

C. 目标和进展　　D. 碳排放

二、多项选择题

1. 下列属于ESG信息披露原则的是( )。

A. 重要性原则　　B. 可计量原则

C. 客观性原则　　D. 一致性原则

2. ESG信息披露的步骤包括( )。

A. 框架建立　　B. 议题界定

C. 指标构建　　D. 报告撰写

3. ESG信息披露的关键要素包括( )。

A. 监管合规　　B. 数据精确

C. 架构清晰　　D. 高可读性

4. SASB《可持续核算准则理事会标准》的内容包括( )。

A. 环境　　B. 社会资本

C. 商业模式和创新　　D. 直接碳排放

5.《上市公司可持续发展报告指引》的核心内容包括( )。

A. 治理　　B. 战略

C. 影响　　D. 指标与目标

三、判断题

1. 确保遵守监管规定是编制 ESG 报告的首要条件。（　）
2. 在进行 ESG 信息披露时，企业可以根据自身情况调整相关披露倾向（　）
3. ESG 报告的完成是经过多轮修改和完善的结果。（　）
4.《上市公司可持续发展报告指引》仅在上海证券交易所实施。（　）
5. 当企业未形成 ESG 报告的常规披露时，ESG 信息的披露会放到年报及其他专项报告中。（　）

第八章 ESG服务市场

学习目标

1. 了解ESG服务市场概况；
2. 掌握ESG评级的概念；
3. 熟悉ESG评级的标准；
4. 掌握ESG鉴证的概念；
5. 熟悉ESG鉴证的标准。

导引案例

毕马威在进博会首发中文版ESG鉴证成熟度指数报告

2024年11月，在中国国际进口博览会上，毕马威中国正式启动参与第29届联合国气候变化大会(COP29)的相关工作。当日，毕马威中国首次发布了聚焦于企业环境、社会和治理鉴证成熟度评估的《毕马威2024年环境、社会和治理鉴证成熟度指数》中文版本报告(以下简称《报告》)。

《报告》基于2024年2月至4月对全球1 000家横跨不同行业与地区、平均年收入189亿美元的企业高管和董事会成员的深入调研。毕马威ESG鉴证成熟度指数涵盖了治理、技能、数据管理、数字技术、价值链五部分，每个领域都由一项或多项调研问题来支撑，并根据企业的ESG鉴证准备成熟度，将企业划分为“领跑级”“进阶级”和“入门级”三大类别。

《报告》显示，在全球调研背景下75%的企业已经或很快即将面临披露ESG数据的强制要求，46%的领先级企业将数字工具视为准备获得ESG鉴证的关键。其中，61%的中国企业表示已经实施了某种形式的ESG鉴证。79%的中国入门级企业认为平衡ESG鉴证目标与股东利润预期具有挑战性。一系列数据表明，投资者、企业和其他利益相关者越来越重视ESG鉴证，建议企业尽早采取行动做好准备。

案例来源：新民晚报，2024年11月8日。

思考：全球及我国为什么如此重视和持续推进ESG鉴证？

第一节 ESG服务市场概况

一、ESG服务市场的概念与主体

随着全球对可持续发展议题的关注日益加深，ESG因素逐渐成为评估企业价值和投资潜力的重要标准。在此背景下，ESG服务市场应运而生，成为连接企业、投资者与可持续发展目标的关键桥梁。

（一）ESG服务市场的概念

ESG服务市场是指在环境、社会和治理领域中，各类专业机构和组织为促进ESG理念的实施和推广提供相关服务而形成的市场。这些服务主要包括ESG评级、ESG鉴证、ESG认证、ESG咨询等多种类型。

ESG评级是对企业ESG行为、表现及ESG信息披露的评估。主要由第三方评级机构在国际通用政策及标准文件的基础上，设置自研的ESG评级指标体系，在广泛收集公开来源信息和数据基础上，对企业的ESG表现进行打分评级，为ESG投资提供参考。

ESG鉴证是对企业ESG行为与ESG信息披露一致性的确认。ESG鉴证是一种独立的第三方审查过程，旨在验证企业披露的ESG信息的真实性和可靠性，并提供包含“合理保证”与“有限保证”在内的不同程度的鉴证保证。

ESG认证是对企业ESG表现及其合法合规性的评估和认证。ESG认证表明企业在环境、社会和治理方面达到了一定的标准，这有助于提升企业的社会责任形象，增强消费者和投资者的信任。通过ESG认证，企业可以证明其管理实践和绩效符合国家相关法律法规和技术标准，降低因不符合法规而产生的风险和成本。

ESG咨询主要帮助企业制定和实施可持续发展ESG战略。咨询公司通过评估企业的现状、识别差距以及提出改进建议，助力企业提升其ESG管理水平。这类服务包括ESG管理咨询、ESG报告编制咨询、优化供应链管理、评估社会影响等。

ESG服务市场是围绕ESG理念发展起来的服务体系，是ESG生态体系的重要组成部分。ESG服务市场旨在促进企业更好地履行可持续发展责任，并满足投资者、监管者等对ESG信息的需求。ESG中介市场的核心在于促进ESG信息的透明化和标准化，帮助投资者、企业和其他利益相关方更好地理解和应用ESG原则。ESG信息的透明化可以帮助投资者更全面地了解企业的非财务表现，而标准化则能确保这些信息在披露方式和内容上具备一致性，从而便于比较和分析。ESG服务市场为实现全球可持续发展目标提供了重要支持。

（二）ESG服务市场的主体

ESG服务市场主体主要包括评级机构、鉴证机构、认证机构、咨询公司和其他机构。这些服务主体各自发挥着不同的作用，为企业和投资者提供专业的ESG相关服务，助力市场的可持续发展。

1. 评级机构

ESG评级机构是ESG服务市场的重要主体。截至目前，全球ESG评级机构已达600余家。ESG评级机构主要针对企业在环境保护、社会责任和公司治理方面的具体实践进行量化评估。ESG 评级机构的主要职责是为投资机构提供企业 ESG 评级以及 ESG 数据服务,帮助基金公司构建 ESG 基金产品,并提供关键数据,同时助力投资机构完善公司 ESG 风险以及机遇分析维度。另外,ESG 评级机构也通过 ESG 评级服务,帮助投资者更好地理解和评估企业的环境、社会和治理表现。评级机构通常依据自己的评级框架,对企业的环境、社会和治理表现进行打分,并根据行业特性和地域差异,制定细化的评价标准。评级机构的评级服务能为投资者提供投资参考。

2. 鉴证机构

鉴证机构负责提供 ESG 信息披露鉴证服务。当前,ESG 鉴证服务主要由会计师事务所提供。ESG 鉴证类似于财务审计,旨在验证企业披露的 ESG 数据的准确性和一致性,以提高投资者和其他利益相关方对企业 ESG 表现的信任度,确保信息的真实性和合规性。例如,全球四大会计师事务所德勤、普华永道、毕马威和安永在 ESG 领域已积累了丰富的经验。这些机构通常会依据国际标准(如 AA1000 审验标准或国际鉴证业务准则 ISAE 3000)开展鉴证工作,并根据企业所在行业的特点提供定制化服务。通过鉴证,企业的 ESG 数据得到了第三方的独立确认,有助于提升 ESG 报告的公信力。

正如导引案例中所提到的,毕马威中国于 2024 年 11 月首次发布了聚焦于 ESG 鉴证成熟度评估报告。可见,ESG 鉴证的重要性日益显现。

3. 认证机构

ESG 认证是对企业在 ESG 领域所达到的标准和成就的正式认可。认证机构会依据一定的标准和流程,对企业的 ESG 实践进行审核,颁发相应的认证证书。获得认证的企业能够在市场中提升其品牌形象,增强客户和投资者的信任。例如,一些国际标准如 ISO 14001(环境管理标准)和 SA8000(社会责任标准),被广泛应用于 ESG 认证中。ESG 认证不仅是企业合规的体现,而且是对其可持续发展努力的认可。

4. 咨询公司

咨询公司主要为企业提供 ESG 相关咨询服务,具体包括 ESG 管治架构与战略规划、ESG 制度体系、应对气候变化、碳中和规划及实施路径、ESG 尽职调查、ESG 评级提升、绿色金融等各项主题。相对来说,咨询顾问公司能够提供的 ESG 咨询服务比较全面,基本涉及 ESG 的主要服务内容。与会计师事务所侧重于鉴证和合规不同,咨询公司更关注为企业制定 ESG 战略、优化 ESG 管理流程、提高 ESG 评级等方面提供支持。咨询公司通常会帮助企业识别其在 ESG 方面的不足,制定改进措施,甚至协助企业与利益相关方沟通 ESG 绩效。例如,麦肯锡、波士顿咨询等知名咨询公司凭借其丰富的行业经验和专业能力,为企业提供全面的 ESG 咨询服务,帮助企业将 ESG 理念融入日常运营和长期发展战略中。近年来,国内也涌现出一批专业的 ESG 咨询服务机构,如责任云研究院、商道纵横、责扬天下等,它们更熟悉国内的政策环境和企业实际情况,能够为企业提供更具针对性的 ESG 解决方案。

5. 其他机构

除了上述组织,ESG 服务市场中还存在其他多种类型的服务提供者。例如,一些数据服务商(如彭博 Bloomberg、路孚特 Refinitiv 和 Wind 资讯)致力于提供 ESG 数据服务,帮助投资者和研究机构获取企业的 ESG 数据。这些数据服务商通常会从多个渠道收集、处理和分析 ESG 数据,以满足不同用户的需求。尤其是在国内,Wind 资讯等本土数据服务商也逐渐崭露头角,为国内投资者提供更加本地化的 ESG 数据支持。再如,律师事务所能够为企业提供与 ESG 相关的法律咨询和合规服务，帮助企业了解和遵守国内外的 ESG 法律法规、政策要求，防范法律风险。此外，一些机构提供 ESG 相关的金融产品和服务，为企业和投资者提供决策支持。

二、ESG 服务市场的现状

ESG 服务市场在过去几年中经历了显著的发展。ESG 服务内容不断丰富，从最初的简单评级发展到现在的综合咨询和数据服务，形成了相对成熟的市场体系。同时，监管政策的推动也为 ESG 服务市场的规模扩张提供了助力。当前，ESG 服务市场正处于快速发展阶段，市场规模不断扩大，服务种类日益丰富，技术创新驱动明显。

其中，ESG 评级市场和 ESG 鉴证市场是 ESG 服务市场中最重要和典型的两类，因此对其进行重点展示和深入分析。

（一）ESG 评级市场现状

目前，全球 ESG 评级机构数量已超 600 家。从 1983 年第一家 ESG 评级机构 Vigeo Eiris 成立开始，ESG 评级市场经历了飞速的发展。国内现已有 ESG 评级机构约 30 余家，较为熟知的主要有中国证券投资基金协会（中证）、华证、万得（Wind）、商道融绿等。

近年来，海外 ESG 评级机构逐渐加强了对 A 股公司的覆盖，我国本土机构也开始构建起自己的评价体系，并在国际上积极发出中国声音。2018 年 A 股被正式纳入明晟（MSCI）指数，MSCI 对所有纳入指数的 A 股上市公司进行分析并定期公布 ESG 评级结果。这对引导国内资本市场进一步完善 ESG 信息披露、加深对 ESG 的理解与认知具有较大的推动作用。2019 年 A 股纳入富时罗素（FTSE Russell）全球指数，在两大指数公司 ESG 指数及评级机制下，部分 A 股公司被动接受了 ESG 评级，掀起了国内市场对于上市公司披露 ESG 信息的关注。在 ESG 报告发布方面，2021—2023 年，A 股全行业 ESG 相关报告披露率逐年上升，从 2021 年的 30.18%增长至 2023 年 41.36%，这意味着 2024 年有约 2 000 多家 A 股上市公司披露了 2023 年度的可持续/ESG 报告。目前国内主流评级机构基本覆盖 A 股市场中披露可持续/ESG 报告的上市公司。此外，我国在 ESG 及其评级的发展中积极体现中国特色，如选取符合我国现实的 ESG 评级指标，而不是“生搬硬套”国际指标。符合我国国情的指标，如反腐、乡村振兴、共同富裕等，均被纳入 ESG 评价体系中。

（二）ESG 鉴证市场现状

根据国际会计师联合会（IFAC）与美国注册会计师协会（AICPA）于 2023 年联合发布的《可持续披露与鉴证的当期形势：2019—2021 年趋势与分析》，来自全球各个国家和地区市值排名靠前的 1350 家上市公司中，2021 年可持续发展报告或信息的自愿鉴证比例为 64%，而这一调查数据在 2019 年只有 51%。在可持续发展报告实践相对领先的欧盟，明确要求自 2024 年 1 月 1 日起，企业披露的可持续发展报告需要经法定审计师或第三方鉴证机构发表有限保证鉴证意见，以评估企业披露的可持续发展报告是否遵循了 ESRS 以及相关法案的要求，鉴证意见类型将根据情况逐渐由有限保证过渡到合理保证。

据统计，我国 A 股单独发布 2022 年度可持续发展报告的上市公司超过 1700 家，其中 96 家上市公司的可持续发展报告经过了第三方鉴证，鉴证比例约为 5%。与 2019 年和 2020 年的鉴证比例 5.14%相近。尽管鉴证比例只有 5%、可持续发展鉴证报告的数量只有 96 份，但参与第三方鉴证的服务机构却有 22 家，除 6 家会计师事务所出具了 39 份鉴证报告外，其余 16 家认证检测、标准技术服务或信息咨询公司（机构）出具了剩余的 57 份鉴证报告。可见，出具鉴证报告的第三方鉴证服务机构相对分散。

第二节 ESG 评级的标准与实践

一、ESG 评级的概述

ESG 评级是 ESG 市场一项重要的 ESG 服务。ESG 评级通过评估企业的环境、社会和治理表现，帮助投资者和企业更好地应对可持续发展挑战，推动全球经济的可持续发展。

（一）ESG 评级的发展

ESG 评级，主要是指第三方评级机构在国际通用政策及标准文件的基础上，结合自研的 ESG 指标方法，设置较为规范和统一的 ESG 评级指标体系，并根据公开来源信息，对企业的 ESG 表现进行打分评级，为 ESG 投资提供参考。

ESG 评级的发展可以追溯到 20 世纪 90 年代，当时社会责任投资逐渐兴起。最初，ESG 评级主要由一些非营利组织和社会责任投资者进行，重点关注企业在环境和社会问题上的表现。随着全球对可持续发展的关注加剧，尤其是在气候变化、社会不平等和公司治理等问题上，ESG 评级开始受到更广泛的重视。

进入 21 世纪，尤其是 2010 年以后，ESG 评级市场迎来了快速发展。多家国际评级机构，如明晟（MSCI）、晨星（Sustainalytics）、富时罗素（FTSE Russell）、彭博社（Bloomberg）等，相继推出了各自的 ESG 评级体系。这些机构利用大数据分析和人工智能等技术，提升了评级的准确性和可靠性。此外，各国政府和监管机构也开始出台相关政策，鼓励企业提高 ESG 信息披露的透明度，进一步推动了 ESG 评级的发展。近年来，随着全球投资者对可持续投资的需求不断增长，ESG 评级成为投资决策的核心要素。这进一步促进了 ESG 评级的发展。

（二）ESG 评级的意义

ESG 评级的快速发展，不仅促进了资本市场的可持续发展进程，而且激励了企业积极采取行动，通过改善环境绩效、加强社会责任项目、优化治理结构等方式，提升自身 ESG 表现，以吸引更多资本的青睐。

1. ESG 评级对企业的意义

ESG 评级对于企业的意义主要包括增强企业声誉、吸引投资以及促进持续改进。

首先，良好的 ESG 评级能够显著提升企业的声誉。随着消费者和投资者对企业社会责任的重视，企业的 ESG 表现直接影响其公众形象。研究表明，拥有较高 ESG 评级的企业更容易赢得客户信任，增强品牌忠诚度。在消费者越来越倾向于选择可持续发展产品和服务的背景下，高 ESG 评级的企业能够更好地满足市场需求，从而提升市场竞争力。

其次，ESG 评级也对企业的融资和投资吸引力有直接影响。许多机构投资者在制定投资策略时，已经将 ESG 表现纳入考虑范围。根据全球可持续投资联盟（GSIA）的数据，越来越多的资金流向 ESG 表现优秀的企业。全球可持续投资联盟（GSIA）的数据显示，全球可持续投资的总额在 2020 年达到了 35.3 万亿美元，较 2018 年增长了 15%。这意味着，高 ESG 评级的企业不仅可以更容易获得资本支持，而且可能享受较低的融资成本。

最后，ESG 评级还促使企业在环境、社会和治理等方面进行持续改进。通过评级，企业能够识别自身的不足和改进的空间，从而制定相应的策略来提升绩效。这种持续改进不仅有助于企业适应日益变化的市场环境，而且可以提升企业的整体运营效率。

2. ESG评级对市场的意义

ESG评级对市场的意义主要体现在提升市场透明度、促进可持续投资及推动政策变革。

首先，ESG评级提升了市场的透明度。通过对企业的ESG表现进行评估，投资者能够获得更多的信息，从而作出更为明智的投资决策。这种透明度不仅有助于减少信息不对称，而且能增强市场的公平性和效率。研究表明，透明度高的市场能够吸引更多的投资，促进资金流动。

其次，ESG评级促进了可持续投资的增长。随着投资者对可持续发展的关注增加，ESG评级成为评估投资项目的关键因素。越来越多的投资基金和机构正在将ESG表现作为筛选投资对象的重要标准。这一趋势推动了市场向可持续投资转型，使得更多企业意识到提升ESG表现的重要性，从而推动整个经济的可持续发展。

最后，ESG评级还可能影响政策制定和监管框架。随着全球范围内对可持续发展的重视加剧，政策制定者开始关注企业的ESG评级结果，以促进更健康的市场环境。政府监管部门通过制定相关政策和标准，鼓励企业进行ESG信息披露和改进。与此同时，ESG评级结果也会被纳入政策制定和监管执行的参考范围。这不仅有助于增强企业的责任感，而且能够推动整个社会向更加可持续的方向发展。

二、ESG评级的标准

ESG评级的标准涵盖环境、社会和治理三个主要方面。ESG评级标准是评估企业在这三个方面表现的重要依据。这些标准通常由国际和国内的ESG评级机构制定，旨在提供一个系统化、透明化的方法来评估企业的可持续发展表现。篇幅限制，以下挑选展示国内外主要的ESG评级标准。

（一）国外ESG评级标准

1. 明晟ESG评级（MSCI ESG）

明晟（MSCI）是一家全球知名的金融服务公司，其ESG评级系统为投资者提供了基于企业环境、社会和治理表现的综合评估。MSCI ESG评级的目的是衡量一家公司对长期的、与财务相关的ESG风险的适应性。MSCI ESG评级采用字母等级（从AAA到CCC）来反映企业在行业内的相对表现。

MSCI ESG评级指标体系主要由3大范畴（pillars）、10项主题（themes）、35个ESG关键议题（ESG key issues）和上百项指标组成（图8-1）。MSCI主要通过公开信息抓取上市公司ESG层面的表现，并通过上市公司沟通团队邀请上市公司对初评结果进行反馈；其评估依据均来自公开可查询的信息。值得关注的是，MSCI会采用替代数据，即用公司外部发布的与公司相关的信息，以弥补上市公司自身披露不足的情况。

2. 富时罗素ESG评级（FTSE Russell）

富时罗素（简称FTSE）提供的ESG评级同样在全球投资者中广泛应用。其评级体系基于环境、社会、治理三大核心内容，由14项主题评价及300多个独立的考察指标构成，如图8-2所示。FTSE会与每家公司单独联系，以检查自己是否已找到所有相关的公开信息。FTSE分析员会在每年4月至次年3月对每家被评公司做一次分析，分析结束后FTSE会开放约一个月的时间窗口允许被评公司登录FTSE ESG Portal进行回复。

图 8-1　明晟 ESG 评级指标体系

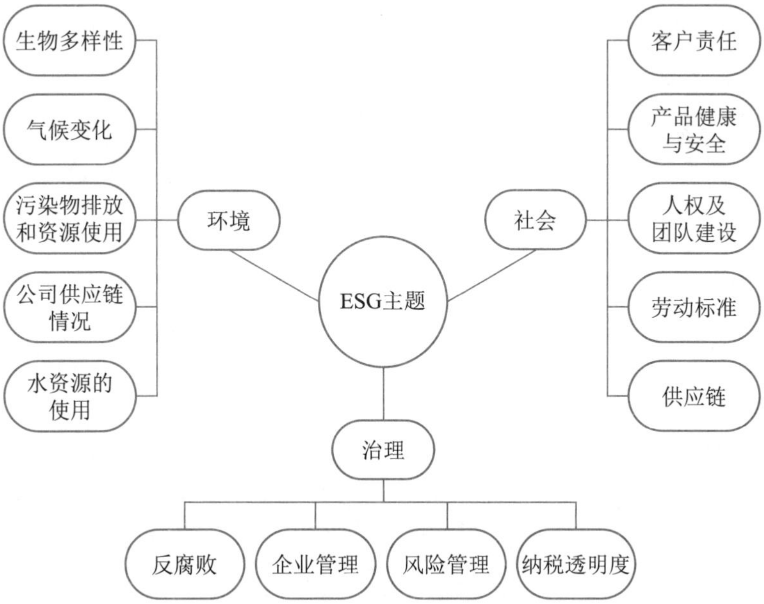

图 8-2　富时罗素 ESG 评级框架

3. 晨星 ESG 评级(Sustainalytics)

晨星是一家重要的金融信息提供商，其 ESG 评级系统帮助投资者了解其投资组合中的可持续性表现。该评级由三个核心组成部分组成：企业治理、重要 ESG 议题和特殊问题("黑天鹅")。其中，重要 ESG 议题模块为核心部分，涵盖企业在环境、社会、治理三个层面的各类综合指标。评分越低，企业面临的 ESG 风险水平越低；评分越高，企业面临的 ESG 风险越高。晨星的 ESG 风险评级通过衡量组织未管理的 ESG 风险规模，清晰地体现了企业层面的 ESG 风险。晨星评级从 ESG 风险入手，从风险敞口和风险管理两个维度衡量企业管理 ESG 议题的表现。风险敞口维度反映企业面临重大 ESG 风险的可能性，包括一系列对企业构成潜在财务风险的 ESG 因素，也可理解为企业面对相关 ESG 风险的敏感度或脆弱性。因此，低风险暴露显示议题对于企业而言相对不重要，而较高风险暴露则显示该 ESG 议题对企业有可能构成重大影响。风险管理维度是针对企业政策、计划、定量绩效以及公司治理等因素，以衡量企业对重大 ESG 议题的管理能力。风险管理包括可管理风险和不可管理风险，其中可管理风险又分为已管理风险和管理缺口。晨星根据最终 ESG 风险评级得分将企业细分为五个风险类别，分别为可忽略、低、中、高和严重风险。评分越高，代表企业的 ESG 风险越高。

这种多维度方式提供了一种绝对衡量法，使不同行业和区域的企业的评级具有可比性。晨星的 ESG 风险评级持续强调投资者目标设定、监测和投资组合表现报告相互关联的重要性，并与欧盟《可持续金融披露条例》(SFDR)等特定地区 ESG 法规保持一致。

4. 环境专项评级

环境专项评级是聚集环境责任维度，对环境相关的战略、制度、治理、绩效等进行评价。全球环境信息研究中心(CDP)是较为成熟的环境专项评级，采取问卷调查的方式，获取企业环境领域的公司策略、管理方案、碳排放数据、风险与机遇分析及其他碳排放相关信息。具体指标体系如表 8-1 所示。CDP 评分结果帮助投资者识别出在气候风险管理方面表现优异的公司，促进其可持续投资策略的实施。

表 8-1　　CDP 评级内容

重点议题	分项议题
低碳战略	碳风险管理
	低碳发展机遇
	碳管理战略
	碳减排目标
	碳核算方法
温室气体排放核算	碳排放的直接核算
	碳排放的间接核算
碳减排的公司治理	责任
	个人绩效
	沟通

续　表

重点议题	分项议题
全球气候治理	气候变化的责任分组
	总体和个体的排放成效
	国际气候治理机制

除了上述评级标准，国际主要评级机构及其评级的特点与比较如表 8-2 所示。

表 8-2　　国际主要评级标准及特点

评级机构	评级特点	评价等级
明晟 (MSCI)	➢ 指标构成：3 大类和 10 项主题以及 33 个关键指标 ➢ 评分者分为 10 大类，24 个行业组别，69 个行业及 158 个子行业 ➢ 区分指标的长期影响和短期影响	从高到低区分 AAA、AA、A、BBB、BB、B、CCC 七个等级
富时罗素 (FTSE Russell)	➢ ESG 框架下设置 14 个主体 300 个指标，每个公司大概有 125 个数据指标 ➢ 每项 ESG 议题对于公司的相关性被区分为高、中、低三个等级，再逐级汇总每个维度的得分 ➢ E5G 数据模型由独立的外部委员会监督，该委员会由来自投资界、企业、非政府组织、工会和学术界的专家组成	1～5 分具体分数结果，评分越高越好
晨星 (Sustainalytics)	➢ 指标由企业治理、重要 ESG 议题和特殊问题构成 ➢ ESG 风险评级主要考虑一是风险敞口，即公司在面临 ESG 风险时的脆弱性；二是风险管理，即公司为管理特定的 ESG 问题所采取的行动 ➢ 将风险因素合并为一个分数，分数越低，风险也越低	区分可忽略风险、低风险、中风险、高风险以及严峻风险 5 个风险等级，分数 0～40 分不等，风险越低越好
全球环境信息研究中心 (CDP)	➢ 环境专项评级 ➢ 涵盖环境层面，从气候变化、水、森林维度划分 12 项议题	从高到低依次为 A、A－、B、B－、C、C－、D、D－、F

资料来源：《中国 ESG 评级观察报告(2024)》。

(二) 国内 ESG 评级标准

1. 中国企业社会责任报告委员会 ESG 评级

《中国企业 ESG 报告评级标准(2023)》是中国市场上具有权威性的 ESG 评级标准之一。该标准由中国企业社会责任报告委员会牵头编制，旨在规范企业 ESG 报告的编制和评级流程。该标准强调回应非财务信息披露要求，对标国际准则，调整评级指标及权重。标准适用于各类企业，旨在引导企业提升 ESG 管理水平和报告质量。该标准明确了 ESG 报告的基本内容、信息披露要求及评分方法，包括对企业环境影响、社会责任、治理结构等方面的评估。通过这一标准，企业能够更清晰地了解自身在 ESG 领域的表现，投资者也能通过标准化的信息评估企业的可持续发展能力。

8

中国企业ESG报告评级标准(2023)的评级指标包括过程性、实质性、完整性、平衡性、可比性、可读性和可及性,具体权重如表8-3所示。

表8-3 中国企业ESG报告评级标准(2023)评级指标权重

评级指标	过程性	实质性	完整性	平衡性	可比性	可读性	可及性
指标权重	15%	20%	25%	10%	15%	10%	5%

过程性是指企业在编制、使用ESG报告的过程中对报告进行全方位的价值管理,充分发挥报告在利益相关方沟通、合规要求响应、ESG绩效监控中的作用。实质性是指企业在ESG报告中披露ESG重点议题及其识别过程、企业运营对利益相关方的重要和实质影响,企业应尽可能回应“双重实质性”原则(也称“双重重要性”,double materiality),满足更高要求。完整性是指ESG报告全面反映对社会环境的重大影响,利益相关方可以根据ESG报告知晓企业在报告期间关于ESG工作的理念、制度、措施以及绩效。平衡性是指ESG报告应公允地表述企业的正面影响,并中肯、客观、不偏不倚地披露企业在报告期内履责不足之处及整改举措,客观分析企业经营面临的风险和机遇,避免可能会不恰当地影响使用者决策或判断。可比性是指ESG报告对信息的披露应有助于利益相关方对企业ESG绩效进行比较分析。可读性是指ESG报告的信息披露易于理解和接受。报告内容避免冗余信息和专业术语,通俗易懂,尽量使用平实、客观的语言描述信息。可及性是指企业ESG报告尽可能地遵循与年度财务报告相同的时间线,以便使用者能够便捷、及时、快速获取ESG报告及相关信息。

报告评价采用星级制,共分为七个级别和相应的发展水平,五星佳(典范)、五星级(卓越)、四星半级(领先)、四星级(优秀)、三星级(良好)、二星级(发展)、一星级(起步)。

2. 中证ESG评级

中证ESG评级同样是国内主要的评级体系之一,由中国证券指数有限公司负责实施。该评级通过对企业环境、社会和治理表现的综合分析,为投资者提供了一个清晰的评估框架。中证ESG评价体系包括环境(E)、社会(S)和公司治理(G)三个维度,由13个主题、22个单元和近200个指标构成,如表8-4所示。其中,环境维度反映企业生产经营过程对环境的影响。社会维度反映企业对利益相关方的管理能力及社会责任方面的管理绩效,揭示企业可能面临的社会风险和机遇,同时通过乡村振兴等议题考察企业在推动共同富裕、落实高质量发展方面的贡献。公司治理维度考察企业是否具有良好公司治理能力或存在潜在治理风险,并在考察合规性的基础上,设立中小股东保护等议题,以更高的要求引导关注中小投资者权益。

中证指数依据公开披露信息对ESG评价结果进行更新,更新频率一般为月度,当受评公司发生重大环境污染、重大危害公共安全及重大财务造假等严重ESG风险事件时,对中证ESG评价进行及时更新。中证ESG评价结果由高到低分为AAA、AA、A、BBB、BB、B、CCC、CC、C和D共十档,反映受评对象相对所在行业内其他企业的ESG表现。中证ESG评级特别强调行业比较,为投资者提供相对评估的视角。中证的评级结果不仅能反映企业的当前表现,而且能指出其在可持续发展方面的改进空间。

表 8-4　**中证 ESG 评级指标体系**

维度	主题	单元	内　　容
环境（E）	环境管理	环境管理制度	反映企业管理环境风险的主观意识和制度安排，旨在从整体角度衡量企业管控环境风险的能力
	气候变化	碳排放	反映企业温室气体排放水平，以及企业为直接或间接降低温室气体排放采取的管理措施，旨在衡量企业面临气候变化相关风险
	污染与废物	污染与废物排放	反映企业污染与废物排放水平，以及企业为直接或间接降低污染与废物排放采取的管理措施，旨在衡量企业面临与污染、废物排放相关的诉讼或监管惩罚等风险
	自然资源	水资源	反映企业资源利用情况，旨在衡量企业在资源成本提升和资源使用与所在地利益冲突时，可能面临的经营生产持续性、市场准入困难等风险
		土地使用与生物多样性	
	环境机遇	环境机遇	反映企业面临环境发展机遇以及机遇管理能力，旨在衡量企业可能获益于经济转型和绿色经济发展的机遇，如清洁技术、可再生能源、绿色建筑、绿色金融等
		绿色金融	
社会（S）	利益相关方	员工	反映员工情况、福利等，旨在衡量企业可能面临的由于劳动力不稳定等带来的生产停滞、法律诉讼等风险，同时考察企业是否制定相应政策或项目对可持续雇用关系进行管理
		供应链	反映供应链集中度与合规性，旨在衡量企业由于供应链的不稳定或不安全等因素导致经营持续性受到影响的风险，同时考察企业是否制定相应政策或项目对供应链可持续性进行管理
		客户与消费者	反映产品质量、信息安全等，旨在衡量企业面临产品质量问题、信息泄露等带来的监管处罚，市场准入与法律诉讼等风险，同时考察企业是否制定相应对策或项目对产品质量与信息安全性进行管理
	责任管理	责任管理	反映企业社会责任等主观意识和制度安排，旨在衡量企业在社会责任方面的管理绩效以及对企业带来的影响
	社会机遇	慈善活动	反映企业扶贫、捐赠、就业、纳税等社会贡献，衡量企业受益于履行社会责任、对社会积极贡献而获得的企业发展机遇
		企业贡献	
公司治理（G）	股东权益	中小股东保护	反映企业对股东权益的保障程度以及控股股东行为对企业的影响
		控股股东与大股东行为	
	治理结构与运作	机构设置	反映企业的董监高治理情况，包括机构设置、机构运作、激励与约束机制情况，治理结构与运作是完善和优化治理机制的关键要素
		机构运作	
		激励与约束机制	

8

续　表

维度	主题	单元	内　容
公司治理(G)	信息披露	信息披露质量	反映企业信息披露的及时性、可靠性与完备性，旨在衡量企业信息披露的质量
	公司治理风险	公司治理风险	反映企业受到的监管处罚、法律诉讼等问题，旨在衡量企业发生治理问题所引发的风险
	管理运营	财务风险	反映企业财务风险与财务质量的情况，旨在衡量公司治理的效果
		财务质量	

3. 华证 ESG 评级

华证是中国市场上较为知名的 ESG 评级机构之一。华证 ESG 评级覆盖全部 A 股，最早可追溯至 2009 年，是目前国内市场上可回溯时间最长的 ESG 评级体系。华证 ESG 评级标准基于 ESG 核心内涵和发展经验，结合国内市场的实际情况，构建了三级指标体系。其评级体系基于对全部 A 股上市公司 ESG 实践的深入分析，涵盖了多个领域。评级标准包含 3 个一级指标，16 个二级指标、44 个三级指标，如表 8-5 所示。

表 8-5　华证 ESG 评级指标体系

三大支柱	16 个主题	44 个关键指标
环境(E)	气候变化	温室气体排放，碳减排路线，应对气候变化，海绵城市，绿色金融
	资源利用	土地利用及生物多样性，水资源消耗，材料消耗
	环境污染	工业排放，有害垃圾，电子垃圾
	环境友好	可再生能源，绿色建筑，绿色工厂
	环境管理	可持续认证，供应链管理，环保处罚
社会(S)	人力资本	员工健康与安全，员工激励和发展，员工关系
	产品责任	品质认证，召回，投诉
	供应链	供应商风险和管理，供应链关系
	社会贡献	普惠，社区投资，就业，科技创新
	数据安全与隐私	数据安全与隐私
公司治理(G)	股东权益	股东权益保护
	治理结构	ESG 治理，风险控制，董事会结构，管理层稳定性
	信披质量	ESG 外部鉴证，信息披露可信度
	治理风险	大股东行为，偿债能力，法律诉讼，税收透明度
	外部处分	外部处分
	商业道德	商业道德，反贪污和贿赂

华证 ESG 评级侧重于对企业在环境保护、社会责任和公司治理方面的综合评价，采用定量和定性相结合的方法进行评级。华证指数集成传统数据与另类数据，打造算法驱动的

大数据引擎，按季度定期测算上市公司及发债主体的 ESG 水平，并相应地给予“AAA-C”的九档评级。华证的 ESG 评级已成为投资者了解企业可持续发展表现的重要参考工具。

4. Wind ESG 评级

Wind 信息是中国著名的金融数据服务平台，其 ESG 评级体系基于其广泛的数据库和行业分析。Wind ESG 评级从多个维度评估企业的 ESG 表现，包括环境政策、社会责任和治理结构等，如图 8-3 所示，细分 27 个议题，并下设 300 多个具体指标；同时基于新闻舆情、监管处罚、法律诉讼等进行争议事件评估，以综合反映企业的 ESG 管理实践水平以及重大突发风险。

Wind ESG 评级已全面覆盖 A 股、港股上市公司、重要发债主体以及国内公募基金，按照分值区间给公司评为 AAA 到 CCC 的七档结果，评估企业实质性 ESG 风险及其可持续经营的能力。Wind 通过对上市公司的 ESG 相关数据进行深度挖掘，帮助投资者了解企业的可持续发展能力，并推动企业在 ESG 领域的持续改进。Wind ESG 评级的优势在于其数据的全面性和分析的专业性，能够为投资者提供准确的市场洞察。

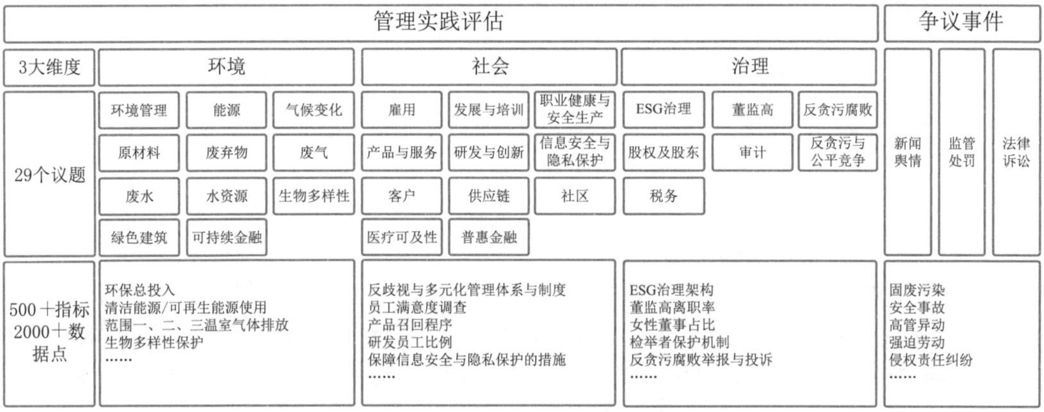

图 8-3　Wind ESG 评级指标体系

三、ESG 评级的实践

（一）ESG 评级实务

根据中国企业 ESG 报告评级标准（2023），ESG 评级的具体实施流程包括：

（1）报告收集：收集企业提交的 ESG 报告。

（2）指标评估：按照评级标准中的各项指标，对报告进行逐一评估。

（3）数据核实：对报告中的数据和信息进行核实。

（4）综合打分：根据评估结果，对企业 ESG 报告进行打分。

（5）评级确定：根据打分情况，确定企业的评级等级。

（6）反馈与沟通：将评级结果反馈给企业，与企业进行沟通交流，提出改进建议。

其中，底层数据的搜集、数据处理和权重设定是评级中至关重要的环节，直接关系到评级结果的科学性与公正性。

1. ESG 评级的底层数据

ESG 评级的底层数据是指用于评估企业环境、社会和治理表现的基本信息。这些数据主要来源于企业的公开报告(如年报和 ESG 报告)、行业数据库、第三方研究机构以及媒体报道等。数据内容包括企业的碳排放、资源消耗、员工福利、社区参与度、董事会结构等多个维度。这些底层数据按照信息来源,可分为内部信息和外部信息,如表 8-6 所示。

表 8-6 ESG评级的底层数据

数据来源	内容
内部信息	■ 《企业社会责任报告》《环境、社会和治理报告》《可持续发展报告》 ■ 公司年报、半年报 ■ 根据国家和地方相关法律规定要求编制的专题报告 ■ 根据特定组织要求编制的专题报告 ■ 根据评价主体要求编制的资料清单 ■ ESG 公开数据信息 ■ 规章、声明或简报 ■ 其他形式的信息
外部信息	■ 国家或地方监管部门发布的关于企业 ESG 方面的信息,如违反 ESG 相关监管规定的通报等 ■ 国家或地方统计部门发布的关于企业的资源使用量的统计信息,如企业或组织的用电量或排水量等 ■ 司法机构公布的企业司法数据 ■ 社会组织(非政府组织/非营利组织)发布的关于企业的 ESG 相关信息 ■ 专业数据库(如润灵、和讯等企业社会责任评级数据库)发布的关于企业的 ESG 相关信息 ■ 媒体发布的关于企业 ESG 相关信息 ■ 其他形式的信息

由于这些数据通常是非财务性的,评级机构需对其进行严格的验证和清洗,以确保数据的准确性和完整性。此外,数据的时效性也是关键因素,尤其是在快速变化的商业环境中,过时的数据可能会导致评级结果的偏差。

2. ESG 数据处理

在收集到底层数据后,评级机构需要进行复杂的数据处理。这一过程通常包括数据标准化、数据整合和数据分析等环节。首先,评级机构会将不同来源的数据转化为统一的标准格式,以便进行比较和分析。其次,数据整合的过程需要将来自不同领域的数据进行汇总,例如将环境数据与社会责任数据结合,形成综合的 ESG 表现视图。最后,运用统计工具和模型,对数据进行定量评估,识别企业在各个 ESG 维度上的表现差异。这一环节对于保证评级的科学性至关重要。

3. ESG 评级中的权重设定

在 ESG 评级中,权重设定是决定各项指标在最终评分中影响力的重要因素。不同的评级机构可能会根据其评估的重点和行业特性,给予各个 ESG 维度不同的权重。例如,在环境风险较高的行业,环境指标的权重可能会被显著提高,而在某些以人力资源为核心的行业,社会指标的权重则可能更为重要。权重设定的依据通常基于行业最佳实践、历史数据分析及专家意见等。合理的权重设定能够确保评级结果更加贴合企业实际表现,并为投资者提供有用的决策参考。

（二）ESG评级的提升

在当今商业环境中，提升ESG评级对于企业发展来说不容忽视。提升ESG评级一个系统性工程，需要企业在多个方面进行持续努力。

1. 加强ESG信息披露

信息披露的透明度是企业提升ESG评级的基础。企业应当主动、全面地披露与环境、社会和治理相关的数据和信息，以便利益相关者能够全面了解企业的可持续发展状况。企业需要依据评级要求、相关报告指引规范开展信息披露，重点回应评级机构关注议题，通过结构化的ESG报告回应评级机构需求增强信息披露的质量和频率，不仅可以提升企业的可信度，而且能够促进投资者的理性决策。此外，利用现代信息技术，如区块链和大数据分析，可以提升信息披露的准确性和实时性，从而进一步增强ESG信息透明度（德勤，2021）。

2. 提高ESG管理水平

提高ESG管理水平是企业提升ESG评级的根本途径。企业应当建立健全ESG管理体系，将ESG因素纳入日常运营和战略决策中。例如，企业可以通过设立专门的ESG部门或聘请ESG顾问来确保管理措施的有效实施。此外，制定明确的ESG目标和绩效指标，以便定期评估和报告进展情况。通过持续的培训和文化建设，提升员工对ESG理念的认知和参与度，使全员都能够理解和践行企业的可持续发展战略。

3. 持续改进与监测

企业需要正确对待ESG评级机构的评级结果。针对评级结果补齐短板，调整语言以适应资本市场阅读习惯。最为重要的是，企业需要构建一套完善的持续改进与监测体系，定期对ESG政策的执行效果进行客观评估，密切监测ESG目标的进展情况。从ESG管理、管治架构、管理制度、战略规划、行动目标等方面进行整体提升，并根据实际情况进行灵活调整与优化，以确保ESG管理的持续性与有效性。

（三）ESG评级的现存问题

尽管ESG评级在推动企业可持续发展方面发挥了重要作用，但其在实施过程中仍面临一系列挑战，主要包括评级标准缺乏权威性、国际ESG评级标准无法兼容本土特色以及缺少行业针对性等问题。

1. ESG评级标准缺乏权威性

目前，全球范围内缺乏统一、权威的ESG评级标准，导致各评级机构在评估企业的ESG表现时采用不同的方法和指标。这种缺乏一致性的问题可能导致企业在不同评级机构之间的评级结果差异显著，使得投资者在评估企业时面临困惑。此外，部分评级机构由于缺乏透明度和独立性，可能导致评级结果的公信力受到质疑，进而影响投资者的决策。为了提高评级方法学的权威性和可信度，亟需引导并整合市场现存的ESG评级机构，推动各评级机构之间在方法学和数据采集上的合作，确保评级结果的一致性和可比性，形成权威统一的评级体系。同时，为了保证评级过程的公正和透明，需要建立明确、透明的评级标准以及操作流程，提高可信度。

2. 国际ESG评级标准无法兼容本土特色

许多国际ESG评级标准在制定时未充分考虑不同国家和地区的具体经济、社会和环境背景。这种“通用标准”的实施可能无法准确反映本土企业在ESG方面的实际表现。例如，某些国家在环境保护方面的法律法规与其他国家存在显著差异,使得国际标准无法适用于这些国家的企业。因此,企业在依赖国际评级标准时,可能无法真实地反映其在本土市场的表现,从而影响其 ESG 评级的有效性和可靠性。相比欧美市场,我国 ESG 评价体系依旧处于探索期。而海外机构的评价体系不完全适用于国内,不能完全照搬。为更好地适应我国国情和各行业的发展状况,需要在现有的 ESG 评价标准中进行有针对性的调整,将碳达峰、碳中和、乡村振兴和共同富裕等我国当前重要的发展目标融入评价体系。

3. ESG 评级标准缺少行业针对性

许多 ESG 评级标准未能充分考虑不同行业的特性和需求,导致一些行业的企业在评级中受到不公平的对待。例如,制造业和服务业在 ESG 表现上面临的挑战和机会显著不同,然而目前的评级标准往往采用统一的指标体系,这可能无法准确反映各行业的实际情况。针对性不足的标准不仅降低了评级的有效性,而且使得行业内的企业在追求 ESG 表现时缺乏明确的方向和指标。

第三节　ESG 鉴证的方法与实践

一、ESG 鉴证的概述

随着 ESG 披露标准的不断完善,如何有效确保并持续优化企业 ESG 报告披露的信息质量,成为全球 ESG 发展进程中的重要课题与企业经营者需要直面的挑战。ESG 鉴证作为一项重要的中介服务,正逐渐成为企业实现可持续发展、提升品牌形象和赢得投资者信任的重要工具。随着市场对 ESG 信息需求的进一步增加,以及相关法规的完善,ESG 鉴证将迎来更广阔的发展前景。

(一) ESG 鉴证的发展

ESG 鉴证是指独立第三方鉴证机构对企业所发布的 ESG 报告中披露的信息与数据进行追溯与交叉验证,随后基于独立第三方视角并依据特定鉴证标准,为 ESG 报告的准确性、可靠性和真实性提供包含"合理保证"与"有限保证"在内的不同程度的鉴证保证,并陈述相应的鉴证结论。ESG 鉴证的主要目标是提高企业在 ESG 领域的透明度和可信度,确保企业的 ESG 信息真实、准确,并符合相关标准和规范,以增强各利益相关方对企业 ESG 报告的信任度。

早期的 ESG 信息披露主要是自愿性质,企业自行选择是否公开其在环境和社会责任方面的表现。然而,随着投资者对可持续投资的兴趣日益增长,尤其是在 2010 年后,全球范围内对 ESG 信息的需求显著增加。为了满足市场需求,越来越多的企业开始寻求第三方鉴证,以增强其 ESG 报告的可信度。

近年来,随着全球对气候变化和社会责任问题的重视,ESG 鉴证也逐渐被纳入法律法规的框架中。在一些国家,企业在进行 ESG 信息披露时,必须提供相应的鉴证,以符合监管要求。此外,国际标准化组织(ISO)和全球报告倡议(GRI)等机构也开始制定相应的标准以指导 ESG 鉴证的实施。这些标准的制定,推动了 ESG 鉴证市场的规范化和专业化发展。

随着 ESG 投资理念的普及，ESG 鉴证不仅限于企业的年度报告，而且扩展到其他多种形式的信息披露中，例如专项报告、碳排放报告等。ESG 鉴证的实践者也不断扩大，从传统的会计师事务所到专门的可持续发展咨询公司，乃至学术机构等多元化的服务主体，都参与到 ESG 鉴证的过程中。当前，ESG 报告与信息的强制性鉴证要求已是大势所趋。企业需要在监管趋严的背景下，同步观察到以投资者为代表的利益相关方对可信、可靠、可比的 ESG 信息与数据的强烈需求以及对 ESG 报告鉴证的偏好，积极考虑委托独立第三方专业鉴证机构开展 ESG 报告鉴证。

（二）ESG 鉴证的意义

1. ESG 鉴证对企业的意义

ESG 鉴证对企业的意义主要体现在以下几个方面：

首先，ESG 鉴证增强了企业 ESG 报告的可信度。通过第三方的独立鉴证，企业能够向投资者和公众展示其在环境、社会责任和公司治理方面的真实表现，这有助于提升企业的信誉和形象。在一个信息不对称的市场中，透明的信息披露是赢得投资者信任的关键。

其次，ESG 鉴证有助于企业识别和管理潜在的风险。通过系统性的 ESG 评估，企业可以发现自身在可持续发展方面的弱点和风险，从而制定相应的改进措施。这种预警机制不仅有助于降低财务风险，而且能提高企业的长期可持续发展能力。

最后，ESG 鉴证能够提升企业的竞争优势。在全球范围内，投资者对可持续投资的重视程度日益增强，企业若能够展示其良好的 ESG 表现，往往会在融资、市场推广等方面获得更多的机会。这不仅有助于企业吸引投资，而且能够增强客户的忠诚度。

2. ESG 鉴证对资本市场的意义

从市场的角度来看，ESG 鉴证的意义同样深远：

首先，ESG 鉴证促进了市场的透明性和效率。通过对企业的 ESG 信息进行独立鉴证，市场参与者能够获得更准确和全面的信息，从而作出更明智的投资决策。这种信息的透明性能够减少市场的不确定性，提高资本配置的效率。

其次，ESG 鉴证推动了可持续投资的增长。随着投资者越来越关注企业的可持续性表现，市场对 ESG 数据和信息的需求持续增加。ESG 鉴证作为一种确保信息真实性和可靠性的手段，能够进一步促进可持续投资的发展。这种趋势不仅对投资者有利，而且能促使企业采取更负责任的商业实践。

最后，ESG 鉴证为政策制定提供了基础。政府和监管机构在制定可持续发展政策时，往往需要依赖于准确的 ESG 数据和信息。ESG 鉴证能够为这些政策提供数据支持，帮助监管机构评估市场整体的可持续性水平和企业的合规性。

二、ESG 鉴证的标准

和财务审计工作必须遵循恰当准则一样，独立第三方专业鉴证机构在开展 ESG 报告鉴证工作时也需遵循相应的鉴证标准。ESG 鉴证标准帮助确保 ESG 信息的透明度和可靠性。以下是国际和国内主要的 ESG 鉴证标准。

（一）国际 ESG 鉴证标准

1. 国际鉴证业务标准（International Standard on Assurance Engagements，ISAE）

国际鉴证业务标准（ISAE）是由国际审计与鉴证准则理事会（International Auditing and Assurance Standards Board，IAASB）发布的 ESG 鉴证标准，为 ESG 鉴证提供了框架。

ISAE 标准旨在为审计师和鉴证师提供一致的指导，确保其在进行非财务信息鉴证时能够遵循专业规范和伦理标准（IAASB，2013）。《国际鉴证业务准则第 3000 号（修订版）》（ISAE 3000）标准是该系列中的关键部分，涵盖了审计师在鉴证非财务信息（包括 ESG 报告）时应遵循的程序和要求。这一标准强调了风险评估、证据获取及报告的透明性，确保最终的鉴证报告能够公正、客观地反映企业在可持续发展方面的表现。

2. AA1000 审验标准（Account Ability 1000）

AA1000 审验标准也是国际上常见的鉴证标准。AA1000 系列标准由国际社会责任标准委员会发布，旨在增强企业在社会、环境及经济领域的责任和透明度。AA1000 标准特别关注利益相关者的参与和信息的可持续性，强调在 ESG 报告中包含利益相关者的反馈和观点（Account Ability，2018）。AA1000AS（Account Ability Assurance Standard）是该系列中的一个重要标准，提供了一套框架来评估和验证组织在可持续发展方面的表现。这一标准不仅涉及数据的准确性和完整性，而且要求企业在报告中体现对利益相关者的责任感和参与度。该类鉴证标准有中度保证和高度保证两个主要保证级别，此外还设有第一类型和第二类型两个二级级别，对保证程度进行进一步的划分。

3. 可持续报告鉴证标准（ISSA 5000）

国际审计与鉴证准则理事会（IAASB）于 2023 年 8 月正式公布可持续报告总体鉴证准则——《可持续报告鉴证标准》（ISSA 5000）征求意见稿并随即在全球范围内展开意见咨询。符合公众利益的全球可持续报告鉴证基线标准建设工作正在加速推进，ESG 报告与信息的强制性鉴证要求已是大势所趋。可持续报告鉴证标准（ISSA 5000）由国际可持续发展标准委员会（ISSD）制定，专门用于评估企业在可持续发展报告方面的表现。ISSA 5000 标准为鉴证机构提供了关于如何进行可持续发展报告的全面框架，包括信息披露、数据的完整性及报告的透明度（ISSD，2020）。这一标准强调了通过第三方鉴证来提高可持续报告的可信度，鼓励企业对其社会和环境影响进行更全面的评估。

（二）国内 ESG 鉴证标准

1. 企业 ESG 报告鉴证指南

《企业 ESG 报告鉴证指南》是国内首个 ESG 鉴证标准。《企业 ESG 报告鉴证指南》标准由中国质量认证中心牵头编写、中国企业改革与发展研究会发布，是我国首个针对 ESG 报告鉴证的标准，不仅填补了国内在这一领域的空白，更为企业 ESG 信息的透明化、标准化提供了可操作、可衡量的框架。标准不仅为第三方机构提供科学、规范的鉴证工作指南，而且为企业编制高质量的 ESG 报告提供有效的指引，以此增强投资者信心，推动 ESG 投资的健康发展。《企业 ESG 报告鉴证指南》不仅是对现有 ESG 实践的总结与提升，更是对未来可持续发展路径的前瞻布局，具有深远的意义。

2. ESG 报告鉴证方法学指引

国内 ESG 鉴证正处于飞速发展的阶段，许多 ESG 中介机构也为 ESG 鉴证标准的建立作出积极尝试。如方维致远研究国际联合工作小组编写了《ESG 报告鉴证方法学指引》。方维致远 ESG 报告鉴证考虑企业所在地政府对于可持续发展领域的政策导向以及企业的规模、企业所处行业，创建了一个用于 ESG 报告鉴证和 ESG 报告评价的框架。方维致远 ESG 报告鉴证保持对上市公司信息披露进行系统性、常态化监测，并建立了一套完整的 ESG 行业数据库，包括对企业重大媒体事件的关注、投资者沟通部门的信息发布情况等。企业 ESG 报告鉴证将作为印证披露水平的重要依据。

综上，这些 ESG 鉴证标准提供了结构化的框架，以确保其在环境、社会和治理方面的表现得到客观、独立的验证。通过遵循这些标准，企业能够提高其 ESG 报告的透明度和可信度，从而增强投资者和公众的信任。随着市场对 ESG 信息需求的增加，采用这些标准进行鉴证将成为企业提升其社会责任和可持续性形象的重要途径。

三、ESG 鉴证的实践

（一）ESG 鉴证实务

ESG 报告鉴证工作的一般流程包括：被鉴证组织报告信息收集、商务磋商、签订合同、鉴证准备、鉴证执行、报告修正、签发鉴证声明。ESG 鉴证采用的技术方法主要包括定性评估和定量评分两种。二者相辅相成，为企业提供了全面的 ESG 表现评估框架。

1. 定性评估

定性评估是 ESG 鉴证中不可或缺的一部分，主要侧重于对企业在环境、社会责任和治理方面的战略、政策和实践进行深度分析。这种评估通常涉及专家访谈、文献分析和案例研究等方法，旨在了解企业在 ESG 方面的管理水平及其决策过程。定性评估的优势在于它能够捕捉到那些数字指标无法体现的细微差别和复杂性。例如，专家通过分析企业的 ESG 政策文件和管理流程，可以判断其是否遵循了相关的最佳实践，以及其在利益相关者参与和透明度方面的表现（KPMG，2020）。此外，定性评估也注重对企业文化和价值观的考量，这些因素常常影响企业在 ESG 领域的决策。例如，企业在环境保护和社会责任方面的承诺，往往反映了其核心价值观。通过这样的分析，鉴证机构可以提供更加深入的洞察，帮助企业识别潜在的风险和机遇。

2. 定量评分

与定性评估相比，定量评分侧重于通过具体的指标和数据来评估企业在 ESG 方面的表现。这种方法通常涉及使用特定的评分模型，依据企业在各个 ESG 维度上的表现打分。定量评分可以使用诸如碳排放量、员工满意度调查结果、社会影响投资等数据来进行量化分析。定量评分的优势在于其客观性和可比较性，使得不同企业之间的 ESG 表现可以直接进行对比。许多鉴证机构和评级机构使用标准化的评分模型，确保评分过程的透明度和一致性。例如，评分可能包括环境绩效指标（如能耗和废物管理）、社会绩效指标（如社区参与和人权政策）和治理绩效指标（如董事会结构和透明度）等。

通过将定性评估与定量评分结合，ESG 鉴证能够为企业提供全面、系统的评估结果。这不仅有助于企业识别自身在 ESG 领域的优势和不足，而且能够指导其制定更有效的可持续发展战略。此外，结合这两种方法的综合评估，可以提高 ESG 信息的可信度和可操作性，使得企业更好地满足投资者和利益相关者的期望。

（二）ESG 鉴证有效性的提升

1. 提高 ESG 信息披露质量

杜绝虚假的 ESG 鉴证需要从企业自身入手。企业披露的 ESG 信息是 ESG 鉴证的对象，直接关系 ESG 鉴证的有效性。企业应完善内部 ESG 建设的顶层规划，将 ESG 纳入公司文化建设和机制设计，通过领导层、管理层、执行层的合作推动公司 ESG 实践，提高公司的可持续发展能力与品牌形象。同时企业应提高 ESG 信息披露的透明度和质量，抓住舆论导向的主动权，通过与利益相关方的沟通过程改进 ESG 行动和 ESG 信息披露。只有真实有效的 ESG 行动和完整透明的 ESG 信息披露，才能最终确保 ESG 鉴证的有效性。

2. 按需选择 ESG 鉴证机构

企业选择何种 ESG 鉴证服务提供方，在很大程度上也会影响 ESG 鉴证的有效性。首先，企业要积极开展 ESG 报告鉴证，以增强 ESG 报告的可信度。借助 ESG 鉴证机构的经验，企业也能够有效提升自身的 ESG 管理水平。其次，不同的 ESG 鉴证机构有不同的侧重点，企业要根据自身特点和需要进行选择。例如，在专业背景方面，会计师事务所通常具备财务审计的专业背景；咨询公司则拥有丰富的行业经验，能够从战略层面进行深入分析；独立第三方机构则以其独立性和对社会责任的关注而著称。会计师事务所的报告由于其专业性，通常具有较高的可信度；咨询公司虽然也有专业性，但因其顾问性质，其报告的客观性可能受到质疑；独立第三方机构则因其中立性也受到市场的广泛认可。

（三）ESG 鉴证的现存问题

尽管 ESG 鉴证在企业和市场中日益受到关注，但在实践过程中仍然面临诸多问题。这些问题影响了 ESG 鉴证服务的推广，从而制约了其在可持续发展目标实现过程中的作用。

1. ESG 鉴证标准不统一

当前，ESG 鉴证的标准尚未形成统一的体系，这导致各类机构在进行鉴证时采用的标准差异较大。例如，不同的会计师事务所和咨询公司可能会基于各自的内部标准或市场需求制定不同的鉴证标准，这给企业和投资者带来了困扰。缺乏统一标准的现状使得企业在披露 ESG 信息时可能面临不一致的要求，进而影响信息的可比性和透明度。此外，国际标准差异也加大了跨国企业在全球运营中面临的挑战，企业可能需要同时遵循多个地区的标准，增加了合规成本。

2. ESG 鉴证服务不规范

尽管市场上涌现出大量提供 ESG 鉴证服务的机构，但其服务质量和规范性参差不齐。一些小型或新兴的机构在缺乏经验和专业知识的情况下，可能提供低质量的鉴证服务，无法满足企业和市场对高标准的需求（普华永道，2021）。这种服务不规范的现象，可能会导致企业的 ESG 报告缺乏可信度，影响投资者的决策。此外，部分机构为了追求业务量，可能会降低鉴证的严格性，进而影响整体市场的信任度。

3. 企业参与 ESG 鉴证的意愿不强

许多企业在进行 ESG 鉴证时存在观望态度，参与的意愿不强。这种情况主要源于几个方面。首先，一些企业对 ESG 鉴证的认识不足，缺乏对其重要性的深刻理解，认为这只是一个附加的负担，而非提升企业形象和投资者信任的有效手段。其次，鉴证过程中的成本和资源投入也是企业考虑的重要因素。特别是对于中小型企业而言，ESG 鉴证的费用可能较高，进而抑制其参与意愿。最后，缺乏激励机制也使得企业不愿意主动进行 ESG 鉴证。一些研究表明，政策的支持和激励措施能够显著提升企业参与 ESG 鉴证的积极性。

当前，ESG 鉴证实践中存在的这些问题的解决亟待行业、政府及相关组织的共同努力。各方应积极参与推动 ESG 鉴证的规范化和标准化，提升其在可持续发展中的作用。只有通过改善这些现状，才能真正提升 ESG 信息的透明度，促进实现可持续发展目标。

中国之路 国有企业应积极参与中国ESG评级体系建设

由中国社会责任百人论坛、中国交通建设集团有限公司和中国国新控股有限责任公司联合主办的“ESG中国论坛2021夏季峰会”于2021年7月21日在京召开。时任国务院国资委秘书长彭华岗在开幕致辞中表示，国务院国资委已将ESG纳入推动企业履行社会责任的重点工作，国有中央企业和地方企业要在ESG体系建设汇总中发挥表率作用。

彭华岗指出，ESG评级是ESG体系建设的关键环节，中国亟待构建接轨国际、符合国情的ESG评级体系。国务院国资委将推动立足中国经济社会全局、顺应全球发展趋势的ESG评级体系建设。国有企业应正确认识ESG评级，积极参与中国ESG评级体系的建设。

他指出，中国ESG评级总体起步较晚，影响力还较为欠缺。随着外资评级机构不断扩大对A股上市公司的评级范围，国外评级方法在中国的适用性问题日益凸显，国外ESG评级结果可能偏离中国企业特别是国有企业的真实社会价值（如关联交易、脱贫攻坚、新农村建设）。因此，中国急需构建ESG评级体系，为国内外投资者开展ESG投资提供基准参考。

在彭华岗看来，中国ESG评级体系建设需考虑三个层面。第一，要立足中国经济社会发展大局，体现新发展理念。要充分考虑碳达峰碳中和的战略要求、乡村振兴的宏伟布局等中国议题，让ESG评级助力中国经济社会高质量发展。

第二，要顺应全球趋势，吸收借鉴国际先进经验和专业共识。让中国的ESG评级接轨国际前沿，促进中国ESG评级与国外ESG评级的互认。

第三，要考虑ESG发展阶段，兼具现实性与前瞻性。构建ESG评级体系，既要充分考虑不同发展阶段、不同规模、不同行业的特殊性，也要进行全局性谋划和前瞻性思考。

思考：我国国有企业的ESG评级体系有何独特性？

拓展阅读 北京化工大学助力石油和化工行业ESG工作

石油与化工产业是国民经济发展的基础产业和支柱产业，在推动经济高质量发展、服务国家战略、促进产业升级、改善国计民生等方面发挥着重要作用，其可持续发展对于我国经济社会的绿色发展具有重要的意义。

2022年11月1日，中国石油和化学工业联合会主办的“推进石油和化工行业ESG工作启动会”在北京举行。时任国务院国资委秘书长彭华岗、中国石油和化学工业联合会党委书记李云鹏、生态环境部综合司副司长张华平、北京化工大学副校长雷涯邻等领导出席活动并讲话。中石油、中石化、中海油、中国中化、国家能源集团、中国化学工程集团等中央企业相关负责人，中国石油和化学工业联合会领导和相关部室负责人，中国化工环保协会等专业协会负责人和新华网等媒体代表参加了启动会。雷涯邻副校长代表北京化工大学与中国石油和化学工业联合会签约，充分发挥北京化工大学的学科和人才队伍优势，在ESG标准与指数编制、蓝皮书编制、优秀案例选评、数据库建设、培训教育、成果发布等方面开展合作，共同推进石油和化工行业ESG工作，促进石化行业绿色低碳转型发展，共建美丽家园。

北京化工大学根据中国石油和化学工业联合会委托，联合中国化工环保协会以及中石油、中石化、中海油等行业央企、地方国企、大型民企以及外资企业，立足于石油化工行业的客观条件和特点，综合考虑企业的实际能力和需求，充分吸纳国际、国内多个标准的基本方法和框架体系以及国内政策法规的相关要求，编制了《石油化工企业社会环境治理（ESG）披露指南》（T/CPCIF 0330-2024）及配套的《石油化工企业社会环境治理（ESG）披露评价规范》（T/CPCIF 0331-2024）团体标准。该标准于 2024 年 3 月 1 日发布，2024 年 6 月 1 日实施，旨在为企业提供可行的行业披露核心框架，并对行业披露水平进行科学有效评价。

2024 年 11 月 27 日，北京化工大学和中国石油和化学工业联合会等机构在第七届石油和化工行业绿色发展大会共同发布《中国石油和化工行业环境、社会责任与公司治理评价报告（2023）》，获得行业企业高度关注。北京化工大学经济管理学院刘学之教授向与会嘉宾介绍了石油和化工行业在 ESG 实践的现状和挑战，汇报了《报告》的编制过程、评价标准、评价体系和主要发现及建议等。《报告》显示，截至 2024 年 8 月 31 日，共有 217 家石油化工企业发布了 ESG 相关报告，占全行业上市公司（沪深京股市共计 550 家）的 39.5%，较 2023 年增长 10.7%，涌现出中国石化、万华化学等一批 ESG 的积极践行者和示范引领者，在推进节能减排、“双碳”目标、公益慈善、乡村振兴等方面做了大量工作，全行业 ESG 报告平均得分较 2023 年增加 12 分，为行业绿色发展作出了重要贡献。

思　考　题

1. ESG 服务市场是如何形成的？
2. ESG 服务包括哪些？
3. 为什么要进行 ESG 评级？
4. 如何看待不同的 ESG 评级标准？
5. 如何理解 ESG 鉴证工作？

练　习　题

一、单项选择题

1. ESG 服务市场的服务主体不包括（　　）。

A. 咨询公司　　　　B. 评级机构

C. 会计师事务所　　D. 制造企业

2. ESG 评级中，环境部分会关注（　　）。

A. 员工福利和劳动权益　　B. 碳排放和资源利用效率

C. 董事会结构和管理层激励　　D. 法律法规遵守和反腐败

3. 下列是 ESG 评级重要应用场景的有（　　）。

A. 企业内部培训　　B. 投资者决策

C. 产品设计　　D. 市场营销

4. ESG 评级中，社会部分会关注（　　）。

A. 碳排放和资源利用效率　　B. 员工福利和劳动权益

C. 董事会结构和管理层激励　　D. 法律法规遵守和反腐败

5. ESG 鉴证通常由（　　）类型的机构提供。

A. 咨询公司　　B. 评级机构

C. 会计师事务所　　D. 政府部门

二、多项选择题

1. 下列是 ESG 服务主要内容的有（　　）。

A. ESG 报告编制咨询　　B. ESG 鉴证

C. ESG 评级　　D. 产品设计

2. ESG 评级的主要组成部分有（　　）。

A. 环境　　B. 社会

C. 公司治理　　D. 经济效益

3. ESG 评级中，环境部分主要关注（　　）。

A. 碳排放和资源利用效率　　B. 员工福利和劳动权益

C. 生物多样性和生态保护　　D. 污染治理和环境管理

4. ESG 评级中，社会部分主要关注（　　）。

A. 员工福利和劳动权益　　B. 消费者保护

C. 社区关系和公益活动　　D. 法律法规遵守和反腐败

5. ESG 评级中，治理部分主要关注（　　）。

A. 董事会结构和管理层激励　　B. 内部控制和风险管理

C. 法律法规遵守和反腐败　　D. 财务透明度和信息披露

三、判断题

1. ESG 中介服务的内容包括 ESG 报告编制、鉴证、评级和咨询服务。（　　）

2. ESG 鉴证服务可以提高 ESG 报告的可信度。（　　）

3. ESG 中介服务的提供者只能是国内机构，国际机构无法提供此类服务。（　　）

4. ESG 评级中，社会部分主要关注企业的财务表现。（　　）

5. ESG 鉴证的过程不需要第三方机构的参与。（　　）

第九章　ESG投资市场

学习目标

1. 掌握ESG投资的概念；
2. 掌握ESG投资的理念与原则；
3. 熟悉ESG投资的产品；
4. 了解ESG投资市场参与主体及相关实践现状。

导引案例

华夏银行成为国内首家提出自身碳中和目标的银行

2021年5月13日，华夏银行正式提出2025年前实现自身碳中和的目标，早于中国整体碳中和目标三十五年。第一，深化国际合作，引入低成本资金和先进低碳理念，助力低碳发展。第二，将ESG理念纳入投资业务核心策略，完成全面ESG融合工作，自主研发ESG评价和数据体系，对各类资产实现打分全覆盖。自发行中国市场首只ESG理财产品后，华夏银行持续跟进ESG理财产品布局，截至2021年3月末已发行ESG系列理财产品44只，管理规模超过230亿元，规模处于国内领先水平。第三，加强气候风险管理，将环境和社会风险管理纳入授信业务全流程，完善环境风险识别及管理制度，开展环境风险压力测试，增强银行应对环境气候变化风险的能力。

资料来源：北京市国资委官网，2021年5月14日。

思考：以华夏银行为例，我国银行业如何协调践行ESG投资？

第一节　ESG投资概述

一、ESG投资及相关概念

（一）ESG投资的概念

ESG投资，即在投资研究实践中融入ESG理念，在基于传统财务分析的基础上，通过环境、社会和治理三个维度考察企业中长期发展潜力，希望找到既创造股东价值又创造社会价值、具有可持续成长能力的投资标的。

国内外代表性的组织机构和专家学者们对 ESG 投资定义的阐释如表 9-1 所示。

表 9-1　**不同 ESG 投资定义的比较分析**

机构/专家	定　义	分　析
联合国全球契约组织（UNGC）	ESG 投资即投资者在投资决策中通过观测企业在环境保护、社会责任、公司治理方面的绩效来评估投资对象在履行社会职责、可持续发展等方面的贡献，从而决定自身的投资行为	联合国全球契约组织（UNGC）在 2004 年首次正式提出“ESG”这一专有名词，并在 2006 年联合国负责任投资原则（PRI）组织的报告中做了进一步的梳理和阐述。该定义从联合国层面强调了 ESG 投资对于推动全球可持续发展的重要性，体现了国际组织对于企业社会责任和可持续发展的关注，推动了 ESG 投资在全球范围内的发展
CFA 协会	ESG 投资是一种资产管理的方法，指投资者明确地将考虑环境（E）、社会（S）和治理（G）因素纳入投资决策过程中，同时考虑投资组合的长期回报	该定义明确指出 ESG 投资是一种资产管理方法，强调投资者需将 ESG 因素纳入投资决策，并关注投资组合的长期回报，突出了 ESG 投资与传统投资在决策因素和目标上的区别，为投资者提供了一个较为明确和可操作的框架，使其在追求经济利益的同时，兼顾环境和社会价值
中国政府	在中国政府相关政策文件（如“十四五”规划等）中虽未明确提及 ESG 投资的定义，但均体现了对经济社会全面绿色转型、可持续发展等相关要求，与 ESG 投资理念相契合	中国政府层面更注重 ESG 投资对于推动经济社会可持续发展的作用，通过政策引导，促使投资者关注企业的非财务表现，推动企业在环境、社会和治理方面的改进，以实现经济高质量发展和社会和谐稳定，体现了政府在宏观层面对于资源配置和经济结构调整的引导作用

（二）ESG 投资与相关概念的比较

与 ESG 投资定义相近的概念主要有“社会责任投资”“可持续投资”“影响力投资”“绿色投资”和“气候投资”等。

社会责任投资（SRI）是一种将投资者的社会价值观与投资决策相结合的投资方式。它要求投资者在选择投资对象时，不仅要考虑财务回报，而且要考虑企业在社会和环境方面的表现。投资者会基于自己的道德、宗教或社会理念，避免投资于那些对社会或环境有负面影响的行业或企业，如烟草、酒精、赌博和军火等。同时，也会积极寻找在社会责任履行方面表现出色的企业，例如在员工权益保护、社区发展、环境保护等方面有突出贡献的企业。社会责任投资还包括通过股东行动主义，即投资者利用股东权利促使企业改善其社会和环境行为。

可持续投资强调的是在经济、社会和环境三个层面实现可持续发展的投资理念。从经济层面看，可持续投资关注投资对象的长期盈利能力和财务稳定性，确保投资能够持续创造价值。在社会层面，注重投资对社会公平、就业、人权等方面的积极影响，例如投资能够提供良好工作条件、促进社会包容的企业。环境层面则侧重支持那些有助于保护自然资源、应对气候变化、减少污染的投资项目，如可再生能源、生态保护等领域的投资，以实现经济、社会和环境效益的平衡和长期可持续性。

影响力投资是一种旨在产生可衡量的社会和环境效益，同时获取财务回报的投资方式。

9

投资者在投资前明确设定想要达成的社会或环境目标，如改善贫困地区的教育、医疗条件，或者推动可持续农业发展等。投资过程中，通过特定的指标和评估方法来衡量投资所产生的实际影响力，如服务的受益人数、贫困程度的减轻、碳排放的减少量等。影响力投资对财务回报的要求相对灵活，可能低于市场平均水平，但也期望在实现社会和环境目标的过程中获得一定的经济收益，其核心在于通过投资创造积极的、可量化的社会和环境变化。

绿色投资主要聚焦于环境保护和可持续资源利用相关的领域。它包括对可再生能源（如太阳能、风能、水能、生物能等）的投资，旨在推动能源转型，减少对传统化石能源的依赖。还涉及节能环保产业，如投资于高效节能设备的研发和生产、污染治理技术（废水处理、废气净化等）的应用。此外，绿色投资也涵盖生态系统保护与修复项目，如森林再造、湿地恢复等，通过这些投资促进生态环境的改善和生态系统服务功能的提升。

气候投资是专门针对应对气候变化而进行的投资活动。它主要包括减少温室气体排放的投资（如低碳能源技术研发、工业节能减排改造等）和适应气候变化影响的投资（如建设防洪设施、开发抗旱农作物品种等）两个方面。例如，投资于碳捕获和储存技术，以减少能源生产过程中的碳排放；投资于沿海地区的防洪堤坝建设，增强当地对海平面上升和风暴潮等气候变化后果的抵御能力。

如表 9-2 所示，“社会责任投资”“可持续投资”“影响力投资”“绿色投资”和“气候投资”五个概念与 ESG 投资理念同源、目标一致并相互交融，但侧重点有所不同。

表 9-2　ESG 投资与相关概念的联系与区别

<table>
<tr><th>相关概念</th><th>联　系</th><th>区　别</th></tr>
<tr><td>ESG 投资</td><td rowspan="3">① 理念同源：这些概念和 ESG 投资都源于对传统投资理念的拓展，都认识到企业活动和投资决策对社会和环境产生的影响不应被忽视，并且都强调在追求经济利益的同时，要兼顾社会和环境效益，以实现更全面、可持续的发展
② 目标一致：它们都致力于引导资本流向对社会和环境有益的企业和项目，促进企业改善其在环境、社会和治理方面的行为，推动经济向更可持续的方向转型。例如，无论是 ESG 投资还是其他相关概念下的投资，都倾向于支持那些积极应对气候变化、注重员工福利和拥有良好公司治理结构的企业
③ 相互交融：在实际应用中，这些概念之间的界限并非绝对清晰，它们相互借鉴和融合。例如，ESG 投资策略可能会借鉴社会责任投资中的负面筛选方法，或者参考影响力投资的影响力衡量指标来完善自身的评估体系。同时，其他投资概念也在不断吸收 ESG 投资的综合评估框架，使其投资决策更加科学和全面</td><td>从环境、社会和治理三个相对平衡的维度对企业进行综合评估。它更关注企业在这三个方面的整体表现和长期价值创造能力，通过将 ESG 因素融入投资决策过程，全面衡量企业的可持续发展潜力</td></tr>
<tr><td>社会责任投资</td><td>侧重于投资者的道德和社会价值观的体现，主要依据投资者对社会正义、伦理道德的判断来筛选投资对象。它对社会因素的考量相对更直接，对环境和公司治理的关注可能相对较窄，并且投资决策往往基于对某些行业或行为的价值判断进行排除或选择</td></tr>
<tr><td>可持续投资</td><td>强调经济、社会和环境的可持续性平衡，更注重从宏观层面考虑投资对象的长期、整体的可持续发展能力。虽然也涉及环境、社会和经济等多个方面，但相较于 ESG 投资，它更关注投资如何在更广泛的经济、社会和环境系统中实现可持续性，对经济因素的考量可能更为突出</td></tr>
</table>

续　表

相关概念	联　系	区　别
影响力投资		突出投资所产生的可衡量的社会和环境影响力，在投资前会明确设定具体的社会或环境目标，并在投资过程中重点关注这些目标的实现情况。与 ESG 投资相比，影响力投资对财务回报的要求相对更灵活，更强调通过投资实现特定的社会或环境成果，对投资项目的社会和环境影响力评估更为细致和严格
绿色投资		主要聚焦于环境保护和可持续资源利用领域，重点关注投资项目对环境保护的直接贡献。它对社会和治理因素的考量相对较窄，主要目的是推动绿色产业的发展，促进环境保护和应对气候变化
气候投资		专门针对气候变化领域，主要关注投资项目在减少温室气体排放和适应气候变化方面的作用。与 ESG 投资相比，气候投资的范围更窄，主要围绕气候变化这一特定主题展开，而 ESG 投资中的环境维度包含但不限于气候变化相关内容，还涉及自然资源利用、污染防治等多个方面

二、ESG 投资的理念与原则

不同于传统投资决策，ESG 投资理念与原则为投资者照亮了一条兼顾经济回报与社会及环境责任的崭新道路。它不再局限于短期的利润追逐，而是着眼于企业的长期可持续发展能力，深入剖析企业在环境、社会和治理三个关键维度的表现。通过对这些理念与原则的深入探究，投资者能够更好地理解如何在复杂的市场环境中筛选出真正具有潜力和价值的投资标的。

（一）ESG 投资理念

ESG 投资理念是一种融合了环境（E）、社会（S）和治理（G）因素的综合性投资理念，代表着投资领域对于可持续发展和社会责任的深度关注。

1. 环境理念

（1）聚焦气候变化应对举措。在全球气候变暖态势严峻的背景下，ESG 投资的环境理念将企业应对气候变化之策置于关键地位。企业理应确立明晰且具科学性与可行性的碳减排目标，并积极探寻达成目标之径。以钢铁、化工等能源密集型产业为例，其正通过技术创新谋求生产过程中的碳排放削减，诸如采用氢气直接还原铁技术（DRI）替代传统煤炭炼铁工艺，以显著降低二氧化碳排放量。同时，企业需全面评估自身业务面临的气候风险，涵盖因极端天气事件致使生产设施受损的物理风险，以及源于碳税政策、能源转型引发成本攀升的转型风险，并制定与之适配的应对策略，以增强应对气候变化的韧性与适应性。

（2）着眼资源可持续利用实践。此理念着重于企业对各类自然资源的妥善运用与有效保护。在能源领域，企业当致力于提升能源利用效率，竭力减少能源损耗，如数据中心企业可通过优化服务器布局、改良冷却系统等手段降低电力消耗，并逐步提升可再生能源（太阳能、风能、水能等）在能源消费结构中的占比。在水资源利用层面，企业需精准衡量自身水资源利用效率，尤其在水资源匮乏地区，更应积极推行节水举措，如构建工业水循环利用体系，使经处理后的废水得以在生产流程的特定环节循环复用。此外，企业在原材料选用时，应优先考虑可持续来源材料，如经森林认证的木材、再生塑料等，以此降低对原生资源的依赖程度，维护生态平衡与资源的可持续供应。

（3）重视生态系统保护与污染防控作为。企业于生产运营进程中，务必避免对生态系统造成损害，对于处于生态脆弱区域的项目，应审慎规划之后再实施。以矿业企业为例，在开采作业终结后，需积极开展生态修复工程，包括土地复垦与植被恢复等工作，以促进生态系统的自我修复与功能恢复。在污染防治方面，企业应严格把控污染物排放，确保废水、废气及固体废弃物排放符合环境法规标准。例如，化工企业需对废气中的有害化学物质进行高效处理，使其达标排放；电子企业则应妥善处置电子废弃物，防范重金属等有害物质对环境造成污染。借由这些举措，企业能够在生态系统保护与污染防治领域发挥积极效能，这也是ESG投资环境理念所大力倡导的核心要旨。

2. 社会理念

（1）强调员工权益保障与职业发展促进。员工是企业发展的核心要素，ESG投资高度重视企业对员工基本权益的保障。这涵盖构建公平合理的薪酬福利体系，确保同工同酬原则得以切实贯彻。企业应从员工的岗位特性、技能水准与工作绩效等维度制定明晰且透明的薪酬制度，并提供具竞争力的福利待遇，诸如健康保险、带薪休假、员工子女教育扶持等。同时，企业应为员工营造安全健康的工作环境，强化职业健康与安全管理。以建筑行业企业为例，需为员工配备充足的安全防护设备，如安全帽、安全带等，并定期组织安全培训活动，以有效预防工伤事故发生。此外，企业应注重员工职业发展路径规划，为员工提供丰富的培训与晋升机遇。如科技企业可开设涵盖新技术、管理技能等内容的内部培训课程，并构建明确的晋升渠道，激励员工持续提升自我能力与素养，实现个人与企业的协同发展。

（2）注重产品责任履行与消费者权益维护。企业对其产品质量与安全负有不可推卸之责任，应确保产品契合相关质量与安全标准。以食品企业为例，需在原材料采购、生产加工及产品销售全流程中严格执行食品安全法规，实施严格的质量管控措施，以保障消费者的食用安全。在产品设计阶段，企业应考量产品的可持续性特征，如产品的耐用性、可维修性与可回收性。例如，电子产品制造商在设计产品时应注重产品的易拆解性，以便于零部件的回收再利用，减少电子垃圾的产生量，降低对环境的压力。同时，企业应高度重视消费者隐私保护，在数字时代背景下，对于涉及消费者数据收集的企业，需采取强有力的数据安全措施，如数据加密、用户授权等技术手段，防止消费者隐私信息泄露，切实维护消费者的合法权益与信任。

（3）倡导社区参与贡献与社会公益践行。企业应积极主动与所在社区构建良好互动关系，为社区经济繁荣贡献力量。例如，企业于社区设立工厂或分支机构时，应优先吸纳当地居民就业，创造就业岗位，带动社区居民增收致富。同时，企业可通过扶持当地中小企业发展，如采购其产品与服务，促进社区经济的多元化与可持续发展。此外，企业应踊跃参与社会公益活动，如慈善捐赠、志愿服务、灾害救援等。如制药企业在公共卫生事件期间捐赠药品与医疗设备，助力缓解医疗资源紧张局面；零售企业组织员工投身社区志愿服务，关爱孤寡老人、贫困儿童等弱势群体。这些行为彰显了企业的社会责任感与担当精神，也是 ESG 投资社会理念所关注的核心内涵。

3. 治理理念

（1）力推公司治理结构的优化完善。优良的公司治理结构是企业长期稳健发展的基石。ESG 投资着重关注董事会的组成架构与独立性特征，董事会成员应具备多元背景，涵盖不同专业领域、性别、年龄等维度，以汇聚多元视角与丰富经验，为公司决策提供全面且深入的参考依据。独立董事在董事会中应切实发挥实质性监督职能，独立审议公司重大决策事项，防范管理层的利益输送与不当决策行为。例如，独立董事在公司战略规划、高管薪酬核定、关联交易审批等关键事项中应扮演关键制衡角色，确保决策的公正性与合理性。同时，监事会应有效监督公司财务状况与经营活动，保障公司运营遵循法律法规要求并契合股东利益诉求。此外，合理的股权结构也至关重要，应避免股权过度集中引发的决策风险，切实维护中小股东的合法权益，促进公司治理的公平性与有效性。

（2）追求高管薪酬与激励机制的合理构建。高管薪酬设计应与公司业绩及长期战略目标紧密契合。ESG 投资理念倡导企业建立透明化的高管薪酬制度，其薪酬结构应涵盖基本工资、绩效奖金及长期激励部分，如股票期权、限制性股票等。例如，绩效奖金应与公司财务业绩指标（如净利润、资产回报率等）及非财务业绩指标（如 ESG 目标达成状况）相挂钩，促使高管利益与公司长期发展及股东利益实现高度一致。同时，企业应对高管薪酬予以充分披露，使股东及利益相关者明晰薪酬构成与确定依据，有效避免不合理的高薪现象滋生，确保高管薪酬制度的公平性与合理性。

（3）确保商业道德与合规经营的有效践行。企业务必严格遵守国家法律法规与行业规范准则，此乃 ESG 投资治理理念的基本遵循。如金融企业需严守金融监管法规，防范洗钱、内幕交易等违法违规行径；制造业企业应遵循安全生产法规、环保法规等要求。同时，企业应树立良好商业道德风尚，秉持诚信经营原则，杜绝不正当竞争、商业贿赂等不良行为。在市场竞争中，企业应恪守商业契约精神，维护良好市场秩序，塑造积极正面的企业形象，提升企业的市场信誉与公信力。

（4）强化风险管理与内部控制的体系建设。企业应构建完善的风险管理制度，对各类风险进行全面识别、精准评估与有效应对。以金融机构为例，需借助风险模型对信用风险、市场风险及流动性风险进行量化评估，并据此制定相应的风险控制策略，如调整资产组合、增加风险准备金等措施，以增强风险抵御能力。对于非金融企业而言，需对运营风险、供应链风险、技术风险等进行有效管控。同时，企业应加强内部控制机制建设，确保财务报告的真实性与准确性，防范财务舞弊与资产流失风险。例如，企业应建立严格的财务审批流程，对资金支出实施多层级审批；定期对存货进行盘点清查，保障资产的安全完整与有效利用。通过强化风险管理与内部控制体系建设，企业能够显著提升自身运营的稳定性与抗风险能力，这也是 ESG 投资治理理念的重要体现与关键支撑。

（二）ESG 投资原则

ESG 投资遵循一系列重要原则，这些原则共同构成其投资决策与实践的核心框架，不仅有助于投资者作出更明智的决策，而且能引导企业朝着更加环保、社会和治理责任明确的方向发展。

1. 整合原则

ESG 投资要求将环境、社会和治理因素深度融入投资的全流程，与传统财务分析紧密结合。这意味着不能仅仅依赖财务报表来评估投资对象，而要综合考量企业在应对气候变化、资源利用效率、员工权益保障、供应链管理以及公司治理架构等诸多非财务表现，以此来全面衡量企业的真实价值和潜在风险。

2. 长期价值原则

ESG 投资着眼于长远，认识到企业的可持续发展能力才是长期价值的坚实基础。那些积极践行 ESG 理念的企业，在环境治理方面注重节能减排、在社会事务中保障员工和社区权益、在公司治理上结构合理透明，往往能展现出更强的创新活力和抵御风险的韧性，从而为投资者带来持续稳定的回报，而不是局限于短期的财务收益。

3. 风险评估原则

在 ESG 投资框架下，环境和社会因素不再是投资决策的边缘因素，而是被纳入核心风险评估体系。例如，企业可能面临因环境污染引发的巨额罚款、因员工纠纷导致的生产停滞、因治理不善出现的财务造假等风险。通过关注这些非财务风险，投资者能够提前预判并选择那些具备良好风险管理能力的企业，有效降低投资组合的风险。

4. 积极影响原则

这项原则体现了 ESG 投资的社会担当。投资者不仅仅是资本的逐利者，更是社会和环境积极变化的推动者。他们通过资本的力量，激励企业在节能减排、保护自然资源、促进社会公平正义、提升员工福利等方面持续改进，让投资活动成为推动经济、社会和环境和谐共进的有力工具。

5. 透明度与信息披露原则

这项原则是确保 ESG 投资有效性的重要保障。投资机构和被投资企业都需要保持高度透明，及时、准确且完整地披露 ESG 相关信息。对于投资者而言，只有充分了解企业的环境绩效、社会政策和治理结构等关键信息，才能作出科学合理的投资决策；对于企业来说，透明的信息披露机制也能促使自身不断优化 ESG 表现。

6. 利益相关者参与原则

ESG 投资强调企业的发展离不开各方利益相关者的支持。员工、客户、供应商、社区等都是企业重要的利益相关者，ESG 投资鼓励投资机构和企业与他们积极沟通互动。例如，企业在制定重大决策时，充分听取员工对于工作环境改善的建议、客户对于产品质量和社会责任的期望、供应商对于公平合作的诉求以及社区对于企业环保措施的意见，从而实现企业与利益相关者的共同利益最大化。

7. 责任投资原则

这项原则明确了投资者的社会责任。投资者在追求经济回报的同时，必须对投资决策和行为所产生的社会和环境后果负责。这意味着要积极监督被投资企业履行社会责任，推动企业在 ESG 各个维度不断进步，使投资活动成为社会和环境可持续发展的积极助力。

8. 持续学习与改进原则

ESG 投资领域是一个动态变化的领域，随着社会观念的进步、环境法规的完善、治理标准的更新，投资者需要不断学习新的理念、研究最新的标准和应用先进的技术，持续优化自己的投资策略和方法，以适应市场变化和社会对可持续发展的更高要求。

第二节 ESG投资产品

一、ESG主题产品

（一）ESG主题银行贷款

1. 定义

ESG主题银行贷款是银行向那些在环境、社会和治理方面表现良好或者将资金用于ESG相关项目的企业提供的贷款。银行在评估贷款企业时，除了考虑传统的财务状况和信用风险外，还会重点关注企业的ESG绩效，如企业的环保措施、员工待遇、公司治理结构等因素，并且贷款用途可能会被要求用于符合ESG理念的项目，如绿色工厂建设、社会福利设施改善等。

2. 特点

（1）贷款条件与ESG挂钩。企业的ESG表现会影响贷款的利率、额度和期限等条件。例如，ESG绩效优秀的企业可能获得更优惠的贷款利率和更高的贷款额度，因为银行认为这些企业具有较低的风险和较好的发展前景。

（2）助力企业ESG转型。对于那些希望改善ESG表现或者开展ESG项目的企业，银行贷款提供了资金支持，推动企业在环境、社会和治理方面的进步，促进经济的可持续发展。

（3）银行风险管理新维度。银行通过考虑ESG因素，能够更全面地评估企业风险。因为良好的ESG实践有助于企业应对环境法规变化、社会舆论压力和内部治理问题，从而降低企业的违约风险。

3. 具体产品介绍

中国建设银行湖州分行推出的"ESG可持续发展贷"是一款具有代表性的ESG主题银行贷款产品。该产品运用的是对公客户ESG评级工具，这一工具是建设银行融合行内外业务专家和ESG专家经验，兼顾国际标准和本土特色的评价指标体系，能够由系统自动生成客户ESG评价结果，从而科学评价客户的可持续发展能力。根据不同客户的ESG评级结果，为其提供绿色金融的差异化服务，有效解决了不同行业、不同规模企业在可持续发展与企业经济效益持续增长之间的难题。截至2023年9月底，湖州分行已累计投放"ESG可持续发展贷"7户、7.86亿元。

（二）ESG主题债券

1. 定义

ESG主题债券是为支持具有环境、社会和治理效益的项目或活动而发行的债券。它包括绿色债券、社会债券和可持续发展债券等类型。绿色债券主要用于资助环保项目，如可再生能源项目建设、能源效率提升、污染防治等；社会债券用于社会公益项目，像保障性住房建设、教育和医疗设施改善等；可持续发展债券则综合考虑环境和社会因素，资金用于兼具两者效益的项目。

2. 特点

（1）固定收益与社会效益结合。为投资者提供相对稳定的利息收益，类似于传统债券。

同时，投资者的资金被用于具有明确 ESG 效益的项目，能够在获取经济回报的同时为社会和环境作出贡献。

（2）项目针对性强。债券资金用途明确，如绿色债券的资金流向可再生能源发电项目、绿色建筑项目等具体环保领域，使投资者清楚知道自己的资金所支持的项目类型。

（3）信用风险因项目而异。信用风险主要取决于发行主体的信用状况和项目的可行性。政府发行的 ESG 债券通常信用风险较低，而企业发行的债券信用风险需要评估企业的财务实力、项目的盈利能力和可持续性等因素。

3. 具体产品介绍

“三峡集团绿色债券”是中国长江三峡集团公司为筹集资金用于特定绿色项目而发行的债券。这些绿色项目主要集中在可再生能源（特别是水电）开发、生态环境保护等领域。绿色债券的资金用途严格符合国际和国内认可的绿色债券标准，确保资金用于对环境具有积极效益的项目。三峡集团对绿色债券资金的使用有严格的监管和披露机制，其债券募集说明书中详细规定了资金将用于如水电站的新建、升级改造工程，或者是流域生态修复等具体绿色项目。在资金使用过程中，也会定期向投资者和监管机构报告资金流向，确保资金专款专用。

（三）ESG 主题股票

1. 定义

ESG 主题股票是指那些来自在环境、社会和治理方面表现突出的公司的股票。这些公司积极应对气候变化、注重员工权益保障、践行良好的公司治理原则，并且将可持续发展理念融入其商业战略。投资这类股票意味着投资者能够分享公司在践行 ESG 理念过程中带来的经济增长和价值提升。

2. 特点

（1）增长潜力与风险并存。从增长潜力来看，这些公司通常处于可持续发展的前沿领域，如可再生能源、绿色技术等。随着全球对 ESG 的重视程度不断提高，它们有望受益于政策支持、市场需求增长等因素，实现业务快速扩张和利润增加。然而，如同一般股票投资，也面临着市场波动、行业竞争、技术变革等风险。

（2）公司的 ESG 绩效直接关联股票价值。例如，如果一家能源公司因环境政策收紧导致碳排放成本上升，或者因劳动纠纷影响生产，其股票价格可能受到负面影响；反之，积极的 ESG 举措，如推出创新的环保产品或改善员工福利后获得良好的社会声誉，可能推动股价上涨。

（3）长期价值导向。该产品更适合长期投资者，因为公司的 ESG 成果往往需要时间来体现，如能源转型、社区关系建设等举措对财务状况的改善可能不会在短期内显现，但长期来看，这些公司在应对社会和环境挑战过程中积累的优势有助于维持其市场竞争力。

3. 具体产品介绍

美国跨国公司特斯拉（TSLA.US）于 2010 年 6 月 29 日在纳斯达克交易所公开上市，股票代码为“TSLA”。TSLA 是典型的 ESG 主题股票。在环境方面，特斯拉致力于推广电动汽车，减少传统燃油汽车的尾气排放，推动全球交通领域的能源转型。在社会方面，其超级工厂创造了大量就业机会，并且通过自动驾驶等先进技术提升交通安全和效率。在治理方面，公司注重创新和技术研发投入，董事会和管理层在战略决策上具有前瞻性。

(四) ESG主题基金

1. 定义

ESG主题基金是一种集合投资工具，它将众多投资者的资金集中起来，按照特定的ESG投资策略进行资产配置。基金经理会根据基金的投资目标和ESG标准，筛选出符合要求的股票、债券等资产构建投资组合，通过专业的管理和分散投资降低单个资产的风险，为投资者提供参与ESG投资的渠道。

2. 特点

(1) 专业管理与分散投资。由专业的基金经理团队进行投资管理，他们具有丰富的ESG投资经验和研究能力，能够深入分析企业的ESG表现。同时，基金投资于多种ESG资产，分散了投资风险，避免投资者因单一资产的波动而遭受重大损失。

(2) 多种投资策略并存。可以采用多种ESG投资策略，如正面筛选(选择ESG表现优秀的企业)、负面筛选(排除ESG表现差的企业)、整合策略(将ESG因素与财务分析相结合)等，以满足不同投资者的风险偏好和投资目标。

(3) 透明度和信息披露要求高。需要向投资者清晰披露基金的ESG投资策略、投资组合中资产的ESG表现、基金的业绩评估等信息，使投资者能够了解基金的运作情况和投资效果。

3. 具体产品介绍

华夏基金管理有限公司成立的"华夏中证内地低碳经济主题ETF(159790)"，这款股票型基金产品紧密跟踪中证内地低碳经济主题指数，选取沪深两市中低碳经济相关的上市公司证券作为样本，包括清洁能源、节能环保等领域的公司，为投资者提供了一种便捷的方式来投资低碳经济主题相关的企业，同时也推动了低碳经济的发展。

易方达基金管理有限公司推出的"易方达ESG责任投资股票(007548)"，是一只以ESG责任投资为理念的股票型基金，主要投资于那些在环境、社会和治理方面表现良好，且具有投资价值的上市公司股票。该基金投资策略较为灵活，通过深入的基本面分析和ESG评估，精选优质个股构建投资组合，追求长期稳健的投资回报，同时积极关注投资组合的风险控制。

中泰证券资产管理有限公司发行的"中泰ESG主题6个月持有混合发起(016945)"是一只混合基金，投资于ESG主题相关的股票和其他资产。其宗旨是通过深入研究和分析，挖掘具有长期投资价值的ESG投资机会，在严格控制风险的前提下，追求基金资产的长期稳健增值。该基金具有6个月的持有期限制，这有助于基金经理更好地贯彻长期投资策略，避免投资者因短期市场波动而频繁赎回，影响投资收益。

(五) ESG主题保险产品

1. 定义

ESG主题保险产品是保险公司推出的将保险责任与ESG因素相结合的保险。例如，在环境领域，有针对环境污染责任的保险，为企业在生产过程中可能导致的环境污染损害提供赔偿保障；在社会领域，有职业责任保险保障员工权益，如为企业因员工工伤、职业病等情况提供保险赔偿；在治理领域，有针对公司董事和高管的责任保险，用于保障他们在履行职责过程中因疏忽或错误决策导致公司或股东利益受损时的赔偿责任。

2. 特点

(1) 风险保障与ESG融合。既为企业或个人提供了传统保险产品的风险保障功能，又通过保险责任的设计鼓励被保险人积极践行ESG理念。例如，环境污染责任保险促使企业加强环境风险管理，减少污染事故的发生。

（2）保险产品的定价会考虑被保险人的ESG表现。例如，对于环境管理良好、安全措施到位的企业，环境污染责任保险或职业责任保险的保费可能相对较低，因为这些企业发生保险事故的概率较低。

（3）推动社会风险管理机制建设。通过保险的风险分散和经济补偿功能，帮助企业和社会更好地应对ESG相关风险，如应对重大环境污染事件、员工权益纠纷等，促进社会的稳定和可持续发展。

3. 具体产品介绍

苏黎世保险集团（Zurich Insurance Group）推出的“环境污染责任保险”是一种专门针对企业可能因环境污染行为而承担的法定赔偿责任而设立的保险。保险责任涵盖企业因突发环境污染事故导致的第三方人身伤亡和财产损失赔偿，同时保险公司会协助企业进行环境风险评估和管理，鼓励企业采用更环保的生产工艺和污染防治措施。企业通过投保环境污染责任保险，可以更加明确自身的环保责任和风险，从而促使进一步加强内部环保管理，提高环保意识，降低环境污染事故的发生概率。

二、ESG创新产品

（一）可持续发展挂钩债券

1. 定义

可持续发展挂钩债券（SLB）是一种债务融资工具。它的关键特点在于将债券的财务条款（如利率）与发行人在可持续发展目标（如环境、社会或治理方面的特定目标）的实现情况相挂钩。这些目标通常是预先确定的、可衡量的关键绩效指标（KPI），例如企业的碳排放减少量、可再生能源使用比例的提升、员工多元化程度的增加等。如果发行人成功达成这些预设的可持续发展目标，债券投资者可以获得更有利的回报（如较低的利率）；反之，如果发行人未能达标，则可能面临不利的财务条款（如利率上调）。

2. 特点

（1）激励机制明确。与传统债券不同，可持续发展挂钩债券为发行人提供了明确的激励措施，促使其积极努力实现可持续发展目标。这种基于绩效的机制有助于推动企业在环境、社会和治理等方面采取实际行动，因为债券的融资成本直接与企业的ESG表现相关。例如，如果一家能源企业发行了可持续发展挂钩债券，其KPI设定为在一定期限内将碳排放强度降低一定比例。为了避免利率上调带来的更高融资成本，企业会有强烈的动力去投资于清洁能源技术、优化能源利用效率等措施来实现这一目标。

（2）灵活性高。可持续发展目标的选择具有很大的灵活性。发行人可以根据自身的行业特点、战略重点和可持续发展规划，选择最符合自身情况的KPI进行挂钩。这使得各种行业的企业都能够利用这种债券工具，无论是能源密集型产业关注碳排放目标，还是劳动密集型产业聚焦员工福利和培训等社会指标，或者金融行业注重公司治理改进等方面。另外，债券的结构和条款也可以根据发行人和投资者的需求进行定制，包括挂钩的方式（如利率调整的幅度、频率等）和可持续发展目标的设定范围等。

（3）透明度要求高。为了确保债券的公平性和有效性，可持续发展挂钩债券要求发行人具有较高的透明度。发行人需要在债券发行文件中明确披露可持续发展目标、KPI的定义和计算方法、验证机制以及利率调整的规则等信息。同时，在债券存续期间，发行人还需要定期向投资者和市场披露其在实现可持续发展目标方面的进展情况。这种高透明度有助于投资者准确评估债券的风险和回报，也便于市场对发行人的 ESG 表现进行监督。

（4）多方利益协调。可持续发展挂钩债券能够协调发行人、投资者和社会多方的利益。对于发行人来说，通过发行这种债券可以获得融资支持，同时展示其对可持续发展的承诺，从而提升企业形象和声誉。投资者则有机会参与到企业的可持续发展进程中，并且可以通过债券的绩效挂钩机制获取潜在的更优回报。从社会角度来看，这种债券的发行有助于推动整个社会的可持续发展，引导资金流向对环境和社会有益的项目和企业。

3. 具体产品介绍

“中国工商银行 2024 年境外可持续发展挂钩债券”是中国工商银行通过香港、新加坡及伦敦三家境外分行成功发行的等值 17.4 亿美元的全球多币种债券，此次发行的债券包括美元、欧元和新加坡元三个币种，期限为 3～5 年不等。该债券挂钩的指标涵盖了环境和社会多个领域。例如，在环境方面，包括中国工商银行自身运营的碳排放减少目标；在社会方面，涉及对小微企业贷款支持金额的增长目标。通过这种方式，中国工商银行将自身的国际化融资与可持续发展目标紧密结合，展示了其作为大型金融机构在全球范围内推动可持续金融的理念。

根据债券条款，若中国工商银行在境外分行运营过程中实现了碳排放减少和小微企业贷款支持金额增长的目标，投资者将受益于更优惠的利率回报；如果未达到这些 KPI，将对债券利率相应调整，增加银行的融资成本，以此激励银行在全球业务中积极践行可持续发展战略。

（二）ESG 资产证券化产品

1. 定义

资产证券化（ABS）是一种组合式金融创新工具，它将缺乏流动性但具有可预测现金流的资产组合在一起，通过一系列复杂的金融工程技术，如结构化设计、信用增级等手段，将其转化为可以在资本市场上流通的证券。ESG 资产证券化产品则是把与环境、社会、治理相关的资产或未来现金流作为基础资产进行证券化。这些资产通常来自企业或项目在践行 ESG 理念过程中所产生的经济利益相关的权利，例如可再生能源项目的收费权、绿色建筑的租金收入、可持续发展项目的应收账款等。

2. 特点

（1）ESG 属性显著。ESG 资产证券化产品的基础资产与环境友好项目紧密相关，例如可再生能源收益权等助力绿色转型，也包含社会价值项目如公共交通票务收入，同时注重企业良好治理结构保障资产质量。

（2）收益和风险特性良好。ESG 资产证券化产品的收益有潜在稳定性，其基础资产能产生较稳现金流，且通过资产池构建分散风险，产品还采用合理分层设计平衡不同投资者的风险和收益。

（3）产品结构设计巧妙。通常采用优先级/次级分层结构设计，优先级证券享有优先分配现金流的权利，其风险相对较低，能够吸引风险偏好较低的投资者，如银行、保守型基金等；次级证券虽然在现金流分配顺序上靠后，风险较高，但在基础资产表现良好时可以获得更高的收益，适合风险承受能力较强的投资者，如对冲基金等。此外，为提升证券的信用质量，会采用多种信用增级措施。内部信用增级包括超额抵押，即基础资产的价值超过发行证券的价值，为投资者提供额外保障；外部信用增级则有第三方担保、信用证、保险等方式。

（4）受市场和监管影响大。ESG 资产证券化产品有政策支持倾向，也面临严格监管，要求透明的信息披露来保障权益和促进发展。

3. 具体产品介绍

2024 年 5 月 8 日，泰康资产作为计划管理人的“泰康资产—中电投租赁 1 号碳中和绿色资产支持专项计划”在上海证券交易所成功发行。这一款绿色 ABS 产品，其基础资产或募集资金投向与绿色环保产业紧密相关，符合绿色资产证券化的要求。产品明确以碳中和为目标，体现了对可持续发展和应对气候变化的承诺。募集资金预计将用于支持绿色能源、节能环保等领域的项目，推动绿色经济的发展。

2024 年 7 月 24 日，平安证券股份有限公司作为计划管理人及独家销售机构发行全国首单碳资产证券化产品“深圳担保集团—南山区—中小微企业 19 号资产支持专项计划（碳资产）”。该产品采取碳排放权质押贷款债权 ABS 模式，指的是以企业碳排放权质押贷款债权作为基础资产，通过发行市场流通证券，为企业提供融资支持。此次碳资产证券化 ABS 业务的实现，不但开创了“碳资产”深圳创新模式，而且意味着解决企业融资难题、助力产业绿色转型的途径更丰富，示范效应显著。

（三）数字化公正转型贷款

1. 定义

数字化和绿色化日益成为全球经济社会转型发展的重要趋势，《中共中央、国务院关于加快经济社会发展全面绿色转型的意见》等政策文件也对数字化绿色化协同转型（简称“双化转型”）发展作出了重要部署安排。在实现“双化转型”过程中，需要考虑公正转型问题，确保转型的可持续性。

数字化公正转型贷款是一种创新型金融产品，是针对企业在数字化转型过程中的公正转型问题而发放的贷款。它不仅仅是简单的资金借贷，更融入了推动社会公平、员工技能提升和企业可持续发展的理念。

2. 特点

（1）政策导向性强。数字化公正转型贷款紧密结合国家或地方的产业政策和社会发展目标。在当前推动经济高质量发展、加速企业数字化转型以及注重社会公平正义的大背景下，这种贷款产品是金融服务实体经济、助力社会可持续发展的具体体现，通常会得到政府相关政策的支持和鼓励，如财政贴息、税收优惠等。

（2）注重员工发展。与传统贷款主要关注企业的财务状况和项目盈利能力不同，数字化公正转型贷款将员工的发展和权益保障放在重要位置。通过要求企业将资金用于员工培训，它有助于提升员工的数字化素养，增强员工在劳动力市场的竞争力，使员工能够分享企业数字化转型带来的成果，促进社会就业公平。

（3）动态管理和激励机制。银行通过 ESG 账户指标变化及培训结果动态跟踪评估企业转型进展。这意味着银行不是简单地发放贷款后就不管不顾，而是在整个贷款周期内持续关注企业的发展情况。如果企业在数字化转型过程中表现良好，例如员工培训效果显著、数字化项目顺利推进、ESG 指标得到提升等，银行可能会给予企业更优惠的利率、延长贷款期限或增加贷款额度等激励措施；反之，如果企业没有按照约定使用贷款资金或者转型进展缓慢，银行可能会采取调整利率、提前收回贷款等措施来控制风险。

3. 具体产品介绍

2024 年 10 月，中国邮政储蓄银行肇庆市分行向广东库博精密科技集团股份有限公司授信 5 000 万元“云数”公正转型贷，这也标志着全国首批数字化公正转型贷款正式落地。该贷款产品主要是为了支持企业在数字化转型过程中的公正转型，即确保企业在追求技术进步和经济效益提升的同时，兼顾员工的利益和社会公平。银行结合企业 ESG 账户，筛选目标企业，与培训机构合作发放贷款，企业需将部分资金用于员工数字化转型培训，以提升员工技能和就业能力，推动企业数字化绿色化转型。

(四) 特色绿色贷款产品

1. 定义

特色绿色贷款产品是金融机构为支持绿色产业、绿色项目以及企业的可持续发展而专门设计的贷款类型。这些贷款产品的资金主要用于具有环境效益的项目，如可再生能源的开发利用、节能减排、生态保护、绿色交通、绿色建筑等领域，旨在促进经济与环境的协调发展。

2. 特点

特色绿色贷款产品的用途具有针对性，重点支持可再生能源开发、节能减排、生态保护和资源循环利用等绿色领域的项目。贷款条件与项目紧密挂钩，会给予符合绿色标准认证的项目利率优惠，贷款期限灵活，还款方式多样，能匹配不同绿色项目的资金回收特点。在风险评估上，除传统因素外，还注重环境和政策因素。

3. 具体产品介绍

2022 年 6 月中国农业银行出台“国家储备林专项贷款产品(国有林场贷)”，该贷款产品旨在为国家储备林建设项目提供资金保障，推动林业生态建设，助力实现碳达峰、碳中和目标，促进林业产业发展和乡村振兴。2022 年 8 月，中国农业银行在四川达州万源先行先试，成立省市县三级营销团队，量身定制综合金融服务方案，开辟绿色通道平行作业，仅用时 15 个工作日快速完成贷款审批流程，为万源国家储备林及乡村振兴产业发展项目授信 9.8 亿元，并于 2022 年 8 月 29 日成功投放 300 万元。

第三节 ESG 投资市场实践

一、市场参与主体

(一) 企业

1. 融资企业

作为资金需求方，通过发行 ESG 相关证券(如 ESG 股票、绿色债券等)或者申请 ESG 贷款来筹集资金用于自身的 ESG 项目。这些企业需要向市场展示其在环境、社会和治理方面的良好实践和未来规划，以吸引投资者。例如，一家可再生能源企业通过发行绿色债券来融资建设新的风力发电场，它需要向投资者说明该项目在减少碳排放、促进当地就业(社会因素)以及公司内部治理结构保障项目顺利实施等方面的情况。

9

2. 非融资企业

这类企业虽然暂时没有通过 ESG 投资市场渠道进行融资，但积极践行 ESG 理念，将其融入企业的战略、运营和企业文化中。它们通过改善自身的 ESG 表现，如减少污染排放、优化供应链管理以保障员工权益、加强企业内部治理等，提升企业的竞争力和品牌形象。这些企业的良好实践为其他企业树立了榜样，同时也能影响产业链上下游的企业，共同推动整个行业的 ESG 进步。例如，一家大型制造企业采用先进的环保生产技术，减少废弃物排放，其供应商为了保持合作关系，也会被迫跟进改善自身的环境管理水平。

（二）投资者

投资者是 ESG 投资市场的资金供给方。他们基于对 ESG 理念的认同，将资金投入到符合 ESG 标准的项目或资产中，期望在获取经济回报的同时，对环境和社会产生积极影响。

1. 机构投资者

机构投资者包括养老基金、保险公司、主权财富基金、共同基金、对冲基金等。养老基金和保险公司通常具有长期的资金来源和稳健的投资策略，它们作为 ESG 投资市场的重要力量，更关注长期的价值创造和风险控制。例如，养老基金由于其资金性质是为退休人员提供长期的经济保障，所以会倾向于投资那些在环境、社会和治理方面表现良好、具有可持续发展潜力的企业。主权财富基金凭借雄厚的资金实力，可以对大型的 ESG 项目进行投资，如对新能源基础设施建设、绿色交通系统等进行大规模的资金投入，起到引领市场投资方向的作用。共同基金通过汇集众多投资者的资金，形成规模效应，为个人投资者提供参与 ESG 投资的渠道，其投资组合会根据不同的 ESG 主题和策略进行构建，如 ESG 主题股票基金、ESG 债券基金等。对冲基金则相对更注重寻找市场中的 ESG 投资机会，通过灵活的投资策略获取收益，比如在碳交易市场进行套期保值操作或挖掘被低估的 ESG 资产。

2. 个人投资者

随着 ESG 理念的普及，个人投资者对 ESG 投资的关注度和参与度也在不断提高。他们基于自身的价值观、对社会和环境问题的关注以及长期投资的需求，选择投资 ESG 产品。个人投资者可以通过购买 ESG 主题的基金、股票或者参与绿色债券的认购等方式，表达对可持续发展的支持，同时也期望获得相应的经济回报。个人投资者的投资选择在一定程度上能够影响市场对 ESG 产品的需求，促使企业更加重视自身的 ESG 表现。

（三）金融机构

1. 银行

商业银行是 ESG 投资活动的枢纽。一方面，银行作为资金的提供者，开发和提供各种 ESG 金融产品，如绿色贷款、可持续发展挂钩贷款等。银行在贷款审批过程中会评估企业的 ESG 绩效，确定贷款额度、利率和期限。另一方面，银行也起到风险管理的作用，确保资金投向符合 ESG 标准的企业和项目。例如，银行可以根据企业的环境风险（如化工企业的污染排放风险）、社会风险（如劳动密集型企业的员工权益保障风险）和治理风险（如企业的财务透明度风险）来综合评估贷款风险。

2. 证券公司

证券公司主要在证券发行和交易环节发挥关键作用。在证券发行方面，证券公司帮助企业包装和发行 ESG 主题证券，如担任绿色债券或 ESG 主题股票的承销商。在交易环节，证券公司为投资者提供ESG证券的交易服务，并且通过研究和分析为投资者提供投资建议，帮助投资者构建符合ESG理念的投资组合。

3. 基金公司

基金公司是ESG投资产品的设计和管理者。通过设立ESG主题基金，基金公司将投资者的资金集中起来，按照特定的ESG投资策略进行资产配置。基金公司需要深入研究企业的ESG表现，筛选投资标的，并且向投资者披露基金的ESG投资策略和投资组合的ESG绩效，为投资者提供参与ESG投资的便捷渠道。

（四）服务机构

在ESG投资领域，评级机构、咨询公司与数据供应商构成了关键的服务机构网络。

1. ESG评级机构

这些机构通过建立一套综合的ESG评级体系，对企业或金融产品的ESG表现进行评估和打分。它们的评级结果为投资者提供了重要的参考依据，帮助投资者快速了解投资标的的ESG质量。例如，一家知名的ESG评级机构会从环境（包括气候变化应对、资源利用效率等）、社会（如员工关系、社区参与等）和治理（包括董事会结构、信息披露质量等）多个维度，对企业进行详细的评估，并给出相应的评级（如AAA-CCC等不同等级）。投资者可以根据这些评级来比较不同企业的ESG水平，从而作出投资决策。

2. 咨询公司

咨询公司凭借专业的团队和丰富的行业经验，深度洞察市场动态与政策导向，为投资者提供全方位服务。首先，在投资策略制定方面，咨询公司结合不同投资者的财务目标、风险承受能力和ESG偏好，为其量身定制投资策略。例如，对于注重环境保护的投资者，会设计偏向清洁能源等领域的投资策略。其次，在风险评估上，咨询公司能够分析ESG相关风险，如环境法规变化对企业的影响、社会舆论危机给公司价值带来的波动等，帮助投资者提前防范风险。最后，咨询公司还可以协助投资者进行投资组合管理，持续监测和调整组合中的ESG资产配置，确保投资组合在符合ESG标准的同时实现良好的收益。

3. 数据供应商

数据供应商负责收集、整理和提供与ESG相关的数据。这些数据包括企业的环境数据（如碳排放数据、能源消耗数据）、社会数据（如员工福利数据、公益活动数据）和治理数据（如高管薪酬数据、股权结构数据）等。数据供应商通过多种渠道获取数据，如企业的官方报告、政府部门的统计数据、第三方调查机构的数据等。准确、及时的数据是ESG投资决策的基础，基金公司、银行等金融机构在进行ESG投资分析和风险评估时，都需要依赖这些数据来了解投资目标的ESG情况。

（五）监管机构

在ESG投资浪潮中，多个监管机构紧密协作，共同为市场的有序发展筑牢根基。中国证券监督管理委员会、国家金融监督管理总局、中国人民银行等监管机构，凭借各自的专业优势与监管职责，在ESG投资领域发挥着关键作用。

1. 中国证券监督管理委员会

中国证监会在ESG投资市场中主要负责规范上市公司行为和监管证券市场。它大力推动上市公司完善ESG信息披露制度，要求企业详细说明在环境治理、社会责任履行、公司治理结构优化等方面的工作与成效，让投资者能清晰了解企业ESG表现，进而作出理性投资决策。同时，对证券市场上的ESG投资产品，如ESG主题基金等，进行严格监管，确保产品合规运作，保障投资者权益。通过这些举措，证监会有力地促进了资本市场的ESG生态建设。

2. 国家金融监督管理总局

国家金融监督管理总局在ESG投资领域重点监管金融机构的相关业务。它制定金融机构的ESG投资指引，要求银行、保险等机构将ESG因素纳入风险管理和投资决策流程。通过定期检查与不定期抽查，确保金融机构切实执行相关规定，有效防控ESG风险。并且，积极推动金融机构创新ESG金融产品，如绿色信贷、可持续保险等，拓宽ESG投资渠道，引导更多金融资源流向绿色产业和可持续发展项目，促进金融与实体经济在ESG层面的深度融合。

3. 中国人民银行

中国人民银行主要通过货币政策与宏观审慎管理为ESG投资赋能。运用货币政策工具，如创设绿色再贷款、再贴现等，为金融机构提供流动性支持，引导其加大对绿色项目的资金投放，降低绿色企业融资成本。从宏观审慎角度出发，密切监测和评估ESG因素对金融体系的影响，维护金融稳定。同时，积极参与国际交流与合作，推动我国ESG金融标准与国际接轨，提升我国在全球ESG投资领域的话语权，为ESG投资营造良好的政策环境与国际氛围。

二、市场实践现状

（一）全球市场

在全球范围内，自2004年联合国全球契约提出ESG概念以来，ESG投资市场规模快速增长。全球可持续投资联盟(GSIA)的统计数据显示，2012年全球ESG投资规模为13万亿美元，而至2020年已大幅攀升至35万亿美元，年均复合增长率达13%。这一增速远超同期全球资产管理行业6%的整体增长速率，彰显出ESG投资在全球金融领域日益凸显的重要地位。

从地区维度来看，欧洲在ESG投资领域一直处于领先地位，其可持续投资资产规模在2018年便已达14万亿美元，虽在2019年因欧盟推行可持续金融披露规定(SFDR指令)等政策影响出现短暂缩水至12万亿美元，但在2022年又回升至14万亿美元。美国市场则呈现出较大波动，其ESG资产规模从2020年的近12万亿美元下跌至2022年的8.4万亿美元，回落至与2016年(8.7万亿美元)相近水平。亚洲(除日本)地区在ESG投资方面也有积极进展，晨星全球可持续基金流向报告表明，2023年四季度该地区可持续性基金总资产规模环比增长5%，达到610亿美元。

（二）中国市场

相较于欧美发达国家，中国ESG投资起步较晚，且ESG投资多以绿色投资为主。根据《中国责任投资年度报告2024》，中国可持续投资资产规模不断扩大，截至2023年9月末，中国可持续投资资产规模约33万亿元人民币，其中绿色信贷占据主导地位，占比高达86.2%，且资产质量优良，过去5年不良贷款率始终低于0.7%。从公募基金角度分析，依据中诚信绿金数据，截至2023年5月，ESG相关公募基金产品共368只，整体规模达4 446.8亿元，较

2022年底新发36只产品，规模增加100.6亿元。

在上市公司ESG信息披露方面，截至2023年11月，发布2022年度ESG独立报告的A股上市公司较2021年增加366家，披露率提升至36%，较2021年增长4.9个百分点。其中，上交所主板上市公司披露率最高，达52.2%；深交所主板次之，为37.5%；科创板为28.5%；创业板为19.2%。不同行业披露率差异明显，银行披露率达100%，非银金融为86%等，而机械设备、计算机等行业相对较低。从市值角度看，市值大于500亿的A股上市公司披露率达95.4%，市值越小披露率越低，市值小于50亿的中小企业披露率仅为15.7%。从投资策略与业绩表现来看，多数基金管理机构综合运用筛选策略，在2020—2022年，ESG主题基金平均年化收益率为13.86%，平均净值超越基准的年化收益率达8.45%；从2013—2022年更长时段来考量，平均年化收益率为10.62%，平均净值超越基准的年化收益率达5.8%。

随着政策不断推动，中国三大证券交易所发布了相关指引与指南，上市公司ESG信息披露体系逐步完善。此外，市场产品创新加速，如北京证券交易所首只ESG股权投资主题基金成立。投资者关注度也日益提升，央视财经频道多次报道且上市公司投资者关系管理平台上投资者对ESG话题的提问增多等现象均表明中国ESG投资市场正朝着更为成熟与多元的方向快速演进。

三、制约因素

（一）制度层面

1. ESG相关法律法规有待健全

目前缺乏一部综合性的ESG法律来统筹环境、社会和治理三个方面的要求。在环境方面，虽然有环境保护法等法律法规，但对于企业在ESG投融资过程中的环境责任界定不够清晰；在社会领域，劳动法等法律对于企业社会责任的规定较为笼统，例如对于企业在员工培训、职业健康安全等方面的投入没有明确的法律要求；在公司治理方面，公司法虽然对公司的基本治理结构有所规定，但对于企业在ESG信息披露、利益相关者参与公司治理等方面的立法相对滞后，不利于ESG投资市场的健康发展。此外，现有法律执行力度不够。

2. 政策的稳定性和连贯性不足

一方面，ESG领域政策频繁调整会使市场参与者难以形成稳定的预期。例如，政府对可再生能源补贴政策的变化，可能在短期内影响相关企业的盈利预期和融资能力。以太阳能光伏产业为例，补贴政策的退坡可能导致一些小型光伏发电企业的财务状况恶化，影响其在ESG投融资市场中的信誉和融资渠道。这些企业原本依赖补贴进行项目扩张和技术升级，补贴政策的改变使它们面临资金短缺的困境，也让投资者对该行业的投资信心受挫。另一方面，不同地区的政策差异也对ESG投资市场产生制约。我国各地方政府对绿色产业的支持政策存在不同程度的差异。一些地方可能对新能源汽车产业给予大量的财政补贴和税收优惠，吸引了众多企业和投资者；而另一些地方可能更侧重于支持生态农业等领域。这种地区间政策的不平衡，使得市场资源难以在全国范围内实现最优配置，影响了ESG投资市场的整体效率。

3. 制度协调机制不畅

第一，ESG投资市场涉及多个监管部门。目前，金融监管部门、环保部门、劳动监察部门等之间的协调机制尚未完善。例如，在对绿色金融产品的监管中，金融监管部门主要关注产品的金融风险，而环保部门对资金是否真正用于绿色项目的监管相对薄弱。这种部门间的协调不畅，容易导致监管空白或重复监管的问题，影响 ESG 投资市场的健康发展。第二，在全球范围内，不同国家和地区的 ESG 标准差异较大。我国企业在进行海外投融资时，需要面对与国内不同的 ESG 标准和监管要求。例如，欧盟的可持续金融披露规定（SFDR）与我国现有的 ESG 信息披露制度在内容和格式上都存在差异，这使得我国企业在进入欧盟市场进行投融资时，需要花费大量的时间和精力来调整自身的信息披露方式，增加了企业的合规成本，也限制了我国企业在国际 ESG 投资市场的拓展。

（二）人才层面

1. 对 ESG 认知不足

在社会大众层面，许多人对 ESG 概念的理解还停留在比较浅显的阶段。例如，不少人简单地将 ESG 等同于环保，认为只有环保产业才涉及 ESG 投资。这种片面的认知使得公众对 ESG 投资的范围和潜力认识不足，导致个人投资者参与度较低。此外，在金融行业内部，部分传统金融专业人士对 ESG 的认知也存在局限。他们长期习惯于传统的财务分析和投资决策模式，对 ESG 因素在投资中的重要性认识不够。例如，一些投资经理在评估投资项目时，主要关注财务指标，如利润率、资产负债率等，而忽视了企业的环境、社会和治理因素。

2. 人才培养体系待完善

一方面，高校专业设置滞后。目前大部分高校的课程体系中，专门针对 ESG 投资的专业设置相对较少。金融、经济等相关专业虽然涉及一些可持续发展和企业社会责任的内容，但缺乏系统性的 ESG 投资教学。例如，在很多高校的金融专业课程中，ESG 因素仅作为一个附属知识点出现在公司金融或投资学课程中，没有独立的课程来深入讲解 ESG 投资的理论和实践。另一方面，职业教育在 ESG 投资人才培养方面也存在明显不足。对于已经在职的金融从业人员，缺乏专门的 ESG 投资职业培训课程。与传统金融业务培训相比，ESG 投资相关的培训机会少、培训内容不够深入。这导致在职人员难以通过职业教育渠道提升自己的 ESG 知识和技能，无法满足市场对 ESG 人才的需求。

3. 人才吸引与留存不力

首先，ESG 投资领域薪酬待遇相对于传统金融领域往往缺乏足够的吸引力。由于 ESG 投资市场仍处于发展阶段，很多企业和金融机构在薪酬设计上无法提供与传统金融业务同等水平的待遇。其次，ESG 投资领域的职业发展路径不够清晰。与传统金融业务相比，ESG 投资岗位的晋升标准和职业发展通道尚未明确。最后，ESG 投资工作环境和资源支持不足。ESG 投资工作需要大量的数据支持和先进的技术手段，然而目前很多企业和金融机构在这方面的资源有限，这使得从事 ESG 投资工作的人员在开展工作时面临诸多困难，影响工作效率和质量。

（三）技术层面

1. 技术应用具有滞后性

一方面，与传统金融领域相比，ESG 投资市场在技术应用方面相对滞后。例如，在金融科技领域广泛应用的区块链技术，虽然在保证数据不可篡改、提高交易透明度等方面具有巨大潜力，但在 ESG 投资中的应用还处于起步阶段。另一方面，人工智能和机器学习技术在传统金融的风险预测、投资组合优化等方面已经取得了一定的成果，但在 ESG 投资中的应用还不够深入。例如，在识别企业“漂绿”行为（虚假宣传其 ESG 表现）方面，虽然可以利用机器学习技术进行文本分析和数据挖掘，但目前还没有成熟的技术解决方案。

2. 技术创新成本与适应性问题

一些新兴的技术解决方案，如卫星遥感技术用于监测企业的环境影响（如土地利用变化、污染物排放监测），虽然具有很高的准确性和实时性，但成本高昂。这些技术的使用成本对于许多中小企业和金融机构来说是一个负担，限制了其在 ESG 投资市场的广泛应用。此外，创新技术的适用性也需要考虑。例如，大数据分析技术虽然可以处理海量的数据，但对于一些特定行业或地区的 ESG 数据，可能由于数据特点和业务需求的差异，需要进行针对性的调整和优化，才能真正发挥其作用。

3. 数据分析缺乏统一框架和标准

在 ESG 投资领域，目前尚未建立起全球统一的数据分析框架和标准。不同的评级机构、金融机构和研究组织采用不同的指标体系和分析方法来评估 ESG 表现。这种缺乏统一标准的情况导致 ESG 数据的分析结果缺乏可比性。投资者在面对不同的 ESG 评级和分析报告时，很难作出准确的判断和比较，增加了投资决策的难度。

中国之路　ESG 理念下的美丽中国

美丽中国建设是全面建设社会主义现代化国家的重要目标，党的十八大以来相关理念不断发展和深化。美丽中国建设注重经济绿色发展、生态文明建设和人民生活质量提升，其本体论是人与自然和谐共生，有明确的阶段目标和重点领域。

ESG 理念从环境、社会、治理三个维度评估企业经营可持续性及对社会价值观念的影响，与美丽中国建设理念相契合。ESG 在美丽中国建设中发挥多方面作用：协助健全资源环境要素市场化配置体系，推动企业量化和披露环境排放、实施管理计划，优化资源配置；为完善体制机制提供有力抓手，促使企业提升绿色治理水平，政策制定者和监管机构通过相关举措推动全社会向可持续发展转型；促进多元主体参与，让公众监督企业信息披露，ESG 评级和指数引导资金流向，促使企业提升可持续发展水平，各方共同参与社会生态治理，形成合力推动美丽中国建设。我国虽已进入高质量发展新时代，但美丽中国建设仍面临挑战，而 ESG 理念将在其中发挥重要作用。

在当前时代背景下，实现经济发展与生态保护协调共进具有重要性和紧迫性。美丽中国建设关乎人民幸福和国家长远发展，ESG 理念为其提供了新的思路和工具。从健全资源配置体系到完善体制机制，再到促进多元主体参与，ESG 理念贯穿美丽中国建设的多个关键环节，展示了其全面推动可持续发展的潜力。然而，我们也应看到实现美丽中国目标的道路充满挑战，需要各方共同努力，持续践行 ESG 理念，将其转化为实际行动，积极应对困难，才能让美丽中国的宏伟蓝图早日变为现实，让人与自然真正实现和谐共生，为子孙后代留下绿水青山的美好家园。

思考：ESG 理念如何为美丽中国建设提供新的思路和工具？

思考题

1. ESG 投资与传统投资的理念有什么不同?
2. ESG 投资如何在环境、社会和治理三个维度对企业的长期发展产生积极影响?
3. 以 ESG 主题基金为例,分析它对企业和投资者分别带来哪些机遇和挑战?
4. 如何理解 ESG 投资市场中各参与主体之间的关系?
5. 未来 ESG 投资市场的发展趋势是什么?

练习题

一、单项选择题

1. 下列与 ESG 投资概念无关的是(　　)。

A. 可持续投资　　B. 绿色投资
C. 气候投资　　D. 单一财务指标投资

2. ESG 投资在投资决策中融入 ESG 理念,从三个维度考察企业中长期发展潜力,以下不属于这三个维度的是(　　)。

A. 经济　　B. 环境
C. 社会　　D. 治理

3. 可持续发展挂钩债券的关键特点是将债券的财务条款与发行人在可持续发展目标的实现情况相挂钩,以下不属于其挂钩的可持续发展目标的是(　　)。

A. 企业的碳排放减少量　　B. 企业的市场份额提升
C. 可再生能源使用比例的提升　　D. 员工多元化程度的增加

4. 以下哪类金融机构在 ESG 投资活动中主要起到设计和管理 ESG 产品的作用(　　)。

A. 银行　　B. 证券公司
C. 基金公司　　D. 保险公司

5. 截至 2023 年 11 月,A 股上市公司中 ESG 信息披露率最高的板块是(　　)。

A. 上交所主板　　B. 深交所主板
C. 科创板　　D. 创业板

二、多项选择题

1. ESG投资的环境理念主要包括(　　　　)。
   A. 聚焦气候变化应对举措　　B. 着眼资源可持续利用实践
   C. 重视生态系统保护与污染防控作为　　D. 强调企业的市场竞争优势
2. 以下属于ESG主题债券的类型的有(　　　　)。
   A. 绿色债券　　B. 社会债券
   C. 可持续发展债券　　D. 企业债券
3. ESG投资原则包括(　　　　)。
   A. 整合原则　　B. 长期价值原则
   C. 风险评估原则　　D. 利益最大化原则
4. 市场参与主体中的机构投资者包括(　　　　)。
   A. 养老基金　　B. 保险公司
   C. 主权财富基金　　D. 对冲基金
5. 中国ESG投资市场目前面临的制约因素在制度层面包括(　　　　)。
   A. ESG相关法律法规有待健全　　B. 政策的稳定性和连贯性不足
   C. 制度协调机制不畅　　D. 缺乏政策支持

三、判断题

1. ESG投资与ESG融资是相互对应的有机整体,企业良好的ESG融资实践能够吸引更多的ESG投资。(　　)
2. 绿色投资主要聚焦于环境保护和可持续资源利用相关领域,对社会和治理因素的考量相对较窄。(　　)
3. 社会责任投资只考虑企业的社会和环境表现,不关注财务回报。(　　)
4. 中国ESG投资市场起步较早,且发展成熟,在全球市场中处于领先地位。(　　)
5. 政府监管部门在ESG投资市场中只负责制定规则,不需要进行监督。(　　)

第十章　ESG 监管

学习目标

1. 了解 ESG 监管的概念；
2. 熟悉 ESG 监管的目的；
3. 了解 ESG 政府监管的主体构成；
4. 了解 ESG“漂绿”现象；
5. 熟悉治理“ESG”漂绿的监管要求。

导引案例

Lululemon ESG“漂绿”事件

Lululemon 是源自加拿大的高端运动服饰品牌，专注于瑜伽服装的生产与销售。自 1998 年成立以来，Lululemon 凭借其高品质的产品和独特的品牌理念，在全球范围内赢得了广泛赞誉，特别是在中产阶层中享有较高声誉，被誉为“瑜伽界 LV”。该公司一直将可持续发展视为核心经营理念，其品牌口号“成为地球星球”(Be Planet)便是对此理念的生动诠释。然而，近年来，Lululemon 却因涉嫌“漂绿”行为而备受争议。

2020 年，Lululemon 启动了声势浩大的“Be Planet”营销活动，承诺采取多项环保措施，包括减少温室气体排放、增加可再生能源使用等，以此展现其对环境保护的坚定决心。然而，这些承诺在随后的几年中却遭到了国际环保组织 Stand.earth 的质疑。2023 年 2 月，Stand.earth 发布了一份详细报告，指控 Lululemon 在环保宣传上存在误导消费者的行为。该报告指出，尽管 Lululemon 对外宣称致力于环保，但其实际行动却与承诺大相径庭。具体来说，其供应链上下游活动产生的温室气体排放量（范围三排放）在 2020 年至 2022 年间激增近一倍，从 82.94 万吨二氧化碳当量增加至 169.1 万吨。这一数据与 Lululemon 先前的环保承诺形成了鲜明对比，令人质疑其环保行动的真实性。根据上述投诉报告，

2024 年 7 月，加拿大竞争局正式对 Lululemon 展开调查。这一事件不仅引发了公众的广泛关注，而且进一步加剧了 Lululemon 面临的合规风险。与此同时，Lululemon 还因威胁加拿大政府恢复雇用外国工人的政策而引发公众抵制，陷入了更为复杂的舆论漩涡之中。

Lululemon 的“漂绿”事件无疑对其品牌形象造成了严重损害。如果最终被证实存在虚假宣传行为，该公司还可能面临来自加拿大及国际市场的法律处罚。这一事件说明，企业在追求品牌宣传的同时，存在“漂绿”现象，如何对“漂绿”进行治理已经成为监管的重要任务。

思考：以 Lululemon 为例，为什么企业会出现 ESG“漂绿”？

第一节 ESG监管体系

一、ESG 监管的概念

ESG 监管是指各监管主体通过制定政策、规则和标准，对企业在环境、社会和治理三个维度的表现与实践展开的监督、评估以及管理。这一动态过程具有明确的目标导向，旨在全方位促使企业强化其 ESG 管理体系建设，稳步提升 ESG 综合水平，进而达成可持续发展的目标。具体而言，从以下三个方面对 ESG 监管予以详细阐释：

（一）环境监管

环境监管聚焦于企业经营活动对自然环境所产生的各类影响，其范畴广泛，不仅囊括企业日常的能源使用模式、资源消耗程度、废弃物处理方式、污染防控举措，而且涵盖企业应对气候变化所采取的具体策略等方面。环境监管的核心要义在于确保企业在追求经济效益最大化的进程中，能够同步实施有效的措施，最大程度地削减对环境造成的负面影响，进而推动生态系统的平衡稳定。这就要求企业严格恪守环境保护相关法律法规，持续优化资源利用效率，大力削减温室气体排放量，并积极投身绿色技术的创新研发与推广应用，以实际行动践行绿色发展理念。

（二）社会监管

社会监管着重考量企业对内部员工、外部消费者、所处社区以及更为广泛的社会群体所肩负的责任担当。其具体涵盖员工权益的切实保障、员工福利待遇的合理提升、工作场所健康与安全环境的营造、消费者权益的充分维护、社区建设的积极参与以及各类社会责任项目的有效开展等多个关键领域。社会监管的核心理念在于强调企业在规划与执行各项业务活动时，需要融入人权尊重、公平劳动实践推行、社区可持续发展促进以及对社会的积极贡献等价值观念，同时高度重视对消费者和客户的尊重与保护，以实现企业经济效益与社会效益的协同共进。

（三）治理监管

治理监管关注企业的内部管理和决策过程，包括公司治理结构、透明度、董事会多样性、高管薪酬、股东权利和内部控制系统。治理监管的目的是确保企业具有健全的治理机制，以提高企业透明度和问责制，保护投资者和其他利益相关方的权益，预防和管理风险，以及促进企业的道德和合规行为。

综上所述，ESG 监管通过综合考虑企业在环境、社会和治理方面的表现，推动企业在追求经济利益的同时，积极履行社会责任和环境责任，实现可持续发展目标。

二、ESG 监管的主体

ESG 监管的主体包括政府部门、服务机构、行业团体、媒体与公众以及国际机构，其中服务机构第九章已经讲述，此处不再介绍。

（一）政府部门

在 ESG 监管体系中，政府监管构成了关键且基础性的组成，其主体构成分为立法机构、司法机构与行政机构三个维度。

立法机构包括国家最高立法机关和地方立法机关。全国人民代表大会及其常务委员会作为国家最高立法机关，肩负着制定与修订宪法及各类普通法律的重任，这些法律法规为 ESG 监管奠定了坚实的法律基础，明确了详尽的标准与规范。各省、自治区、直辖市人大及其常委会等地方立法机关，在严格遵循宪法、法律以及行政法规的基础上，因地制宜地制定地方性法规，对 ESG 领域的法律规范进行地域化的阐释和补充，使得整个 ESG 法律体系得以不断完善和优化，从而更好地适应各地实际情况与发展需求。

司法机构包括各级人民法院与人民检察院。人民法院负责审理涉及 ESG 的各类案件，通过司法审判确保企业和机构行为合法。人民检察院则监督 ESG 法律实施，提起公益诉讼，督促企业履行责任。司法机构的基本职责包括确保法规实施、处理 ESG 纠纷、监督信息披露、推动政策完善及提升公众法律意识。通过司法审判和监督，司法机构维护公共利益和市场秩序，促进企业履行 ESG 责任，为 ESG 目标实现提供法律保障，推动社会可持续发展。

行政机构包括国务院组成部门和直属机构。国务院作为最高国家行政机关，通过制定行政法规，细化 ESG 监管的法律框架。国务院各组成部门和直属机构，包括财政部、外交部、国家发展和改革委员会（以下简称“发改委”）、工业和信息化部、生态环境部、商务部、中国人民银行、国务院国有资产监督管理委员会（以下简称“国资委”）、国家金融监督管理总局（以下简称“金融监管总局”）、中国证券监督管理委员会（以下简称“证监会”）等，在法律法规的框架下，相互协作、各司其职，共同构建起了中国在 ESG 领域的政府监管框架，为环境、社会和治理各方面法律法规的有效施行提供了保障。

（二）行业团体

在 ESG 监管领域，行业团体扮演着行业监管的核心角色，它们通过制定行业标准、提供专业指导及实施有效监督等多维度方式，引领并促进企业的 ESG 实践活动，着力提升企业 ESG 信息披露的质量与水平。以可持续会计标准委员会（SASB）为例，该委员会定位自身为 ESG 会计标准的制定者，专注于为各行业打造特定的 ESG 会计标准。通过明确统一的衡量指标和科学的计算方法，SASB 确保了企业在 ESG 信息披露上的一致性和可比性，为投资者提供了清晰、准确且可靠的决策支撑，使投资者能跨企业进行有效 ESG 绩效比较和投资分析。

行业自律监管的典型组织还包括中国上市公司协会，其深入分析国内 ESG 信息披露准则与国际准则的差异，在遵循国际通行准则的同时，结合国内实际，提出针对性建议和措施，旨在降低企业 ESG 信息披露成本，增强投资者对国内 ESG 信息披露准则的理解与信任，提高市场对企业 ESG 信息的认可度和利用率。中国上市公司协会发布的《中国上市公司 ESG 行业报告（2024 年）》聚焦于电力、医药生物、交通运输、电力设备、有色金属、银行、非银金融等七个行业，从行业发展现状与趋势、宏观政策的影响、产业链的市场影响、ESG 信息披露现状、重点议题管理实践等方面进行系统性分析，全面呈现行业 ESG 披露要素和践行能力，为不同行业上市公司进一步完善 ESG 信息披露、稳步提升 ESG 工作水平提供参考。中国证券投资基金业协会也积极参与ESG监管，其监管内容涵盖制定行业规范和标准，引导基金行业重视ESG因素在投资决策中的应用。这一举措推动了基金行业ESG实践活动的规范化、科学化和有效化发展，提升了基金行业在ESG领域的整体影响力和竞争力。

(三)媒体与公众

媒体与公众监管在整个ESG监管体系中占据着不可或缺的地位，为ESG目标的最终实现提供了来自社会力量层面的基础保障。媒体作为信息传播的重要渠道，在ESG监管中扮演着信息传播者、舆论监督者和公众教育者的角色。通过新闻报道、深度评论、专题调查等多样化的方式，媒体对ESG相关信息进行全面、深入的披露与广泛传播。媒体的这种传播行为不仅极大地提高了公众对ESG议题的关注度和认知程度，而且使得更多的社会公众开始了解并重视ESG理念及其在经济社会发展中的重要作用。同时，媒体还凭借其专业的报道能力，对企业和各类机构的ESG表现进行及时、准确的评价与监督，形成了强大的社会舆论压力，有效地推动了ESG理念在社会各界的普及与实践应用，促使企业和机构更加积极主动地履行ESG责任和义务。媒体机构包括具有广泛影响力的中央广播电视总台、新华社等官方权威媒体，以及“证券时报”“21世纪经济报道”等专业财经媒体。

公众作为社会的基本组成单位，构成了ESG监管的社会基础。公众通过多种方式积极参与ESG监管，为目标的实现提供强大支持。在公共决策中，公众积极建言献策，通过听证会、问卷、在线讨论等途径，确保政策贴近社会需求，增强政策科学性。同时，公众还发挥着监督与举报的作用，对企业和机构的ESG行为进行密切跟踪，一旦发现违规，立即举报，维护公共利益和市场秩序。此外，公众的消费选择和投资行为也对企业形成市场压力，推动其注重ESG绩效，满足公众对绿色、环保、有社会责任感的产品和服务的需求，从而助力整个社会的可持续发展进程。

(四)国际机构

在ESG监管的全球视野下，国际性机构对于推动ESG监管的国际化进程和标准化建设发挥着至关重要的作用。其中，联合国作为ESG监管的主要倡导者和推动者，负责制定国际性的治理框架指引，为全球各国的ESG监管实践提供宏观方向引领。国际证监会组织(IOSCO)则致力于构建一个全面、系统的监管框架，针对ESG数据产品的监督管理、利益冲突的解决以及信息透明度的提升等问题提出建议和指导原则。这些建议和原则为各国证券监管机构应对ESG问题提供参考依据，有助于提升全球证券市场在ESG领域的监管水平和市场效率，保障投资者的合法权益，促进证券市场的稳定与健康发展。国际劳工组织(ILO)将工作重点聚焦于劳动者权益保障领域，明确所有成员都应当尊重和促进的“工作中的基本原则和权利”，这些原则涵盖了结社自由、消除强迫劳动、消除童工、消除就业与职业歧视以及确保体面劳动等核心内容。通过制定和推行这些原则，国际劳工组织为全球企业在员工权益保护方面设定了基本标准和规范，促使企业在经营过程中更加注重社会责任的履行，尤其是在员工权益保障方面的责任担当，为营造公平、公正、和谐的劳动就业环境作出了积极贡献。国际可持续发展标准委员会(ISEAL)专注于可持续标准的推广与编制工作，通过制定《良好实践准则》等一系列指导性文件，为全球各类可持续标准的制定提供了科学、严谨且具有可操作性的方法和流程，确保了可持续标准的质量和公信力，推动了全球可持续发展事业的标准化进程，为不同国家和地区的企业在ESG实践中提供了统一、规范的参考依据，促进了全球范围内ESG实践的可比性和一致性。

三、ESG 监管的目的

ESG 监管的核心要旨聚焦于全方位推动企业与金融市场迈向可持续发展的轨道，通过对企业在环境保护、社会责任践行以及治理结构优化等关键维度进行规范化引导，致力于达成经济、社会与环境三者之间的和谐共生状态，进而实现可持续发展的总体目标。具体阐释如下：

（一）助力可持续发展进程

ESG 监管的首要目标是驱动企业与金融市场稳步实现可持续发展的愿景。在环境保护与生态平衡方面，其着重要求企业采取切实有效的措施削减污染排放，并以科学合理的方式高效利用各类资源，以此维护自然环境的生态稳定性以及生态系统的固有平衡状态。与此同时，ESG 监管高度重视企业社会责任的履行以及公民意识的培育，积极促使企业在全力追求经济利润最大化的同时，密切关注员工的权益保障、职业发展与福利提升，注重消费者权益的维护以及社区的和谐发展，切实关注并致力于提升社区的整体福祉水平。此外，借助于对企业治理结构的优化调整，ESG 监管能够助力企业构建更为完善的决策机制、风险管理体系以及内部监督机制，从而为企业创造长期稳定的价值增长空间，并显著提升企业在市场中的综合竞争力，为企业的可持续发展奠定坚实基础。

（二）防控系统性风险

ESG 监管的另一关键目标在于切实预防并有效控制可能对金融市场稳定性构成潜在威胁的系统性风险。从环境风险管理维度来看，其旨在通过一系列监管措施引导企业积极应对气候变化、资源短缺等环境挑战，降低自然灾害对企业生产经营活动所造成的负面影响，增强企业的环境适应能力与抗风险韧性。在社会风险防范层面，ESG 监管着力推动企业妥善处理员工关系、消费者权益保护以及社区关系维护等重要事项，有效预防因社会矛盾激化而引发的各类风险事件，维护社会秩序的稳定以及企业自身的良好声誉形象。而在治理风险管控方面，ESG 监管着重强调完善企业的治理架构与决策流程，通过强化内部控制与监督机制，避免企业因决策失误、内部管理不善等问题而陷入经营困境，确保企业能够实现稳健、可持续的运营发展。通过对企业 ESG 表现的全面监督与评估，ESG 监管能够精准识别各类潜在风险因素，并及时采取针对性的防控措施，将系统性风险发生的可能性与影响程度降至最低。

（三）提升市场效率与公平性

ESG 监管要求企业详尽披露更多与 ESG 相关的信息，以此提升市场的整体透明度水平。这使得投资者能够获取全面、准确且详细的企业信息，从而精准地评估企业的内在价值以及潜在风险，作出更为理性、科学的投资决策。与此同时，ESG 监管通过强化对投资者合法权益的全方位保护，严厉打击不正当竞争行为，有效遏制市场中存在的信息不对称、欺诈等不良现象，确保市场竞争环境的公平性与公正性。这些监管措施的有效实施，对于提升市场的运行效率以及资源配置效率具有积极的促进作用，为投资者提供更为清晰、透明且可靠的投资决策依据，增强市场的稳定性与可信度。

（四）推动市场高质量发展

ESG 监管通过确保企业严格遵循统一的 ESG 标准开展生产经营活动，为金融市场的健康、有序发展提供坚实有力的保障。这一举措将促进市场公平竞争格局的形成，使得企业能够在公平、公正、透明的市场环境下展开良性竞争，避免因 ESG 表现差异而导致的市场扭曲与不公平竞争现象的发生。同时，通过长期持续地推动企业践行 ESG 理念，致力于营造一个稳定、可持续的市场发展环境，促进市场的长期繁荣与稳定增长，为金融市场的高质量发展注入源源不断的动力与活力。ESG 监管的实施，对于构建一个更加公正、透明、可持续的金融市场生态环境具有至关重要的意义，能够有效提升市场的整体竞争力与抗风险能力，推动经济社会的可持续发展迈向新的高度。

四、ESG 监管的原则

ESG 监管所遵循的核心原则旨在全方位推动经济的可持续发展，着力提升企业的社会责任感以及治理效能水平。具体原则如下：

（一）重要性原则

ESG 监管务必聚焦于对企业运营活动以及社会整体发展能够产生关键且重大影响的环境、社会和治理相关因素。这一原则明确要求监管措施具备精准且明确的针对性，能够精准定位并着力解决当下最为紧迫的问题，从而切实保障监管活动能够达成实际成效，避免资源的无端浪费以及监管方向的偏离。从层次架构的视角审视，重要性原则处于顶层设计的关键位置，犹如航海中的灯塔，为整个 ESG 监管体系确定了前行的方向，明确监管工作的重点领域与关键环节，确保监管资源能够精准投放，进而高效地推动 ESG 监管目标的实现。

（二）实质性原则

ESG 监管工作需要深度挖掘企业在 ESG 方面行为所产生的实际影响，坚决摒弃仅停留于表面现象的浅层次监管模式，而是深入渗透到企业日常的实际运作流程以及潜在的风险状况之中。这就要求监管者对企业的生产经营模式、组织架构、供应链管理等实际运作环节有着透彻且深刻的理解，以此为基石制定出贴合企业实际情况、切实可行且行之有效的监管策略。在 ESG 监管的层次结构体系里，实质性原则处于核心关键层，其作用在于确保监管措施能够触及问题的本质，深度剖析企业 ESG 行为的内在逻辑与潜在影响，从而保证监管的深度与有效性得以充分彰显，为企业的可持续发展提供坚实的保障。

（三）一致性原则

ESG 监管政策在制定与实施的过程中应始终保持高度的连贯性与稳定性，坚决杜绝频繁且无序的政策变更现象的发生。稳定且连贯的监管政策有助于企业在经营发展过程中形成可靠、明确的预期，使其能够依据既定的政策框架合理规划自身的发展战略与业务布局，进而有效降低企业因政策频繁变动而产生的额外监管成本，同时也能够显著减少市场因政策不确定性而引发的波动性。在 ESG 监管的层次架构中，一致性原则是重要的支撑层，为监管政策的连续性以及可预测性提供了有力保障，为企业营造了一个稳定、可预期的运营环境，促进企业能够持续、稳健地发展，避免因政策的动荡而陷入经营困境。

（四）可持续性原则

ESG 监管应当具备长远的战略眼光，着眼于企业的长期可持续发展，坚决防止企业为追求短期的经济利益而忽视甚至牺牲长远的发展潜力。监管者在制定政策时，需要从宏观的经济社会发展视角以及长远的时间跨度出发，综合考量各种因素，精心制定出有利于企业实现长期稳定发展以及全社会可持续发展的政策措施。在 ESG 监管的层次体系中，可持续性原则处于目标导向层，其为监管政策的长远目标设定以及发展方向指引提供了明确的方向指引，确保 ESG 监管工作始终围绕着推动企业和社会的可持续发展这一核心目标而展开，为经济社会的可持续发展注入源源不断的动力，引领企业在实现自身价值的同时，积极履行社会责任，促进人与自然的和谐共生。

第二节　ESG 政府监管

一、中国政府监管的主体框架

在中国政府针对 ESG 构建的监管体系主要由立法机构、司法机构与行政机构组成。以下将对其具体框架进行详尽阐释，如图 10-1 所示：

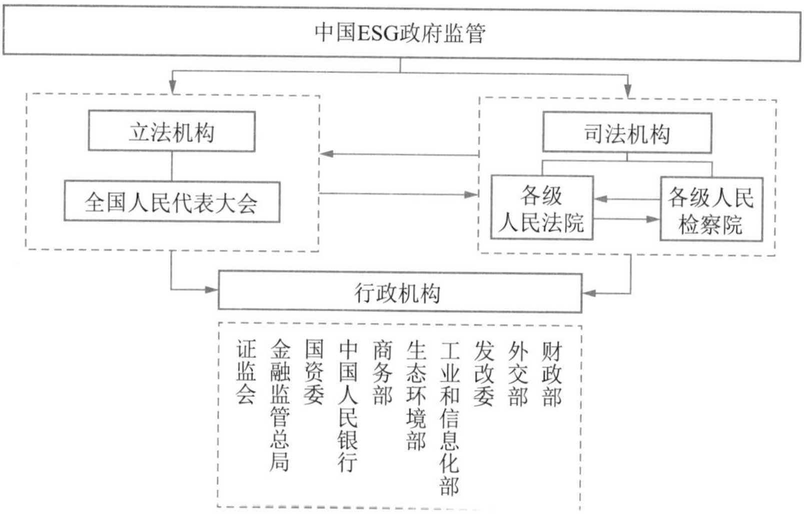

图 10-1　中国 ESG 政府监管框架

立法机构作为整个监管体系中规则与法律的制定者，以全国人民代表大会及其常务委员会作为组织核心，专注于制定与审慎修订涵盖 ESG 领域各个关键层面的国家法律、政策以及法规条文。这一机构的重要性不仅体现在为政府的各项行为提供了明确且坚实的法律遵循路径，确保政府在 ESG 监管过程中的每一项举措都能够依法依规进行，而且对其他政府机关在 ESG 相关事务的执行过程中发挥着至关重要的领导与监督职能。

司法机构在 ESG 监管体系中扮演着法律守护者角色，其主体由各级人民法院与人民检察院共同构成。它们秉持着公平、公正的态度，维护 ESG 相关法律的尊严与权威性，对于任何违反 ESG 法律法规的行为，坚决予以严厉制裁，以此彰显法律的震慑力，保障 ESG 监管的严肃性和有效性。与此同时，司法机关还被赋予了对行政机关的监督权，能够通过严谨的行政诉讼程序，对涉及 ESG 的行政决策以及各类行政行为进行全面、深入的合法性审查，确保政府在 ESG 领域的所有行为自始至终都严格遵循法治的框架与原则，避免出现行政权力的滥用或不当行使，从而维护监管体系的公正性与合法性。

行政机构作为 ESG 政府监管的直接执行者与具体落实者，由国务院所属部门和直属机构，包括财政部、外交部、发改委、工业和信息化部、生态环境部、商务部、中国人民银行、国资委、金融监管总局、证监会等，依据各自的职能，协同构建 ESG 监管的行政网络。这些行政机构在实施 ESG 监管过程中，通过发证、监测、检查、执法等一系列环环相扣的手段构建起完整且高效的监管链条，共同保障了 ESG 监管的全面性、精准性与有效性，确保监管目标能够得以顺利实现。

二、中国政府监管的行政监管

在中国的 ESG 行政监管领域，财政部、外交部、发改委、工业和信息化部、生态环境部、商务部、中国人民银行、国资委、金融监督总局、证监会等行政机构依据各自职能定位，分工协作构建 ESG 的监管网络，为推动 ESG 的高质量发展提供了坚实保障。以下将对这些部门于 ESG 监管体系中的具体分工与核心职责展开深入且细致的阐述：

（一）财政部

财政部在 ESG 监管架构中承担着规则制定的关键角色。其核心职责在于全力推动国家统一的可持续披露准则体系的构建工作，并制定了 2030 年基本达成这一体系建设的目标。在这一过程中，财政部积极与其他相关部门携手，共同探究既能够充分汲取国际准则中有益的经验，又能贴合中国本土国情，彰显中国特色的可持续披露准则制定路径。财政部还倡导可持续信息披露对于经济社会发展的关键重要性，引导市场主体树立正确的信息披露意识。鉴于当前企业可持续信息披露普遍存在的披露标准参差不齐等问题，财政部通过制定严谨、科学且统一的披露标准与规范，提升信息披露的规范性与可比性水平。此外，财政部会同外交部、发改委等 9 部门成立跨部门工作专班，立足我国企业可持续披露实践和投资者、债权人、监管部门等信息使用者的需求，深度参与国际准则制定，对国际准则在中国适用性开展评估。在此基础上，上述部门共同制定了《企业可持续披露准则——基本准则（试行）》，规范企业可持续发展信息披露。

（二）外交部

外交部在 ESG 监管方面的职责与作用主要体现在推动国际合作与交流方面。随着 ESG 理念在全球范围内得到广泛认可，外交部致力于加强与各国政府、国际组织、非政府组织等在 ESG 领域的合作与交流，推动形成全球 ESG 监管共识。通过外交渠道，外交部可以促进各国在 ESG 信息披露、评估评级、投资指引等方面的标准对接与互认，为我国企业“走出去”提供有力的国际支持和保障。同时，外交部还积极参与全球 ESG 治理规则的制定，维护我国企业的国际利益，推动构建更加公平、透明、可持续的国际经济秩序。此外，外交部还通过多边和双边外交活动，推动国际社会统一 ESG 标准，减少因标准差异带来的贸易和投资障碍，为我国企业在国际市场上创造更加有利的竞争环境。

（三）发改委

发改委作为宏观经济管理部门，在 ESG 监管方面承担着核心职责，负责研究并制定国家 ESG 发展战略及具体政策措施，推动 ESG 理念全面融入国家经济社会发展规划。通过制定相关规划和标准体系，发改委引导企业强化 ESG 管理实践，提升其可持续发展能力。同时，发改委加强对企业 ESG 信息披露的监督管理，确保信息真实、准确、完整，有效维护市场秩序和投资者合法权益。此外，发改委负责 ESG 领域的国际合作与交流，为我国企业参与全球 ESG 治理体系提供政策支持和专业指导。

（四）工业和信息化部

工业和信息化部在 ESG 监管方面的职责与作用主要体现在推动工业绿色发展和企业 ESG 实践方面。作为工业领域的主管部门，工业和信息化部负责制定工业绿色发展政策和标准，推动企业加强节能减排、资源循环利用和生态环境保护等工作。同时，工业和信息化部还加强对企业 ESG 信息披露的监管，要求企业披露在环境、社会和治理方面的表现，促进企业提高可持续发展能力。此外，工业和信息化部还积极推动 ESG 理念在工业领域的应用和推广，鼓励企业加强 ESG 管理和创新，为工业绿色转型和高质量发展提供支撑。工业和信息化部通过制定和推广专业、系统的 ESG 标准体系，引导企业构建完善的 ESG 管理机制和流程体系，促进企业贯彻践行 ESG 新发展理念。工业和信息化部还引导 ESG 生态体系构建，联合政府监管部门、行业协会、高校研究机构、资本市场、企业及第三方机构等多方力量，搭建产学研协同创新平台，推动 ESG 标准化建设。

（五）生态环境部

生态环境部在 ESG 行政监管中发挥着环境政策制定与规范的作用。生态环境部设立了 ESG 专项工作机构，着力支撑环境信息依法披露制度改革向金融等领域拓展，推动绿色低碳转型发展。2021 年 5 月，生态环境部印发了《环境信息依法披露制度改革方案》及配套政策，首次将“碳排放”信息纳入披露范围，并强化披露结果应用，纳入企业信用管理，为 ESG 的“环境”维度提供关键数据与监管途径。此外，生态环境部还推动了《碳排放权交易管理暂行条例》的出台，构建了中国特色 ESG 政策标准体系。生态环境部强化跨部门合作，协同金融监管部门推动绿色低碳转型，完善支持绿色发展的政策和金融工具，深化环境信息依法披露制度改革，推进环保信用评价制度建设。

（六）商务部

商务部在 ESG 监管方面的职责与作用主要体现在推动商贸流通领域的 ESG 实践和国际合作方面。作为商贸流通领域的主管部门，商务部负责制定商贸流通领域 ESG 发展政策和标准，引导企业加强 ESG 管理，提高可持续发展能力。同时，商务部还加强对商贸流通企业 ESG 信息披露的监管，要求企业真实、准确、完整地披露 ESG 信息，维护市场秩序和消费者利益。此外，商务部还积极推动 ESG 领域的国际合作与交流，为我国企业参与全球 ESG 治理和可持续发展提供支持和指导。商务部还涉及 ESG 标准的建立和完善，为企业的可持续发展提供的政策引导。

（七）中国人民银行

中国人民银行在 ESG 监管方面的职责与作用主要体现在推动绿色金融发展和 ESG 投资方面。作为金融领域的监管机构，中国人民银行负责制定绿色金融政策和标准，引导金融机构加强 ESG 风险管理，推动绿色金融产品和服务的创新与发展。例如，2024 年中国人民银行等七部门发布《关于进一步强化金融支持绿色低碳发展的指导意见》，进一步提出支持信用评级机构将 ESG 因素纳入信用评级方法与模型。同时，中国人民银行还加强对金融机构 ESG 投资的监管，要求金融机构在投资决策中充分考虑 ESG 因素，促进资金向绿色、低碳、环保等领域倾斜。例如，中国人民银行和金融监管总局要求银行按季度或半年度报送绿色信贷数据，并将绿色信贷、绿色债券数据纳入银行业金融机构绿色金融评价中，这些政策措施激励银行多发放绿色贷款或持有绿色债券。此外，中国人民银行还积极推动 ESG 理念在金融领域的应用和推广，鼓励金融机构加强 ESG 研究和创新，为金融可持续发展提供有力支撑。例如，2023 年人民银行牵头发布金融行业标准绿色债券信用评级指引，指导信用评级机构关注绿色债券发行人在环境、社会、治理等方面的表现。同时，人民银行还组织制定金融行业标准，推动绿色金融发展。例如，2025 年 1 月 8 日，中国人民银行、生态环境部联合召开绿色金融服务美丽中国建设工作推进会，强调金融部门要持续健全标准体系，加快制定统一的绿色金融支持目录和统计制度，明确绿色金融的重点方向。

（八）国资委

国资委在引导和推动中央企业积极履行社会责任、深入践行 ESG 理念方面肩负着重大职责与使命。国资委印发的《关于新时代中央企业高标准履行社会责任的指导意见》明确提出，要全力推动控股上市公司围绕 ESG 开展全面、深入且高质量的信息披露工作，将 ESG 理念深度融入企业的日常经营管理决策过程之中。同时，国资委还着重强调中央企业应在绿色发展、社会责任、公司治理等 ESG 相关关键领域持续深化履责实践，充分发挥中央企业作为国民经济支柱的表率作用，引领行业发展潮流，树立良好的社会形象，提升国际竞争力。此外，国资委还积极推动中央企业主动适应、引领国际规则标准制定，更好推动可持续发展，提升中央企业在国际 ESG 领域的影响力和话语权。通过这些举措，国资委为中国 ESG 监管体系的不断发展、完善与成熟贡献积极而重要的力量，推动中国企业在全球 ESG 舞台上展现出更强的影响力与担当精神。

（九）金融监管总局

金融监管总局依法肩负着对除证券业之外的金融业实施全方位、多层次且严格缜密监管的重要职责。通过综合运用机构监管、行为监管、功能监管、穿透式监管以及持续监管等多种监管手段，金融监管总局确保了金融业的合法合规运营以及稳健可持续发展态势。在 ESG 监管的具体实践中，金融监管总局积极投身于金融业改革发展战略规划的拟定工作，发挥其专业优势与政策引领作用，推动银行业、保险业、金融控股公司等领域相关法律法规的不断优化与完善，为金融行业的 ESG 实践营造良好的法治环境。与此同时，金融监管总局还与财政部、农业农村部、国家林草局等多个部门保持着紧密且高效的协作关系，联合发布了一系列关于推进农业保险精准投保理赔等关键政策措施，旨在通过创新保险服务模式，提升保险服务质量与效率，推动保险业朝着高质量发展的方向稳步迈进，进而促进 ESG 理念在金融业的深度渗透与广泛实践，实现金融行业与经济社会可持续发展的良性互动与协同共进。

（十）证监会

证监会作为证券市场秩序的监督者，在 ESG 监管进程中发挥着不可或缺且至关重要的作用。一方面，证监会发布了《上市公司自律监管指南第 14 号——可持续发展报告（试行）（征求意见稿）》，为上市公司编制可持续发展报告提供了清晰明确、切实可行的指导原则以及规范化、标准化的框架体系，有效助力上市公司提升 ESG 信息披露的质量与水平。另一方面，证监会积极致力于推动 ESG 信息的外部审验和鉴证工作，通过引入专业的第三方机构对上市公司披露的 ESG 数据进行严格审核与验证，确保数据的真实性、准确性与可靠性，从而显著提升上市公司 ESG 数据的质量，增强投资者对上市公司 ESG 表现的信任度，维护证券市场的公平、公正与透明秩序。此外，证监会还统一部署三大交易所出台《可持续发展报告指引》，鼓励上市公司发布 ESG 报告。一般认为，以非财务信息为主的 ESG 报告可以与上市公司的财务报告（年报）一起构成对上市公司更为完整的绩效画像，有利于投资者更加全面、完整了解上市公司的绩效和价值，继而促进市值管理。这些举措不仅促进了资本市场在 ESG 理念引领下实现可持续的健康发展，而且为实体经济的绿色转型与高质量发展提供了有力的金融支持。同时，在证监会监管指引下，上海、深圳证券交易所负责制定和发布规范上市公司 ESG 信息披露的规定。2024 年上海证券交易所发布了《上市公司自律监管指引第 14 号——可持续发展报告(试行)》。该指引旨在规范上市公司可持续发展相关信息披露,引导上市公司践行可持续发展理念。深圳证券交易所同样发布了《深圳证券交易所上市公司自律监管指引第 17 号——可持续发展报告(试行)》,要求深证 100 指数、创业板指数样本公司以及境内外同时上市的公司应当按照《指引》及深交所相关规定披露《上市公司可持续发展报告》或《上市公司环境、社会和公司治理报告》,确保上市公司能够践行可持续发展理念。

综上所述,财政部、外交部、发改委、工业和信息化部、生态环境部、商务部、中国人民银行、国资委、金融监管总局、证监会等行政机构在 ESG 监管领域紧密配合、各司其职,共同推动中国 ESG 监管体系朝着更加健全、完善、高效的方向持续迈进,助力实现经济发展与环境保护、社会和谐的有机统一与协调共进。

第三节 ESG"漂绿"及治理

一、ESG"漂绿"的概念

ESG"漂绿"是指企业故意采取夸大、虚假或误导性的宣传手段,对外宣称自身在 ESG 实践方面取得了显著成果或具备较高的 ESG 标准,而实际上其真实的 ESG 表现远低于所宣称的水平。这种行为旨在掩盖其在环境责任履行、社会责任承担以及公司治理完善等方面的实际不足和缺陷,从而误导投资者、消费者以及其他利益相关者对其 ESG 形象的认知,使其产生错误的判断和决策,进而谋取不当的利益或声誉优势。

与正常的 ESG 实践和信息披露相比,ESG"漂绿"具有本质的区别。正常的 ESG 实践是企业切实地将可持续发展理念融入其战略决策、日常运营以及企业文化中,通过具体的行动和措施来减少对环境的负面影响、积极履行社会责任并优化公司治理结构,同时如实、准确地向外界披露其 ESG 相关信息,接受社会各界的监督和评估。而 ESG"漂绿"则是一种虚假的表象营造行为,只注重表面的宣传和包装,缺乏实质性的行动和改变,其目的并非实现可持续发展,而是迎合市场趋势、规避监管要求或获取短期的经济利益和声誉提升。这种行为严重破坏了 ESG 市场的诚信环境和健康发展,损害了投资者和其他利益相关者的合法权益,也削弱了 ESG 理念对于推动企业和社会可持续发展的积极作用。

二、ESG"漂绿"的动机与表现

(一) ESG"漂绿"的动机

在学术研究领域,ESG"漂绿"行为被视为一种策略性误导,其核心动机在于提升品牌形象、吸引投资者注意、满足监管要求。

1. 提升品牌形象

提升品牌形象是企业"漂绿"的首要动机。在环保意识日益增强的今天,一个积极的环保形象能够显著增强消费者对品牌的信任和忠诚度。例如,某知名快时尚品牌可能宣称其产品全部采用可持续材料,尽管实际上只有一小部分产品符合这一标准,但这种宣传仍能在一定程度上提升品牌形象。

2. 吸引投资者注意

吸引 ESG 投资者的关注也是企业“漂绿”的重要动机。随着 ESG 投资理念的兴起，越来越多的投资者开始将 ESG 表现作为投资决策的重要考量因素。企业为了吸引这些投资者的目光，可能会夸大其 ESG 成就，以期获得更高的市场估值和资金支持。例如，某能源企业可能在其 ESG 报告中夸大减少碳排放的成效，以吸引那些注重环保表现的投资者。

3. 满足监管要求

满足日益严格的 ESG 监管要求也是企业“漂绿”的动机之一。在监管压力不断增大的背景下，企业为了避免可能的法律风险和合规问题，可能会采取“漂绿”手段来掩盖其在实际 ESG 表现上的不足。例如，某钢铁企业可能面临严格的环保法规要求，为了规避监管处罚，它可能会通过夸大其环保投入和成效来掩盖实际的污染问题。

（二）ESG“漂绿”的表现

ESG“漂绿”的表现包含言行不一、夸大其词、选择性披露和虚假认定等方面。

1. 言行不一

ESG“漂绿”的言行不一表现得尤为突出。企业往往在公开宣传中大力标榜其环保理念、社会责任和公司治理的优越性，但在实际操作层面却难以兑现这些承诺。以某知名汽车制造商为例，该企业曾在广告中高调宣称其新能源汽车的环保性能卓越，但实际上其主力车型仍依赖于传统燃油车，且在生产过程中存在环境污染问题。这种言行之间的巨大反差，不仅损害了企业的公信力，而且误导了消费者对其环保形象的认知。

2. 夸大其词

夸大其词则是 ESG“漂绿”行为的另一种常见表现。企业可能会通过夸大其 ESG 成就或影响来制造一种虚假的“绿色”形象，以吸引投资者和公众的注意力。例如，某能源企业在 ESG 报告中宣称其已大幅减少了碳排放，但实际上这一数据可能并未经过严格审计，甚至存在虚构成分。此外，企业还可能利用精心设计的营销手段，如使用环保标签、绿色包装等，来制造一种“绿色”幻觉。以某化妆品品牌为例，该品牌宣称其产品全部采用天然成分，但实际上却含有多种化学添加剂，这种夸大其词的行为不仅损害了消费者的权益，而且破坏了市场的公平竞争环境。

3. 选择性披露

在学术研究中，ESG“漂绿”行为中的选择性披露被视作一种信息操纵策略，企业倾向于展示其环境、社会和治理表现中的亮点，而刻意回避或轻描淡写那些可能损害其形象的不利信息。这种有选择性的信息披露不仅扭曲了企业的真实 ESG 状况，而且严重误导了投资者和公众的判断，影响了市场决策的有效性和公正性。

实务中选择性披露的“漂绿”现象更为普遍且复杂。企业往往精心挑选那些能够彰显其环保责任和社会贡献的正面信息，如节能减排成效、可持续发展项目等，以塑造良好的企业形象。然而，与此同时，它们却可能刻意隐瞒或淡化那些反映其环境破坏、社会责任缺失或治理缺陷的负面信息，如生产过程中的污染问题、劳动权益侵犯、高管不当行为等。这种选择性披露不仅掩盖了企业的真实环境表现，而且误导了投资者和公众对其环保责任的认知，进而可能引发信任危机和市值波动。

4. 虚假认证

在 ESG 日益成为衡量企业可持续性的重要标尺之下，虚假认证作为一股暗流，正悄然侵蚀着这一评价体系的公信力。许多学术研究发现，虚假认证不仅扭曲了企业的真实 ESG 表现，更对市场的公平性和透明度构成了严重威胁。企业可能通过不正当手段获取看似权威的环保认证，以此作为提升 ESG 形象的“捷径”，然而，这些认证往往缺乏实质性的审查和监督，其权威性和可信度大打折扣。

实务中虚假认证的现象屡见不鲜，且手法多样，令人防不胜防。一些企业可能选择与不具备相关资质的认证机构合作，通过“走后门”的方式轻松获得认证；另一些企业则可能利用认证过程中的漏洞，如提交虚假材料、隐瞒关键信息等，以骗取认证。这些虚假认证不仅未能真实反映企业的 ESG 水平，反而成为了企业“粉饰”自身形象的工具。虚假认证的存在，不仅破坏了 ESG 评价体系的公信力，更对市场的公平性和消费者的权益构成了严重威胁。为了遏制这一现象的蔓延，监管机构应加强对认证机构的监管力度，建立严格的认证标准和监督机制，确保认证结果的权威性和可信度。同时，企业也应自觉遵守市场规则，坚持诚信经营，通过真正改善 ESG 来提升自身竞争力和社会价值。消费者和投资者则应提高警惕，学会辨别真假认证，避免被虚假信息所误导。

三、ESG“漂绿”的危害

（一）对消费者的危害

首先，误导性信息扭曲消费决策。ESG“漂绿”诱导消费者购买那些实则并不环保的产品或服务。这一行为不仅让消费者在琳琅满目的商品中迷失方向，而且导致他们对可持续性产生严重误解，从而作出有损环境和社会福祉的消费选择。其次，信任危机削弱品牌忠诚度。一旦消费者发现自己被 ESG“漂绿”所欺骗，他们对品牌的信任将瞬间崩塌。这种信任的破裂不仅会让消费者对品牌产生深深的质疑，而且会严重考验他们长期积累的忠诚度。长此以往，品牌声誉将遭受不可挽回的损害，市场份额也将因此大幅缩减。

（二）对投资者的危害

首先，投资决策陷入迷雾。ESG“漂绿”行为使得市场信息变得复杂且难以辨别，投资者在评估公司净零进展和比较投资标的时面临重重挑战。这种信息不对称不仅增加了投资决策的不确定性，而且显著提升了投资风险。其次，信任崩塌削弱投资意愿。一旦 ESG“漂绿”行为被曝光，投资者对可持续投资的信心将受到严重打击。这种信任的崩塌将直接导致投资意愿的降低，进而影响资本市场的资金流向和整体稳定性。

（三）对企业的危害

首先，品牌信誉与价值双重受损。ESG“漂绿”行为被揭露后，企业的品牌形象将遭受毁灭性打击。不仅消费者和投资者的信任将荡然无存，而且企业还可能面临法律诉讼和监管处罚的双重压力，导致财务成本飙升，品牌价值急剧下降。其次，市场竞争秩序遭受破坏。ESG“漂绿”企业通过不实宣传获得不公平的竞争优势，严重破坏了市场的公平竞争环境。这种行为不仅损害了真正致力于可持续发展的企业的利益，而且对整个行业的健康发展构成了严重威胁。

（四）对环境的危害

首先，环境问题因“漂绿”而加剧。ESG“漂绿”行为往往掩盖了企业对环境造成的实际损害，如超标排放、资源浪费和生态破坏等。这种掩盖不仅未能有效减轻环境负担，而且可能因误导性宣传而加剧环境问题，如气候变化加剧、生物多样性丧失等。其次，绿色转型受阻于“漂绿”。ESG“漂绿”企业通过虚假宣传占据市场资源，严重挤占了真正绿色技术和创新的发展空间。这种行为不仅阻碍了整个行业的绿色转型进程，而且对社会的可持续发展构成了巨大障碍。

（五）对经济发展的危害

首先，资源配置扭曲影响经济增长。ESG“漂绿”行为导致资金错误流向非绿色项目，使得真正需要支持的绿色创新和技术研发得不到足够的资源。这种资源配置的扭曲不仅影响了经济的绿色增长潜力，而且削弱了长期的竞争力。其次，金融体系稳定性受到“漂绿”威胁。随着ESG“漂绿”行为的普及，金融市场上基于虚假ESG信息的投资产品日益增多。这种虚假信息的泛滥可能引发系统性风险，对金融市场的稳定和健康发展构成严重威胁。

四、ESG“漂绿”的治理

（一）治理措施

1. 政府监管的措施

政府为有效治理ESG领域的“漂绿”现象，采取了一系列举措。首先，中国证监会不断更新和完善监管规则与指引，明确界定了企业在ESG实践中的具体要求与监管措施。例如，2022年4月修订的《上市公司投资者关系管理指引》就明确将环境、社会和治理信息纳入与投资者沟通的核心内容，以此提升企业ESG信息的透明度和重要性。

同时，政府严格实施排污许可管理制度，加强对企业排污行为的监督与检查，确保企业依法依规排放。此外，还推动企业公开环境治理信息，包括主要污染物名称、排放方式、执行标准以及污染防治设施的建设和运行情况，并要求企业对信息的真实性负责，从而增强公众对企业环境行为的监督能力。

2. 机构治理的措施

许多服务机构针对ESG“漂绿”问题采取了双重保障措施。首先，第三方机构对ESG进行鉴证，这一做法借鉴了财务报告领域中独立审计的严谨流程，对ESG报告进行独立且专业的鉴证，旨在揭露并纠正任何可能的夸大或虚假陈述，从而有效抑制企业的ESG“漂绿”倾向。其次，第三方绿色认证机构自身通过提高认证标准等手段，确保所颁发的ESG认证真实反映企业的环保和社会责任表现，维护绿色认证的公信力与权威性。

3. 媒体公众的监督措施

在媒体与公众的参与下，ESG“漂绿”行为的治理得到了有力加强。一方面，通过完善公众监督和举报反馈机制，特别是充分发挥“12369”环保举报热线的作用，确保了环保监督渠道的畅通无阻。公众可以便捷地举报破坏生态环境、突发环境事件以及环境违法行为，形成了广泛的社会监督网络。同时，加强舆论监督，鼓励新闻媒体积极履行社会责任，对各类环境问题进行深入调查和曝光，有效揭露了“漂绿”行为，提高了企业的违法成本。另一方面，为了提升公众的环保素养，政府将环境保护纳入国民教育体系和党政领导干部培训体系，通过组织编写环境保护读本、开展形式多样的宣传教育活动，将环保理念深入人心。这些活动不仅走进了学校、家庭、社区，而且深入工厂和机关，普及环保知识，增强公众的环保意识和参与能力。通过媒体与公众的共同努力，形成了全社会共同参与环境保护的良好氛围，为有效治理ESG“漂绿”行为奠定了坚实的基础。

（二）治理困境

ESG“漂绿”面临诸多困境，包括识别困境难解、技术攻克艰难、监管成本高昂、监管协同欠佳等方面。以下是对这些困境的详细分析。

1. 识别困境难解

随着“漂绿”手段的日益复杂化和隐蔽化，监管部门在识别企业是否存在“漂绿”行为时面临巨大挑战。企业可能通过含糊不清的环保声明、误导性符号、选择性披露等手段来掩盖其真实的环境影响。例如，一些企业可能在可持续发展报告中着重强调其绿色成就，而故意忽略或淡化其环境违法违规行为。这种选择性披露使得监管部门难以全面、准确地评估企业的环保表现。例如在美国，尽管 SEC 对 ESG 基金的投资策略和信息披露进行了严格监管，但仍有一些基金通过模糊其投资策略或夸大其环保效益来误导投资者。这些行为增加了监管部门的识别难度，难以有效打击“漂绿”行为。

2. 技术攻克艰难

现代信息技术的快速发展为“漂绿”行为提供了新的手段，同时也给监管部门带来了技术上的挑战。例如，一些企业可能利用大数据和人工智能技术来操纵其环保数据或进行虚假宣传，以掩盖其真实的环境影响。此外，跨境“漂绿”行为也增加了监管的技术难度，因为不同国家之间的法律法规和技术标准存在差异，使得监管部门难以有效协调和合作。在欧洲，尽管欧盟制定了一系列严格的环保法规和标准，但仍有一些企业通过跨境操作来规避监管。这些企业可能将高污染的生产环节转移到环保标准较低的国家或地区，然后在环保标准较高的国家或地区进行绿色包装和宣传。这种行为增加了监管部门的技术难度和跨境协调成本。

3. 监管成本高昂

“漂绿”监管需要投入大量的人力、物力和财力资源，包括监管人员的培训、信息系统的建设、现场检查的执行等。然而，在一些国家，由于监管资源有限或处罚力度不足，导致“漂绿”行为的违规成本相对较低，从而难以有效遏制此类行为的发生。在中国，尽管近年来监管部门对“漂绿”行为的打击力度不断加大，但仍存在一些企业因违规成本较低而敢于冒险进行“漂绿”操作。这些企业可能认为即使被查处也只是面临轻微的罚款或警告，而不会对其核心业务产生实质性影响。

4. 监管协同欠佳

“漂绿”监管需要多个机构和部门之间的密切合作，以确保政策的一致性和有效性。然而，在一些国家，由于机构设置不合理或政策协调不畅等原因，导致监管部门之间难以形成合力，从而影响了“漂绿”监管的效果。在印度，由于环保部门、市场监管部门和证券监管部门之间存在职能重叠和沟通不畅等问题，导致在打击“漂绿”行为时难以形成有效的协同机制。这种机构间的协同困境使得一些企业能够利用监管漏洞进行“漂绿”操作而不受惩罚。

中国之路　国资委发布《关于新时代中央企业高标准履行社会责任的指导意见》

2024 年 6 月 4 日，国资委发布了《关于新时代中央企业高标准履行社会责任的指导意见》（简称《指导意见》）。这是新时代背景下，指引中央企业担当社会责任的关键文件。该文件秉持习近平新时代中国特色社会主义思想，全面贯彻党的二十大精神，精准、完整地践行新发展理念,深入落实以人民为核心的发展思路。这与ESG监管的核心要义不谋而合,即在追求经济效益的同时,兼顾环境、社会和治理的综合价值,促进可持续发展。其基本原则为:坚持党的领导,明确方向;紧扣中心,服务大局;全面融入,有机融合;凸显特色,遵循规律。这些原则鞭策中央企业在履行社会责任时,应彰显自身、央企及中国特色,并遵循社会责任的普遍规律与国际准则。这与ESG监管的全球化趋势相契合,即在尊重各国发展差异的基础上,探索符合本土实际的ESG实践路径,推动企业ESG实践深化、长效。借此指导与原则,中央企业将更有效地承担社会责任,为经济社会的可持续发展贡献力量,并为ESG监管提供政策支撑与实践导向。

思考:我国ESG相关政策的颁布,如何契合全球化的ESG监管趋势?

思 考 题

1. ESG监管主体包括哪些?
2. ESG政府监管的重要方式有哪些?
3. 如何平衡经济利益与ESG责任,实现真正的绿色转型?
4. ESG“漂绿”现象对企业和社会有哪些负面影响?
5. ESG监管面临的困境是什么?

练 习 题

一、单项选择题

1. 在ESG监管中,以下机构中,(　　)主要负责推动国家统一的可持续披露准则体系的建设。

   A. 证监会　　B. 财政部

   C. 金融监管总局　　D. 国资委

2. “漂绿”现象的核心原因是(　　)。

   A. 企业夸大环保行为以吸引投资

   B. 企业通过环保行为获得经济回报

   C. 募集资金在后续使用中投入非绿色活动

   D. 企业选择性披露环保信息以树立形象

3. 在绿色金融“漂绿”现象的防范中，政府的司法监管手段包括(　　)。

A. 加强政府监管力度　　B. 提升企业的绿色发展意识

C. 强化金融科技的应用　　D. 完善绿色金融法律法规体系

4. 下列不属于企业“漂绿”行为驱动因素的包括(　　)。

A. 市场环境　　B. 组织文化

C. 管理者偏好　　D. 消费者需求

5. (　　)在ESG监管中重点关注证券市场，发布了《上市公司自律监管指南——可持续发展报告(征求意见稿)》。

A. 财政部　　B. 金融监管总局

C. 证监会　　D. 国资委

二、多项选择题

1. ESG监管体系的目的包括(　　)。

A. 促进企业和金融市场的可持续发展　　B. 规范企业的环保行为

C. 提升企业的社会责任感　　D. 优化企业的治理结构

2. 防范企业漂绿的制度约束可以从(　　)入手。

A. 完善相关法律法规　　B. 引入第三方监督机制

C. 加强政府监管力度　　D. 提升企业自我约束能力

3. 下列有助于减少绿色金融中“漂绿”现象的措施包括(　　)。

A. 强化信息披露要求　　B. 建立统一的环境绩效指标

C. 鼓励金融科技创新　　D. 加大对违规行为的惩罚力度

4. 中国政府针对ESG的监管体系由(　　)核心支柱构成。

A. 立法机构　　B. 司法机构

C. 行政机构　　D. 行业协会

5. 以下属于行政机构在ESG监管中的职责的包括(　　)。

A. 财政部负责推动国家统一的可持续披露准则体系建设

B. 金融监管总局依法对除证券业之外的金融业实施监管

C. 证监会推动ESG信息的外部审验和鉴证工作

D. 国资委推动中央企业履行社会责任、践行ESG理念

三、判断题

1. ESG监管体系不仅关注企业的环境保护，而且强调企业的社会责任和公司治理水平。(　　)

2. ESG监管体系的核心目的是提升企业的经济效益，而环境保护、社会责任和公司治理仅作为辅助考虑因素。(　　)

3. 国资委印发的《关于新时代中央企业高标准履行社会责任的指导意见》明确提出推动控股上市公司围绕ESG进行信息披露的要求。(　　)

4. 司法机构在ESG监管中主要负责制定相关法律法规。(　　)

5. 生态环境部仅负责推动企业的环境信息披露，不涉及与其他部门协同推动绿色低碳转型工作。(　　)

第四篇

ESG 展望

肆

第十一章　ESG的机遇与挑战

学习目标

1. 了解ESG发展面临的新形势；
2. 熟悉ESG发展的主要机遇；
3. 熟悉ESG发展的主要挑战。

导引案例

把握ESG时代机遇，“三桶油”加速推进减碳布局

石化行业是高能耗和高碳排放的重点行业，既是能源生产方，也是碳排放“大户”。石化行业的碳减排任务艰巨且紧迫。中国石油、中国石化、中国海油（简称“三桶油”）占据着我国能源行业的核心地位，其能源安全保障、业务方向和ESG表现备受关注。中国石油2006年开始披露《社会责任报告》，中国石化2007年开始ESG发展历程，中国海油也于10多年前便开始涉足清洁、绿色、低碳经济领域。随着全球变暖压力的不断加剧，以及“碳达峰、碳中和”目标的提出，全球可持续发展的理念日益深化，“三桶油”正加速推进减碳布局。

在顶层设计方面，自2021年，“三桶油”陆续成立可持续发展委员会，将可持续发展战略纳入企业的发展战略中，并将ESG理念深入企业各个层级和业务环节的日常管理中。在战略规划方面，中国石油按照“清洁替代、战略接替、绿色转型”三步走总体部署，推进实施绿色产业布局，打造化石能源与新能源全面融合发展的“低碳能源生态圈”，加快构建多能互补新格局。中国石化将加快构建以能源资源为基础，以洁净油品、现代化工为两翼，以新能源、新材料、新经济为重要增长极的“一基两翼三新”产业格局。中国海油加强油气勘探开发与新能源融合发展，大力推进新能源和低碳负碳产业发展，加快构建油气上游领域与新能源新产业融合、多能互补的发展新格局。在技术创新方面，“三桶油”不断创新清洁能源技术、碳捕集利用与封存技术（CCUS）、绿色生产工艺等，并将远程遥控生产、数字化技术等与油气开采相结合，通过持续创新实现低碳发展。

“三桶油”在全球可持续发展和“双碳”目标的指引下，积极探索并践行低碳转型战略，从

顶层设计、战略规划到技术创新，全方位推进减碳布局。这些举措为企业自身开拓了更广阔的 ESG 时代机遇，还为行业节能减碳与可持续发展树立了标杆，也为我国实现碳达峰、碳中和目标贡献了力量。

资料来源：中国石油官网；中国石化官网；中国海油官网。

思考：以"三桶油"为例，我国企业如何把握 ESG 发展的时代机遇？

第一节　ESG 发展面临的新形势

一、全世界共建 ESG 生态环境

（一）全球标准框架更加完善

近年来，随着全球对环境保护、社会责任和公司治理日益重视，各类国际组织、地区联盟和监管机构推动了全球范围内 ESG 标准和框架的逐步完善与统一。联合国、国际金融报告准则基金会（IFRS Foundation）、全球报告倡议组织（GRI）等机构发挥的积极作用，为全球可持续发展提供了强有力的支撑。全球报告倡议组织（GRI）自 1997 年成立以来，已成为全球最具影响力的可持续发展报告框架之一。2016 年发布的《GRI 标准》在原有报告指南的基础上进行了全面的修订和完善，尤其是针对环境、社会和治理等议题的详细规范，为企业在 ESG 领域提供了系统化的标准体系。2021 年，全球报告倡议组织再次进行了修订，进一步增强了报告的透明度和比对性。与此同时，可持续发展会计准则委员会（SASB）于 2018 年发布了可持续会计准则，涵盖 77 个行业，强调了行业特定的 ESG 披露要求。这些国际标准的日益成熟为全球企业提供了统一且具操作性的指导框架。国际财务报告准则基金会（IFRS Foundation）于 2021 年宣布成立国际可持续准则理事会（ISSB），标志着全球可持续发展报告进入新的阶段。2023 年，国际可持续准则理事会（ISSB）发布了《国际财务报告可持续发展披露准则》（S1 和 S2），为全球企业在气候变化、环境、社会和治理等方面提供了权威的披露标准。

此外，全球各地区的可持续发展相关政策和框架也在不断更新与强化。2020 年，欧盟发布了《欧盟分类法》（EU Taxonomy），明确界定了可持续经济活动的标准，进一步推动了绿色金融市场的发展。欧盟委员会于 2021 年发布了《企业可持续发展报告指令》（CSRD）的提案，并于 2023 年通过了《欧洲可持续报告准则》（ESRS），为企业披露可持续性信息提供了更为详尽和标准化的要求。2022 年，美国证券交易委员会发布了有关增强和标准化气候相关风险披露的提案，进一步明确了美国市场对上市公司 ESG 信息披露的要求。中国也在积极推动 ESG 披露规范的建设，2024 年 4 月，上海、深圳和北京证券交易所联合发布了《上市公司可持续发展报告指引》，并在 2024 年 11 月发布了《上市公司可持续发展报告编制指南》，标志着中国资本市场在 ESG 报告标准化方面的不断推进。

不断完善的国际和地区标准、指南和框架，不仅促进了全球企业在 ESG 方面的规范化和透明化，而且为投资者提供了更具可比性和一致性的 ESG 信息，从而推动了全球可持续投资的流动与发展。完善的标准和框架有助于减少企业的合规成本，并提高其信息披露的透明度，为全球实现可持续发展目标奠定了坚实的基础。

(二) 国际合作交流持续深化

随着全球可持续发展议程的推进,国际可持续发展合作交流日益密切,多层次、多领域的协同合作正为全球ESG生态环境注入强劲动力。联合国、国际货币基金组织(IMF)、世界银行(WB)等国际组织通过倡议、资金支持和政策框架,推动各国在ESG领域的协同合作。2015年,联合国193个会员国在"联合国可持续发展峰会"上通过了《2030年可持续发展议程》,旨在未来15年内推动全球在经济、社会和环境三个方面的可持续发展。同年,第21届联合国气候变化大会正式达成了《巴黎协定》,并于2016年在纽约联合国总部开放签署。据外交部统计,截至2024年10月,《巴黎协定》签署方达195个,缔约方达195个,体现了国际社会在应对气候变化方面的坚定决心和共同努力。国际货币基金组织(IMF)和世界银行(WB)则通过技术援助和项目融资,支持各国在能源转型、绿色基础设施建设等方面的可持续发展项目,为推进全球可持续发展合作注入动力。

国际可持续发展合作涵盖绿色金融、可再生能源、碳市场等多个领域,旨在推动全球经济向低碳和可持续方向转型。绿色金融成为推动全球可持续经济发展的重要手段,多个国家和国际组织,如联合国环境规划署(UNEP)、世界银行、国际资本市场协会(ICMA)等积极推动绿色债券和可持续投资,建立绿色债券原则和可持续投资框架。为推动能源转型,国际可再生能源署(IRENA)、国际能源署(IEA)、清洁能源部长级会议(CEM)等多个国际组织联合发起清洁能源和可再生能源合作项目。中国通过"一带一路"倡议,与共建国家在清洁能源、生态保护和绿色基础设施等方面开展了广泛合作,促进了区域绿色发展。为了促进全球碳排放的削减,欧盟、中国、美国加州等区域、国家和地区也在加快建设区域性碳排放交易系统,为企业提供了通过碳信用交易来达到减排目标的机制,并促进了全球碳排放的逐步减少。国际可持续发展合作的加强不仅提升了全球应对气候变化的能力,而且推动了全球经济向更加绿色和低碳的方向转型。

全球范围内日益深化的国际合作交流,不仅在政策和资源层面提供了强有力的支持,而且在技术、资本和人才方面促进了多国间的互联互通。国际合作交流能够促进各国在气候变化应对、能源转型、绿色金融等方面的经验分享和技术转移,为应对气候变化、推动全球绿色转型奠定了坚实基础,同时为实现全球可持续发展目标提供了更加高效的路径。

(三) ESG资本全球流动加速

随着可持续发展理念的深入人心,ESG资本的全球流动呈现出快速增长的态势,成为推动绿色经济和低碳转型的重要驱动力。国际绿色金融合作的深化,以及跨国资本市场对ESG项目的高度关注,使得绿色资本在全球范围内实现了更广泛的配置与融合。绿色金融产品创新与市场规模扩大是推动ESG资本流动的关键因素之一。近年来,随着绿色债券、可持续发展挂钩贷款、社会责任投资基金等新型金融工具的不断涌现,全球绿色金融市场呈现出爆发式增长。根据国际资本市场协会(ICMA)数据,截至2023年底,全球绿色债券的累计发行量已突破3万亿美元,覆盖能源转型、绿色基础设施、低碳交通等多个领域。

跨国绿色投资的增长增强了资本的国际流动性。越来越多的国家和地区出台政策鼓励和支持境外资本参与本地的可持续发展项目。跨国资本流向也日益多样化,以欧洲和北美为主的传统投资市场,逐渐向亚洲、非洲和拉美等新兴市场扩展。中国提出的"一带一路"倡议则是推动跨国资本流动的典型例子,通过设立绿色投资原则,引导大量国际资本流向沿线国家的环保基础设施建设。此外，发达国家和发展中国家之间的双边或多边合作也在不断加深，促进了技术转移和资金的有效配置。

ESG资本全球流动的加速，不仅为各国的绿色转型和可持续发展目标提供了资金保障，而且为全球范围内的资源优化配置创造了新的机遇。在政策支持和资本驱动的共同助推下，全球绿色金融市场将进一步壮大，推动全球绿色经济的快速发展。这一趋势为应对气候变化、推动全球低碳转型、促进共同繁荣注入了持续动力，为实现可持续发展目标提供了坚实基础。

二、各主体加快ESG业务布局

（一）企业的ESG业务布局

1. ESG与企业战略的融合加深

随着可持续发展理念的普及和全球ESG标准的不断提高，越来越多的企业将ESG融入到整体战略之中，使其成为企业发展的重要组成部分。ESG与企业战略的深度融合不仅有助于企业在市场竞争中脱颖而出，而且能提升企业的长期价值和品牌形象。ESG与企业战略的融合主要体现在以下三个方面：

（1）企业愿景和使命的重新定义：许多企业开始将可持续发展作为核心价值观，将其嵌入公司的长期战略规划中。

（2）资源配置和风险管理的重新规划：企业在制定预算和投资计划时，会优先考虑那些能够带来长期可持续回报的项目。

（3）创新和竞争力提升的重新定位：通过将ESG理念贯穿于研发、生产、销售等各个环节，企业能够开发出更具可持续性的产品和服务，满足日益增长的市场需求。

例如，导引案例中"三桶油"之一的中国石油就将其ESG深刻融入了公司的战略发展布局，为了实现2025年左右实现碳达峰、2050年左右实现"近零"排放的目标，深入实施绿色低碳发展战略，加速绿色转型，着力奉献清洁能源；制定新能源新业务专项规划、绿色低碳发展行动计划，提出碳达峰、碳中和时间表和路线图；按照"清洁替代、战略接替、绿色转型"三步走总体部署，推进实施绿色产业布局，打造化石能源与新能源全面融合发展的"低碳能源生态圈"，加快构建多能互补新格局。ESG与企业战略的深度融合不仅是顺应时代发展的必然选择，而且是企业实现可持续发展的内在需求。通过将ESG理念全面融入企业战略，企业能够在激烈的市场竞争中保持领先地位，实现经济效益和社会责任的双赢。

2. ESG管理引起高度重视

近年来，ESG管理在企业中的重要性日益凸显，成为企业管理层和董事会重点关注的领域。ESG管理不仅仅是合规要求，更是企业可持续发展的关键驱动力，能够帮助企业更好地应对未来的挑战，提升综合竞争力。ESG管理主要体现在ESG内控建设、ESG报告披露和ESG评价三个方面。

（1）ESG内控建设：主要包括明确ESG内控目标和原则、建立ESG组织架构和职责分工、制定ESG管理制度和流程、加强ESG培训和沟通。

（2）ESG报告披露：主要包括确定报告范围和标准、收集和整理数据、撰写报告内容、审核和验证报告、发布和传播报告。

（3）ESG评价：主要包括持续改进ESG管理和绩效、培养ESG文化和意识。

以中国石化为例，其持续完善ESG治理架构，建立自上而下的ESG治理架构和管理体系，积极推动 ESG 与战略管理的持续融合。具体而言，董事会是公司 ESG 治理的最高决策机构，负责重大 ESG 事宜的整体规划及工作统筹。董事会下设可持续发展委员会，由董事长担任主任委员，负责 ESG 战略、目标及计划等事项审批和评估，并向董事会汇报。战略委员会、审计委员会等专门委员会也参与公司 ESG 相关事宜的审议与决策。公司管理层统筹协调和推进落实 ESG 相关工作，各职能部门具体负责专项 ESG 议题的管理。下属企业按照 ESG 管理制度和流程开展相关具体工作的执行和落地，形成了具有中国石化特色的 ESG 管理和实践体系。ESG 管理已成为企业实现可持续发展的重要手段，得到了管理层和董事会的高度关注。通过建立健全的 ESG 管理体系，企业不仅能够更好地应对环境和社会挑战，而且能在激烈的市场竞争中保持优势，实现长期稳健发展。

（二）服务机构的 ESG 业务布局

1. 服务业务多样化

随着全球对 ESG 的关注日益增加，ESG 相关服务的需求也在持续增长，服务业务的多样化成为这一趋势的重要体现。具体而言，ESG 评级是最常见的服务之一，它通过对企业的环境影响、社会责任和治理结构进行综合评估，为投资者提供基于 ESG 因素的决策依据。ESG 鉴证服务则由第三方独立机构提供，确保企业在 ESG 报告中的数据和声明的准确性和真实性，增强信息透明度并降低投资者的信任风险。此外，ESG 认证服务则通过对企业符合可持续发展标准的验证，帮助企业获得各类绿色认证，提升品牌声誉和市场竞争力。ESG 咨询服务帮助企业设计和实施可持续发展战略，包括碳排放管理、绿色投资方向、社会责任项目等内容，助力企业在复杂的环境和市场中进行可持续运营。随着监管机构和资本市场对 ESG 的要求日益严格，企业和投资者对专业的 ESG 服务需求进一步加大，这推动了 ESG 服务业务的多样化发展。

2. 服务机构主体多元化

随着可持续金融和 ESG 理念的不断普及，ESG 服务机构在推动企业和投资者实现可持续发展目标方面发挥着越来越重要的作用，并呈现出主体多元化的显著特点。首先，评级机构作为 ESG 服务的重要组成部分，为投资者提供有关企业可持续表现的独立评价，帮助其作出更明智的投资决策。常见的评级机构包括明晟（MSCI）、晨星（Sustainalytics）、富时罗素（FTSE Russell）、彭博社（Bloomberg）、中证、华证、万得（Wind）、商道融绿等，能够为企业提供详细的 ESG 评估报告，帮助投资者识别长期价值和潜在风险。其次，鉴证机构在 ESG 服务中发挥了重要作用，其中会计师事务所是承担鉴证业务的主要机构。如普华永道、德勤、安永、毕马威、致同、天健等会计师事务所不仅提供传统的审计服务，而且参与了企业的 ESG 报告鉴证和合规性审核，确保企业的 ESG 数据符合监管标准和行业实践。与此同时，认证机构则通过审核企业的可持续发展措施并颁发相关证书，帮助企业增强公众信任和品牌信誉。咨询公司也是 ESG 服务的重要提供者，尤其是在企业战略、政策制定和实施方面发挥着重要作用。全球知名咨询公司如麦肯锡、波士顿咨询和埃森哲等，已开始将 ESG 战略纳入其咨询服务内容，协助企业制定可持续发展战略和应对 ESG 挑战。除了这些传统的服务机构，越来越多的科技公司、独立研究机构等也开始参与到 ESG 服务领域，提供创新型解决方案，如 ESG 数据分析工具、碳足迹计算、社会责任项目评估等。不同类型的机构提供广泛的 ESG 服务支持，促进了各行业在可持续发展方面的积极行动，并推动了 ESG 理念的深入普及与发展。

（三）金融机构的ESG业务布局

1. 金融产品更加丰富

随着可持续金融和ESG理念的普及，金融机构在开发和推广ESG金融产品方面取得了显著进展。金融产品的类型主要包括ESG银行贷款、ESG债券、ESG股票、ESG基金、ESG保险产品等主题产品，以及可持续发展挂钩债券、ESG资产证券化产品、数字化公正转型贷款、特色绿色贷款产品等创新产品。Wind统计数据显示，截至2023年三季度末，ESG投资基金（包括纯ESG、泛ESG基金）的规模达到5 157.47亿元，较2022年末的4 916.14亿元增加了240多亿元。截至2023年末，本外币绿色贷款余额30.08万亿元，同比增长36.5%。银行业理财登记托管中心发布的《中国银行业理财市场半年报告（2024年上）》显示，截至2024年6月末，ESG主题理财产品存续余额达到1 880亿元，同比增长18.54%。丰富的ESG金融产品能够为企业和可持续发展项目提供了更多的融资渠道，并且能够为投资者提供多样化的投资选择，也为推动全球可持续发展目标的实现提供了重要的金融支持。

2. 广泛应用ESG投资策略

金融机构在投资管理中广泛采用ESG投资策略，不仅有助于降低投资风险，提高投资回报，而且能推动社会和环境的可持续发展。全球可持续投资联盟（GSIA）将ESG投资策略分成七种类型，分别为负面筛选、正面筛选、规范筛选、ESG整合、可持续发展主题投资、影响力/社区投资和企业参与及股东行动。表11-1列示了ESG投资策略的主要内容。

表11-1 ESG投资策略的主要内容

ESG投资策略	主要内容
负面筛选	寻找在ESG方面表现低于同行的公司，然后在构建投资组合时避开这些公司
正面筛选	基于ESG标准、公司的ESG表现，在同一个类别/行业/领域内对比进行筛选，通常是选出ESG表现最好的公司，或是给入选设置ESG指标的门槛值
规范筛选	根据国际规范，筛选出符合最低商业标准或发行人惯例的投资，比如剔除不符合国际劳工组织最低标准的公司
ESG整合	在投资分析和决策中明确、系统地将环境、社会和治理问题纳入其中，即将ESG理念和传统的财务分析相融合作出全面的评估
可持续发展主题投资	对有助于可持续发展主题的资产进行投资，例如可持续农业、绿色建筑、智慧城市、绿色能源等主题
影响力/社区投资	具有明确社会或环境目的的企业提供资金
企业参与及股东行动	投资人发挥利用股东权利来影响企业行为，从而实现ESG投资目标

金融机构在ESG业务布局方面取得了显著进展，不仅开发了丰富的ESG金融产品，而且广泛采用了多种ESG投资策略。这些举措不仅满足了投资者对可持续投资的需求，而且促进了社会和环境的可持续发展。通过不断创新和优化ESG产品和服务，金融机构在推动全球经济向可持续发展转型中发挥着越来越重要的作用。

三、数智化引领ESG快速发展

（一）信息收集与管理数智化

1. 自动化数据采集

随着技术的进步，自动化数据采集已成为ESG信息管理的重要手段，能够显著提升

ESG信息收集的效率和准确性。通过物联网设备、传感器和区块链技术等，企业能够实时监测并采集环境、社会和治理方面的关键数据。例如，工厂可以使用传感器监测能源消耗、碳排放等指标，并通过自动化系统实时上传至数据中心进行分析。此外，企业还可以通过应用程序编程接口从公共数据库和第三方服务平台自动获取数据，减少人工录入的错误和时间成本。自动化数据采集不仅提高了数据的准确性和时效性，而且为企业提供了更全面的ESG信息，支持科学决策和风险管理。

2. 智能化数据质量监控

数据质量对ESG信息的准确性至关重要，智能化数据质量监控系统可以帮助企业自动检测和纠正数据中的错误，确保数据的一致性和完整性。通过机器学习和人工智能技术，智能化数据质量监控可以识别异常值、修复缺失数据，并对采集过程进行优化。例如，利用AI算法，可以对历史数据和实时数据进行比对，自动发现可能存在的数据异常。智能化数据质量监控不仅提高了数据的可信度，而且节省了大量的人力资源，使企业能够更专注于数据分析和应用。

（二）分析与评估数智化

1. 实时数据分析

实时数据分析技术赋予企业更灵活的ESG管理能力，能够帮助企业及时发现和应对经营过程中的环境和社会风险。通过大数据技术和AI算法，企业能够实时处理和分析海量的ESG数据，生成动态报表和预警信息。例如，企业可以对排放数据进行实时分析，若发现超标则迅速采取措施，以避免环境污染事件。此外，实时数据分析还可以帮助企业发现新的商业机会，如通过分析消费者行为数据，开发更加环保和可持续的产品。实时数据分析的应用不仅提高了企业的响应速度，而且增强了决策的科学性和有效性。

2. 智能化绩效评估

智能化绩效评估通过先进的算法和模型，自动、高效地评估企业的ESG表现，提供科学、客观的评估结果。通过分析历史数据和行业基准，机器学习模型可以为企业生成一系列关键的ESG绩效指标，并根据指标动态追踪企业在环境、社会和治理方面的表现。同时，算法还能够识别出影响企业ESG表现的深层次因素，并据此预测未来的ESG发展趋势。例如，通过分析企业过去的碳排放数据，模型可以预测未来的碳排放情况，帮助企业提前制定减排策略。通过智能化的绩效评估，企业可以更准确地衡量其在环境保护和社会责任方面的贡献，优化资源配置，提升整体ESG表现。

（三）报告和披露数智化

1. 自动化报告生成

自动化报告生成工具能够简化企业的ESG报告编制流程，大大提高ESG报告的效率和质量。通过数据集成和自动化报告生成技术，并基于预设的模板和规则，企业可以将收集的ESG数据自动整理成标准化报告格式。同时，通过应用程序编程接口与数据源连接，系统能够实时同步最新数据，确保报告内容的时效性与准确性。自动化报告生成不仅提高了企业的信息披露效率，还为投资者和监管机构提供了更清晰、可靠的ESG数据。

2. 数据智能可视化

数据智能可视化通过图表、仪表盘和地图等形式，直观展示ESG数据，帮助用户快速理解和分析复杂的信息。通过使用数据可视化工具，企业可以对碳排放、资源利用、社会影响等多维数据进行展示，使不同利益相关方能够快速了解企业的 ESG 表现。数据可视化还支持动态展示和交互，使用户可以更详细地分析特定时间段或区域的数据，使复杂的数据更具可读性，提高了沟通效率，为决策提供了直观的支持。

（四）风险管理数智化

1. 智能检测系统

智能检测系统在 ESG 风险管理中发挥着重要作用，帮助企业预警并应对潜在的环境和社会风险。智能检测系统通过先进的传感器和数据分析技术，实时监测企业的环境和社会风险，提供预警信息。同时，智能检测系统还能够通过历史数据和模式识别，预测未来可能出现的风险点，提前采取预防措施。智能检测系统的应用，使得企业可以更快速、准确地识别 ESG 风险，从而提高了应对风险的能力，减少了环境和社会不良影响。

2. 风险评估模型

风险评估模型通过量化分析和模拟仿真，帮助企业全面评估和管理 ESG 风险。通过利用大数据和机器学习技术，风险评估模型能够识别影响企业 ESG 表现的风险因素，并预测其可能带来的损失。例如，风险评估模型可以根据企业的排放数据和法规要求，评估其面临的合规风险，帮助管理层制定有效的应对策略。风险评估模型的应用，使得企业能够更加系统、全面地进行 ESG 风险管理，降低不确定性，为企业的可持续发展提供保障。

（五）沟通与协作数智化

1. 内部智能化协作平台

内部智能化协作平台通过集成通信、任务管理和知识分享等功能，可以提高企业内部的沟通和协作效率。通过内部智能协作平台，实现文件共享、任务管理、实时沟通等功能，从而实现跨部门共享数据、跟踪 ESG 项目进展，并协同完成任务。内部智能化协作平台使得 ESG 团队能够更紧密地合作，减少信息孤岛，还能够提高员工的工作效率和凝聚力，为 ESG 项目的顺利实施提供了有力支持。

2. 外部智能化沟通工具

外部智能化沟通工具在企业与投资者、公众等外部利益相关方的 ESG 沟通中发挥了重要作用。智能化社交媒体管理工具、投资者关系平台和数据展示工具等，企业能够更加便捷地向外界披露 ESG 信息，并实时回应外部的关注和反馈。外部智能化沟通工具不仅提高了企业的透明度和公信力，而且能够增强外部沟通的互动性和精准性，满足不同利益相关方对 ESG 信息的需求，提升企业的社会责任形象。

第二节　ESG 发展的主要机遇

一、政府高度支持：营造 ESG 发展的政策环境

（一）ESG 相关的国家战略支持

在全球对可持续发展和环境保护的关注日益增加的背景下，中国将 ESG 理念纳入国家发展战略，体现了政府对绿色低碳发展的高度重视。近年来，通过党的重要会议决议、政府工作报告以及一系列国家级别的重要文件，中国政府明确表达了推动 ESG 实践的决

心，并制定了详尽的政策框架和具体措施。这些部署不仅为企业的 ESG 实践提供了坚实的制度保障和发展机遇，而且为实现经济的绿色转型和社会的可持续发展奠定了坚实的基础。

2020 年 9 月，中国政府在第 75 届联合国大会上首次提出 2030 年“碳达峰”与 2060 年“碳中和”目标。2022 年 10 月，党的二十大报告指出，必须完整准确全面贯彻新发展理念，要加快构建新发展格局，着力推动高质量发展。同时，报告特别强调了“中国式现代化”，明确提出中国式现代化是人口规模巨大的现代化、是全体人民共同富裕的现代化、是物质文明和精神文明相协调的现代化、是人与自然和谐共生的现代化、是走和平发展道路的现代化。2023 年 7 月，习近平总书记在全国生态环境保护大会上强调，今后五年是美丽中国建设的重要时期，要把建设美丽中国摆在强国建设、民族复兴的突出位置，以高品质生态环境支撑高质量发展，加快推进人与自然和谐共生的现代化。2024 年 7 月，党的二十届三中全会审议通过《中共中央关于进一步全面深化改革、推进中国式现代化的决定》，强调了深化生态文明体制改革的重要性，并从完善生态文明基础体制、健全生态环境治理体系、健全绿色低碳发展机制提出来一系列重要举措，旨在高效推进人与自然和谐共生的现代化发展。2021—2024 年的《政府工作报告》也多次强调绿色低碳循环经济发展、加强生态环境保护、提高资源利用效率、促进社会公平正义、强化企业内部管理和风险控制机制等方面的重要性。

高质量发展、人与自然和谐共生、共同富裕以及“双碳”目标等国家战略与核心理念，与 ESG 的环境、社会、治理三大核心要素高度契合。国家顶层设计和战略规划的清晰布局为 ESG 的发展奠定了稳固的制度基础，不仅体现了国家对可持续发展目标的全面布局，而且进一步明确了企业在推动社会经济绿色转型中的责任和方向。通过构建系统化的政策框架，明确发展目标和路径，在国家战略层面上将 ESG 从单一企业行为提升为经济社会发展的核心议题，为我国未来 ESG 实践的规范化、标准化和国际化提供了强有力的保障和发展机遇。

（二）ESG 相关的制度法规基础

1. ESG 相关的法律法规

虽然中国尚未制定一套专门针对环境、社会和治理（ESG）的综合性立法，但与 ESG 相关的法律条款已广泛存在于多个领域的基础法律法规中。这些法律法规涵盖了环境保护、社会责任、公司治理、劳动权益、市场竞争等与 ESG 评价体系紧密相关的多个方面，构成了支撑 ESG 发展的一系列法治保障。不仅为企业履行 ESG 责任提供了法律依据，而且为政策执行和监管提供了框架，帮助企业更好地实现可持续发展目标。

具体而言，环境保护方面，如《中华人民共和国环境保护法》《中华人民共和国水污染防治法》《中华人民共和国大气污染防治法》《中华人民共和国生物安全法》等法律明确了企业在环保方面的义务，推动企业在生产经营中遵循绿色、低碳、环保的原则。社会责任方面，诸如《中华人民共和国劳动法》《中华人民共和国消费者权益保护法》《中华人民共和国产品质量法》等法律，规定了企业在保障员工权益、提升社会责任方面应承担的义务，促进企业履行社会责任。公司治理方面，《中华人民共和国公司法》《中华人民共和国证券法》等法律对企业治理结构、股东权益保护以及董事会职责等作出了明确规定，有助于推动企业实现更好的治理水平。表 11-2 列示了我国关于 ESG 的法律法规。

表 11-2 ESG相关的法律法规

ESG各个维度		相关的法律法规
环境E维度	通用法规	《中华人民共和国环境保护法》《中华人民共和国清洁生产促进法》《中华人民共和国环境影响评价法》
	废弃物/污染物的排放与处置	《中华人民共和国水污染防治法》《中华人民共和国大气污染防治法》《中华人民共和国固体废物污染环境防治法》《中华人民共和国放射性污染防治法》《中华人民共和国环境噪声污染防治法》《中华人民共和国土壤污染防治法》
	资源利用与循环经济	《中华人民共和国水法》《中华人民共和国土地管理法》《中华人民共和国节约能源法》《中华人民共和国可再生能源法》《中华人民共和国循环经济促进法》
	生物多样性	《中华人民共和国生物安全法》《中华人民共和国野生动物保护法》《中华人民共和国森林法》
社会S维度	产品责任	《中华人民共和国产品质量法》《中华人民共和国食品安全法》
	安全生产	《中华人民共和国安全生产法》《中华人民共和国突发事件应对法》《生产安全事故应急预案管理办法》
	绿色供应链	《中华人民共和国招标投标法》《中华人民共和国政府采购法》
	客户责任	《中华人民共和国消费者权益保护法》《中华人民共和国价格法》《中华人民共和国广告法》
	雇佣与员工	《中华人民共和国劳动法》《中华人民共和国劳动合同法》《中华人民共和国社会保险法》《中华人民共和国工会法》
	慈善/捐赠	《中华人民共和国慈善法》《中华人民共和国公益事业捐赠法》
公司治理G维度	公司治理	《中华人民共和国公司法》《中华人民共和国证券法》
	合规运营	《中华人民共和国反不正当竞争法》《中华人民共和国反垄断法》《中华人民共和国专利法》《中华人民共和国商标法》《中华人民共和国反洗钱法》
	商业道德	《中华人民共和国监察法》
	信息安全与隐私保护	《中华人民共和国网络安全法》《中华人民共和国数据安全法》《中华人民共和国个人信息保护法》

与ESG相关的法律法规为企业提供了系统性的法治保障，成为推动ESG发展的重要基石。这些法律法规覆盖了环境保护、社会责任、公司治理等多个关键领域，通过明确企业的责任义务，为其履行ESG实践提供了法律依据和实施框架。一方面，这些法律法规的存在为企业制定和执行可持续发展战略奠定了坚实基础。另一方面，法律法规的完善还助力构建公平竞争的市场环境，使ESG表现优异的企业能够在市场竞争中获得更多机会。同时，法律法规的逐步完善为我国企业在国际市场中提升合规性和竞争力创造了条件，帮助企业更好地满足国际投资者对ESG信息披露的需求，融入全球可持续发展浪潮。

2. ESG相关的行政监管

监管制度是确保ESG法律法规有效实施的核心手段，也是推动市场朝向可持续发展转型的关键保障。近年来，中国的监管机构在多个层面逐步加强了 ESG 行政监管体系的建设，包括财政部、外交部、发改委、工业和信息化部、生态环境部、商务部、中国人民银行、国资委、金融监管总局、证监会、证券交易所等多个部门积极联动，推动 ESG 政策的深入落实和发展。这些多方协作不仅有助于规范市场行为，而且为企业实施可持续发展战略提供了更加明确的政策框架和指导。

2024 年 11 月，为贯彻落实党的二十大精神，推动经济、社会和环境可持续发展，稳步推进我国可持续披露准则体系建设，规范企业可持续发展信息披露，财政部会同外交部、发改委、工业和信息化部、生态环境部、商务部、中国人民银行、国资委、金融监管总局、证监会制定了《企业可持续披露准则——基本准则（试行）》，详细规范了企业可持续信息披露的基本准则、具体准则和应用指南。此外，各个行政机构也分别采取了一系列具体措施，以加强 ESG 监管。生态环境部通过《企业环境信息依法披露管理办法》和相关格式准则，规范了企业在环境信息披露方面的义务，为企业提供了透明化和规范化的披露指引，确保环境保护信息的准确性和可及性。金融监管部门推动绿色金融与 ESG 融合，中国人民银行联合相关部门发布了多项指导意见，从绿色金融体系的建立到环境信息披露质量的提升，均作出明确部署，旨在通过信息披露约束机制促进 ESG 在金融领域的渗透与落地。证监会通过修订《上市公司治理准则》《上市公司年度报告和半年度报告格式准则》，以及《上市公司投资者关系指引》等法规文件，将环境、社会责任和公司治理（ESG）信息披露要求融入上市公司信息披露制度中，明确了企业在 ESG 领域的责任和合规要求。上海、深圳、北京证券交易所分别制定和试行《可持续发展报告》披露指引，针对不同市场指数样本公司，明确了可持续发展报告或 ESG 报告的披露要求，进一步推动上市公司提升 ESG 管理能力和信息透明度。表 11-3 列示了 ESG 相关的监管制度。

表 11-3　**ESG 相关的监管制度**

发文单位	时间	监管文件	主要内容
财政部	2024 年	财政部会同外交部、国家发改委、工业和信息化部、生态环境部、商务部、中国人民银行、国务院国资委、金融监管总局、中国证监会制定了《企业可持续披露准则——基本准则（试行）》	详细规范了企业可持续信息披露的基本准则、具体准则和应用指南
生态环境部	2021 年	印发实施《企业环境信息依法披露管理办法》	明确了环境信息依法披露主体
	2022 年	制定《企业环境信息依法披露格式准则》	规范企业年度环境信息依法披露报告和临时环境信息依法披露报告的编制
	2024 年	生态环境部等 17 部门联合印发《国家适应气候变化战略 2035》	提出新时期我国适应气候变化工作的指导思想、基本原则和主要目标，依据各领域、区域对气候变化不利影响和风险的暴露度和脆弱性，进一步明确我国适应气候变化工作重点领域、区域格局和保障措施

续 表

发文单位	时间	监管文件	主要内容
中国人民银行	2016 年	人民银行等七部委发布《构建绿色金融体系的指导意见》	提出建立和完善上市公司强制性环境信息披露制度
	2024 年	中国人民银行等联合印发《关于进一步强化金融支持绿色低碳发展的指导意见》	在“三、强化以信息披露为基础的约束机制”中提到“(七)不断提高环境信息披露和评估质量”
国资委	2022 年	制定印发《提高央企控股上市公司质量工作方案》	要求中央企业贯彻落实新发展理念,探索建立健全 ESG 体系
	2024 年	发布《关于新时代中央企业高标准履行社会责任的指导意见》	从夯实企业高质量发展根基、增强服务经济社会发展能力、提升服务人民美好生活水平、培育国际竞争合作新优势、组织保障等方面要求中央企业高标准履行社会责任
证监会	2018 年	修订《上市公司治理准则》	增加了利益相关者、环境保护与社会责任章节,规定了上市公司应当依照法律法规和有关部门要求披露环境信息(E)、履行扶贫等社会责任(S)以及公司治理相关信息(G)
	2021 年	发布修订后的《公开发行证券的公司信息披露内容与格式准则第 2 号——年度报告的内容与格式》和《公开发行证券的公司信息披露内容与格式准则第 3 号——半年度报告的内容与格式》	将与环境保护、社会责任有关内容统一整合至“第五节环境和社会责任”
	2022 年	修订《上市公司投资者关系指引》	增加了公司的环境、社会和治理信息投资者沟通内容
上海证券交易所	2024 年	发布《上市公司自律监管指引第 14 号——可持续发展报告(试行)(征求意见稿)》	提出上证 180 指数、科创 50 指数样本公司以及境内外同时上市的公司应当披露《上市公司可持续发展报告》或《上市公司环境、社会和公司治理报告》
深圳证券交易所	2024 年	发布《上市公司自律监管指引第 17 号——可持续发展报告(试行)(征求意见稿)》	提出深证 100 指数、创业板指数样本公司以及境内外同时上市的公司也应当披露《上市公司可持续发展报告》或《上市公司环境、社会和公司治理报告》
北京证券交易所	2024 年	《上市公司持续监管指引第 11 号——可持续发展报告(试行)(征求意见稿)》	提出北交所上市公司可以按照本指引及本所相关规定自愿披露《上市公司可持续发展报告》或《上市公司环境、社会和公司治理报告》

ESG 监管制度的不断完善,为 ESG 发展提供了强有力的执行保障和市场推动力,成为引导企业实践 ESG 理念的重要手段。一方面,各类监管政策的出台和落地,构建了清晰的合规框架,为企业 ESG 信息披露和管理提供了具体指引。另一方面,监管制度的强化还助力构建与国际接轨的 ESG 评价和披露体系。通过监管政策的持续深化,我国企业在 ESG 管理能力、信息披露水平以及资源整合能力上实现了全面提升,进一步助力我国经济实现绿

色转型与高质量发展，为全球可持续发展提供了中国方案。

（三）ESG 相关的激励政策支持

1. 财政政策激励

财政政策激励是政府通过经济手段鼓励企业实施 ESG 管理的重要措施，旨在减轻企业的经济负担，激发其积极性。我国不断优化税收政策，目前已逐步构建起以环境保护税为主体，以资源税、耕地占用税为重点，以增值税、消费税、企业所得税等税种为辅助的绿色税收体系。2018 年环境保护税法实施，构建了"多排多征、少排少征、不排不征"的正向减排激励机制，有利于引导企业提升环境保护意识，改善生态环境质量。资源税法从法律上确立了从价计征为主、从量计征为辅的税率形式，能够更好反映资源价格的市场变化，有效引导资源集约化使用。水资源税试点提高了企业的用水成本，促使企业优化用水结构，提升用水效率。耕地占用税有效引导企业节约集约用地，守住耕地红线和粮食安全"生命线"。同时，税收政策还是激励企业参与慈善事业的有效杠杆，《中华人民共和国慈善法》等法律法规明确规定，企业或个人参与慈善捐赠活动，依法享受税收优惠。

同时，财政政策在加强和规范生态保护补偿，充分调动企业参与生态保护积极性，推动生态文明建设方面发挥了积极作用。《生态保护补偿条例》明确规定，国家通过财政转移支付等方式，对开展重要生态环境要素保护的企业予以补偿。2022 年，财政部印发《财政支持做好碳达峰碳中和工作的意见》，强化了行政拨款及政府补贴等财政资金支持、设立国家低碳转型基金、落实环保税及资源税等税收政策。2024 年，中央财政下达的大气污染防治资金 340 亿元，水污染防治资金 267 亿元，均比 2023 年有所增长。

财政政策支持为企业实施 ESG 管理提供了强有力的经济激励和政策保障，成为推动可持续发展目标实现的重要工具。以绿色税收体系为核心的财税政策，通过"多排多征、少排少征、不排不征"的环保税机制和资源税法等措施，引导企业主动减少污染排放、集约利用资源。此外，生态保护补偿政策和财政转移支付机制通过经济激励，调动了企业在生态保护方面的积极性。并且，财政激励通过直接资金支持和税收优惠，降低了企业的运营成本，提升了其社会责任感和环保意识，为形成政府、企业和社会共建绿色经济的良性循环奠定了基础。

2. 金融政策激励

金融政策支持是通过金融工具和政策，为企业提供资金支持，帮助其实施 ESG 管理。2016 年，中国人民银行、财政部等七部门联合印发《关于构建绿色金融体系的指导意见》，旨在动员和激励更多社会资本投入到绿色产业，同时更有效地抑制污染性投资。2024 年，中国人民银行、国家发改委等七部门联合印发《关于进一步强化金融支持绿色低碳发展的指导意见》，对深化绿色金融改革发展提出了更加前瞻性、全局性的政策指引。近年来，绿色金融发展迅速，绿色信贷、绿色债券、ESG 主题银行理财、ESG 基金、ESG 保险、碳金融产品等多种金融工具为企业的 ESG 项目提供了重要的资金支持。金融支持措施不仅降低了企业在 ESG 领域的融资难度，而且为企业在环保和社会责任方面的项目提供了有力保障。

金融政策支持通过多元化的金融工具和创新机制，为企业 ESG 管理提供了持续的资金保障，成为撬动社会资本参与绿色转型的关键动力。中国绿色金融体系迅速发展，绿色信贷、绿色债券等金融产品为企业在环保项目上的融资提供了直接支持。"金融支持绿色低碳发展"的指导方针不仅为金融机构提供了政策引导，而且鼓励企业与金融机构共同构建低碳发展路径。这种政策与市场的双向互动机制，提高了社会资本对 ESG 项目的投入热情，解决了传统融资渠道难以支持绿色转型的痛点。同时，金融工具的创新增强了企业在环保和社会责任方面的投入能力，提升了企业在全球资本市场中的 ESG 竞争力，为实现经济绿色化转型和可持续发展目标提供了有力支撑。

二、市场需求增长：助推 ESG 实践的全面发展

（一）消费者需求的增长

1. 绿色消费趋势

随着全球可持续发展意识的提升，绿色消费逐渐成为一种重要的消费趋势。消费者越来越关注产品和服务对环境的影响，期望企业在制造、包装、运输和销售环节减少碳排放和废物产生。绿色消费趋势在食品、日用品、服装和电子产品等行业尤为明显。主要体现在：①环保产品的需求增长：绿色食品、有机农产品、环保家居用品等产品在市场上越来越受欢迎。②可持续时尚的兴起：越来越多的消费者关注服装的生产过程和材料来源，选择使用再生材料和公平贸易原料的品牌。③绿色出行的选择：电动汽车和共享单车等绿色出行方式逐渐成为消费者的首选。

绿色消费趋势的兴起，不仅为企业提供了新的市场机会，而且推动了整个产业链向更加可持续的方向发展。随着消费者对环境友好型产品的需求不断增长，企业通过提供绿色食品、环保家居用品以及可持续时尚等产品，能迅速占据新兴市场并满足多样化的绿色消费需求。同时，这种消费趋势倒逼企业在生产和包装环节采用更加环保的技术和材料，逐步实现产品生命周期的绿色化管理。绿色消费带来的市场空间不仅能为企业增加收入，而且能够推动企业践行社会责任，促进 ESG 理念的深入融合，为全球可持续发展贡献力量。

2. 健康和安全需求

消费者对健康和安全的需求也在不断增加，特别是在新冠疫情之后，人们更加关注产品的卫生和安全属性。主要体现在：①食品安全的关注：消费者对食品安全的要求越来越高，愿意选择有追溯系统的食品。②健康产品的兴起：健康食品、保健品和健身器材等产品的需求持续增长。消费者不仅关注食品的营养成分，而且愿意投资于健康管理和服务。③对产品安全性的重视：消费者对家用电器、儿童玩具等产品的安全性要求也越来越高。

健康和安全需求的快速增长为企业提供了从生产到销售各环节提升 ESG 管理水平的动力，同时带来了巨大的商业机会。疫情后，消费者对食品安全、家居安全和个人健康的关注极大提升，这倒逼企业加强产品质量控制、优化生产工艺并提升供应链的透明度。这种需求促使企业改进内部治理结构，重视产品合规和质量监督，为企业在市场上树立“值得信赖”的品牌形象奠定基础。此外，健康产品和服务的需求增长也为企业的产品创新和市场扩展提供了新方向。为了满足消费者对健康和安全的需求，企业需要在产品质量控制、生产工艺改进和供应链管理方面采取有效的健康安全措施，从而在竞争中脱颖而出，增强市场认可度。

（二）投资者需求的增加

1. ESG 投资偏好

随着可持续投资理念的不断发展，越来越多的投资者，尤其是机构投资者，开始偏好 ESG 标准符合度高的企业。ESG 投资偏好不仅源于投资者对社会责任的认同，而且与他们对风险管理和长期回报的需求密切相关。在可持续发展背景下，投资者认为符合 ESG 标准

的企业往往在管理透明度、风险控制和社会责任方面具有更好的表现，这使得它们在长远发展中更具韧性。随着投资者对气候变化、资源利用效率和社会责任等因素的关注增加，投资者在选择股票或债券时，逐渐倾向于那些在环境保护、社会责任和治理结构方面表现优秀的企业。

这一趋势为ESG实践的发展提供了重要机遇。首先，企业若能满足投资者对ESG标准的需求，将能吸引更多的资本流入，从而为企业扩展投资、进行创新和提升市场份额提供资金支持。其次，随着资本市场逐步形成ESG评价机制，企业越来越面临资本市场对其社会责任履行情况的考量，这使得推动ESG实践变得更加紧迫。通过实施ESG策略，企业不仅能够提升自身的吸引力，而且能在资本市场中获得更好的估值。

2. 关注长期价值

投资者对长期价值的关注愈发增强，更倾向于支持那些能够在未来创造可持续价值的公司。传统的投资理念侧重于短期盈利，而越来越多的投资者开始重视企业的长期发展潜力，尤其是那些在ESG方面表现出色的企业。随着全球经济环境的变化，尤其是气候变化、社会问题和治理结构的改革，投资者越来越认识到企业在这些领域的表现将直接影响其长期的财务健康和可持续增长。因此，企业的ESG表现不仅被视为其社会责任的体现，而且被看作其未来增长的重要指标。

投资者对长期价值的关注也强有力地推动了ESG的发展。企业若能从长远角度制定ESG战略，更有助于获得更多的长期资本，而且能促进其在竞争日益激烈的市场中脱颖而出。更重要的是，企业如果能够将ESG实践与其长期战略相结合，将为其带来更高的市场认可度，从而增加其市场份额和品牌价值。

（三）供应链需求的增长

1. 注重供应链绿色管理

随着全球对可持续发展和环保的关注不断升温，供应链绿色管理已成为企业运营中不可忽视的组成部分。供应链绿色管理要求企业在整个供应链中推动环保措施，减少资源浪费，降低碳排放，并优化能源使用效率。这不仅涵盖了供应商选择和合作，而且涉及采购、生产、物流和销售等各个环节的绿色实践。例如，许多企业已开始优先选择环保标准合格的供应商，要求其在生产过程、原材料采购、包装、运输等方面遵循环保政策，从而减少供应链中不必要的碳排放。

随着环保政策和消费者对可持续产品需求的增加，企业若能在供应链管理中实施绿色措施，不仅能降低成本和提升资源使用效率，而且能够增强其品牌形象，获得更多消费者和投资者的青睐。并且，绿色供应链管理有助于提高企业在供应链中的可持续性，尤其在面对政府政策法规日益严格的环境下，企业通过提前布局绿色供应链，能够减少合规成本，规避政策风险。此外，绿色供应链的推广还促使企业与供应商共同发展可持续创新，形成有竞争力的绿色产品和服务，从而在市场中占据有利位置。

2. 重视供应链韧性与安全

全球化和技术发展使得供应链的复杂性和脆弱性不断增加，尤其是新冠疫情、地缘政治冲突和自然灾害等因素的影响，使得供应链面临前所未有的挑战。为了应对这些外部冲击，企业也越来越重视供应链韧性和安全性。提升供应链韧性不仅是确保企业能应对突发事件、快速恢复生产的关键，而且是提高整体供应链可持续性的重要手段。企业在优化供应链韧性时，往往通过多元化供应商、区域化生产、加强应急管理等方式，确保在面对供应链中断时能够迅速调整和恢复。

企业加强供应链韧性不仅能够有效降低由于供应链中断带来的经济损失，而且能帮助企业在危机中展现出强大的应对能力，从而增强投资者、消费者和合作伙伴的信任。同时，提升供应链的安全性和韧性有助于打造更加透明和负责任的供应链系统，这为企业实施可持续采购、减少环境和社会风险提供了有力支撑。企业如果能够在其供应链管理中整合 ESG 实践，不仅能降低操作风险，而且能通过增强供应链的可持续性，提升其长期竞争力，最终为企业带来更可持续的成长机会。

（四）金融机构需求的增长

1. 实施 ESG 投资策略

随着全球对可持续发展关注的提升，金融机构越来越重视 ESG 投资策略。这些策略通过将 ESG 因素纳入投资决策过程中，引导资金流向符合可持续发展目标的企业和项目。金融机构通过推出绿色债券、绿色基金、影响力投资等创新金融工具，满足投资者对可持续投资的需求，同时也为资本市场的可持续发展提供了有力支持。金融机构的 ESG 投资策略不仅有助于优化资产配置，降低长期投资风险，而且能够增强投资组合的社会效益与环境效益，从而实现经济效益与社会责任的双赢。此外，随着 ESG 投资市场的快速发展，越来越多的金融机构开始提供定制化的 ESG 投资服务，为机构投资者和高净值个人客户提供符合其社会责任和可持续投资偏好的金融产品。这一趋势表明，金融机构的 ESG 投资策略正在成为推动全球可持续发展和绿色经济转型的重要力量。

金融机构实施 ESG 投资策略，有利于推进 ESG 的发展。金融机构通过推动资金向可持续项目流动，促进了绿色产业和低碳技术的发展，为实现全球气候目标和可持续发展目标提供了资金保障。同时，ESG 投资策略促进了绿色金融市场的成熟，绿色债券、绿色基金等创新金融工具的日益普及，提高了资本市场的透明度和效率，使更多企业愿意加入 ESG 实践行列。

2. 重视 ESG 风险评估

随着投资者对 ESG 的重视，金融机构在进行投资决策时，越来越重视对企业 ESG 风险的评估。金融机构通过科学的分析框架，识别并管理潜在的 ESG 风险，确保投资的安全性和可持续性。通过评估企业的环境影响、社会责任履行情况及治理结构，金融机构可以避免投资不符合可持续发展标准的企业，降低投资组合中的负面风险。许多金融机构开始引入 ESG 评级和风险评估工具，帮助投资者更好地理解和管理与 ESG 相关的风险。这些评估工具不仅增强了投资者对企业可持续性表现的认识，而且促进了金融市场的透明化。金融机构越来越依赖数据分析和技术手段对 ESG 风险进行实时监控和预测，确保投资决策的稳健性，并帮助企业优化其 ESG 战略，提高其长期竞争力。

金融机构重视 ESG 风险评估也有利于推进 ESG 的发展。金融机构通过加强对 ESG 风险的识别和管理，推动了企业提高 ESG 表现，进而促进了全球企业的可持续发展。这种风险评估机制不仅有助于减少资本市场中的负面外部性，而且鼓励企业更好地履行社会责任，提升其透明度和治理水平。并且，随着 ESG 风险评估工具的不断完善，金融机构能够更加精确地识别潜在风险，为投资者提供更具科学性和可操作性的投资决策依据。这不仅优化了金融市场的资源配置，而且提高了资本市场的效率，增强了金融机构的投资回报。

三、创新驱动升级:激发 ESG 发展的多元潜力

(一) 技术创新

1. 可再生能源技术

随着全球对低碳转型的迫切需求,可再生能源技术成为推动 ESG 发展的关键。近年来,太阳能、风能、水力发电等可再生能源技术不断进步,成本逐步下降,成为替代传统化石燃料的重要手段。同时,生物质能技术通过将农作物残余、林业废弃物等转化为能源,实现了资源的循环利用。可再生能源技术的创新和发展,不仅有助于减少环境污染和气候变化,而且为经济发展提供了新的动力。

2. 废物处理与循环利用技术

废物处理与循环利用技术是实现资源高效利用和环境保护的重要手段。通过技术创新,企业可以将废弃物转化为有价值的资源,减少对原生资源的依赖,降低环境污染。近年来,各类创新技术在垃圾分类、再生材料提取、废物能源化等方面取得显著进展。此外,废物能源化技术,如垃圾焚烧发电、工业废物回收、农业废弃物利用、电子废弃物回收等,能够将废物转化为能源,提供清洁的能源。循环利用技术的创新推动了循环经济的发展,使企业在生产过程中实现废弃物的资源化处理,减少对自然资源的依赖,有效提升了资源的利用率。

3. 智能化监测工具

智能化监测工具广泛应用于环境保护和资源管理,是提高 ESG 管理水平的重要手段。通过物联网、传感器、区块链等技术的结合,智能化监测工具可以实时采集并分析企业的排放、用水、能源消耗等数据。智能化监测技术还可以应用于水质监测、废气排放监控等多个领域,为企业的可持续管理提供精准的信息支持。智能化监测工具的普及使得企业可以更加有效地追踪和控制其环境足迹,确保符合法规要求,并提升对外的透明度。

技术创新是推动 ESG 发展的核心驱动力。可再生能源技术的突破降低了清洁能源的使用成本,加速了传统化石能源向低碳能源的转型,为企业实现可持续发展提供了可能性。同时,废物处理与循环利用技术的进步使得资源再利用成为现实,企业能够有效减少对自然资源的依赖,降低环境污染。智能化监测工具的应用则为企业精准追踪和管理环境足迹提供了技术支持,使企业在 ESG 管理中更具透明性和合规性。这些技术创新不仅提升了企业在绿色化、数字化转型中的竞争力,而且为 ESG 理念的深入落实提供了强大的技术基础,为企业构建可持续发展的未来创造了新机遇。

(二) 管理创新

1. ESG 绩效管理

ESG 绩效管理是企业通过建立科学、系统的绩效评估体系,全面评估和管理自身的环境、社会和治理表现,提高可持续发展水平的重要手段。ESG 绩效管理主要包括设定 ESG 管理目标、制定 ESG 绩效指标、考核 ESG 具体绩效、持续完善和改进。ESG 绩效管理的实施,不仅提高了企业的管理水平和效率,而且为企业提供了科学、系统的评估和管理工具,有助于企业更好地应对环境和社会挑战,实现可持续发展。

2. ESG 风险管理

ESG 风险管理是企业通过识别、评估和管理环境、社会和治理风险,降低潜在的负面影响,保障企业的可持续发展的重要手段。企业在 ESG 风险管理中,通过风险识别、风险评估、风险应对和持续监测等方式,提升其对潜在风险的识别和应对能力。ESG 风险管理的实

施，不仅有利于提高企业的抗风险能力，而且能够为企业提供科学、系统的风险管理和应对工具，有助于企业更好地应对环境和社会挑战，实现可持续发展。

3. ESG智能化管理

ESG智能化管理利用大数据、人工智能等新兴技术来提升ESG管理的效率和精准性。ESG智能化管理主要是指在数据采集与整合、数据分析与挖掘、ESG报告生成、决策支持等流程中实现ESG管理的自动化、智能化和高效化。通过智能化管理，企业可以实现更为动态的ESG管理，及时发现问题并采取应对措施，从而在市场中占据可持续发展的先机。

管理创新为企业实现ESG目标提供了科学的路径和系统支持。ESG绩效管理通过构建科学的指标体系，帮助企业全面评估和提升其环境、社会及治理表现，从而在全球市场竞争中赢得更高的信誉和信任。ESG风险管理则聚焦于识别、评估和应对潜在的环境与社会风险，有助于企业在复杂多变的外部环境中增强抗风险能力。随着大数据和人工智能等技术的应用，ESG智能化管理进一步优化了数据采集、分析和决策支持过程，为企业提供更高效、更精准的可持续管理工具。这些管理创新举措强化了企业的战略执行力，同时提升了在ESG领域的长期竞争优势。

（三）金融创新

1. 金融产品创新

金融产品创新是金融机构通过开发和推广新的金融产品，满足投资者和企业的ESG需求，促进可持续发展的重要手段。ESG相关的金融产品主要包括绿色信贷、绿色债券、ESG基金、绿色保险、可持续银行产品等。ESG金融产品创新满足了投资者对责任投资的需求，同时推动企业将ESG理念纳入战略管理中，实现经济效益与社会效益的双赢。

2. 金融模式创新

金融模式创新是金融机构通过创新金融模式，支持企业和项目的可持续发展，提高金融服务的效率和效果的重要手段。金融模式创新包括普及责任投资模式，广泛应用ESG指标来评估投资项目。此外，新的投融资模式还包括社会影响力投资，旨在通过资金流向产生积极的社会效益。金融模式创新的实施，不仅提高了金融服务的效率和效果，而且促进了资本市场的可持续发展，实现了经济效益和社会效益的双赢。

金融创新为ESG发展注入了新动力。金融产品创新，不仅满足了投资者对责任投资的需求，也鼓励企业将ESG融入其战略规划，从而推动经济效益和社会效益的双赢。此外，金融模式创新通过普及责任投资理念，应用ESG指标评估投资项目，提高了资金配置效率，促进资本市场的可持续发展。特别是社会影响力投资等新兴模式，使金融机构能够通过投资实现积极的社会和环境效益。金融创新的多元化和精细化为企业提供了更多融资机会，同时推动了绿色经济和可持续发展目标的实现。

（四）商业模式创新

1. 共享经济

共享经济是一种通过共享资源和资产，提高资源利用效率和经济效益的商业模式。共享经济为ESG发展提供了新模式，如共享出行、共享住宿、共享办公等模式减少了资源浪费，实现了资源的最大化利用。共享经济的创新和发展，不仅提高了资源的利用效率，而且为企业提供了新的经济机会，促进了社会的可持续发展。

2. 循环经济

循环经济是一种通过资源的循环利用和再生产，实现资源高效利用和环境友好的经济模式。许多企业开始构建闭环供应链，在产品设计时便考虑到资源回收的便利性，通过使用可回收材料、推行二次生产等方式，将产品使用后的废物转化为再生资源，推动循环经济发展。循环经济的推广为企业提供了可持续发展的新机遇，有助于减少对初级资源的依赖。

商业模式创新为 ESG 发展开辟了新的实践路径。共享经济通过资源共享提高利用效率，如共享出行和共享办公，有效减少了资源浪费，为企业和社会创造了双重价值。循环经济则通过资源回收与再生产，促进资源的高效利用和环境友好发展。企业通过设计闭环供应链、推行可回收材料的使用等方式，将废弃物转化为再生资源，不仅减少了对初级资源的依赖，而且提升了整体资源利用效率。这些商业模式创新不仅推动了企业在可持续发展中的实践探索，而且为实现社会经济的绿色转型提供了范例和思路。

第三节 ESG 发展的主要挑战

一、政策法规与监管体系亟须完善

（一）政策法规尚需进一步完善

1. 政策法规存在滞后

尽管近年来我国在 ESG 领域已出台一系列政策和法规，但在实际操作过程中，政策法规的滞后性依然存在，尚未完全适应当前经济、社会和环境形势的变化。ESG 的发展离不开政策法规的支持和引导。然而，我国 ESG 相关的政策法规仍存在滞后现象，无法及时应对 ESG 领域的新挑战和新需求。这主要体现在：

（1）新兴领域的法规空白：随着经济和社会的快速发展，新的 ESG 问题不断涌现，但相应的政策法规却未能及时跟进。例如，随着数字经济的兴起，数据隐私和网络安全成为重要的 ESG 议题，但相关的法律法规相对滞后，缺乏对数据保护和网络安全的具体规定。此外，绿色金融和社会责任投资等领域也缺乏系统的法律法规支持，影响了这些领域的健康发展。

（2）国际接轨不足：中国的 ESG 政策法规与国际标准的接轨程度不足，影响了企业的国际竞争力。例如，国际上对 ESG 报告有详细的标准和要求，如《GRI 标准》《国际财务报告可持续发展披露准则》等，但中国的相关政策法规对此缺乏明确规定，导致企业在国际市场上面临合规难题。

（3）政策更新缓慢：部分已有的 ESG 政策法规更新缓慢，无法及时反映最新的技术和管理要求。例如，环保领域的污染物排放标准多年未作调整，导致一些标准与当前的技术水平不匹配，影响了环保效果。此外，劳动权益保护和社会责任方面的法律法规也存在类似的问题，难以适应快速变化的社会需求。

2. 政策法规尚不统一

目前，中国在 ESG 领域的政策法规体系尚处于不断发展的阶段，虽然已经有诸如环保、金融、劳动等相关领域的规定，但这些法规和政策存在差异，尚未统一，增加了企业的合规难度和成本。主要体现在：

(1) 地区差异：不同地区的ESG政策法规存在显著差异，企业在跨区域经营时需要遵循各地的不同要求。例如，东部沿海地区对企业的环保标准要求较高，西部欠发达地区则相对宽松，这种区域差异导致企业在不同地区面临不同的合规压力和成本。

(2) 部门差异：不同政府部门之间的ESG政策法规缺乏协调，企业在办理相关手续和审批时需要应对多重标准和要求。例如，企业在申请环保项目时，不仅要满足环保部门的要求，还需满足发改委、地方政府等多个部门的规定，这种跨部门的要求增加了企业的行政负担，也可能导致效率低下。

(3) 行业差异：不同行业在ESG政策法规上存在差异，企业行业间发展时需应对不同的合规要求。例如，制造业和金融业在环保和社会责任方面的政策要求差异较大，这使得企业在跨行业发展时可能面临不同的合规压力和挑战，增加了运营的复杂性。

3. 政策执行力度有待加强

虽然我国政府在推动ESG的政策制定上取得了一定进展，但政策执行力度仍需进一步加强。现有的法规和政策虽有一定的约束力，但在实际执行过程中，缺乏足够的监督和激励机制，致使一些企业没有充分落实ESG要求。这种现象主要表现在监管部门对ESG违规行为的处罚不严、执行标准不明确，或执行过程中的人员和资源配置不足。执行力度不足可能会导致部分企业因执法资源不足或地方政府的放宽政策得以逃避处罚。执行力度不足还可能导致企业“形式化合规”的现象，即企业只是表面上符合政策要求，但在实际经营中缺乏ESG实践的实质性改善。因此，只有通过加强政策的执行力度、提高监管力度，并引入有效的激励和惩罚机制，才能确保ESG政策能够更好地推动社会和企业朝着可持续发展的方向前进。

(二) 监管机制尚需进一步优化

1. 行政监管体系有待健全

尽管近年来中国逐步构建了由财政部、生态环境部、中国人民银行、金融监管总局、证监会等多个部门组成的ESG行政监管体系，但由于监管职能分散，整体协调性不足，政策执行效果受到一定程度的制约。企业在面对分散的ESG要求时，难以形成统一的合规措施，最终导致ESG实践难以有效落地。主要问题体现在以下几个方面：

(1) 多头监管：ESG管理涉及多个领域，如环保、劳动、金融等，不同监管部门之间缺乏有效的协调与合作，造成了多头监管的现象。企业在面对重复和过度的监管时，不仅增加了行政负担，而且可能导致不同政策之间的冲突和盲区，影响了政策执行的一致性和效率。

(2) 信息孤岛：监管部门之间的信息共享机制不足，导致了信息孤岛现象的发生。由于各部门未能实现信息的充分互通，企业在进行ESG合规时，往往需要面对不同部门之间信息不对称的挑战，进而影响了监管效率和政策执行效果。

(3) 监管盲区：由于监管体系的分散性，部分领域在实施过程中存在监管空白和盲区。对这些领域的违规行为难以及时发现和处理，这不仅影响了市场的公平性，而且可能导致环境或社会问题的进一步恶化。

2. 监管职责有待明确

在ESG政策的执行过程中，由于不同部门之间监管职责划分不清晰，导致监管职能的重叠或空缺，影响了政策和法规的有效实施。具体问题包括：

(1) 职责重叠：不同监管部门在执行ESG政策时，职责交叉和重叠现象普遍存在。企业在实施 ESG 管理时，常常面临重复检查和多重监管，这不仅增加了企业的合规成本，而且可能导致管理资源的浪费，降低了整体监管效能。

（2）职责缺失：部分 ESG 领域的监管职责尚未明确划定，导致一些重要领域存在监管空白。这种监管空白使得相关政策难以全面贯彻落实，影响了法规执行的效果和企业合规的动力。

（3）协调不足：不同监管部门之间缺乏有效的协调机制，导致在实际执行过程中，企业常常面临多头监管和协调难题。这不仅增加了企业的合规负担，也使得政策执行过程中缺乏统一的战略方向，降低了整体监管体系的效果。

二、ESG 报告披露质量和评价体系亟待提升

（一）ESG 报告的披露数量较少

中国的 ESG 报告在数量上存在明显不足，许多企业在环境、社会和治理方面的信息披露不充分，影响了投资者、监管机构和社会公众的决策和监督。尽管 2024 年上交所和深交所发布了《上市公司自律监管指引——可持续发展报告（试行）》，要求上证 180 指数、科创 50 指数样本公司、深证 100 指数、创业板指数样本公司以及境内外同时上市的公司披露《上市公司可持续发展报告》或《上市公司环境、社会和公司治理报告》，但目前绝大多数企业仍为自愿披露 ESG 信息。此外，已披露的企业大多是大型上市公司，尤其是国有企业和金融机构，而中小型企业的 ESG 信息披露率较低。据商道融绿统计，2023 年仅有 34.53％的 A 股上市公司披露了 ESG 报告或可持续发展报告。尤其是在中小型企业中，许多公司由于缺乏相关的资源、技术和意识，往往忽视了 ESG 报告的发布，导致投资者和社会公众难以获取其在环境、社会责任及治理方面的透明信息。

ESG 报告数量不足会导致 ESG 发展面临严峻的挑战。第一，缺乏充分的 ESG 信息使得投资者无法全面了解企业的可持续发展状况，导致决策失误，增加了投资风险。投资者通常依赖企业的 ESG 报告来评估其未来发展潜力和风险，若缺乏这些信息，将影响资本市场的效率。第二，企业缺乏对 ESG 信息的透明披露可能导致企业面临声誉风险，特别是当公众和消费者越来越重视企业的环境保护、社会责任及治理结构时，未能及时披露 ESG 信息的企业可能失去市场竞争力，甚至引发舆论危机。第三，ESG 信息披露不足也影响了政府和监管机构在推动可持续发展方面的监管和政策制定。缺乏有效的数据支持，使得政策制定者难以评估不同企业在环境保护、社会责任等方面的实际表现，进而影响到相关法律法规的实施效果。

（二）ESG 报告的披露质量较低

1. ESG 报告信息披露不够全面

许多企业在披露 ESG 相关信息时，往往局限于一些表面化的内容，缺乏深入、系统的分析和具体的数据支持。在环境方面，许多企业的环境披露仅涉及一些常规性的环保活动，如植树造林、节能减排等，但未能提供具体的碳排放数据、能源消耗情况或污染物排放的定量分析。在社会责任方面，虽然提到了一些公益活动或捐赠项目，但对员工福利、劳动条件、供应链管理、产品安全等社会责任的详细信息披露较少，缺乏对企业社会责任管理实践的深入剖析。在公司治理方面，虽然一些大型企业会披露董事会结构、管理层薪酬等治理结构信息，但对高层管理的决策过程、股东权利保障、内部控制制度等内容的披露较为模糊。一些企业在报告中更多地强调企业形象和品牌价值，而对可能存在的风险和治理漏洞的披露则

较为保守。这种信息披露不全面的问题不仅影响了投资者的决策和判断，而且使得社会公众难以全面了解企业的ESG表现，进一步削弱了ESG报告的透明度和可信度。

2. ESG报告的信息可比性较低

ESG信息披露在可比性方面存在不足，不同企业的信息披露标准、内容和格式不统一，影响到信息的比较和分析。一方面，主要是因为我国ESG披露标准不统一、披露口径有偏差，在缺乏符合中国本土化特色披露标准的背景下，各上市公司无章可循、随意选用标准，报告的内容、结构、格式、篇幅、披露数据等差异较大，披露信息很难进行横向比较。另一方面，则是我国上市公司的可持续发展报告多为定性描述，缺少具体定量内容，进一步降低了ESG信息披露的横向可比性。ESG信息披露可比性不足的问题不仅影响了投资者的判断，而且对政策制定和市场监管造成了障碍。

3. ESG报告存在"漂绿"问题

ESG报告"漂绿"现象日益突出，削弱了ESG报告的公信力。外部监督上，中国ESG报告目前仍处于自愿性披露阶段，尚未针对ESG报告"漂绿"现象立法惩处，违规成本极低。同时，不同组织发布的ESG报告标准存在较大差异，而企业往往会选择对自己最有利的报告标准，难以真实有效地反映企业信息。主观动机上，为树立对环境、社会负责的良好形象，以获得绿色金融机构的青睐，吸引绿色投资，企业会利用信息不对称"漂绿"ESG报告，粉饰或夸大其环境绩效。薄弱的外部约束与强烈的主观动机使ESG报告"漂绿"行为肆无忌惮，常见的手段包括使用模棱两可的语言、不易理解的专业用词、未经证实或不相关的表述、选择性披露以及提供过于完美的承诺与说明等。

（三）ESG报告的评价体系尚需完善

1. 参考标准不一致

中国的ESG评级和鉴证体系在参考标准方面存在不一致的问题，影响到评级和鉴证的权威性和可信度。不同的评级机构和鉴证机构采用的ESG标准和框架各不相同，导致评级和鉴证结果的可比性较差。此外，不一致的评级标准也容易引发企业的"评级套利"行为，企业可能会选择对其评分较高的机构进行评级，忽略一些具有实际指导意义的标准，影响了ESG评级的客观性。

2. 数据来源不统一

目前，中国ESG评级体系中各评级和鉴证机构的数据来源缺乏一致性。部分机构依赖企业自行披露的数据，而一些机构则采用外部数据来源如政府部门和新闻媒体报道等。数据来源的多样化使得评级和鉴证结果的透明度和可靠性存疑。由于不同机构数据来源不一，评级和鉴证结果可能存在偏差，这让投资者在进行ESG评估时产生混淆，尤其是在环保和社会责任等敏感问题上，数据的不一致性直接影响了评级结果的准确性。

3. 服务过程尚不透明

ESG评级和鉴证的服务过程通常不透明，导致投资者对评级和鉴证结果的可信度存疑。许多评级和鉴证机构未公开其评估过程和评分方法的细节，评分指标和权重的分配缺乏说明，投资者难以判断评级的科学性和公平性。此外，一些机构可能受到商业利益的驱动，对特定客户给予优待或进行虚高评分，影响评级和鉴证的公正性。评级和鉴证过程的不透明不仅让企业难以获得客观反馈，而且影响了投资者对企业的可持续发展表现的判断。

三、ESG人才培养和供给亟须加强

(一) ESG专业人才较为短缺

1. 企业ESG管理人才较少

ESG管理人才短缺问题日益凸显，许多企业在环境、社会和治理方面的管理人才不足，影响了ESG管理的深入实施。随着ESG要求逐渐纳入企业运营，特别是在上市公司中，管理层需要具备一定的ESG专业知识，以推动企业的可持续发展。然而，当前许多企业的管理团队缺乏具备ESG专长的专业人员，导致ESG策略难以有效实施。尤其在中小企业中，受资源和意识的限制，企业管理者往往仅具备传统的财务或生产管理背景，对ESG的理解较为有限，难以制定和执行符合国际标准的ESG战略。人才的短缺还导致企业在应对外部ESG信息披露和合规要求方面面临阻力，影响企业在资本市场上的表现和投资者的认可度。

2. ESG评级、鉴证、认证、咨询等专业人才不足

ESG评级、鉴证、认证、咨询等领域的专业人才短缺是制约ESG发展的瓶颈。当前，中国的ESG市场发展迅速，相关服务需求也迅速增长，但专业人才的供给未能同步跟上，导致市场存在严重的人才缺口。ESG相关人才不仅需要具备金融、环境科学、社会治理等多学科的知识，而且要精通国际标准和行业规范，然而，国内在这一领域的高水平教育和培训资源尚显不足，致使复合型人才相对稀缺。与此同时，许多现有的ESG专业人才在评估方法、数据分析能力和评估体系的完善度上存在短板，无法满足日益复杂和精细化的市场需求。随着ESG市场的快速发展，专业人才的短缺将进一步制约整个行业的健康发展，提升人才培养与引进成为亟待解决的关键问题。

3. 金融机构ESG投资人才短缺

在金融行业，ESG投资人才的短缺同样严重。随着可持续投资需求的增加，金融机构需要具备ESG知识的专业人员来开发符合市场需求的金融产品，制定有效的投资策略。然而，中国金融机构中具备ESG投资专长的从业人员数量有限，影响了行业整体的创新和竞争力。由于人才短缺，许多金融机构的ESG投资业务发展缓慢，产品设计难以达到国际标准。此外，金融机构也缺少具备数据分析、风险管理和ESG影响评估能力的专业人员，难以满足客户的需求。

(二) 人才培养体系尚不健全

1. 高等教育体系缺乏

中国的高等教育体系在ESG人才培养方面存在不足，缺乏专门的ESG教育课程和专业设置。目前，国内少数高校开设了可持续发展、环境科学等相关课程，但这些课程通常缺乏ESG综合管理的内容。ESG涉及环境、社会、治理多方面内容，但当前的课程多为分散的单一学科教育，难以满足企业对复合型人才的需求。高校尚未将ESG人才培养作为一个系统的专业方向，导致大部分毕业生仅具备单一领域的专业知识，缺乏跨学科的整合能力。同时，国内缺乏系统的ESG学术研究和理论支持，难以为企业提供符合实践需求的指导。ESG高等教育体系的缺乏阻碍了ESG专业人才的持续输出，将会影响ESG业务的长远发展。

2. 职业培训和继续教育体系尚不完善

职业培训和继续教育在ESG人才培养方面也相对薄弱。当前，国内的职业培训体系主要聚焦传统业务领域，ESG相关的培训课程数量少、内容单一。企业在ESG管理上面临的

政策和市场变化日益复杂，但许多从业人员缺乏系统的继续教育机会来提升其专业能力，尤其是面向ESG评级、鉴证等特殊领域的在职培训。薄弱的ESG职业培训和继续教育体系无法支持从业人员在ESG知识和技能上的持续更新，无法帮助他们适应快速变化的市场需求，从而影响了企业在可持续发展领域的竞争力。

3. 企业内部培训机制尚不健全

企业在内部ESG培训方面的投入不足，也是ESG人才短缺的重要原因之一。许多企业尚未建立系统的ESG培训机制，仅通过内部资源或外包方式对员工进行基础性培训，内容较为表面，无法帮助员工全面理解ESG的战略意义和管理方法。中小企业尤其面临预算和资源不足的问题，内部培训投入较少，难以培养出具备专业ESG知识的员工。缺乏系统的培训机制还使得企业难以快速适应市场变化和政策调整，影响了企业在ESG管理方面的综合能力。

4. ESG人才评级和激励机制尚不明确

目前，国内尚未建立起统一的ESG人才评级和激励机制，影响了该领域人才的职业发展和激励体系的完善。由于缺乏明确的评价标准，企业在招聘和培养ESG专业人才时难以参照现有的资质和标准，导致人才筛选和评价出现难度。同时，缺乏激励机制也使得ESG人才的薪酬待遇和职业晋升空间相对有限，削弱了该领域对高素质人才的吸引力。

四、ESG数据管理和技术支持亟须提升

（一）ESG数据收集和处理能力有待提升

1. ESG数据获取渠道交叉且分散

ESG数据获取渠道存在交叉和分散的问题，导致数据的获取和整合难度较大，影响了ESG管理的效率和效果。ESG数据来源多样，包括企业公开披露信息、政府统计数据、第三方评估报告、媒体新闻报道等多种渠道，数据的获取和整合难度较大。企业在ESG信息披露时往往依赖于自身的内部数据，而这些数据的真实性和完整性可能受到不同披露标准和利益的影响。政府部门和第三方机构在数据采集方面也存在各自为政的现象，数据标准和收集方法不一，导致数据互操作性差，影响数据的整体性和准确性。并且，不同数据来源采用的标准和格式不一，导致数据的标准化和规范化难度较大。

2. ESG定性数据标准化和规范化不足

ESG数据定性信息的标准化和规范化不足是当前数据管理面临的重要挑战。由于ESG数据涵盖了环境、社会和治理等不同维度，涉及企业活动的多方面内容，因此许多信息为定性数据，如企业环境承诺、治理机制和社会责任行为等。然而，由于缺乏系统的标准和指标，导致定性数据难以被客观量化和统一规范。企业在披露定性信息时多采用自定义的描述方式，缺少可对比的量化指标，使得投资者和监管机构难以基于不同企业的定性数据进行客观评估。

3. ESG海量数据处理能力有限

随着企业对ESG信息披露的重视和数据规模的快速增加，ESG数据的处理能力存在明显短板。ESG数据往往以海量、多样化的形式存在，包括企业的排放数据、员工健康和安全数据、治理结构信息等，给企业在数据存储、分析和应用方面带来巨大压力。许多企业特别是中小企业缺乏大数据处理和分析的技术能力，难以从大量数据中提取出有价值的信息。政府部门和第三方机构在海量数据处理上也面临技术瓶颈，缺少强大的数据处理平台和分

析工具，无法高效地分析市场上的企业ESG表现，难以提供高质量的监管数据支持。缺乏对海量数据的有效处理能力不仅影响了ESG信息的分析和使用效率，而且降低了数据驱动决策的精度和科学性。

（二）技术支持和工具有待提升

1. 信息技术基础设施有待加强

我国的ESG信息技术基础设施相对不足，影响了ESG数据的管理和分析能力。一方面体现在硬件设施不足，即ESG数据管理方面缺乏必要的硬件设施，包括高性能服务器、存储设备和网络设备等，影响了数据的处理速度和安全性。另一方面体现在软件系统落后，即ESG数据管理方面缺乏先进的软件系统，包括数据采集、存储、处理和分析等软件工具，影响了数据的管理和分析效果。

2. 技术的适配性和兼容性有待提升

ESG数据管理涉及多种技术和系统的协同，但在实际操作中，技术适配性和兼容性存在挑战。第一，现有的ESG技术系统在适配性方面存在不足，难以适应不同企业和行业的具体需求；第二，现有的ESG技术在数据格式方面存在不统一的问题，导致数据的互操作性和兼容性较差；第三，现有的ESG技术在接口标准方面存在不统一的问题，导致不同系统之间的对接和集成难度较大。此外，跨行业和跨部门的数据整合面临难题，不同系统的适配性不足导致数据整合成本高、效率低，影响了企业的ESG数据管理效果。

3. 数据存储和处理工具仍需改进

目前，我国在ESG数据存储和处理工具方面尚未达到先进水平，特别是在分布式存储、数据加密和实时处理方面的技术应用较少。许多企业缺乏专门的数据存储工具，难以有效管理和保护ESG数据。现有的数据存储工具也缺少对ESG特性数据的专门处理模块，导致存储过程无法充分考虑到数据的动态更新需求。此外，实时处理工具的缺乏限制了企业对ESG数据的即时分析，难以满足监管和投资者对ESG信息的实时性需求。数据存储和处理工具的不足不仅增加了企业的管理成本，而且阻碍了ESG管理的效率提升。

4. 不同平台对接技术有待提升

ESG不同平台之间缺少对接，影响了数据的互联互通和共享。由于ESG数据涉及企业、供应链、政府部门和第三方平台等多个数据源，不同平台之间的数据对接效率和兼容性直接影响了ESG信息的传递效果。许多企业的ESG数据系统与供应链伙伴或政府监管平台之间缺乏无缝的数据对接，导致信息传递不及时或数据缺失的问题。此外，不同平台之间的数据标准不一致，增加了数据整合的难度，影响了数据的可追溯性和可靠性。提升平台对接技术是实现ESG数据整合的关键，也是推动中国ESG业务体系系统优化的必要手段。

（三）数据安全和隐私保护有待加强

1. 数据存储安全隐患

ESG数据存储存在安全隐患，影响了数据的安全性和可靠性。第一，许多企业在ESG数据存储方面缺乏必要的物理安全措施，包括机房安全、设备安全和环境安全等。第二，缺乏有效的网络安全措施，包括防火墙、入侵检测和数据加密等。第三，缺乏有效的备份恢复措施，包括定期备份、异地备份和灾难恢复等，影响了数据的安全性和可靠性。

2. 数据使用安全隐患

ESG数据在使用过程中的安全隐患也是当前一大问题。当前，国内缺少针对ESG数据使用安全的专门法规和标准，导致企业在数据使用过程中缺乏足够的合规指引，增加了数据使用安全的风险。第一，许多企业在ESG数据使用方面缺乏有效的权限管理措施，包括用户权限、访问控制和身份验证等。第二，缺乏有效的操作记录措施，包括日志记录、审计追踪和异常检测等。第三，缺乏有效的数据脱敏措施，包括数据加密、数据遮蔽和数据替换等。

3. 数据传递安全隐患

ESG数据在传递过程中面临着安全隐患，容易被恶意拦截、篡改，导致数据失真或被泄露。第一，许多企业在ESG数据传递方面缺乏有效的传输加密措施，包括数据加密、传输协议和安全通道等。第二，面缺乏有效的接口安全措施，包括接口认证、接口授权和接口审计等。第三，缺乏有效的传输监控措施，包括流量监控、异常检测和日志记录等。

4. 隐私保护机制不健全

ESG数据中包含员工、供应商和客户等多个利益相关者的隐私信息，但当前ESG隐私保护机制尚不健全。企业在数据管理过程中缺乏针对隐私数据的专门保护措施，部分信息可能因管理疏忽或系统漏洞而被泄露。此外，国内尚未形成完备的隐私保护法律体系，缺乏对隐私侵权行为的有效追责机制，导致企业在隐私保护方面的投入不足。隐私保护机制的不健全不仅威胁到利益相关者的合法权益，而且可能对企业的社会责任形象和市场声誉带来负面影响。

中国之路　构建全球可持续发展伙伴关系

“要把发展置于二十国集团合作的核心位置，把实现联合国2030年可持续发展议程作为优先工作，构建全球可持续发展伙伴关系，推动实现更加包容、更加普惠、更有韧性的全球发展。”2024年11月17日，在赴里约热内卢出席二十国集团领导人第十九次峰会并对巴西进行国事访问之际，习近平主席在巴西媒体发表署名文章指出。

破解全球性问题，需要靠发展这把“金钥匙”。中国始终致力于推动发展问题重回国际议程中心位置，是全球发展的重要贡献者。在2016年二十国集团领导人杭州峰会上，中方推动首次将发展问题置于二十国集团合作的突出位置；2022年二十国集团领导人巴厘岛峰会上，中方清晰回答了“世界需要什么样的发展”这一重大命题。中方倡导坚持以人民为中心，全面落实联合国2030年可持续发展议程，提升地区和全球发展的公平性、有效性、包容性，努力不让任何一个国家在通往现代化的道路上掉队，得到国际社会的广泛认同和赞誉。

中国以实实在在的行动为各国谋发展，让发展更具可持续性和包容性。从共同发起《二十国集团支持非洲和最不发达国家工业化倡议》，到全面落实二十国集团缓债倡议，再到宣布支持全球南方合作的八项举措，中国始终以开放包容的姿态分享发展机遇。中国提出全球发展倡议3年多来，已经动员近200亿美元发展资金，开展1 100多个项目。中方宣布中非携手推进现代化的十大伙伴行动，给予包括非洲在内40多个最不发达国家100％税目产品零关税待遇，成为实施这一重大举措的首个发展中大国和主要经济体。

建设一个公正的世界，需要二十国集团本着相互尊重、平等合作、互利共赢原则，支持“全球南方”国家实现更大发展。在二十国集团框架内，中国始终主张践行真正的多边主义，坚持共商共建共享的全球治理观，以公平正义、开放包容为理念引领全球治理体系改革。

从第一个明确表态支持非盟加入二十国集团，到推动弥合南北“数字鸿沟”，再到推进国际金融架构改革，中国一直为完善全球治理体系、提高发展中国家代表性和发言权贡献力量。

二十国集团是国际经济合作重要平台。中方愿同各方一道努力，推动里约热内卢峰会在坚持多边主义、构建开放型世界经济、支持可持续发展方面取得积极成果，发出明确信号，推动各国实现共同繁荣，携手构建人类命运共同体。

思考：中国参与践行全球的可持续发展意义何在？

思 考 题

1. 简述 ESG 发展面临的新形势。
2. 简述 ESG 发展面临的机遇。
3. ESG 发展的挑战主要有哪些？
4. 数智化如何引领 ESG 新趋势？
5. 如何应对 ESG 发展过程中的挑战？

练 习 题

一、单项选择题

1. 下列有关 ESG 发展面临的新形势表述中，正确的是(　　)。

A. 国际社会对 ESG 的关注度逐渐降低

B. 国家政策对 ESG 的支持力度不断加大

C. 企业对 ESG 的投入和实践普遍不足

D. 投资者对 ESG 信息的需求逐渐减少

2. 下列有关 ESG 发展面临的机遇表述，不当的是(　　)。

A. 国家政策对 ESG 的支持力度不断降低

B. 国际社会对 ESG 的关注度逐渐提高

C. 投资者对 ESG 信息的需求逐渐增加

D. 新技术的应用为 ESG 发展提供了新的动力

3. 下列有关ESG发展面临的挑战表述中，不恰当的是(　　)。
A. ESG信息披露的标准不统一，导致不同企业的ESG报告缺乏可比性，影响投资者的判断
B. ESG领域内的法律法规在全球范围内趋于一致，企业无论在哪个市场都能轻松遵循同样的标准
C. 企业内部缺乏专业的ESG管理人才，导致在实施和推进ESG战略时遇到障碍
D. ESG评级体系尚未成熟，评级机构在评估企业时的标准和方法各异，影响了评级的公正性和可靠性

4. 以下关于ESG发展面临的挑战中，表述正确的是(　　)。
A. 企业已完全克服了ESG信息披露的挑战
B. 不同地区和行业之间ESG标准的差异加大了企业的合规负担
C. ESG评级体系已经统一，全球范围内无差异
D. 投资者对企业的ESG表现不再关注

5. 以下不属于推动ESG投资增长因素的是(　　)。
A. 全球环境变化的加剧，增加了对可持续投资的需求
B. 投资者对社会责任的关注逐渐降低
C. 政府政策对绿色投资的激励和支持
D. 企业对可持续发展承担更大责任

二、多项选择题

1. ESG发展的主要机遇包括(　　　)。
A. 政策支持与激励机制的强化，如财政激励和金融支持措施的出台
B. ESG信息披露的标准全球趋于完全一致，确保所有市场的一致性
C. 消费者对绿色消费的需求增长，推动企业采用可持续生产方式
D. 技术创新的推动，例如可再生能源技术和智能化监测工具的发展

2. 以下属于ESG发展主要挑战的因素包括(　　　)。
A. 不同部门的ESG政策法规不统一，增加企业合规的复杂性
B. ESG评级体系和数据管理的不足，导致企业难以获得准确的ESG评分
C. ESG市场需求不断增加，为企业带来新的投资机会
D. 企业内部缺乏专业的ESG管理人才，影响ESG战略的推进效果

3. 推动企业实施ESG战略的主要驱动因素包括(　　　)。
A. 政府政策与法律法规的出台和落实
B. 投资者对ESG信息的高度关注
C. 企业所面临的短期盈利压力
D. 市场对绿色和可持续产品的需求增长

4. 以下是ESG信息披露面临主要挑战的包括(　　　)。
A. 数据质量和信息的透明度问题
B. 全球ESG信息披露标准尚不一致
C. 企业披露的ESG信息过于繁杂，难以为投资者解读
D. 企业在披露ESG信息时未考虑到对社会和环境的实际影响

5. 有助于推动企业加强ESG信息披露的因素包括(　　　　)。

A. 政府法律法规对ESG信息披露的强制性要求

B. 投资者对企业的环境和社会表现要求更高

C. 企业追求短期利润,忽视长期可持续性

D. 技术进步使得ESG数据收集和处理变得更加高效和透明

三、判断题

1. ESG信息披露的统一标准已经在全球范围内实现,所有企业都必须遵守相同的披露要求。(　　)

2. 技术创新是推动ESG发展的重要因素,例如智能化监测工具和可再生能源技术的进步,有助于企业实现可持续发展目标。(　　)

3. ESG管理和评级体系的不完善可能导致投资者对企业的可持续发展表现产生误判,从而影响投资决策。(　　)

4. ESG投资不仅能够提供经济回报,而且能够增强企业的社会责任感和可持续发展意识。(　　)

5. ESG报告的透明度和真实性对投资者决策至关重要,不透明的ESG信息披露都会损害投资者的信任。(　　)

第十二章 ESG的全球行动

学习目标

1. 了解ESG全球行动的实践与特色；
2. 了解ESG全球行动的主要合作与协调机制；
3. 了解ESG全球行动中的中国主张、行动及贡献。

导引案例

美的参与制定全球首部ESG国际标准

近日，美的楼宇科技受邀参加《联合国气候变化框架公约》第二十九次缔约方大会(COP29)，并在蒙特利尔协定秘书会组织的“增强制冷系统效率”专题论坛上发表报告。全球首部ESG国际标准——IWA 48：2024《实施环境、社会和治理(ESG)原则框架》也在COP29大会上正式发布，美的家用空调事业部参与了该标准的制定。此次参与COP29，不仅展现了美的在绿色制冷领域的领先技术和丰富经验，更为全球应对气候变化提供了崭新的思路和解决方案，彰显了美的在全球可持续发展议题上的深度参与和广泛影响力。

美的长期以来高度重视可持续发展，积极管理自身生产制造和运营活动对环境及社会的影响。美的致力于成为全球智能家居领先者、智能制造赋能者，并将可持续发展理念融入公司战略、日常管理和工作中，以实现长期、高质量的可持续发展。据美的公布的可持续发展目标，预计2030年实现光伏装机超过500兆瓦，范围一、范围二温室气体排放强度(吨二氧化碳当量/万元产值)从目前的0.061下降至0.040，实现智能家电主要品类碳足迹核算100%全覆盖。

为全面推进集团各层级的可持续发展工作，在2022年成立ESG委员会的基础上，美的于2024年1月成立了8大ESG分委会，分别为：绿色设计及产品碳足迹分委会、绿色采购及冲突矿产分委会、绿色制造及碳排放管理分委会、绿色物流及包装分委会、绿色回收及产品服务分委会、绿色工业分委会、员工发展与道德分委会以及社区公益及对外披露分委会。分委会每季度召开会议以确保ESG战略和目标的稳步推进。

案例来源：中国新闻周刊，2024年12月19日。

思考：以美的为例，中国企业如何参与推进全球ESG发展？

第一节 ESG全球行动的实践与特色

一、欧洲

（一）制度体系

欧盟的政策制定者自上而下地构建ESG制度体系，主要目的在于实现欧盟各成员国共同对联合国可持续发展目标（SDGs）的承诺。为了能更好地落实可持续发展目标，欧盟制定了强制性的ESG信息披露规则体系，通过提升可持续信息的透明度引导可持续发展投资资金有效地流向符合可持续发展目标的资产、投资项目中去。其中，《可持续发展融资行动计划》和《欧洲绿色协议》是欧盟ESG领域最核心的框架性文件，上述文件指引整个欧盟地区从立法、投资等层面充分落实可持续发展。

2018年，欧盟公布了《可持续发展融资行动计划》，将欧盟可持续分类方案纳入欧盟法律。该计划为欧盟推动可持续发展迈出的实质性的一步，并逐步成为推进欧洲可持续经济的助推器。该计划通过构建可持续分类体系，制定适当的标准和标签，推进可持续基础设施项目投资，提出整合ESG观念的家庭投资建议，制定可持续性基准，在信用评级中整合ESG发展状况等措施，实现将资本引向更具可持续性的经济活动，将可持续性纳入风险管理的主流，以及促进金融和经济活动的透明度和长期主义的三大核心目标。

2019年，欧盟委员会发布的《欧洲绿色协议》坚定了欧盟在气候治理问题上的决心。《欧洲绿色协议》提出，通过将气候和环境挑战转化为政策领域的机遇，使欧盟地区在2030年前温室气体排放量与1990年相比至少减少55%，并且在2050年之前成为全球第一个实现“碳中和”地区，以此改善居民的健康，提升生活质量，且保证这一过渡对所有人都公平、包容。

此外，在欧盟ESG发展进程中，相关部门陆续发表了一系列ESG相关政策，引导和规范欧盟ESG市场的发展，具体政策制定情况如表12-1所示。

表12-1 欧盟ESG发展政策

年份	政策	内容
2007	《股东权指令》	欧洲议会和欧盟理事会首次发布《股东权指令》，强调了良好的公司治理与有效的代理投票的重要性，侧重公司治理规范
2014	《非财务报告指令》	首次将ESG列入法规条例的法律文件。指令规定大型企业对外非财务信息披露内容要覆盖ESG议题，对于在披露非财务信息和多元化政策方面表示强烈支持，推动了公司非财务信息披露及相关条例法规的设定
2016	《职业退休服务机构的活动及监管》	提出对IOPR活动的风险进行评估时应考虑到气候变化、资源和环境有关的风险，强调对环境与气候因素的关注
2017	《股东权指令》修订	修订《股东权指令》，明确将ESG议题纳入具体条例，并实现ESG三项议题全覆盖

续　表

年份	政　　策	内　　容
2019	《金融服务业可持续性相关披露条例》	聚焦金融服务业要求进行产品披露，解决可持续信息披露的不一致性
	《欧盟可持续金融分类方案》	明确了欧洲地区在实现可持续发展目标下经济活动必须符合的标准。它提供了一个有效的分类清单，包含了关于67项经济活动的技术筛选标准，用于识别和构建促进实现六项环境目标的绿色经济活动。这些目标包括气候变化减缓、气候变化适应、海洋与水资源可持续利用和保护、循环经济、污染的预防和控制、保护健康的生态系统
2020	《建立促进可持续投资的框架》	规定了整个欧盟范围内的分类系统，为企业和投资者在进行可持续经济活动时提供判断标准
2021	《欧盟分类法气候授权法案》	欧盟理事会成员国批准了《欧盟分类法气候授权法案》，该法规自2022年1月1日起生效
2022	《企业可持续发展报告指令》	欧盟理事会最终通过《企业可持续发展报告指令》，成为欧盟ESG信息披露核心法规，正式取代《非财务报告指令》
2023	《欧盟可持续发展报告准则》	欧盟委员会正式通过《欧盟可持续发展报告准则》(ESRS)授权法案，该准则于2024年1月1日生效

（二）主要实践

1. 欧盟ESG投资

2012—2018年，欧盟可持续投资规模始终居于全球首位，基本维持逐年增长态势，但2014年以来，增长率逐渐下降，并且可持续投资规模在专业化资产管理总额中的占比不断下降。2020年可持续投资规模较2018年初下降了13%，占专业化资产管理总额的41.6%，低于2018年的48.8%(图12-1)。这种情况的出现，一方面，因为欧盟可持续投资起步较早，已被较为广泛地接受和实践，当可持续投资市场趋于成熟时，可持续投资增长率会有所放

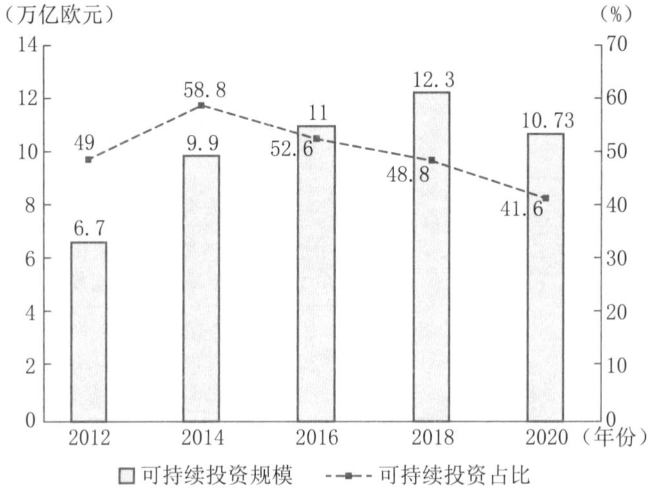

图12-1　2012—2020年欧盟可持续投资规模与占比情况

资料来源：结合GSIA、兴业证券经济与金融研究院报告整理而得。

缓；另一方面，近年来欧盟各国对可持续投资定义的修改与讨论，更为严格地划定了可持续投资与其他投资之间的界限。

欧盟ESG基金作为ESG投资的重要工具，近年来在全球范围内得到了快速发展。这些基金不仅关注企业的财务表现，而且重视其环境和社会责任，以及公司治理结构。

欧盟ESG基金的主要类型包括如下三类：第一类为ESG主题基金。这类基金专注于投资在环境保护、社会责任和公司治理方面表现突出的公司。它们可能投资于特定的行业或领域，如清洁能源、可持续农业、公平贸易等。第二类为ESG整合基金。这类基金在投资决策中综合考虑ESG因素，但并不局限于特定的ESG主题。它们旨在通过优化投资组合，选择那些在ESG方面表现良好的公司，以实现更好的财务回报和社会价值。第三类为ESG指数基金。这类基金跟踪特定的ESG指数，如MSCI ESG Research指数等。它们通过复制指数的成分股，为投资者提供一种低成本、高效率的ESG投资方式。

欧盟ESG基金的主要特点包括：第一，注重长期价值：ESG基金强调企业的长期价值和社会责任，而不仅仅是短期的财务回报。这有助于引导资本流向更加可持续和负责任的经济活动。第二，多元化投资策略：ESG基金采用多种投资策略，包括主动管理、指数跟踪等，以满足不同投资者的需求和风险偏好。第三，严格的信息披露：欧盟对ESG基金的信息披露有严格的要求，包括ESG投资策略、投资组合的ESG表现等。这有助于提高市场的透明度和投资者的信心。第四，积极的股东参与：ESG基金通常积极参与所投资公司的股东活动，推动公司在ESG方面采取更加负责任的行动。

2. 欧盟ESG信息披露

2014年，欧盟在《非财务报告指令》(NFRD)中首次将ESG三要素列入法规条例，以提高欧盟企业披露非财务信息的一致性和对比性。此后，欧盟陆续修订了多项政策法规，对上市公司、资产所有者、资产管理机构在非财务信息的披露与评估上作出日渐明确和强制性的要求，逐步完善了披露政策的操作细节，从制度上保障ESG信息披露体系在欧洲资本主义市场的成熟化，扩大了资本市场参与主体范围，实现对ESG投资的全过程覆盖。2022年11月28日，欧盟理事会最终通过了《企业可持续发展报告指令》(CSRD)，成为欧盟ESG信息披露核心法规，正式取代欧盟于2014年10月发布的《非财务报告指令》(NFRD)。符合指令的企业必须按照《欧盟可持续发展报告准则》(ESRS)披露ESG报告。

从披露内容来说，在环境信息方面，企业需披露其在环境保护方面的措施和成效，包括但不限于能源消耗、温室气体排放、废物管理、水资源利用及生物多样性保护等方面的数据。此外，企业还需说明其是否遵循了相关的环保法规和标准，以及未来在环保方面的目标和计划。在社会信息方面，企业需披露其员工结构、薪酬福利、培训与发展、劳动关系、健康与安全等方面的信息。同时，企业还需关注其供应链中的员工权益，以及在与社区、政府和非政府组织合作中的社会责任表现。在治理信息方面的披露主要涉及企业的组织结构、决策过程、风险管理、合规性、反腐败措施及与利益相关者的沟通机制。企业需说明其是否建立了有效的治理体系，以确保ESG方面的决策能够得到有效执行和监督。

同时，欧盟为提高ESG披露信息的可比性和可读性，对ESG信息披露的格式也作出相对明确的规定。要求企业采用报告、表格、图表等形式来展示ESG数据和信息。在披露过程中，企业还需积极回应投资者和利益相关者的关切，提供及时、透明的ESG信息披露。

对于未按规定披露ESG信息的企业，欧盟采取了严格的处罚措施。这些措施包括公开谴责、罚款甚至暂停上市等。具体处罚力度因违规行为的严重程度而异，但总体上旨在确保企业能够遵守 ESG 信息披露的相关规定。此外，欧盟还通过加强监管和执法力度，确保 ESG 信息披露制度的有效执行。例如，欧盟监管机构会定期对企业的 ESG 信息披露情况进行检查和评估，对于发现的问题及时采取纠正措施，并对违规行为进行处罚。

（三）主要特色

欧盟 ESG 政策法规着眼于企业对内的公司治理架构设计和管控。同时，欧盟 ESG 政策强调对非财务信息的披露，欧盟修订政策法规，对上市公司、资产所有者、资产管理机构在非财务信息披露与评估上作出明确和强制性的要求，逐步完善了披露政策的操作细节，扩大了资本市场参与主体范围。

二、美国

（一）制度体系

美国 ESG 政策法规的出台始于对单因素的关注。21 世纪初，美国安然公司和世界通信公司的财务造假事件直接催生了《萨班斯—奥克斯利法案》的颁布。该法案标志着美国政府对公司治理、会计职业监管、证券市场监管等方面进行更加严格、规范的法律管控。这一法案也坚定了美国公司治理的法律基础，并对全世界公司治理产生了深远的影响。

近十年来，环境议题成为美国资本市场关注的重点，与之相关的政策法规呈现出量化和强制性要求趋势。随着全球可持续发展浪潮推进，美国就环境治理出台了新的法规文件。除了原有的《美国国家环境政策法》《清洁空气法》等相关法律法规外，2009 年联合国第 15 次气候变化大会召开之后，美国于 2010 年发布了《委员会关于气候变化相关信息披露的指导意见》，要求公司就环境议题从财务角度进行量化披露，公开遵守环境法的费用与环保有关的重大资本支出等，开启了美国上市公司环境信息披露的新时代。

2015 年，美国首次颁布了基于完整 ESG 考量的规定——《解释公告 IB2015-01》。该公告就 ESG 考量向社会公众表明支持立场，鼓励投资决策中的 ESG 整合。2021 年初，美国证券交易委员会（SEC）围绕气候变化、人力资本管理、董事会多样性和网络安全风险治理等 ESG 关键领域提出了强制披露性建议，并于 2022 年 3 月发布《上市公司气候数据披露标准草案》，指出未来美股上市公司在提交招股书和发布年报等财务报告时，都需对外公布公司碳排放水平、管理层的治理流程与碳减排目标等信息。美国具体政策发展情况如表 12-2 所示。

表 12-2　美国 ESG 政策发展

年份	政　　策	内　　容
2010	《委员会关于气候变化相关信息披露的指导意见》	开启美国上市公司对气候变化等环节信息披露的新时代
2015	《第 185 号参议院法案：公共退休制度：动力煤公司的公共剥离》	要求美国两大退休基金停止对煤炭的投资，向清洁能源过渡
2016	《解释公告 IB2016-01》	强调了 ESG 考量的受托者责任，要求其在投资政策声明中披露 ESG 信息
2018	《实操辅助公告》	强调了 ESG 考量的受托者责任，要求其在投资政策声明中披露 ESG 信息

续 表

年份	政 策	内 容
2018	《第964号参议院法案》	进一步提升美国两大退休基金中气候变化风险的管控及相关信息披露的强制性
2019	《ESG报告指南2.0》	针对所有在纳斯达克上市的公司和证券发行人,提供ESG报告编制的详细指引
2020	《2019ESG信息披露简化法案》	强制要求符合条件的证券发行者在向股东和监管机构提供的书面材料中,明确描述规定的ESG指标相关内容
2022	《上市公司气候数据披露标准草案》	要求上市公司在注册声明以及定期报告中披露与气候相关的信息和内容

(二)主要实践

1. 美国ESG投资

投资规模方面,美国主要采用负面筛选和ESG整合,其规模在2020年初有明显提升。2012—2018年,美国可持续投资规模在专业化资产管理总额中的占比稳定增长。相比2016年初,2018年美国可持续投资规模增长了38%,于2018年初达到12万亿美元,在其专业化资产管理总额中占比25.7%。截至2018年初,美国共有365家资产管理公司和1 145家社区投资机构在投资中使用了ESG标准,覆盖了美国资产管理公司和社区投资机构所持有的11.6万亿美元,其中,机构投资者管理8.6万亿美元,个人投资者管理3.0万亿美元。美国可持续投资策略如图12-2所示。

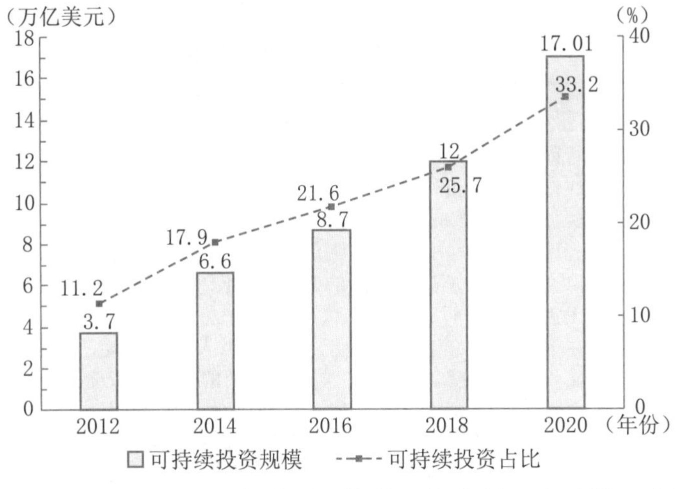

图12-2 2012~2020年美国可持续投资规模与占比情况分析

资料来源:结合GSIA、兴业证券经济与金融研究院报告整理而得。

ESG意识提升方面,至2018年,美国有141家资产管理公司已拥有4.2万亿美元ESG资产,并回答了关于可持续投资动机的问题。其中,多数资产管理者的首要动机是满足客户需求,但超过一半的资产管理者也提到了履行社会责任、降低风险、提升回报等原因。在实际操作中,相当一部分资产管理者与所投资的公司就ESG进行了谈话。同时,据美国资产管理公司报告，它们对 2.9 万亿美元的资产实施了烟草限制，对 1.9 万亿美元的资产实施了武器限制(较 2016 年增加近 5 倍)，对超 2 万亿美元的资产考虑了人权和腐败等问题。

产品管理方面，2020 年美国 60%以上的可持续投资资产属于机构投资者委托产品管理者进行的投资。该类资产 90%以上为共同基金，也包括少量的封闭式基金、可变年金和交易型开放式指数基金(ETF)。截至 2020 年初，商业保险机构直接持有或由他人代管的可持续投资资产已达公共部门 2/3 以上。具体到基金产品，采用被动策略的可持续指数基金和 ETF 流入速度加快，该类基金既包括聚焦新能源等主题的行业指数基金，也包括在标准普尔 500 等传统指数基础上，考虑 ESG 因素，进行行业内筛选和个股权重调整得到的 ESG 指数基金。

2. 美国 ESG 信息披露情况

美国是最早制定专门针对上市公司环境信息披露制度的国家，作为全球最大的经济体，美国对全球可持续金融领域的发展具有重大影响。1934 年通过的《证券法》在 S-K 监管规制第 101 条、第 103 条、第 303 条规定上市公司要披露重要信息，包括环境负债、遵循环境和其他法规导致的成本等内容，以此来加大对上市公司环境问题的监管，推动可持续性金融领域的发展。

近年来，美国积极响应联合国可持续发展目标(SDGs)，不断完善 ESG 信息披露体系。美国可持续会计准则委员会(SASB)根据可持续行业分类系统(SICS)，制定了一套 77 个行业特定的可持续发展会计标准。这套标准对于细分行业具有明确针对性，囊括了对投资决策有重要影响的信息的定性与定量披露标准。

在披露内容方面，2024 年 3 月 6 日，美国证券交易委员会公布了《面向投资者的气候相关信息披露的提升和标准化》的最终规则，要求申报人在财务报表附注中披露极端天气和其他自然条件对财务报表的影响、碳抵消和可再生能源证书、估计和假设，具体如表 12-3 所示。

表 12-3　需在财务报表附注中披露的内容

披露事项	披露要求
极端天气和其他自然条件对财务报表的影响	➢ 若因极端天气事件和其他自然条件(如飓风、龙卷风、洪水、海平面上升等)导致的总支出和利润表上确认的损失大于税前利润(亏损)绝对值的 1%，则需要披露。若影响金额小于 10 万美元，则无需披露。 ➢ 若因极端天气事件和其他自然条件而导致的资产负债表上确认的资本化支出大于股东权益绝对值的 1%，则需要披露。若影响金额小于 50 万美元，则无需披露。 ➢ 在考虑任何追偿(如保险)之前，申报人必须确定上述各项的总金额，这些金额将单独披露，并且还须披露受影响的财务报表主表项目的金额。 ➢ 申报人不需要将极端天气事件或其他自然条件归因于气候变化；相反，当可以确定极端天气事件或其他自然条件是重要影响因素时，申报人须在披露中包括全部支出、损失、资本化成本、费用或可以追偿的金额
碳抵消和可再生能源证书(RECs)	如果碳抵消和可再生能源证书(RECs)对于申报人实现已披露的气候相关目标或计划(例如净零排放承诺)至关重要，则申报人必须披露期初和期末余额变动情况，分别列示相关的总支出金额、总资本化金额以及该年度的损失总额。申报人还须披露哪些财务报表项目受到影响，以及相关会计政策
估计和假设	极端天气事件和其他自然条件、已披露的气候相关目标或转型计划，是否对财务报表的估计和假设产生重大影响，以及如何产生影响

资料来源：根据美国证券交易委员会公布的《面向投资者的气候相关信息披露的提升和标准化》整理。

对于披露强制力来说，美国纽交所与纳斯达克均不强制要求上市公司披露ESG信息，本着自愿原则鼓励企业在衡量成本和收益时考量ESG。纳斯达克证券交易所于2019年发布《ESG报告指南2.0》，建议所有在纳斯达克上市的公司和证券发行人，从利益相关者、重要性、实质性等方面提供了ESG报告编制的详细指引。从E、S、G三个方面提出数据披露的具体要求和方法，即指标矩阵，如表12-4所示。纽交所2021年发布了《ESG指南：可持续发展报告的最佳实践》，为多个领域上市公司的ESG信息披露步骤予以指引，但并未就ESG报告应当涵盖的事项提出系统性要求。

表12-4　ESG指标矩阵

环境E	社会S	治理G
E1 温室气体排放	S1 CEO薪资	G1 董事会多样性
E2 排放强度	S2 性别薪资比例	G2 董事会独立性
E3 能源使用	S3 员工流失率	G3 激励性薪酬
E4 能源强度	S4 性别多样性	G4 集体谈判
E5 能源多样性	S5 临时工比例	G5 供应链政策
E6 水资源使用	S6 无歧视	G6 道德运营与反贪污
E7 环境友好运营	S7 工伤率	G7 隐私安全
E8 气候变化监管/董事会	S8 全球健康与安全	G8 ESG报告
E9 气候变化监管/管理	S9 童工与强制用工	G9 披露实践
E10 气候风险减缓措施	S10 人权	G10 外部鉴证

（三）主要特色

美国是最早制定专门针对上市公司环境信息披露制度的国家。受美国国情的影响，其ESG发展存在鲜明特色。第一，与欧盟ESG信息披露"未见举措、政策先行"特征不同，美国在政策发布之前，会先制造对ESG追捧的舆论，借舆论热度颁布相关举措。第二，美国ESG政策在地域上存在明显差异。绝大部分州对ESG政策持积极态度，但是个别州出现了反ESG的浪潮，质疑ESG指标的合法性，甚至得克萨斯州出台了反ESG法案。第三，美国ESG政策，面临着持续的法律挑战。一些企业和利益集团可以基于消极商业条款或言论自由条款等提起针对ESG规则的违宪诉讼。第四，美国ESG政策和其他国家相比强制力度较弱，以倡议性政策为主，鼓励企业在衡量成本和收益的情况下，加强ESG管理与披露。

三、日本

（一）制度体系

在2014年日本金融厅首次发布《日本尽职管理守则》后，日本ESG政策法规修订步入快车道，近年来以平均每年出台或修订一部相关政策法规的速度开始了"超车"。《日本尽职管理守则》和《日本公司治理守则》从尽职管理和公司治理两方面为ESG实践打下了坚实基础。前者主要针对投资于日本上市公司股票的机构投资者和机构投资者委托的代理顾问提出七大原则，要求其积极行使股东权利，与被投资公司开展对话，为被投资公司的可持续增长作出贡献。其中，"原则三"明确要求投资者监测被投资公司的ESG风险和业绩。该守则采取“不遵守就解释”披露要求，提升了机构投资者的管理质量和信息披露水平。

2015年、2016年，世界上最大的养老金基金即日本政府养老投资基金（GPIF）和日本养老金基金协会先后签署了联合国责任投资原则（UNPRI），日本投资者的可持续投资意识大幅提高。与此同时，市场也主动将可持续发展和ESG理念纳入资本活动中，各市场主体积极参与行业建设，为可持续金融在日本的发展和进一步落地建言献策，呈现出政策法规和市场实践双轮驱动的特点。日本ESG政策总体情况如表12-5所示。

表12-5　日本ESG相关政策

时间	政　策	内　容
2014	《日本尽职管理守则》	日本金融厅首次发布《日本尽职管理守则》，鼓励机构投资者通过参与或对话、改善和促进被投资公司的企业价值和可持续增长
2015	《日本公司治理守则》	日本金融厅联合东京证券交易所发布首版《日本公司治理守则》，要求企业关注利益相关者和可持续发展问题
2017	《协作价值创造指南》	日本经济贸易和工业部发布《协作价值创造指南》，促进公司和投资者之间开展对话，鼓励两者就ESG进行合作以创造长期价值，明确了对ESG的指导方针，强调ESG的重要性和关注最终受益人的利益
2018	《日本尽职管理守则》修订	《日本尽职管理守则》修订，明确非财务信息应包含ESG信息，并呼吁公司披露有价值的ESG信息，更加关注董事会的可持续责任
2020	《日本尽职管理守则》修订	《日本尽职管理守则》修订，将ESG考量纳入“尽职管理”责任，关注ESG考量与公司中长期价值的一致性，将准则适用范围扩大至所有符合本准则“尽职管理”定义的资产类别
2020	《ESG信息披露实用手册》	日本交易所集团和东京证券交易所联合发布《ESG信息披露实用手册》，以支持上市公司资源改善ESG披露，鼓励上市公司和投资者开展对话

资料来源：根据公开资料整理而得。

（二）主要实践

1. 日本ESG投资

2014年，日本可持续投资规模仅为8 400亿日元，2016年跃升至57.06万亿日元，2018年延续高速增长态势，达到221.95万亿日元，在专业化资产管理总额中占比18.3%，成为仅次于欧洲和美国的第三大可持续投资中心。至2020年初，日本可持续投资规模为310.04万亿日元，在专业化资产管理总额中占比24.3%（图12-3）。2014年以来，日本可持续投资的高速发展离不开政府及监管部门推动可持续发展的决心和作出的实质性引导。

投资策略方面，日本主要采用ESG整合策略，基于该策略的可持续投资规模达205.0万亿日元，占比35%，其次是股东主张策略，基于该策略的可持续投资规模为187.2万亿日元，占比32%，如图12-3所示。

2. 日本ESG信息披露情况

日本暂未对企业ESG信息披露作出强制性要求，仅要求企业披露公司治理相关信息。2004年，东京证券交易所发布《公司治理原则》，要求公司自2006年起发布“公司治理报告”；2015年发布新版《公司治理原则》，要求公司按照“不遵守就解释”的原则披露公司治理情

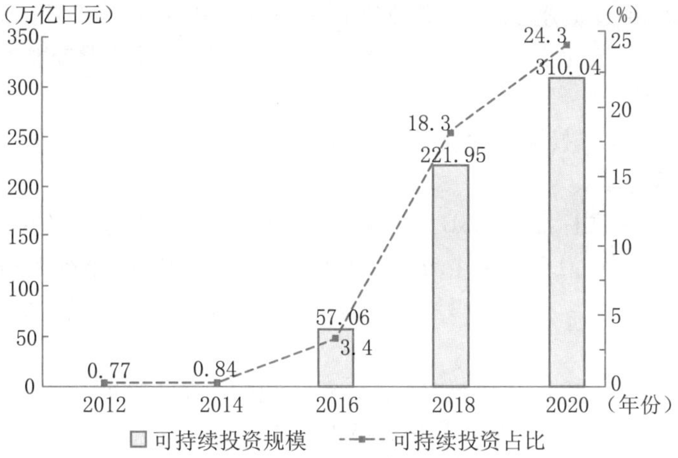

图 12-3　2012—2020 年日本可持续投资规模与占比情况

资料来源：结合 GSIA、兴业证券经济与金融研院报告整理而得。

况。2020 年，日本交易所集团和东京证券交易所联合发布《ESG 信息披露实用手册》，汇总了上市公司在开展 ESG 活动和信息披露方面面临的问题，并将 ESG 披露分为四个步骤，公司可根据当前的情况来判断是否有必要采用这些步骤。

在 ESG 信息披露内容方面，由于日本国内尚无具体披露要求，日本企业通常会参考国际通用的 ESG 披露标准，如全球报告倡议组织（GRI）和可持续发展会计准则委员会（SASB）等。同时，他们还会根据自身的行业特点和实际情况，选取适合的 ESG 指标，并构建相应的方法论来形成评价体系。这些指标通常涵盖环境、社会和治理三个方面，并向下细分为多个具体指标进行评分。

总体来说，在 ESG 信息披露方面，日本虽然也积极推动企业披露 ESG 信息，但相关规制并不像欧美国家那样严格和全面。例如，欧盟出台了《非财务报告指令》，要求金融机构披露环境、社会和治理方面的信息。而日本在这方面的规制相对较为宽松，主要依赖于企业的自愿披露和市场的监督机制。

（三）主要特色

与欧盟和美国不同，日本 ESG 相关政策法规的制定起步晚。与欧美国家相比，日本在 ESG 政策制定及实施层面仍有待提高。特别是在信息披露方面，日本虽然也积极推动企业披露 ESG 信息，但政策的严格程度和全面程度与欧美国家相比仍然有较大差距，主要依赖于企业的自愿披露和市场的监督机制。此外，日本企业在 ESG 实践中的国际化程度也有待加强。

第二节　ESG 全球行动的合作与协调

一、国际可持续准则理事会（ISSB）

（一）ISSB 基本情况

国际可持续准则理事会（ISSB）是国际独立的标准制定机构，由国际财务报告准则基金会(IFRS Foundation)发起组建,总部设立在德国金融中心法兰克福。于2021年11月3日在第26届联合国气候变化大会上正式启动,旨在制定与国际财务报告准则(IFRS)相协同的可持续发展报告准则。

ISSB的成立,反映了投资者和监管机构迫切需要一个完整且标准化的可持续发展报告体系,进而实现下述目标:

第一,制定全球基准标准。ISSB的成立目标之一是制定全球性的可持续披露准则,这些准则涵盖环境、社会和治理等多个方面,为企业提供一个全面、系统的信息披露框架。通过遵循这些准则,企业可以更加透明地展示其在可持续发展方面的表现和成果,增强投资者的信任和信心。

第二,提升企业信息质量与可比性。ISSB准则强调信息的决策有用性、成本效益性和全球适用性。这意味着准则将提供与财务报表一样可靠的信息,帮助投资者作出更明智的投资决策。同时,准则还将注重信息的可比性和可验证性,确保不同企业之间的信息可以相互比较和验证,从而提高信息的整体质量。

第三,推动全球可持续发展。ISSB旨在推动全球可持续发展目标的实现,通过制定和推广可持续披露准则,ISSB将促进企业在环境、社会和治理方面的透明度和责任感。这将有助于企业更好地识别和管理与可持续发展相关的风险和机遇,实现经济效益和社会效益的双赢。同时,ISSB的准则还将为政府、监管机构和国际组织提供重要的参考依据,帮助他们制定更加科学、合理的政策和法规,推动全球可持续发展进程。

第四,加强国际合作与交流。作为国际财务报告准则基金会下设的机构,ISSB将与各国政府、监管机构、行业协会和企业等利益相关者保持密切联系和合作。通过分享经验、交流信息和协同工作,ISSB将不断完善其准则体系,提高其在全球范围内的认可度和影响力。

(二) ISSB的国际合作与协调

1. ISSB的国际合作实践

(1) 跨国界标准制定与协调。ISSB与全球多个国家和地区的监管机构、证券交易所、行业组织等建立了紧密的合作关系,共同制定和协调ESG信息披露标准。这种跨国界的合作确保了ESG标准的全球一致性和可比性,为投资者提供了更加清晰、准确的信息,有助于他们作出更加明智的投资决策。

(2) 资源共享与经验交流。ISSB鼓励各国和地区之间共享ESG相关的资源和经验。通过组织研讨会、培训班、在线论坛等活动,ISSB促进了各国在ESG信息披露、报告编制、数据收集等方面的交流与合作。这些活动不仅提升了各国对ESG标准的理解和应用能力,而且促进了全球ESG实践的创新和发展。

(3) 技术合作与创新。在ESG信息披露和报告编制过程中,技术的运用至关重要。ISSB与全球科技企业和研究机构合作,共同探索和应用新技术,如大数据、人工智能、区块链等,以提高ESG信息的准确性和透明度。这种技术合作不仅提升了ESG信息披露的效率和质量,而且为全球ESG合作注入了新动力。

(4) 跨国企业合作与指导。ISSB与跨国企业合作,共同推动ESG标准的实施和落地。通过为企业提供ESG培训、咨询、评估等服务帮助企业提升ESG信息披露的水平和质量。同时,ISSB还鼓励跨国企业在全球范围内推广ESG理念和实践,带动更多企业参与到ESG合作中来。

(5) 国际政策对话与协调。ISSB积极参与国际政策对话和协调,与各国政府、国际组织等就ESG相关的政策议题进行深入探讨和交流。这种政策对话不仅有助于推动各国在ESG领域的政策协同和合作,而且为全球ESG合作提供了更加稳定和可持续的政策环境。

2. ISSB的国际影响

(1) 推动全球ESG信息披露标准的统一。ISSB发布的《国际财务报告可持续披露准则第1号——可持续相关财务信息披露一般要求》(IFRS S1)和《国际财务报告可持续披露准则第2号——气候相关披露》(IFRS S2)为全球企业提供了统一的ESG信息披露标准。这些准则要求企业不仅披露自身的直接排放和间接排放,而且必须披露整个价值链上的间接排放,从而涵盖了企业运营、供应链和产品生命周期的各个方面。这一统一标准有助于提高全球企业ESG信息的可比性和透明度,便于投资者和监管机构作出更明智的决策。

(2) 促进全球企业可持续发展能力的提升。ISSB规则强调企业可持续发展能力的重要性,要求企业在披露ESG信息时不仅关注"结果"(如数据、成效等),而且要解释"原因"(如目标、战略、治理等)。这促使企业更加注重气候变化等可持续发展问题,推动企业在生产经营决策中融入ESG理念。通过加强ESG管理和信息披露,企业可以提升自身的可持续发展能力,增强市场竞争力。

(3) 影响全球投资者的投资决策。ISSB规则的实施对全球投资者的投资决策产生了重要影响。投资者在评估企业价值时,不再仅仅关注财务指标,而是更加注重企业的ESG表现。企业ESG信息的透明度和可比性提高,使得投资者能够更准确地评估企业的可持续发展能力和潜在风险,从而作出更明智的投资决策。此外,随着全球投资者对ESG投资的关注度不断提高,ISSB规则的实施也促进了ESG投资的发展。

(4) 推动全球监管体系的完善。ISSB规则的实施还推动了全球监管体系的完善。许多国家和地区的监管机构纷纷表示将考虑适用ISSB准则更新ESG信息披露标准。通过借鉴ISSB规则,这些监管机构可以制定更加科学、合理的ESG信息披露要求和监管措施,加强对企业的监管和指导。同时,ISSB规则的实施也促进了国际合作与交流,推动了全球监管体系的协同发展和完善。

二、全球报告倡议组织(GRI)

(一) GRI基本情况

全球报告倡议组织(GRI)成立于1997年,由美国非政府组织"对环境负责的经济体联盟"(CERES)和联合国环境规划署共同发起。2000年,GRI发布了第一代《可持续发展报告指南》。2001年,按照GRI管理委员会(Steering Committee)的建议,CERES的董事会决定将GRI剥离,成为一个独立机构。2002年,GRI正式成为一个独立的国际组织,以UNEP官方合作中心的身份成为了联合国成员;正式任命临时董事会并选举主席,GRI的运营和资产正式从CERES分离开来。

GRI的成立反映了公众环保意识的觉醒、非政府组织以及国际组织对于可持续发展问题的关注。GRI的成立主要是为了实现下述目的:

第一,提高可持续发展报告的质量。GRI通过制定和推广全球通用的可持续发展报告框架,帮助企业认识和披露其商业活动在重要可持续发展议题上的影响,从而提高可持续发展报告的质量、严谨度和实用性。

第二,增强全球范围内报告的可比性和可信度。GRI的框架从经济、环境、社会和治理四个维度衡量和披露企业的可持续发展绩效，为全球范围内的企业和组织提供了相对统一的报告标准。这有助于增强不同企业和组织之间可持续发展报告的可比性和可信度。

第三，促进企业建立问责机制。GRI 的成立旨在促进企业建立问责机制，规范环境责任行为，并拓展到 ESG 范畴。通过披露可持续发展报告，企业可以对其在经济、环境、社会和治理方面的绩效进行说明和解释，从而接受利益相关方的监督和评估。

（二）GRI 的国际合作与协调

1. GRI 的国际合作实践

（1）构建 GRI 的报告标准。全球报告倡议组织为加强全球范围内报告的可比性与可信度，先后发布并更新《可持续发展报告指南》，构建了全球范围内广泛遵循的 GRI 标准。如图 12-4 所示，GRI 标准囊括通用标准、行业标准、议题标准。

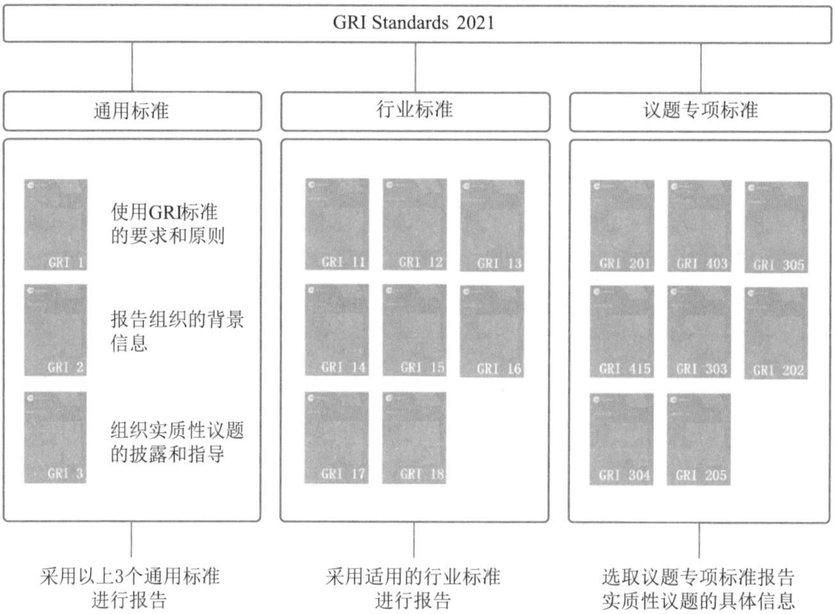

图 12-4　GRI 标准

GRI 通用标准由 GRI 1、GRI 2 及 GRI 3 三个部分构成，对 ESG 报告应当包含的内容作出了明确规定。其中，GRI 1 是整个 GRI 标准体系的基础，其阐述了 GRI 标准的宗旨及体系，并且解释了可持续发展报告的关键概念，说明了市场经营主体在进行 ESG 报告制作过程中必须遵守的要求和原则。GRI 2 是一般披露标准，由市场主体的基本信息、经营活动、治理情况、战略政策和实践以及利益相关方参与情况五个方面构成。GRI 3 为如何确定并披露实质性议题提供了指导。

GRI 行业标准在介绍每个行业特性的基础之上，提出相关行业市场经营主体可能的实质性议题，市场经营主体可参照行业标准结合自身的内外部环境识别自己的实质性议题。目前已经发布的 GRI 行业标准包括 GRI 11 石油和天然气行业、GRI 12 煤炭行业、GRI 13 农业、水产养殖业和渔业行业。

GRI 议题标准包含一系列披露项，用于报告与特定议题有关影响的信息。GRI 议题标准囊括了广泛议题,市场经营主体应使用通用标准的GRI 3确定实质性议题清单,并据此采用相关的GRI议题标准来进行相应的披露。

(2) GRI标准的应用。GRI标准的出台及应用,有效推动了企业可持续发展报告的编制。具备较高可比性、可靠性的可持续发展报告促进了企业、国际组织、政府机构间的交流与合作。GRI标准的出台与实施从报告、评估、监测、决策、对比等方面丰富扩展了可持续发展报告的应用场景。

报告:GRI标准提供了一套全面的指南和指标,帮助组织全面而系统地评估和报告其经济、环境和社会绩效,以及与可持续发展目标的对齐程度。这些指南和指标涵盖了ESG的各个方面,包括能源使用、温室气体排放(环境)、员工实践、人权(社会)、决策机制、风险管理(治理)等。

评估:GRI标准提供了一系列可量化的指标和方法,帮助报告使用者高效识别和评估组织可持续发展相关的风险和机遇。

监测:GRI标准为报告使用者监测企业可持续发展绩效的改进情况提供了更为便捷的途径。通过收集、记录和分析相关数据,以及监测和报告改进情况。不仅有助于组织确保其可持续发展战略的有效实施,并持续优化其ESG表现,而且可以加强企业间、组织间ESG发展的交流与合作,为政府制定ESG政策提供长期数据支持。

决策:报告使用者可以使用GRI标准来指导其战略决策。GRI标准提供了与可持续发展相关的原则和标准,帮助组织在制定战略和目标时考虑可持续发展的因素。

对比:报告使用者可以使用GRI标准来进行组织间的横向比较。GRI标准提供了一套全球通用的指标和方法,通过与同行进行ESG绩效对比,可以了解不同组织在可持续发展领域的优势和改进的空间。

2. GRI的国际影响

近年来,GRI构建起了广泛且深入国际合作网络,涉及多个国际组织、政府机构、企业。这些合作不仅提升了GRI在全球范围内的影响力和知名度,而且推动了全球可持续发展报告的标准化和透明度,为全球的可持续发展事业作出了重要贡献。

(1) 与国际组织合作的影响。GRI通过与国际财务报告准则基金会(IFRS Foundation)、欧洲财务报告咨询小组(EFRAG)等国际标准制定机构的紧密合作,共同推动ESG标准的融合发展。这些机构之间的合作不仅增强了ESG标准的全球可比性,而且为企业提供了一个更加清晰、统一的ESG信息披露框架。例如,GRI与EFRAG之间的合作协议就旨在推动ESG披露框架的标准化进程,降低工作复杂度,提升ESG披露的可比性与一致性。

(2) 与各国政府及监管机构合作的影响。GRI与各国政府及监管机构也保持着密切的合作。这些政府机构在推动可持续发展和环境保护方面扮演着重要角色,而GRI则为其提供了一个标准化的报告框架,推动ESG信息披露标准的制定和实施,使得政府更好地了解企业的可持续发展表现。

(3) 与企业合作的影响。GRI与企业的合作不仅限于信息披露,而且包括ESG管理能力的提升。通过培训、咨询和指导,GRI帮助企业建立ESG管理体系,包括制定ESG战略、设定ESG目标、监测ESG绩效等。这种合作有助于企业更好地理解ESG议题,并将其纳入日常运营和决策过程中,从而推动企业的可持续发展。

三、金融稳定委员会的气候相关财务信息披露工作组(TCFD)

(一) TCFD基本情况

金融稳定委员会的气候相关财务信息披露工作组(TCFD)由G20辖下的金融稳定委员会于2015年设立,其监督职责于2023年移交至国际可持续准则理事会(ISSB)。

在全球气候变化所带来的潜在财务风险与日俱增大背景下,金融市场参与者愈发需要获得有助于决策的气候相关信息。现有标准仅关注气候相关信息披露,缺乏组织机构业务在气候相关方面所面临财务影响的有关信息。为了更好识别与管理气候变化过程中经济系统固有的机遇与风险,金融稳定委员会意识到建立一致、可比、清晰和可靠的公司气候相关信息披露的必要性和紧迫性。

TCFD成立的目标是应对气候变化、治理环境污染,促进人与自然和谐共存。具体包括:

第一,提高气候风险和机会的认识:通过推动企业和投资者更好地了解气候变化对其业务和投资组合的影响,提高对气候风险和机会的认识。

第二,促进气候风险和机会的管理:通过推动企业和投资者更好地管理气候风险和机会,从而降低气候风险和提高气候机会。

第三,提高气候相关信息的透明度:通过推动企业和投资者披露气候相关信息,提高气候相关信息的透明度,帮助投资者更好地了解企业的气候风险和机会。

第四,推动气候相关信息的标准化:通过推动气候相关信息的标准化,提高气候相关信息的可比性和可信度,帮助投资者更好地进行投资决策。

(二) TCFD的国际合作与协调

1. TCFD的国际合作实践

(1) 构建TCED核心披露框架。为推动气候相关信息的标准化,增加企业间ESG披露信息的可比性,TCFD为全球金融市场提供了一套清晰、可比且一致的气候相关信息披露框架(表12-6),涵盖了公司管理气候变化风险和机遇等方面。四大核心要素旨在帮助企业及报告使用者以系统化的方式识别、评估和披露气候变化对财务表现的影响。

表12-6　TCFD核心披露框架

一级指标	二级指标	内　容
治理	董事会的监督	董事会如何监督气候变化相关风险和机遇
	管理层的作用	高层管理团队如何执行与气候变化相关战略和风险管理
战略	气候相关风险和机遇	公司识别的当前和未来气候风险和机遇
	对公司业务的影响	这些风险和机遇对公司业务、战略、财务规划的影响
	情景分析	公司是否进行情景分析,特别是全球升温2度或更高情景下的财务影响评价
风险管理	气候风险识别与评估流程	公司如何识别和评估气候变化带来的物理、转型和法律风险
	风险管理	公司如何管理和应对识别出的气候相关风险
	气候风险与总体风险管理框架的整合	气候相关风险如何嵌入企业的整体风险管理框架中

续　表

一级指标	二级指标	内　　容
指标和目标	温室气体排放数据	企业应按范围 1(直接排放)、范围 2(间接排放)和范围 3(其他间接排放)披露温室气体排放量
	气候相关指标	企业设定的与气候变化相关的目标，包括减排目标、资源使用目标和其他气候适应或减缓目标
	其它财务指标	企业用于评估气候风险的其他财务指标，如资产负债、资本支出等

在治理层面，企业需要披露董事会和管理层在气候相关问题中的角色和责任，重点关注公司治理结构如何管理气候相关的风险和机遇。在战略层面，企业应披露气候变化对其业务、战略和财务规划的实际和潜在影响。尤其要考虑不同的气候情景，特别是全球气温升高不超过 2 ℃的情景，来评估中长期气候变化对公司的影响。在风险管理层面，TCFD 要求企业披露其如何识别、评估和管理气候相关风险，并说明这些流程与公司整体风险管理框架的整合情况。在指标和目标层面，企业需要披露用于评估和管理气候相关风险和机遇的指标和目标。通过该组织的全球性指导与引领，大大促进了全球企业的 ESG 实践行为。

(2) 推进全球跨国监管合作。TCFD 框架的出台和实施，为全球多个监管部门制定相关政策提供了重要参考。许多国家和地区在 TCFD 框架的基础上，制定了气候相关信息披露的法规和政策。由于在 TCFD 框架下各国信息披露标准具备一定的趋同性，有助于各国监管机构基于相同或类似的信息披露标准对企业的气候相关风险进行更准确的评估和监管。

同时，通过 TCFD 框架各国监管机构能够更容易地共享信息和经验共同应对气候变化带来的挑战。此外，TCFD 还与国际可持续准则理事会(ISSB)等国际组织合作，协同推进全球气候相关信息披露的规范化和标准化进程。

2. TCFD 的国际影响

(1) 增强市场透明度和投资者信心。TCFD 增强市场的透明度和可预见性。通过提供更清晰、准确的气候相关信息披露，投资者能够更好地了解企业面临的气候相关风险和机遇，从而作出更明智的投资决策。这种透明度的提升有助于增强投资者对企业的信任，吸引更多的投资资金。同时，TCFD 为跨国监管合作提供了更稳定的市场环境，使得监管机构能够更有效地履行其职责。

(2) 促进国际合作与协调。TCFD 与国际组织、政府机构、企业和金融机构等利益相关方保持密切合作，共同推动气候相关信息披露的全球化进程。通过分享最佳实践、提供技术支持和开展培训活动等方式，促进了全球范围内气候相关信息披露的普及和提高。

(3) 提升全球投资者对气候风险的认知。TCFD 通过出台核心披露框架，有效提升了全球投资者对气候风险的认知。投资者开始更加重视气候变化对企业财务状况的潜在影响，并在投资决策中考虑气候相关风险。对引导资本流向环保和可持续投资项目起到了关键作用。

第三节 ESG全球行动中的中国声音

一、中国的主张

自2004年联合国全球契约组织首次提出ESG理念以来，受到了国际社会的广泛关注与认可，也成为我国参与全球治理的重要领域。作为负责任的发展中大国，中国不仅是全球生态文明建设的重要参与者、贡献者、引领者，而且秉持“人类命运共同体”理念，通过务实而包容的合作，不断加强气候变化南南合作，积极同周边国家合作，共同打造绿色“一带一路”，通过合作建设低碳示范区、实施物资援助项目等方式为相关发展中国家提供支持。近年来，中国持续推进ESG领域的发展建设，多次在国际舞台上提出中国主张、贡献中国智慧，在全球ESG及可持续发展领域的影响力与话语权持续提升。

2018年4月10日，习近平主席在博鳌亚洲论坛2018年年会开幕式演讲中提到“面向未来，我们要敬畏自然、珍爱地球，树立绿色、低碳、可持续发展理念，尊崇、顺应、保护自然生态，加强气候变化、环境保护、节能减排等领域交流合作，共享经验、共迎挑战，不断开拓生产发展、生活富裕、生态良好的文明发展道路，为我们的子孙后代留下蓝天碧海、绿水青山”。这生动形象地向国际社会发出了推动全球绿色、低碳、可持续发展的中国理念和方案，该理念与ESG内涵高度一致。

2020年9月22日，习近平主席在第七十五届联合国大会一般性辩论上，宣布“中国提高国家自主贡献力度，采取更加有力的政策和措施，二氧化碳排放力争于2030年前达到峰值，争取2060年前实现碳中和”。2020年12月12日，习近平主席在出席气候雄心峰会时再次表明“中国为达成应对气候变化《巴黎协定》作出重要贡献，也是落实《巴黎协定》的积极践行者”，并宣布“到2030年，中国单位国内生产总值二氧化碳排放将比2005年下降65%以上，非化石能源占一次能源消费比重将达到25%左右，森林蓄积量将比2005年增加60亿立方米，风电、太阳能发电总装机容量将达到12亿千瓦以上”。在世界舞台上，中国在推动高质量发展，促进经济社会发展全面绿色转型，为全球应对气候变化作出更大贡献。

2021年10月12日，习近平主席在出席《生物多样性公约》第十五次缔约方大会领导人峰会时指出要“以绿色转型为驱动，助力全球可持续发展。我们要建立绿色低碳循环经济体系，把生态优势转化为发展优势，使绿水青山产生巨大效益。我们要加强绿色国际合作，共享绿色发展成果”。表明了我国在促进经济发展和环境保护双赢，构建经济与环境协同共进的地球家园的坚定立场。

2022年10月16日，习近平总书记在党的二十大报告中提到“积极稳妥推进碳达峰碳中和，立足我国能源资源禀赋，坚持先立后破，有计划分步骤实施碳达峰行动，深入推进能源革命，加强煤炭清洁高效利用，加快规划建设新型能源体系，积极参与应对气候变化全球治理”。这表明了中国积极参与应对气候变化国际合作，与世界各国应加强对话合作，加快建立绿色低碳可持续的生产方式、生活方式和消费模式，共同推动构建公平合理、合作共赢的全球气候治理体系，共建地球生命共同体，助力全球可持续发展的坚定立场。

2024年11月17日，习近平主席在赴里约热内卢出席二十国集团领导人第十九次峰会并对巴西进行国事访问之际，在巴西《圣保罗页报》发表题为《万里交好共命运　携手扬帆正当时》的署名文章中写到，建设一个“公正的世界”需要“把实现联合国2030年可持续发展议程作为优先工作，构建全球可持续发展伙伴关系，推动实现更加包容、更加普惠、更有韧性的全球发展”；建设一个“可持续的星球”需要“深入推进绿色低碳、环境保护、能源转型、应对气候变化等领域国际合作，秉持共同但有区别的责任原则，在资金、技术、能力建设等方面为‘全球南方’国家提供更多支持”。该发言阐述了中国在应对全球气候变化，推进全球可持续发展问题的担当与智慧。

二、中国的行动

（一）参与国际ESG规则制定与修订

中国积极参与国际ESG标准制定与修订的过程，体现了中国对全球可持续发展事业的贡献和承诺。通过加强国际合作与交流、推动国内ESG标准与国际接轨、企业实践与国际标准融合以及推动ESG国际标准融合发展等措施，不断提升自身的ESG管理水平，为全球ESG标准的完善和发展作出了重要贡献。

第一，积极参与国际ESG标准制定。中国积极派遣专家参与国际标准化组织（ISO）等举办的ESG标准制定研讨会。如中国标准化研究院在国家标准委的支持下，依据《参加国际标准化组织（ISO）和国际电工委员会（IEC）国际标准化活动管理办法》，在全国精挑细选了42位来自不同领域的优秀专家参与了ISO IWA 48《实施环境、社会和治理（ESG）原则框架》的研究和编写工作。参与该标准的研究和编写，中国专家团队深入了解ESG的核心理念和原则，提升了中国在全球ESG标准制定中的话语权和影响力。

第二，加强与国际ESG评级等专业机构的协同合作，积极参与ESG国际标准的制定和修订工作。2022年3月，ISSB发布IFRSS1和IFRSS2的征求意见稿，中国财政部和中国证监会都正式反馈了意见，在肯定总体方案的同时，提出一些中方关切的技术问题，特别是加强ISSB所制定准则的包容性，以便能够适应发展中国家、新兴市场、中小企业等不同情况。这些举措不断提升中国在国际ESG领域的影响力和话语权，并为全球ESG标准的融合发展提供了有益的探索和实践。

第三，推动国内ESG标准与国际接轨。为推动国内ESG标准与国际接轨，中国政府及相关部门出台了一系列政策文件为全球ESG标准化建设提供了重要参考。例如，中国证监会发布的《上市公司可持续发展报告指引》，不仅规范了中国上市公司的ESG信息披露，而且为其他国家制定符合国际规则的ESG政策提供了宝贵经验。中国积极倡议建立符合国情、接轨国际的ESG政策体系、披露标准和评价方法，推动了ESG从共识走向共建，为全球可持续发展注入了新的活力。国务院国资委办公厅发布了《关于转发〈央企控股上市公司ESG专项报告编制研究〉的通知》，进一步规范央企控股上市公司ESG信息披露工作。这些政策文件不仅为企业提供了ESG管理的指导原则，而且推动了我国经济绿色低碳转型。

第四，中国企业积极参与国际ESG评级及标准的制定。越来越多的中国企业采纳国际ESG评级标准，以此为基础构建自身的ESG管理体系，并将ESG理念深植于企业战略规划、日常运营及风险管理等多个层面。这些企业通过参与国际ESG评级与认证流程，获取国际公认的ESG评级与认证，进而增强自身的国际竞争力和市场声誉。尤为值得一提的是，部分行业领军企业更是受邀参与到了国际ESG准则的制定工作中，例如美的集团等，在全球首部ESG国际标准IWA 48:2024《实施环境、社会和治理(ESG)原则框架》的制定过程中,积极贡献了自己的见解与智慧。

（二）加强与国际社会的沟通与协作

我国积极与全球合作伙伴共同推进国内ESG生态体系建设,加强与国际社会的沟通协作。

第一,吸引国内外ESG组织机构落户国内,构建了解国际ESG体系发展进程、人才培养经验及最佳实践等有效渠道,成为展现"中国声音"、分享"中国故事"的关键窗口。国际通用ESG标准认证机构——UESG优世界(中国)、ESG领导者组织论坛等选址上海,服务全国,为世界绿色可持续发展贡献中国案例与中国智慧。由联合国人居署等全球伙伴支持的上海可持续发展研究会国际ESG中心为ESG的国际发展提供智力支撑和应用场景。

第二,政策引导国际组织与外资机构在国内开展绿色项目合作,并已初见成效。如上海市人民政府办公厅2021年印发的《上海加快打造国际绿色金融枢纽　服务碳达峰碳中和目标的实施意见》要求深化绿色金融国际合作。具体来看,一是支持境外金融机构和国际金融组织在沪发行绿色"熊猫债",首个落户上海的国际金融组织金砖国家新开发银行(New Development Bank, NDB)成功发行了60亿元人民币熊猫债,创下熊猫债券市场最大规模5年期债券记录;二是促进绿色金融国际交流,鼓励在沪外资金融机构引入母公司在绿色金融发展方面的技术和做法,仅2023年上海绿色技术交易额已达到777亿元人民币。

第三,搭建全球ESG交流与信息平台。为了进一步加强全球ESG交流与合作,中国通过举办ESG全球领导者大会等高端活动,为全球各行业代表提供了一个深入交流与协商的平台。在这些平台上,中国不仅分享了自身在ESG实践中的宝贵经验和成功案例,而且积极邀请各国代表共同探讨ESG理念的核心价值、实践路径以及面临的挑战与机遇,明确了未来全球ESG发展的行动方向和重点。此外,中国还通过搭建全球ESG信息平台,为全球投资者提供了更加清晰、透明的ESG投资指引。这些信息平台不仅汇聚了全球范围内的ESG数据和信息,而且为投资者提供了便捷的查询和分析工具,帮助他们更好地识别和管理ESG风险,实现可持续发展目标。

（三）构建ESG政策和法律体系

近年来,随着全球对可持续发展的重视,中国ESG法规不断完善和强化,成为企业运营的重要外部约束。通过《公司法》《证券法》《上市公司治理准则》等政策文件对公司治理进行规定,要求企业建立健全治理结构,确保决策透明度和公正性。中国逐步确立ESG信息披露的基本框架。通过《环境保护法》《劳动法》等法律则对企业的环境和社会责任提出要求,促使企业注重生态环境和员工权益保护。通过《绿色投资指引(试行)》《中国银保监会关于推动银行业和保险业高质量发展的指导意见》《银行业保险业绿色金融指引》等文件将ESG的理念和要求逐步纳入ESG投资与行为指引中,持续推动绿色金融发展。

针对环境规制方面,经过多年的法治建设,中国已经形成了以《环境保护法》为基础性法律,包括80多部法律、120多个部门规章、1 000多个标准规范和众多地方规章规范在内的,由生态环境部门总体监督、多部门协同配合的环境保护框架体系。在环境保护、污染防治、公众健康等传统环境法律法规外,随着"双碳"目标的设立,与"双碳"相关的法律法规及规范性文件已经成为当下中国法律对ESG环境因素的重要组成部分。

针对社会因素规制方面，中国针对ESG下社会因素关注的绝大部分议题都已经有较为完善的法律法规进行规制。例如，劳动者权益保护方面，中国已经形成以《劳动法》《劳动合同法》为核心的劳动法律系统，并拥有充分的实践经验。除此以外，针对ESG社会因素，我们国家还特别提出了乡村振兴与共同富裕等议题，鼓励企业积极投身社会主义建设，承担企业社会责任，为全世界发展中国家脱贫提供了有益经验。

针对公司治理规制方面，中国针对ESG下治理因素关注的部分议题已有较为完善的法律法规进行规制。例如，组织架构、股东权益、信息披露等议题相关内容均被《公司法》《上市公司信息披露管理办法》等法律法规内容所涵盖。

我国快速推进ESG领域法律法规及制度体系建设，充分响应支持ESG领域发展，为全球可持续发展贡献了中国智慧和中国方案。

（四）培养ESG专业人才

随着中国"双碳"目标的提出，以及经济高质量发展的要求，国内对于ESG人才的需求激增，中国高度重视ESG专业人才的培养，加大政策扶持力度。国家人力资源和社会保障部坚持把促进高质量充分就业作为新时代新征程就业工作的新定位新使命，强调企业重视ESG发展和官方政策倾斜，将会正向影响人才的高质量就业，ESG领域就业机遇焕发新的生机。北京市政府更是宣布"加强ESG人才保障，对区内获得ESG资质或证书的专业人员提供政策倾斜，鼓励企业开放ESG专享岗位"。

中国积极培育ESG专业人才队伍，为推广ESG实践成果提供了重要的智力支持。中国多所高校和研究机构相继开设ESG相关课程和培训项目，培养了一大批具备国际视野和专业技能的ESG专业人才，满足市场对ESG知识和技能的需求，这些人才在推动中国企业ESG实践、参与国际ESG合作与交流等方面发挥了重要作用。中国的高等教育体系也在逐步调整和完善，部分高校通过建立ESG研究院、设立ESG专业硕士学位等方式，积极推进ESG人才培养工作，提升ESG教育的专业性和系统性，也为社会输送了大量具备ESG知识和技能的专业人才。就业方面，近一年ESG新发职位同比增长超过60%，招聘平均年薪超过31万元人民币。国际人才交流方面，中国积极参与国际ESG人才交流与合作项目，引进国际ESG先进理念和技术，提升中国ESG专业人才的国际竞争力。

ESG管理人员是推进企业ESG工作的中坚力量，需要企业重点培养。国务院国资委所属职业经理研究中心联合中国企业评价协会等单位研发了《ESG管理人员评价指南》标准，为企业及有关机构等评价和培养ESG管理人才提供技术支持。

三、中国贡献

自2004年ESG被正式提出以来，这一理念在全球范围内得到广泛的推广和实践，我国政府也高度重视ESG理念的推广与实践，将其视为推动经济高质量发展的重要抓手。从顶层设计的政策引导，到企业层面的积极响应，再到社会各界的广泛参与，中国逐步形成一套完整高效的ESG发展体系，在持续推进生态文明建设和全球可持续发展领域作出中国贡献。

（一）绿色发展成效突出

在全球可持续发展领域，中国作为世界上最大的发展中国家，秉持人类命运共同体理念，坚定践行多边主义，提出全球发展倡议、全球安全倡议，深化务实合作，积极参与全球环境与气候治理，为落实联合国2030年可持续发展议程，推动全球可持续发展，共同构建人与自然生命共同体，共建繁荣清洁美丽的世界贡献了中国智慧、中国力量。尤其是党的十八大以来，在习近平新时代中国特色社会主义思想指引下，中国坚持“绿水青山就是金山银山”的理念，坚定不移走生态优先、绿色发展之路，促进经济社会发展全面绿色转型，以及人与自然和谐共生的现代化建设，创造了举世瞩目的生态奇迹和绿色发展奇迹，美丽中国建设迈出重大步伐。绿色成为新时代中国的鲜明底色，绿色发展成为中国式现代化的显著特征。中国的绿色发展，扩大了全球绿色版图，既造福了中国，也造福了世界。

（二）制度体系不断完善

在 ESG 制度体系建设方面，中央高度重视 ESG 发展，通过顶层设计和相关配套政策持续推动 ESG 理念在中国的落地与实践。例如，国务院国资委在《关于新时代中央企业高标准履行社会责任的指导意见》中明确将 ESG 工作纳入社会责任工作统筹管理，并推动国有控股上市公司围绕 ESG 议题高标准落实环境管理要求、积极履行社会责任、健全完善公司治理，加强高水平 ESG 信息披露，不断提高 ESG 治理能力和绩效水平。证监会、国家金融监管总局等部门也发布了相关政策和指引，从信息披露原则及指引、评价体系与标准、投资与行为指引等方面逐步构建起中国 ESG 政策体系。此外，各级地方政府也积极响应国家号召制定符合本地特色的 ESG 发展计划和实施方案。例如，上海市发布的《加快提升本市涉外企业环境、社会和治理（ESG）能力三年行动方案（2024—2026 年）》，旨在打造涉外企业 ESG 生态体系。中国全方位、立体化的政策体系也为全世界提供了 ESG 制度建设范本。

（三）理论探讨持续深化

在 ESG 理论探讨方面，中国学者注重将 ESG 理论与实际相结合，探索适合国情的 ESG 发展路径，为构建具有中国特色的 ESG 理论贡献力量。在构建 ESG 评价体系与标准方面，中国学者积极探索将国际通用的 ESG 指标与中国企业实际情况相结合，加入乡村振兴、共同富裕等具有中国特色的指标。在与国际 ESG 评价接轨的同时，更加全面、客观的衡量中国企业的 ESG 表现。在研究对象上，中国学者将目光聚焦在了具有中国特色的中央企业、国有企业，分析探讨在中国经济社会的发展历程中，国有企业在 ESG 各个方面的领先优势以及对民营企业等其他市场主体产生了积极的外溢效应。在研究方法方面，我国学者结合实际情况进行积极探索和创新，通过基于档案数据的实证研究方法来分析 ESG 信息披露、ESG 表现及 ESG 投资等方面的问题。这些举措不仅有效提高了 ESG 研究的准确性、可靠性、科学性，而且为国际 ESG 研究提供了新的思路和方法。

（四）核心概念实现创新

在 ESG 核心概念构建层面，中国重点强调影响和财务的双重重要性。与全球其他机构或地区强调的影响重要性或财务重要性不同，如全球可持续发展标准委员会（GSSB）在《GRI 可持续发展报告标准》强调影响重要性，美国证券交易委员会（SEC）在《气候信息披露最终规则》以及国际可持续准则理事会（ISSB）在《国际财务报告可持续披露准则》强调财务重要性，中国提出的双重重要性原则将 ESG 因素融入企业战略和日常运营中，不仅有助于企业全面降低环境、社会、治理风险，实现高质量发展，而且对促进 ESG 领域更广泛的国际交流与合作、创造长期价值具有重要的理论和现实意义。2024 年 4 月，沪、深、北三大交易所同步发布的《可持续发展报告指引（试行）》就明确提出了这一原则。

（五）实践成果形成示范

在 ESG 实践与示范方面，中国为全球提供了丰富的经验和可借鉴的样本。无论是绿色金融、智慧城市还是碳排放管理等领域，中国都取得了显著成效。例如，上海发布的《践行可持续发展之路——2024 上海 ESG 发展报告》详细披露了上海在绿色发展领域的经验和成效，并提出了“上海方案”，为全球其他城市和地区提供了可参考的路径和可操作的向导。此外，中国企业在 ESG 实践方面也展现了深度和广度，如保利发展控股集团和华润置地在绿色建筑行业的创新就为中国推动 ESG 实践树立了典范。

综上所述，中国在 ESG 领域的推广与实践中已经取得了显著成效，并为全球可持续发展作出了重要贡献。未来，中国将继续深化 ESG 理念在各个领域的应用与实践，为全球可持续发展贡献更多中国智慧和中国力量。

中国之路　2024 ESG 全球领导者大会

2024 ESG 全球领导者大会，是一次聚焦全球可持续发展与 ESG 议题的高端对话平台。此次盛会由中信集团与新浪集团强强联手，新浪财经与中信出版集团携手承办，旨在汇聚全球智慧，共谋 ESG 领域的未来发展与合作蓝图。大会于 2024 年 10 月 16 日至 18 日在上海举行，为期三天，不仅吸引了来自世界各地的顶尖专家、学者、企业领袖、国际组织代表及政府官员，而且成为了推动全球 ESG 合作、发展与共赢的重要里程碑。

大会以“推动全球 ESG 合作、发展与共赢”为核心主题，围绕能源与双碳、绿色金融、可持续消费、科技创新与公益责任等多个关键议题展开深入讨论。其中，“能源与双碳”议题聚焦于全球能源转型、碳减排技术和政策路径；“绿色金融”探讨如何通过金融工具支持绿色项目，促进经济绿色化；“可持续消费”强调消费者行为改变对推动可持续生产的重要性；“科技创新与公益责任”则关注科技如何助力解决社会问题，以及企业在追求经济效益的同时，如何履行社会责任。

大会邀请了超过 300 位重量级嘉宾，包括现任及前任国家领导人、诺贝尔奖得主、国际组织负责人、知名学者、行业领军人物等。大会期间，与会各方不仅就 ESG 领域的热点问题进行了深入交流，而且达成了多项合作协议和备忘录，包括建立跨国 ESG 研究联盟、推动绿色金融产品创新、加强跨国企业 ESG 信息披露标准对接等。这些成果不仅为参会者提供了宝贵的合作机会，而且为全球 ESG 实践提供了可复制、可推广的经验模式。

此外，大会还发布了《2024 全球 ESG 发展白皮书》，系统梳理了当前全球 ESG 发展的现状与趋势，提出了面向未来的政策建议与实践指南，为全球 ESG 领域的政策制定者、企业决策者及社会各界提供了重要的参考依据。

2024 ESG 全球领导者大会的成功举办，不仅是对全球可持续发展议程的有力响应，而且是推动构建人类命运共同体的重要实践。通过此次大会，全球各界进一步凝聚了共识，增强了合作意愿，为实现更加绿色、公平、包容的全球发展愿景奠定了坚实基础。

资料来源：上海市人民政府官网，2024 年 10 月 16 日。

思考：为什么要强调 ESG 发展的全球合作？

思考题

1. 对比欧洲与美国 ESG 指引制定的过程。
2. 对比各国 ESG 信息披露方面存在的差异。
3. ISSB 规则对国际 ESG 发展产生了哪些影响?
4. 国际组织在 ESG 全球行动中发挥了哪些作用?
5. 中国在 ESG 全球行动中发挥了哪些作用?

练习题

一、单项选择题

1. 下列不属于欧盟 ESG 发展政策的是( )。
   A.《协作价值创造指南》 B.《股东权指令》
   C.《非财务报告指令》 D.《建立促进可持续投资的框架》
2. 第一代《可持续发展报告指南》由( )颁布。
   A. 国际可持续发展准则理事会
   B. 全球报告倡议组织
   C. 金融稳定委员会的气候相关财务信息披露工作组
   D. 欧盟理事会
3. 欧盟在( )中首次将 ESG 三要素列入法规条例。
   A.《非财务报告指令》
   B.《金融服务业可持续性发展条例》
   C.《企业可持续发展报告指令》
   D.《欧盟可持续发展报告准则》
4. 下列属于 TCFD 核心披露框架治理指标的是( )。
   A. 对公司业务的影响 B. 气候风险识别与评估流程
   C. 温室气体排放数据 D. 管理层的作用
5. 2022 年 3 月,ISSB 发布 IFRSS1 和 IFRSS2 的征求意见稿,( )和中国证监会反馈了正式意见。
   A. 国务院国有资产监督管理委员会 B. 中国人民银行
   C. 中国财政部 D. 深圳证券交易所

二、多项选择题

1. 下列属于 TCFD 气候披露框架四个核心披露要素的是（　　）。

A. 治理　　B. 风险管理

C. 战略　　D. 指标和目标

2. 国际可持续发展准则理事会（ISSB）的成立意义是（　　）。

A. 建立统一且标准化的可持续发展披露准则

B. 有利于规范监管者规范信息披露准则

C. 有助于提升企业 ESG 信息披露质量

D. 有助于投资者作出合理的投资决策

3. GRI 标准包括（　　）。

A. 通用标准　　B. 行业标准

C. 议题标准　　D. 环境标准

4. 欧盟 ESG 基金主要包括（　　）。

A. 主题基金　　B. 对冲基金

C. 整合基金　　D. 指数基金

5. ESG 中国行动包括（　　）。

A. 参与国际 ESG 规则制定与修改　　B. 加强与国际社会的沟通与协作

C. 构建 ESG 政策法规体系　　D. 培养 ESG 专业人才

三、判断题

1. 欧盟的政策制定者自下而上地构建环境、责任和治理（ESG）制度体系。（　　）

2. 美国是最早制定专门针对上市公司环境信息披露制度的国家。（　　）

3. 日本针对 ESG 信息披露问题设置了严格的处罚措施。（　　）

4. 国际可持续准则理事会由国际财务报告准则基金会（IFRS Foundation）发起组建。（　　）

5. 全球报告倡议组织是由欧盟非政府组织和联合国环境规划署共同发起的。（　　）

主要参考文献

[1] 安永ESG课题组.一本书读懂ESG[M].北京:机械工业出版社,2024.

[2] 柳学信,王超.从CSR到ESG:企业可持续发展理论与实践[M].北京:机械工业出版社,2024.

[3] 彭华岗.环境、社会及治理(ESG)基础教材[M].北京:经济管理出版社,2024.

[4] 王大地,黄杰.ESG理论与实践[M].北京:经济管理出版社,2024.

[5] 希尔,周君,罗桂连,鲁施雨,张雅玲.ESG实践　从理论要素到可持续投资组合构建[M].北京:中信出版集团,2022.

[6] 高汉祥,叶丁菱.新质生产力视域下的企业ESG理念焕新[J].华东师范大学学报(哲学社会科学版),2024, 56(05).

[7] 李晓蹊,胡杨璘,史伟.我国ESG报告顶层制度设计初探[J].证券市场导报,2022, (04): 35—44.

[8] 姜付秀,陈思,王骜然.ESG的合法性基础[J].中山大学学报(社会科学版),2024, 64(06): 413—428.

[9] 肖红军.解构与重构:重新认识ESG[J].暨南学报(哲学社会科学版),2024, 46(05): 84—107.

[10] 张蒽,蔡纪雯.ESG体系在中国发展情境下的嵌入机制与建设路径[J].东南学术,2023, (01): 182—194.

[11] 郑少华,王慧.ESG的演变、逻辑及其实现[J].上海财经大学学报,2024, 26(04): 124—138.

练习题参考答案

第一章　ESG 概述

一、单项选择题

1. B　2. C　3. D　4. A　5. D

二、多项选择题

1. ABD　2. ABCD　3. ABCD　4. BCD　5. ABC

三、判断题

1. ×　2. ×　3. ×　4. √　5. √

第二章　ESG 的理论基础

一、单项选择题

1. B　2. B　3. B　4. C　5. D

二、多项选择题

1. ABD　2. ABC　3. ABC　4. ABC　5. ABCD

三、判断题

1. √　2. ×　3. √　4. √　5. √

第三章　ESG 的环境内涵

一、单项选择题

1. D　2. D　3. B　4. D　5. D

二、多项选择题

1. ABC　2. ABCD　3. ABD　4. ABCD　5. ABD

三、判断题

1. ×　2. ×　3. ×　4. √　5. ×

第四章　ESG 的社会内涵

一、单项选择题

1. C　2. C　3. C　4. D　5. A

二、多项选择题

1. ABCD 2. ABCD 3. ABD 4. ABCD 5. ABC

三、判断题

1. √ 2. × 3. × 4. × 5. √

第五章 ESG的治理内涵

一、单项选择题

1. D 2. D 3. A 4. D 5. D

二、多项选择题

1. ABCD 2. ABCD 3. ABCD 4. ABCD 5. ACD

三、判断题

1. √ 2. × 3. × 4. √ 5. √

第六章 企业ESG战略与实施

一、单项选择题

1. D 2. A 3. B 4. C 5. A

二、多项选择题

1. ABCD 2. BCD 3. ABCD 4. AD 5. ACD

三、判断题

1. √ 2. × 3. √ 4. √ 5. √

第七章 ESG信息披露

一、单项选择题

1. A 2. D 3. A 4. B 5. D

二、多项选择题

1. ABCD 2. ABCD 3. ABCD 4. ABC 5. ABCD

三、判断题

1. √ 2. × 3. √ 4. × 5. √

第八章 ESG服务市场

一、单项选择题

1. D 2. B 3. B 4. B 5. C

二、多项选择题

1. ABC 2. ABC 3. ACD 4. ABC 5. ABCD

三、判断题

1. √ 2. √ 3. × 4. × 5. ×

第九章　ESG 投资市场

一、单项选择题

1. D　2. A　3. B　4. C　5. A

二、多项选择题

1. ABC　2. ABC　3. ABC　4. ABCD　5. ABC

三、判断题

1. √　2. √　3. ×　4. ×　5. ×

第十章　ESG 监管

一、单项选择题

1. B　2. A　3. D　4. B　5. C

二、多项选择题

1. ABCD　2. ABCD　3. ABD　4. ABC　5. ABCD

三、判断题

1. √　2. ×　3. √　4. ×　5. ×

第十一章　ESG 的机遇与挑战

一、单项选择题

1. B　2. A　3. B　4. B　5. B

二、多项选择题

1. ACD　2. ABD　3. ABD　4. ABC　5. ABD

三、判断题

1. ×　2. √　3. √　4. √　5. √

第十二章　ESG 的全球行动

一、单项选择题

1. A　2. B　3. A　4. D　5. C

二、多项选择题

1. ABCD　2. ABCD　3. ABC　4. ACD　5. ABCD

三、判断题

1. ×　2. √　3. ×　4. √　5. ×

教师教学资源服务指南

关注微信公众号“**高教财经教学研究**”，可浏览云书展了解最新经管教材信息、申请样书、下载课件、下载试卷、观看师资培训课程和直播录像等。

课件及资源下载

电脑端进入公众号点击导航栏中的“教学服务”，点击子菜单中的“资源下载”，或浏览器输入网址链接http://101.35.126.6/，注册登录后可搜索相应资源并下载。

样书申请及培训课程

点击导航栏中的“教学服务”，点击子菜单中的“云书展”，了解最新教材信息及申请样书。

点击导航栏中的“教师培训”，点击子菜单中的“培训课程”即可观看教师培训课程和“名师谈教学与科研直播讲堂”的录像。

联系我们

联系电话：（021）56718921